21 世纪高职高专财经类专业规划教材

电子商务物流管理
第 4 版

主　编　屈冠银

副主编　李　冰

机 械 工 业 出 版 社

本书在"总—分—总"的结构框架下，以电子商务物流的作业流程为基本线索编写。首先，介绍电子商务与现代物流的相关概念和运作模式，以及电子商务物流涉及的信息技术，并从战略和管理的角度叙述了供应链管理的基础知识，为后面介绍电子商务物流的流程提供一个供应链背景。然后，按照电子商务物流作业流程，分别介绍了采购与供应商管理、仓储管理与库存控制、包装与流通加工合理化、搬运装卸与运输管理、电子商务配送与配送中心、回收物流与低碳物流。最后，从总体上介绍物流服务与成本管理、物联网基础，以及电子商务物流发展现状和趋势。

全书始终注意电子商务和物流的结合，紧跟理论和实践发展的前沿，逻辑清楚，叙述简练。本书每章前面有引例，后面附有知识测评和案例分析，特别适合我国高等职业院校电子商务、物流、贸易经济等财经类专业的学生选用，也可作为本科院校相关专业的学生及实际工作者的参考书。

图书在版编目（CIP）数据

电子商务物流管理 / 屈冠银主编.—4 版.—北京：机械工业出版社，2018.6
（2020.1重印）
21 世纪高职高专财经类专业规划教材
ISBN 978-7-111-60501-0

Ⅰ.①电… Ⅱ.①屈… Ⅲ.①电子商务－物流管理－高等职业教育－教材 Ⅳ.①F713.365.1

中国版本图书馆 CIP 数据核字（2018）第 161824 号

机械工业出版社（北京市百万庄大街 22 号　邮政编码 100037）
策划编辑：鹿　征　　责任编辑：鹿　征
责任校对：张艳霞　　责任印制：邝　敏
北京富博印刷有限公司印刷
2020 年 1 月第 4 版·第 3 次印刷
184mm×260mm·18 印张·440 千字
5501-8000册
标准书号：ISBN 978-7-111-60501-0
定价：52.80元

前　言

本书是机械工业出版社组织出版的"21世纪高职高专财经类专业规划教材"之一，自2003年首版以来，经过2次修订，已重印20多次，被国内多所高等职业院校电子商务专业或物流专业选作教材。因书中概念权威、理论前沿、覆盖全面、案例经典而深得任课教师和学生的好评。

然而，作为一个融合了电子商务和现代物流的交叉领域，电子商务物流行业发展迅猛，特别是"新零售""智慧物流""跨境电商""农村电商"的快速发展，对电子商务物流理论和实践教学提出了更高的要求。为此，我们参照《全国电子商务物流发展专项规划（2016—2020年）》和《电子商务物流服务规范》SB/T 11132—2015对本书第3版进行升级改版。

本次改版按照"重内容，轻结构"的原则，在第3版的基本框架下，主要在内容上进行了如下修改：

（1）每章前面的"引例"和后面的"案例分析"全部做了修订或替换。

（2）每章后面新增加了"知识测评"版块，以检测学生对理论知识的掌握程度。

（3）全书所有概念都按照现行的《物流术语》国家标准进行了修改。

（4）融入了最近两年的电子商务物流理念和实践知识。

在第4版改版过程中，前3版编者李冰、张保丰老师提出了自己的修改意见，另外又引入了北京物资学院7位编者参与改版。其中，柳虎威修订了第1章和第10章，苏驿婷修订了第2章和第3章，李海玲修订了第4章和第7章，张阿钊修订了第5章，赵健修订了第6章和第9章，杨晓雪修订了第8章，马硕修订了第11章和第12章。在此对他们付出的辛勤劳动表示感谢！

由于时间仓促，书中有不妥之处，还请广大读者批评指正，以便再版时完善。

编　者

目　录

第 1 章　电子商务物流概述

物流业是虚拟经济和实体经济、传统经济和新经济的纽带，没有真正的物联网，没有真正的物流的发展，所谓的新经济，几乎是不可能。

——阿里巴巴集团创始人马云

引例：科技投入正在消除"慢递"烦恼

2017 年"双 11"期间，天猫成交 1682 亿，天猫"双 11"当日物流订单量达 8.12 亿之多。这些包裹连接起来，可绕地球 1200 圈，相当于 1980 多万节高铁车厢。以一列高铁 16 节车厢计算，需要 124 万列车才能将这些包裹运完。这些物流订单量是 1999 年全年快递量的 10 倍，2006 年全年快递量的 3 倍。但是，如此巨大的物流量，网上并没有出现 7 年前铺天盖地的有关"双 11"快递的吐槽新闻。尽管在快递运送环节依然存在一些问题，但诸如"快递变慢递"、暴力分拣、快递错发或丢失、包裹破损、信息泄露等问题确实在逐渐减少。

上述改变与一些电子商务企业涉足物流领域，逐渐加大对物流的科技投入是分不开的。随着人工智能技术的不断成熟，2017 年"双 11"期间，电商及快递企业几乎同一时间将落脚点放在了智慧物流上，众多黑科技产品以及无人操作技术纷纷落地，技术电商、智能物流时代真的来了。

京东物流 2017 年打出了"无人科技""多样服务""数据驱动""协同开放"四大王牌，力求全面提升用户体验及商家体验。目前京东已实现了仓储、分拣、运输、配送、客服全供应链环节的无人化。大促期间，这些无人科技的应用将越来越广泛和深入。2017 年 5 月 22 日，阿里巴巴控股的菜鸟物流宣布将全力投入智慧物流，将"货的流动"转变为"数据的流动"，实现从数据开放到全面开放，从局部优化到全局优化，更运行着全球最大物流数据库，日处理数据 9 万亿条，可实现日处理订单 10 万亿次。除此之外，苏宁、唯品会、亚马逊等一大批电子商务企业，也在物流上加大投入。

（资料来源：《天府早报》，有改写）

那么，电子商务和物流之间到底存在怎样的关系？电子商务企业自建物流是否是最好的选择呢？学完本章之后，你就会对这些问题有一个深刻的认识。

1.1　现代物流概述

1.1.1　物流的概念

根据我国国家标准《物流术语》（GB/T 18354—2006），所谓物流（Logistics）是指物品从供应地向接收地的实体流动过程。物流就是根据实际需要，将运输、储存、装卸、搬运、包装、流通加工、配送、信息处理等基本功能实施的有机结合。

对物流定义，我们可以作如下理解。

1．物流的对象不仅仅是物品

物流的对象不仅仅是物品，还应该包括人、服务和信息，服务和信息是特殊商品。根据美国物流管理协会的定义，物流的对象包括了服务和信息，信息和某些服务可以实现在线物流。

2．物流是一个过程和系统

过程是指人机交互作用于作业对象，达成作业目标的行为集合。物流过程从纵向上可以分为环节、作业和动作；从横向上可以分为流体、载体、流量、流向和流程五个要素。物流过程又是一个系统，是由许多环节和要素组成的系统。所谓系统就是由两个或者两个以上的要素所组成的相互联系、相互制约，并且能实现特定功能的整体。物流是由流动要素、资源要素和网络要素组成的实现产品物理移动功能的系统。所以，要使物流系统整体最优，必须对物流过程进行系统化的设计与管理。最优的总体设计方案并不是保证局部环节最优，而是使物流系统整体最优。

3．物流过程需要一体化管理

现代物流并不是运输、储存、装卸、包装、流通加工、配送、回收和物流信息等要素的简单集合，而是从供应方开始到最终顾客整个流通过程发生的商品实物运动及相关服务的一体化管理。这也是已经有了运输、仓储等概念和功能还要提出物流概念的根本原因。在实践中，人们发现许多问题无法通过单一功能的改进得到解决，而必须将包装、运输、储存、装卸等相关要素结合起来，进行整体设计和处理。如传统水泥以纸袋包装，在运输、装卸、储存过程中存在易破损、包装材料消耗大、污染环境等问题。如果仅从包装着手，这一问题是无法完全解决的。但从包装、运输、储存、搬运的整个物流过程考虑，提出散装水泥的解决方案，就彻底解决了水泥袋破损问题。

4．物流包括整个社会再生产过程

传统物流认为，物流存在于商品销售阶段，也就是说，传统物流主要指"实体分销"（Physical Distribution），而现代物流的范围则包括从原材料采购到最终消费者，直至退货、废弃物回收等都在物流研究的范围之内。

5．物流是效率和效果的统一

物流是一个管理上的概念，物流管理是为了以最低的物流成本达到客户所满意的服务水平，对物流活动进行的计划、组织、协调与控制。管理就必须追求效率和效果。效率（Efficiency）是相对于投入和产出说的。由于资源（时间、资金、人员、设备等）是稀缺的，因此必须关心这些资源的有效利用。因此，管理就是要使资源成本最小化。而效果（Effectiveness）指的是达到目标的程度，涉及的是活动的结果。显然，在许多场合，效率与效果是相矛盾的，如标准化（导致低成本）与差异化（导致较高的顾客满意度但会提高成功成本）。解决办法是战略匹配（Strategic Fit），即针对顾客的不同偏好或优先顺序，提供不同的物流战略，求得效率与效果的统一。

1.1.2 现代物流起源与发展

西蒙（Simon）1965 年指出，对于正在迅速发展的领域，应该重点介绍它的概念和发展历史。根据文献研究，物流学术界对物流概念的产生和发展主要有两种观点。

第一种观点认为，物流概念是因为经济原因而产生的，即起源于人们对协调经济活动中物流及其相关活动的追求。就物流本身而言，它是由许多相关活动组成的，主要有运输、储存、包装、装卸等，在物流概念产生以前，企业是将这些活动单独进行管理的；就物流与相关活动的关系而言，物流与生产、销售环节都有着非常紧密的联系，但这些联系以前并没有得到实现。

阿奇·萧（Arch Shaw）在1915年哈佛大学出版社出版的《市场流通中的若干问题》一书中研究了市场流通中存在的一些问题，明确地将企业的流通活动分为创造需求的活动和物流活动，并指出："创造需求与实物供给的各种活动之间的关系……说明（这些活动之间）存在平衡性和相互依赖性两个原则""物流（Physical Distribution Of Goods）是与创造需求不同的一个问题……流通活动中的重大失误都是因为创造需求与物流之间缺乏协调造成的"。文中提到的"平衡性""相互依赖性""协调"等正是物流理论与实践的基础。英国克兰菲尔德物流运输中心主任、资深物流与市场营销专家马丁·克里斯多夫（Martin Christopher）教授认为，阿奇·萧是最早提出物流（Physical Distribution）概念并进行实际探讨的学者。马丁·克里斯多夫在 1994 年出版的《物流与供应链管理》（Logistics And Supply Chain Management）一书中说，自从阿奇·萧的物流概念提出以后，"又经过了 70 年左右的时间才对物流管理的基本原则有了明确的定义"。

第二种观点认为，物流概念是因为军事原因而产生的，并且第一次在军事中明确地解释物流这个概念是在 1905 年。詹姆士·约翰逊（James C. Johnson）和唐纳德·伍德（Donald F. Wood）认为，"物流一词首先用于军事"。1905 年，美国少校琼西·贝克（Major Chauncey B. Baker）称"那个与军备的移动与供应相关的战争的艺术的分支就是物流"。

在第二次世界大战中，美军及其盟军的军事人员的调派，物资、装备的制造、供应、战前配置与调运、战中补给与养护等军事后勤活动使得物流和系统分析方法得到有效应用。战争开始前，军事后勤部门要为参战人员提供弹药及装备，战争开始后，军事物资和装备必须保持可以供应的状态。但是军工厂应该生产多少数量的各种战备物资和装备？应该为每一个不同兵种的战士配备多少数量的各种战备物资和装备才最合理？应该设多少后备仓库？后备仓库应该储存多少数量的各种物资和装备？战争物资和装备如何组织运输？战争物资的生产与配给、储备与运输如何协调？等等，这些都是直接决定战争胜败的问题，其中尤其重要的是如何保证战时后勤和运输的问题。例如，在第二次世界大战中，英国在 1939 年 9 月 3 日对德国宣战之后、大规模战争即将来临之前就已着手进行后勤准备。从 1939 年 9 月 15 日起，英国从美国、加拿大等购买的作战物资和生活日用品要通过大西洋航线运到英国本土，面对德军的海上封锁，英国皇家海军动用 3 万吨战列舰"皇家橡树"号和航空母舰"皇家方舟"号日夜在大西洋航线上巡逻，以保证这条补给线的畅通，但后来德军将以上两艘战舰击沉，使得英军在战争初期的后勤补给遭到重大打击，英德两国的战争也就围绕后勤补给线的保卫与攻击展开，后来在盟国的帮助下，英国保卫了大西洋航线，最终赢得了反法西斯战争的胜利，这从某种程度上讲也是物流的胜利。

第二次世界大战期间积累的大量军事后勤保障理论、经验，形成和丰富了"运筹学"（Operation Research）的理论与方法，并且这些理论与方法在战后被很多国家运用到了民用领域，促进了 20 世纪六七十年代世界经济的发展，也促使现代"物流"（Logistics）理论的形成与发展。比较以上两种观点，结论应该是，物流源于军事领域，在 1905 年就有人明确地提出并解释物流这个概念，在第二次世界大战中物流理论和方法得到完善。阿奇·萧早在1915 年就从经济学的角度认识到了物流，但形成系统的物流理论不是在 1905 年，也不是在1915 年，而是在第二次世界大战中。

以上两种观点所说的物流，在文献原文中使用的是不同的表达。第一种观点使用的是Physical Distribution，译作实物分配，实际指的是流通领域内的实物供应。第二种观点所说的物流是 Logistics，意思是后勤。美国物流管理协会（Council of Logistics Management）认为，Logistics 比 Physical Distribution 包括的范围及涉及的活动更为广泛，Physical Distribution 成了 Logistics 的一部分。Logistics 把研究的视角定位在整个供应链上，符合物流学科和物流实践的发展，已经被广为接受。从 Physical Distribution 到 Logistics 的过渡表明，物流理论实现了一个从狭小领域（具体的流通领域或者军事领域）向一个更广阔的空间（一般的供应链）的飞跃。

可以说，进入 20 世纪 80 年代以后，传统物流已向现代物流转变。现代物流是物质资料从供给者到需求者的物理性运动，但不是物和流的简单组合，而是经济、政治、社会和实物运动的统一。它的主要作用是通过时间创造价值，弥补时间差创造价值，延长时间差创造价值。现代物流水平是一个国家综合国力的标志。日本物流业每增长 2.6%，会使国民经济增长 1%。

1.2 电子商务与现代物流

1.2.1 电子商务概述

简单说，电子商务就是运用现代信息技术从事的各种商务活动。如果把"现代信息技术"看作一个集合，"商务"看作另一个集合，电子商务所覆盖的范围应当是这两个集合所形成的交集，如图 1-1 所示。之所以有不同的定义，主要在于对"电子"手段和"商务"内容的不同理解，以及如何将两者有机地结合在一起。

图 1-1 电子商务是"现代信息技术"和"商务"两个集合的交集

电子商务有广义和狭义之分。狭义的电子商务（Electronic Commerce，EC）是在Internet 开放的网络环境下，基于 Browser/Server 的应用方式，实现消费者的网上购物（B2C）、企业之间的网上交易（B2B）和在线电子支付的一种新型的交易方式。而广义的电子商务（Electronic Business，EB）不但包括电子交易，也不仅仅是企业前台的商务电子化，还包括企业内部利用电子手段进行的管理活动。尽管广义的电子商务更全面，但从研究物流的角度出发，本书所涉及的"电子商务"主要指狭义的电子商务，其基本参与主体和流程如图 1-2 和图 1-3 所示。

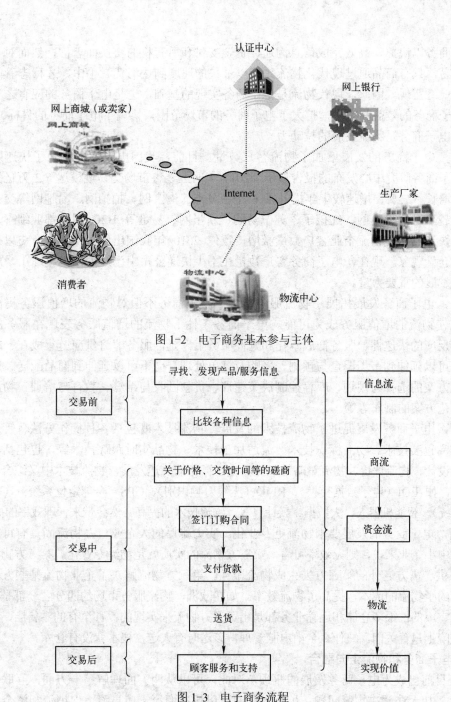

图 1-2　电子商务基本参与主体

图 1-3　电子商务流程

1.2.2　电子商务与现代物流的关系

1．电子商务和物流的关系

（1）物流是电子商务实现的基础

物理学家阿基米德说过："给我一个支点，我能撬起地球。"如果电子商务能成为撬起
21 世纪传统产业和新兴产业的杠杆，现代物流业将成为这个杠杆的支点。因为没有现代物流
作为支撑，电子商务的巨大威力就不能得到很好的发挥。

5

电子商务以快捷、高效完成信息沟通、资金支付和所有权的交换而著称，然而对于实体产品的交易，只有商品通过现代化物流系统以最快的速度到达消费者手中，才标志着电子商务活动的最终实现。因此，现代物流是电子商务实现的基础，也是电子商务的应有之义，它提高了电子商务的效益和效率，扩大了电子商务的市场范围，协调了电子商务的目标。

（2）电子商务是物流发展的拉动力

第一，电子商务的发展增加了物流客户数量。目前，我国电子商务进入了快速发展阶段。据电子商务研究中心发布的报告显示，2017 年网上零售市场交易规模达 7.2 万亿元人民币，同比增长 32.2%，增速较上年提升了 6 个百分点。淘宝网、拍拍网、易趣网等交易平台网站和卓越亚马逊、麦网、红孩子、苏宁易购、新蛋网、易迅等 B2C 网站都业绩喜人。电子商务的快速发展使物流企业客户数量激增，致使 2010 年我国出现了快递业有史以来第一次的"爆仓"现象。现在，电子商务客户数量在不少快递公司中已经占据半壁江山，成为拉动快递业发展的重要力量。

第二，电子商务发展拓展了物流服务范围。电子商务不但对物流的增值服务提出了要求，而且使物流的增值服务成为可能。电子商务条件下物流的增值服务表现在服务的便利性、物流反应的快速性、服务低成本化和延伸服务上。延伸服务即将供应链集成在一起的服务，向上可以延伸到市场调查与预测、采购及订单处理，向下可以延伸到商品配送、物流咨询、物流方案的选择与规划、库存控制决策建议、货款回收与结算、教育与培训、物流系统设计与规范方案的制作等等。

第三，电子商务发展促进了物流技术的发展。物流技术既包括各种操作方法、管理技能等，如物品包装技术、物品标识技术、流通加工技术、物品实时跟踪技术等，也包括物流规划、物流设计、物流评价、物流策略等。随着电子商务的飞速发展，物流技术中又综合了许多现代技术，如 EDI（电子数据交换）、RFID（无线射频识别）、GPS（全球定位系统）、GIS（地理信息系统）、智能机器人、大数据、云计算等。物流技术的提高必然会带来管理效率的提高。

第四，电子商务的发展要求物流更专业化。实力雄厚的大企业自办物流尚具有可行性，而对广大中小企业来说，则无效率可言。第三方物流的实质就是物流专业化。第三方物流是指由商品的供、需方之外的第三方去完成物流服务。第三方物流解决了企业物流某些方面的问题，如节约了物流的成本，提高了物流效率。如在欧洲，物流服务市场约四分之一都是由第三方物流来完成的；很多仓储和运输业务都是由第三方物流来实现的；甚至有的零售店，早上只管开门或晚上只管关门，缺什么全由电脑管理，该送时有人送，根本就没有仓库。

2. 电子商务和物流走向融合

物流目前已成为电子商务发展的瓶颈，对此，可以从两方面理解：一方面，互联网可以优化物流，却无法解决物流问题，虽然互联网可以解决商流、信息流、促销流和资金流，但物流问题的解决，尤其是社会化物流平台的构建，需要大规模的基本建设；另一方面，物流本身发展滞后。和电子商务的发展相比，即便是发达国家的物流，其发展速度也难以和电子商务的发展速度并驾齐驱。这是因为物流系统的建设是基础性的东西，需要一点一滴的建设和积累，不可能实现"跨越式发展"，因此不存在"后发优势"。

电子商务和物流的融合是解决电子商务物流瓶颈的基本思路，也直接促使"电子商务物流管理"成为理论研究和实践探索的热潮。一方面，电子商务企业为解决物流问题而涉足物流行业。据报道，截至 2015 年，阿里巴巴集团先后投资了包括百世汇通、日日顺、卡行天下、全峰快递、圆通速递、运满满等物流企业，并且参投了新加坡政府投资公司（GIC）旗下的物流部门普洛斯公司，下一步还要斥巨资直接投资建仓储中心。京东更是斥巨资自建物流。截至 2016 年第一季度，京东已经在全国运营 209 个大型仓库，6 个"亚洲一号"智能物流中心已经投入使用，仓储设施占地约 430 万平方米，全国拥有 5987 个配送站和自提点。京东的物流体系已经覆盖全国 2493 个区县。卓越亚马逊则专门成立了北京世纪卓越快递服务有限公司，负责运作配送工作。另一方面，一些物流企业开始热身电子商务。典型的有：宅急送推出"e 购宅急送"，通过电子商务平台出售三洋电器、富硒茶、户外休闲用品等；圆通上线了新农网，销售各地特产、电子百货等；申通选择"久久票务网"，线上销售火车票；顺丰快递的"顺丰 E 商圈"2009 年已开始投入运营。我们暂不去评论这两种做法的优劣得失，但是却能够深刻地体会到电子商务企业和物流企业对解决矛盾的急切心情。

【案例 1-1】 递四方要做专业跨境电商物流服务商

递四方，别名 4PX 或者 THE FOURTH PARTY EXPRESS 或者递四方全球（递四方香港）。

递四方速递公司是递四方科技集团中以国际物流和全球仓储服务为核心的物流供应链服务商，是专业的国际速递公共平台运营商，为客户和合作伙伴提供国际速递渠道及系统平台服务。递四方速递公司始

建于 2004 年 6 月，公司依托 10 年丰富的行业经验和技术创新能力，打造出 3 大类，20 余种物流服务，可以满足跨国电商所有的物流需求，包括：商业快递（DHL/FEDEX/UPS/TNT/ARAMEX）；邮政服务（新加坡邮政、中国邮政的空邮小包平邮、挂号、EMS 等）；自有品牌服务（海外仓库订单宝服务、联邮通服务、专线服务等）。4PX 通过业务合作和资本收购的方式，不断整合世界各地地区性的优秀速递相关资源，铸就递四方多渠道辐射全球的国际速递网络平台。

递四方速递在全球拥有 1300 名专业物流服务人员。在中国拥有超过 50 个服务网点，国内 5 个自营仓库（北、上、广、深、义乌），可在国内二级以上城市为广大外贸电商提供上门提货服务，海外超过 20 家子公司及仓库，是 3 万家 B2C 商户的首选物流仓储服务商。递四方也是 eBay、PayPal、谷歌、亚马逊、阿里巴巴速卖通、敦煌网的官方合作伙伴及推荐物流商。

（资源来源：百度百科，有改动）

1.2.3 电子商务物流的概念及特点

1. 电子商务物流概念的提出

电子商务物流的概念是随着电子商务实践的快速发展而提出并成为研究热点的。

电子商务最初的应用模式是黄页型。互联网提供企业或产品黄页，取代了传统的传播介质。与之相比，它的优势在于使用方便，内容新，传播范围广，获得成本低。直到现在，这种服务依然受到市场的欢迎，生命力极强。

第二阶段的应用模式是广告型。增加了多媒体内容，信息量更大，作用相当于一个广告，同时为企业和消费者建立了平等的沟通渠道，由于成本低廉，因而更多受到小企业的欢

迎，拉近了小企业和消费者的距离，降低了小企业和大企业竞争的资本。

以上两个阶段都主要涉及信息流和资金流，基本不涉及物流问题。

第三阶段的应用模式是交易型，即狭义的电子商务 EC 出现。在这个阶段，B2B、B2C、C2C 电子商务网站纷纷出现，电子商务进入实质性发展阶段。电子商务作为一种新的数字化生存方式，代表未来的贸易、消费和服务方式，因此，要完善整体生态环境，这就需要打破原有工业的传统格局，发展建立以商品代理和配送为主要特征，物流、商流、信息流有机结合的社会化物流配送体系。电子商务物流的概念是伴随着电子商务技术和社会需求的发展而出现的，它是辅之于电子商务真正的经济价值实现不可或缺的重要组成部分。

目前，权威的电子商务物流定义出自《电子商务物流服务规范》（SB/T 11132—2015）。电子商务物流（Electronic Commerce Logistics）指对电子商务提供运输、存储、装卸、搬运、包装、流通加工、配送、代收货款、信息处理、退换货等服务的活动。

2. 电子商务物流的特点

电子商务物流与传统物流在基本功能和目的上并没有本质的区别，基本功能包括运输、储存、装卸、搬运、包装、流通加工、配送、回收、信息处理等，最终目的都是要把商品送到顾客手中。但是，电子商务物流主要接受电子商务企业的委托，最终用户主要是享受电子商务服务的企业或者个人，所以订单的传输、处理都是电子化的，空间和时间上有很大的不确定性，而且，每个订单都要送货上门，因此，电子商务的物流成本更高，配送路线的规划、配送日程的安排、配送车辆的合理调度难度更大。同时，电子商务物流技术上和管理理念的先进性，使增值服务功能发挥得更好，显得更加重要。

电子商务物流具有的"电子商务"性，使得物流在其运作特点和需求方面具备了一系列新特点。

（1）信息化

电子商务时代，物流信息化是电子商务的必然要求。物流信息化表现为物流信息的商品化、物流信息收集的数据库化和代码化、物流信息处理的电子化和计算机化、物流信息传递的标准化和适时化以及物流信息存储的数字化等。没有物流的信息化，任何先进的技术设备都不可能应用于物流领域，信息技术及计算机技术在物流中的应用将会彻底改变世界物流的面貌。

（2）自动化

自动化的基础是信息化，自动化的核心是机电一体化，自动化的外在表现是无人化，自动化的效果是省力化。另外，自动化还可以扩大物流作业能力，提高劳动生产率以及减少物流作业的差错等。物流自动化的设施非常多，如条码、语音、射频自动识别系统、自动分拣系统、自动存取系统、自动导向车系统以及货物自动跟踪系统等。这些设施在发达国家已普遍应用于物流作业流程中，而在我国由于物流业起步晚，发展水平低，自动化技术的普及还需要相当长的时间。

（3）网络化

网络化的基础也是信息化，这里的网络化有两层含义：

一是物流配送系统的计算机通信网络，包括物流配送中心与供应商或制造商的联系要通过计算机网络，另外，与下游顾客之间的联系也要通过计算机网络。

二是组织的网络化。比如，中国台湾的计算机业在 20 世纪 90 年代创造出了"全球运筹式产销模式"，这种模式的基本点是按照客户定单组织生产，生产采取分散形式，即将全世界的计算机资源都利用起来，采取外包的形式将一台计算机的所有零部件、元器件、芯片外包给世界各地的制造商去生产，然后通过全球的物流网络将这些零部件、元器件和芯片发往同一个物流配送中心进行组装，由该物流配送中心将组装的计算机迅速配送给客户。物流的网络化是物流信息化的必然，是电子商务物流活动的主要特征之一。

目前，Internet（因特网）等全球网络资源的可用性及网络技术的普及为物流的网络化提供了良好的外部环境。

（4）智能化

智能化是电子商务物流自动化、信息化的一种高层次应用，物流作业过程中大量的运筹和决策，如库存水平的确定、运输（搬运）路径的选择、自动导向车的运行轨迹和作业控制、自动分拣机的运行以及物流配送中心经营管理的决策支持等问题都需要借助于大量的知识才能解决。在物流自动化的进程中，物流智能化已成为电子商务物流发展的一个新趋势，需要通过专家系统、机器人等相关技术来解决。

（5）柔性化

柔性化的物流正是适应生产、流通与消费的需求而发展起来的一种新型物流模式。物流柔性化要求物流配送中心要根据电子商务消费者需求"多品种、小批量、多批次、短周期"的特色，灵活组织和实施物流作业。

（6）透明化

由于信息技术、现代技术的使用使得不同利益主体能够全程跟踪整个物流过程，因此使得整个物流过程更加透明化。

1.2.4 电子商务物流管理系统

电子商务物流管理是为了以合适的物流成本达到电子商务用户满意的服务水平，对电子商务物流活动过程及相关信息进行的计划、组织、协调与控制。电子商务物流管理是一项系统工程，必须从系统的角度认识，运用系统论的思想进行管理。

1．物流系统的构成

物流系统（Logistics System）是由两个或两个以上的物流功能单元构成的，以完成物流服务为目的的有机集合体。物流系统是一个非常复杂的系统，下面从不同层面对物流系统的构成作简单介绍。

从供应链角度看，电子商务物流系统包括供应物流系统、生产物流系统、销售物流系统、回收物流系统和废弃物物流系统五大子系统，如图1-4所示。

图1-4　物流五大子系统

从物流基本功能角度看，物流系统的主要功能单元由运输、储存、装卸、搬运、包装、流通加工、配送、信息处理等构成（见图 1-5）。

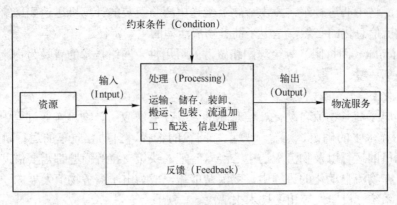

图 1-5　物流系统功能单元

（1）运输（Transportation）

运输是指用设备和工具，将物品从一个地点向另一个地点运送的物流活动。其中包括集货、分配、搬运、中转、装入、卸下、分散等一系列操作。主要业务有集货、运输方式和工具选择、路线和行程规划、车辆调度、送达等。

（2）储存（Storing）

储存是指保护、管理、储藏物品。可以进一步细分为仓储管理（包括收货、检验、分拣、保管、拣选、出货）和库存控制（包括库存品种、数量、金额、地区、方式、时间等结构的控制）。前者偏重对确定的库存进行动态和静态的管理，后者属于储存决策（确定储存组合）。

（3）装卸（Loading and Unloading）

装卸是指物品在指定地点以人力或机械装入运输设备或卸下。在这个功能单元里还包括搬运（Handling / Carrying），即在同一场所内对物品进行水平移动为主的物流作业。

（4）包装（Package / Packaging）

包装是为了在流通过程中保护产品、方便储运、促进销售，按一定技术方法而采用的容器、材料及辅助物等的总体名称。也指为了达到上述目的而采用容器、材料和辅助物的过程中施加一定技术方法等的操作活动。包装可以进一步细分为销售包装和物流包装。

（5）配送（Distribution）

配送是指在经济合理区域范围内，根据用户要求，对物品进行拣选、加工、包装、分割、组配等作业，并按时送达指定地点的物流活动。

（6）流通加工（Distribution Processing）

流通加工是指物品在从生产地到使用地的过程中，根据需要施加包装、分割、计量、分拣、刷标志、拴标签、组装等简单作业的总称。它可以进一步细分为生产型加工（剪切、预制、装袋、洗净、搅拌等）、促销型加工（分级、贴条码、换装、分割、称量等）、物流型加工（冷冻、冷藏、理货、贴物流标签等）。

（7）物流信息（Logistics Information）

物流信息包括物流要素信息（流体、载体、流向、流量、流程）、管理信息（物流企业或者物流部门人、财、物等信息）、运作信息（功能、资源、网络、市场、客户、供应商等）和外部信息（政策、法律、技术等）。

2. 电子商务物流系统管理原则

电子商务物流是一个系统，其作业环节多、流程复杂，如图 1-6 所示，必须把系统论的管理原则贯穿始终。

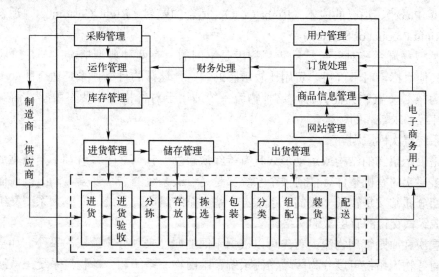

图 1-6 电子商务物流系统一般流程

（1）系统整体性原则

系统论的核心原则是整体性原则。电子商务物流系统是一个有机的整体，不是各个部分的机械组合或简单相加，系统的整体功能是各要素在孤立状态下所没有的。哲学家亚里士多德曾用"整体大于部分之和"的名言来说明系统的整体性，反对那种认为要素性能好，整体性能一定好，以局部说明整体的机械论的观点。系统中各要素不是孤立地存在着，每个要素在系统中都处于一定的位置上，起着特定的作用。要素之间相互关联，构成了一个不可分割的整体。要素是整体中的要素，如果将要素从系统整体中割离出来，它将失去要素的作用。正如人手在人体中它是劳动的器官，一旦将手从人体中砍下来，那它将不再是劳动的器官一样。

电子商务物流系统庞大，组成要素太多，物流要素的构成非常复杂，物流要素常常处于分散、分割的状态。而物流系统要求要素必须合作和谐，因此，为了实现物流系统整体最优，必须对所有的物流要素进行集成。从广义上讲，"集成"既可理解为"一体化"，也可理解为"整合"。"集成"就是为了提高运作效率，将业务集中起来，实行一体化经营。

物流集成化是指通过一定的制度安排，对供应链上物流系统的功能、资源、信息、网络要素及流动要素等进行统一规划、管理和评价，通过要素之间的协调和配合使所有要素能够像一个整体在运作，从而实现供应链物流系统要素之间的联系，达到供应链物流系统整体优化的过程。

（2）系统目标性原则

系统之所以存在就是要达到某种目标，是系统的产出期望。电子商务物流系统的目标是多元化的，有时候还可能是冲突的。当系统以整体的面目出现时，需要对系统的不同目标进行协调和权衡，将系统的目标分成不同层次、不同重要程度、不同时间序列等，最终形成整个系统统一的目标体系。

电子商务物流系统的目标概括地说就是以较低的成本和优良的顾客服务完成商品实体从供应地到消费地的运动。具体来说，有专家将电子商务物流系统的目标概括为 7R，即适合的质量（Right Quality）、适合的数量（Right Quantity）、适合的时间（Right Time）、适合的地点（Right Place）、适合的成本（Right Cost）、适合的顾客（Right Customer）、适合的产品或服务（Right Product or Service）。

不同类型物流系统对各目标的重视程度是不同的，有两种典型情况：一是以成本为核心，兼顾其他目标，对于价格、费用比较敏感的顾客，这样的目标体系是适合的；二是以服务、速度为核心，兼顾其他目标，这种物流系统适用于对价格、收费不敏感，而对服务水平、准时性等要求较高的顾客。

（3）系统层次性原则

层次是表示事物的结构或运动形式具有等级次序性。任何一个系统都不是孤立的，是有多级别、多层次的有机整体。任何一个系统都是高一级系统的一个要素，同时，任何一个系统的组成部分通常又是较低一级的子系统。一些小系统组成大系统，一些大系统又组成更大系统，形成纵横交错的有层次的网络。

根据层次性原则管理物流，首先可以根据不同的属性来划分物流层次系统。如从地域来讲，电子商务物流系统可以分为区域物流系统、国内物流系统和全球物流系统；从涉及的范围来讲，可以分为企业物流系统、行业物流系统和社会物流系统。其中，就企业物流系统来讲，又可分为运输、储存、装卸、搬运、流通加工、配送、信息处理等不同子系统。

运用系统层次性原则管理物流，就是当发现较低级层次系统（或小系统）的矛盾无法解决时，就可以放到高一级的系统（或较大系统）内去考虑，往往会豁然开朗，找到更好的解决方案。例如，单纯从采购系统考虑，大批量采购会降低成本；单纯从储存系统考虑，小批量采购成本最低。只有站在企业整个物流系统思考才能找到最经济的采购批量。

（4）系统开放性原则

系统开放性是指系统与环境发生交换关系的属性，亦即系统具有从环境输入物质、能量与信息的属性，也具有向环境输出物质、能量与信息的属性。输入与输出是表征系统开放性的两个方面。

电子商务物流系统是物流系统随着电子商务系统的发展才逐渐出现的，本身就是系统开放的产物，所以电子商务物流管理也必须坚持系统开放性原则，不断从信息技术发展中吸收能量，从电子商务发展中寻找市场，逐渐形成一个为社会提供优质物流服务、健康有序的系统。

（5）系统动态性原则

系统动态性是指系统作为一个运动着的有机体，其稳定状态是相对的，运动状态则是绝对的，系统不仅作为一个功能实体而存在，而且作为一种运动而存在。

信息化和柔性化是电子商务物流的显著特征。由于信息技术日新月异，电子商务客户的需求千差万别且极不稳定，因此要求电子商务物流系统必须坚持动态性原则，能够根据外界变化及时调整物流系统要素，更好地满足顾客需要。要做到这一点，电子商务物流企业应该具有较强的快速反应能力。

1.3 电子商务物流运作模式

1.3.1 电子商务对物流的新要求

电子商务对物流的要求与传统经营方式下对物流的要求有着显著的不同，主要表现在以下几个方面。

1. 供应链管理

在传统的经营模式下，供应商、企业、批发商、零售商及最终用户之间是相互独立的，企业内部各职能部门之间也是各自按照本部门的利益开展生产经营活动。供应链管理的目的是通过优化提高所有相关过程的速度和确定性，使所有相关过程的净增价值最大化，以求提高组织的运作效率和效益。实行供应链管理可以使供应链中的各成员企业之间的业务关系得到强化，变过去企业与外部组织之间的相互独立关系为紧密合作关系，形成新的命运共同体。供应链管理可以显著提高物流的效率，降低物流成本，大大提高企业的劳动生产率。

2. 零库存生产

电子商务的运作一般要求企业通过网络接收订单，随后按照订单要求组织生产，即以需定产。与传统的"先生产、后推销"的做法完全不同。广州到内蒙古物流专线在传统的经营方式下，无论生产企业、销售企业都必须保证一定的库存，同时还必须承担商品销不出去的风险。电子商务要求企业的物流运作必须符合零库存生产的需要。

零库存生产源自英文"Just In Time"，即"准时化生产"，意指供应者将原材料、零部件以用户所需要的数量，在所需要的时间送到特定的生产线。零库存生产是在电子商务条件下对生产阶段物流的新要求。它的目的是使生产过程中的原材料、零部件、半成品以及制成品能高效率地在生产的各个环节中流动，缩短物质实体在生产过程中的停留时间，并杜绝产生物品库存积压、短缺和浪费现象。

零库存生产要求企业的每一个生产环节都必须从下一环节的需求时间、数量、结构出发来组织好均衡生产、供应和流通，并且无论是生产者、供应商还是物流企业或零售商都应对各自的下游客户做正确的需求预测。电子商务既为零库存生产创造了条件，也要求企业通过零库存生产来产生效益。

3. 信息化和高技术化

物流的信息化是电子商务物流的基本要求，没有物流的信息化，要做到物流的高效运作是不可能的。企业信息化是开展电子商务的基础，物流信息化是企业信息化的重要组成部分。物流信息化表现为物流信息的商品化、物流信息收集的数据化和代码化、物流信息处理的电子化、物流信息传递的标准化和实时化、物流信息储存的数字化等。物流信息化能更好地协调生产与销售、运输、储存等各环节的联系，对优化供货程序、缩短物流时间及降低库存都具有十分重要的意义。物流信息化必须由物流的高技术化作保证。物流的高技术化是指在物流系统应用现代技术，实现物流处理的自动化与智能化。目前，物流领域应用的高技术主要有以下几方面：条码技术、电子数据交换、全球定位系统等。

4. 物流配送的全球化

电子商务的运作本身是跨国界的，打破了传统经营方式中地理范围的限制。但是，电子商务为众多企业拓展市场边界的同时，也对企业的物流配送提出了全球化服务的要求。近年来，广州到山西物流专线随着科技的进步，特别是网络技术的发展，世界经济全球化的进程越来越快，中国加入 WTO 后，中国国内市场国际化以及国际市场国内化的趋势十分明显。能否为全球用户提供满意的物流配送服务将成为衡量我国企业国际竞争力的重要因素。

物流配送的全球化要求我国企业对物流各系统的相关要素进行合理调整，选择最佳的物流配送模式，按照国际惯例来组织物流运作。同时，物流配送的全球化趋势也使得传统的生产企业不得不依靠专业的物流企业提供国际性的物流配送服务，并且他们之间的关系变成了新型的战略伙伴关系。

物流全球化势必要求物流组织的网络化，也即物流企业必须在全球范围内设立物流组织，形成反应灵敏、步调一致、信息沟通快捷的物流运作体系，才能适应电子商务提出的"三准原则"（即准确的货物、在准确的时间、送到准确的地点），并以尽可能低的成本和尽可能短的时间为全球客户提供优质的物流服务。

5．物流服务的多功能化与社会化

电子商务的物流要求物流企业提供全方位的服务，既包括仓储、运输服务，还包括配货、分发和各种客户需要的配套服务，使物流成为连接生产企业与最终用户的重要环节。电子商务的物流要求把物流的各个环节作为一个完整的系统进行统筹协调、合理规划，使物流服务的功能多样化，更好地满足客户的要求。

随着电子商务的发展，物流服务的社会化趋势也越来越明显。广州到天津物流专线在传统的经营方式下，无论是实力雄厚的大企业，还是三五十人的小企业，一般都由企业自身承担物流职能，导致物流高成本、低效率的结果。而在电子商务条件下，特别是对小企业来说，在网上订购、网上支付实现后，最关键的问题就是物流配送。如果完全依靠自己的能力来承担肯定是力不从心的，特别是面对跨地区、甚至跨国界的用户时将显得束手无策。因此，物流的社会化将是适应电子商务发展的一个十分重要的趋势。

1.3.2 电子商务环境下的物流运作模式

电子商务企业采取的物流模式一般有自营物流、物流联盟及第三方物流等运作模式。此外，第四方物流模式作为一个新生模式，正在被研究和实践着。

1．自营物流模式

（1）自营物流的内涵

电子商务企业借助自身的物质条件，自行开展经营的物流，称为自营物流。采取自营物流模式的电子商务企业主要有两类。第一类是资金实力雄厚而且业务规模较大的电子商务公司。由于电子商务在我国兴起的时候国内第三方物流的服务水平远不能满足当时电子商务公司的要求，而这些电子商务公司手中持有大量的外国风险投资，为了抢占市场的制高点，不惜动用大量资金，在一定区域甚至全国范围内建立自己的物流配送系统。第二类是传统的大型制造企业或批发企业经营的电子商务网站，由于其自身在长期的传统商务中已经建立起初具规模的营销网络物流配送体系，在开展电子商务时只需将其加以改进、完善，就可满足电子商务条件下对物流配送的要求。

需要说明的有两点：

第一，自营物流并非不能把有些功能外包。

根据自身条件，可以将有关的物流服务委托给专门的企业去做，即从市场上购买有关的物流服务（如向运输公司购买运输服务，向仓储企业购买仓储服务）。但这些服务只限于一次或者一系列分散的物流功能，而且是临时的、纯市场交易的服务。另外，即便物流服务的基础设施为自身所有，但委托有关的物流企业来运作，如请仓库管理公司来管理仓库，或请专业物流企业来运作管理现有的企业车队。从产业进化的角度来看这是一个进步。

第二，自营物流应充分借助于传统流通渠道。

对于已经开展传统商务的企业，可以建立基于网络的电子商务销售系统，同时也可以利用原有的物流渠道承担电子商务的物流业务。传统流通渠道在电子商务环境下依然有其不可替代的优势，首先是传统商业历史悠久，有良好的顾客基础，已经形成的品牌效应在很大程度上是配送信用的保证。其次是那些具有一定规模的连锁店、加盟经营店使准确及时的配送在全国范围内成为可能。另外，由于传统渠道本身也存在商品配送的任务，如果网站把商品配送任务交给传统流通渠道解决，那么可以充分利用一些闲置的仓储、运输资源，相对于使用全新的系统，成本降低了。

目前从事传统销售业务的企业主要包括制造商、批发商、零售商等。从专业分工的角度看，制造商的核心业务是商品开发、设计和制造，但越来越多的制造商不仅有庞大的销售网络，而且有覆盖整个销售区域的物流配送网。这些制造企业完全可能利用原有的物流网络和设施支持电子商务业务，这样开展电子商务就不需新增物流、配送投资。和制造商相比，批发商和零售商具有组织物流的优势，因为它们的主业就是流通。

（2）自营物流的优点

1）可以有效控制物流业务运作。在自营物流的情况下，电子商务企业可以通过内部行政权力控制自营物流运作的各个环节，因而对供应链有较强的控制能力，容易与其他业务环节密切配合，可以使企业的供应链更好地保持协调、稳定，提高了物流运作效率。控制力加强，可以较好地保证信息流和资金流的安全，很好地支持货到付款业务（Cash On Delivery，COD）。

2）可以使服务更加快速灵活。与第三方物流相比，自营物流由于整个物流体系属于企业内部的一个组成部分，与企业经营部门关系密切，以服务于本企业为主要目标，能够更好地满足企业在物流业务上的时间、空间和个性化要求，特别是要求配送频繁的企业，自营物流能更快速、更灵活地满足企业要求。

3）可以加强与客户的沟通，提升企业形象。电子商务公司利用自己的物流系统送货，能和客户面对面接触，能更好地了解客户需求，同时也让客户更好地了解电子商务企业。与客户的良好沟通加上优质的服务，有利于企业形象的提升和品牌的塑造。

（3）自营物流的缺点

1）一次性固定投入较高。虽然自营物流具有自身的优势，但由于物流体系涉及运输、仓储、包装等多个环节，建立物流系统的一次性投资较大，占用资金较多，对于资金有限的企业来说，物流系统建设投资是一个很大的负担。调查显示，对不少新建电子商务企业，自建物流配送系统的物流费用常常占企业成本的 30%以上，远远高于物流外包所产生的成本。因此，自建物流配送系统必须考虑企业的短期目标与长远规划，尽可能以较少投入获得最大化物流效益。

2）对物流管理能力要求高。自营物流的运营，需要企业工作人员具有专业化的物流管理能力，否则仅有好的硬件，也是无法高效运营的。目前我国的物流人才培养严重滞后，导致了我国物流人才的严重短缺，企业内部从事物流管理的人员的综合素质也不高，面对复杂多样的物流问题，经常是凭借经验或者说是主观的考虑来解决，成为企业自营物流一大亟待解决的问题。

3）很难满足企业地域扩张的需要。自建物流配送系统可能在企业创建初期能满足物流需求，但是随着企业规模的扩大和市场拓展范围的扩宽而不胜其力。通常情况下，许多电子商务企业在早期将销售业务范围主要集中在某一区域，比如同城或者同省，初具规模后再将业务扩展到其他地区。由于电子商务跨越地域局限的技术优势，在大踏步跑马圈地的拓展中令物流感到吃力，物流配送系统服务的地区难以跟上电子商务业务范围的不断扩大。

2．物流联盟模式

（1）物流联盟的概念及特征

按照国家标准《物流术语》（GB/T 18354—2006），物流联盟（Logistics Alliance）是指两个或两个以上的经济组织为实现特定的物流目标而采取的长期联合与合作。换句话说，是指在物流方面通过签署合同形成优势互补、要素双向或多向流动、相互信任、共担风险、共享收益的物流伙伴关系。企业之间不完全采取导致自身利益最大化的行为，也不完全采取导致共同利益最大化的行为。

一般来说，组成物流联盟的企业之间具有很强的依赖性，物流联盟的各个组成企业明确自身在整个物流联盟中的优势及担当的角色，内部的对抗和冲突减少，分工明晰，使供应商把注意力集中在提供客户指定的服务上，最终提高了企业的竞争能力和竞争效率，满足企业跨地区、全方位物流服务的要求。物流联盟的风险在于容易产生对战略伙伴的过分依赖，由于资产专用性和信息不对称而可能使企业蒙受损失，还可能造成核心竞争力的丧失。

西方国家将这种公司合作关系的特点归纳为"8I"。

1）个体的优秀（Individual Excellence）：合作双方都是有实力的，并且都有一些有价值的东西贡献给这种合作关系。它们卷入这种关系的动机是积极的（追寻未来的机会），而不是消极的（掩盖弱点或逃避困境）。

2）重要性（Importance）：这种关系适合合伙人的主要战略目标，如实现系统的双赢，而且在长期的合作目标中，这种关系扮演着关键的角色。

3）相互依赖（Interdependence）：合作者彼此需要，他们拥有互补的资产和技术。任何一方都无法完成双方合作才能完成的事情，即双方具有充分信任的基础。

4）投资（Investment）：合作者彼此投资（如通过等价交换、交叉物权，或者相互提供服务等），以显示其在合作关系中的投入。并通过这种投入，显示其长期合作的诚意。

5）信息（Information）：即双方进行充分的信息交流和共享，包括他们的目标、技术数据、冲突知识、成本、进度、质量控制等信息。运用 EDI 和 Internet 进行充分的交流。

6）一体化（Integration）：通过一定的制度安排，对物流系统功能、资源、网络要素及流动要素进行统一规划、管理和评价，通过要素之间的协调和配合完成物流的整体运作。

7）制度化（Institutionalization）：把联盟关系规范并固定下来，具有明确的责任和精确的过程。这种关系不会因为人为的因素或者一时冲动遭到破坏。

8）诚信（Integrity）：合作者彼此之间的行为采用使人尊敬的方式，以证明和强化相互间的信任。他们不滥用得到的信息，彼此之间也不搞破坏。

（2）物流联盟的建立方式

物流企业联盟有不同的建立方式，主要包括如下几种。

1）纵向一体化物流战略联盟：纵向一体化物流战略联盟是指处于物流活动不同作业环节的企业之间通过相互协调形成的合作性、共同化的物流管理系统。针对我国的实际情况，在不同物流作业环节具有比较优势的各个物流企业之间可以进行合作或形成一体化供应链。

2）横向一体化物流战略联盟：横向一体化物流战略联盟是指相同地域或者不同地域的服务范围相同的物流企业之间达成的协调、统一运营的物流管理系统。如对具有专线运输优势的中小型民营物流企业而言，可以通过自发地整合、资产重组、资源共享，依靠自身优势，在短时间内形成合力和核心竞争力，而且自己研发信息系统，使企业在物流领域实现质的突破，形成一个完善的物流网络体系。另外，以连锁加盟形式创建企业品牌也以不断扩大的物流规模获得了人们的普遍关注。

此外，由处于平行位置的几个物流企业结成联盟也是横向联盟的一种形式。目前国内真正能提供物流一站式服务的大型物流企业并不存在。组建横向一体化物流战略联盟能使分散的物流产业获得规模经济和集约化运作，从而降低成本和风险。

3）混合型物流战略联盟：混合型物流战略联盟是指既有处于平行位置的物流企业，也有处于上下游位置的中小企业加盟组成，他们的核心是第三方物流机构。由于同一行业中多个中小企业存在着相似的物流需求，第三方物流机构水平一体化物流管理可使它们在物流方面合作，使社会分散的物流获得规模经济，提高物流效率。这种物流战略联盟可使众多中小企业联盟成员共担风险，降低企业物流成本，并能从第三方物流机构得到过剩的物流能力与较强的物流管理能力，提高企业经济效益。同时，第三方物流机构通过统筹规划，能减少社会物流资源的浪费，减少社会物流过程的重复劳动。

【案例1-2】 唯品会重组旗下品骏物流，莫非想打造下一个京东物流？

2017年5月16日，唯品会发布2017年一季度财报，2017年一季度唯品会实现营收159.5亿元，同比增长31.1%，一季度归属于唯品会股东的净利润达到5.519亿元，同比增长16.3%。据悉，这也是唯品会连续18个季度持续盈利。

财报公布的同时，唯品会宣布分拆互联网金融业务和重组物流业务，这意味着唯品会将打造一个由电商、金融和物流三大板块组成的战略矩阵。物流已然成为唯品会的重要板块之一，新增贵阳与昆明两大前置仓，将前置仓的数量提升至7个。

截至2017年5月，唯品会全国仓储面积达210万平方米，并引入自动化系统。一季度唯品会实现了93%的订单由自有物流配送，这一数字在去年同期为83%，由终端配送人员直接上门退货的比例从去年同期的30%增长至67%。

和京东一样，在物流方面，唯品会一直在尝试自营物流，其目前93%的订单已经实现了自有配送，其下属有独立的自营物流品牌品骏快递。在这一点上，唯品会似乎比京东走得更远一些。

另外，2016年，唯品会与湖北省宜昌市猇亭区政府、宜昌三峡机场，就建立区域性货物分拨中心以及航空货运枢纽达成战略合作意向。宜昌三峡机场将打造成集快递枢纽和货航枢纽为一体的"双枢纽",成为唯品会国内航空快件的集散和仓储中心。唯品会还计划与奥凯航空等合作伙伴共建新的货运航空公司。

唯品会自建物流是否有点京东的味道,现在又提出分拆和重组物流业务,不知道是不是也要步京东的后尘,或是看到了"三通一达"去年在资本上的成绩,独立和重组物流,也许是为了在资本上有所获。

品骏控股有限公司(以下简称品骏快递),成立于 2013 年 12 月 9 日,面向国内外企业及个人提供高端物流配送一体化服务。主营业务包括快递、干线运输、营销传媒、航空货运、仓储管理等业务,注册资本 10 亿元。目前配送范围已经覆盖中国大陆 31 个省级行政区,包括新疆、西藏、青海、内蒙古等偏远地区,并大力拓展中国香港特别行政区、韩国、美国、法国、德国、日本等地区及国家的海淘和跨国配送业务。

目前,品骏快递已经在华南、华北、西南、华中、华东地区设立五大仓储中心,总面积超 200 万平方米;同时,自建网点 2500 余个,现有员工 20 000 余人,年投送包裹超 2.9 亿件。预计 2019 年,公司员工将突破 80 000 人,营业收入超过 100 亿元(2016 年年底数据)。

品骏快递作为唯品会的自建物流,目前已经承接唯品会约 80%以上的物流配送服务,平均每天近百万的单量保证了公司稳定的业务来源。除此之外,公司积极拓展非唯品会业务,以开放合作、互利共赢的态度为其他客户提供高品质的物流配送服务。

(来源:中国投资资讯网,有改动)

3.第三方物流模式

第三方物流(Third Party Logistics,TPL)指接受客户委托为其提供专项或全面的物流系统设计以及系统运营的物流服务模式,也称合同物流、契约物流。第三方是指提供部分或全部物流功能服务的一个外部提供者,是物流专业化和社会化的一种形式。

(1)第三方物流的产生

1)第三方物流的产生是社会分工的结果。

在外包(Out-sourcing)等新型管理理念的影响下,各企业为增强市场竞争力,而将企业的资金、人力、物力投入到其核心业务上去,寻求社会化分工协作带来的效率和效益的最大化。专业化分工的结果导致许多非核心业务从企业生产经营活动中分离出来,其中包括物流业。

2)第三方物流的产生是新型管理理念的要求。

进入 20 世纪 90 年代后,信息技术特别是计算机技术的高速发展与社会分工的进一步细化,推动着管理技术和思想的迅速更新,由此产生了供应链、虚拟企业等一系列强调外部协调和合作的新型管理理念,既增加了物流活动的复杂性,又对物流活动提出了零库存、准时制、快速反应、有效的顾客反应等更高的要求,使一般企业很难承担此类业务,由此产生了专业化物流服务的需求。第三方物流的思想正是为满足这种需求而产生的。它的出现一方面迎合了个性需求时代企业间资源配置不断变化的要求,另一方面实现了进出物流的整合,提高了物流服务质量,加强了对供应链的全面控制和协调,促进供应链达到整体最佳性。

3)改善物流与强化竞争力相结合意识的萌芽。

物流研究与物流实践经历了成本导向、利润导向、竞争力导向等几个阶段。将物流改善与竞争力提高的目标相结合是物流理论与技术成熟的标志,这也是第三方物流概念出现的逻辑基础。

4）物流领域的竞争激化导致综合物流业务的发展。

随着经济自由化和贸易全球化的发展，物流领域的政策不断放宽，同时也导致物流企业自身竞争的激化。物流企业不断地拓展服务内涵和外延，从而导致第三方物流的出现，这是第三方物流概念出现的历史基础。

（2）利用第三方物流的利与弊

第三方物流尽管和自营物流与物流联盟一样，优势与劣势并存（见表 1-1）。但在当今竞争日趋激化和社会分工日益细化的大背景下，电子商务企业选择第三方物流有明显的优越性，具体表现如下。

表 1-1　三种物流模式的比较

	第三方物流	自营物流	物流联盟
优势	集中精力在核心业务；减少固定资产投资，降低投资风险；专业化管理和规模优势；提供更高水平的服务	有效控制物流业务运作；可以加强客户沟通，提升企业形象；使服务更加快速、灵活	可以降低经营风险和不确定性；减少投资；获得物流技术和管理技巧
劣势	不能直接控制物流职能；不能保证供货的准确和及时；不能保证顾客服务的质量和维护与顾客的长期关系；企业将放弃对物流专业技术的开发等	一次性固定投入较高；对物流管理能力要求高；很难满足企业地域扩张的需要	选择、更换物流伙伴比较困难

1）利于企业集中精力在核心业务上。

由于任何企业的资源都是有限的，很难成为业务上面面俱到的专家，为此，电子商务企业应把自己的主要资源集中于自己擅长的主业，如电子商务平台的建设、网络营销、订单处理、信息收集、安全支付服务等，而把物流等不擅长的业务留给物流公司。

2）减少固定资产投资，降低投资风险。

电子商务企业自建物流需要投入大量的资金购买物流设备，建设仓库和信息网络，这些资源对于缺乏资金的企业，特别是中小电子商务企业来说是个沉重的负担。而且，资金一旦投入，由于管理非专业化和资产专用性，还会使企业面临无法收回投资和资产处理困难的风险。如果使用第三方物流公司，不仅减少了设施的投资，还可以利用第三方物流企业的专业化管理能力，降低库存，加速资金周转，减少资金风险。

3）充分发挥专业化管理和规模优势。

第三方物流企业专注于物流业务，可以站在物流系统的高度，利用自身专业化的物流规划能力、信息技术处理能力和协调平衡能力把物流系统各个功能有机配合，实现总体成本的最低化。由于第三方物流企业面向社会承接业务，因此可以实现规模化配送，最大限度地减少车辆空载和仓库限制，充分利用物流资源。

4）为顾客提供更高水平的服务。

物流服务水平是企业实力的一种体现。拥有完善信息网络和节点网络的第三方物流企业能够加快客户订货的反应能力，加快订单处理，缩短交货时间，实现货物"门对门"运输，提高顾客满意度。第三方物流企业严格监控在途货物，可以及时发现并处理配送过程中的意外事故，保证货物安全送达。另外，产品的售后服务、退货处理、废品回收也可以由第三方物流企业来完成，保证为客户提供全面且高水平的服务。

当然，与自营物流相比较，第三方物流在为企业提供上述便利的同时，也会给企业带来诸多的不利。主要有：企业不能直接控制物流职能；不能保证供货的准确和及时；不能保证顾客服务的质量和维护与顾客的长期关系；企业将放弃对物流专业技术的开发等。比如，企业在使用第三方物流时，第三方物流公司的员工经常与你的客户发生交往，此时，第三方物流公司会通过在运输工具上喷涂它自己的标志或让公司员工穿着统一服饰等方式来提升第三方物流公司在顾客心目中的整体形象从而取代你的地位。

4．第四方物流模式

（1）第四方物流概念的提出

企业物流管理实践对第三方物流提出更高要求。第三方物流在面向供应链管理的大趋势下出现了一些不适合物流发展的情况。首先，虽然第三方物流解决了企业物流某些方面的问题，如节约了物流成本，提高了物流效率，但从整个地区、整个国家来说，第三方物流企业各自为政，这种加和的结果很难达到最优，难以解决经济发展中的物流瓶颈，尤其是电子商务中新的物流瓶颈。其次，现代物流产业发展需要高技术、高素质的人才来支撑，分工进一步细化，第三方物流向专业化发展趋势明显。最后，第三方物流作为整个供应链的一部分，在通常情况下，不可能向客户提供整个供应链的物流服务，为了降低成本，企业不断扩大物流的外包。为获得整体效益的最大化，它们更愿意与一家公司合作，将业务统一交给能提供综合物流服务和供应链解决方案的企业。而且，由于在供应链中信息管理变得越来越重要，因此也有必要将物流管理活动统一起来，以充分提高信息的利用率和共享机制，提高外包的效率和效益。供应链管理中外包行为的这些变化促使很多第三方物流服务商与咨询机构和技术开发商开展协作，以增强竞争能力，由此产生了第四方物流。

1998 年，美国埃森哲（ACCENTURE）咨询公司提出了"第四方物流"（the Fourth Party Logistics，4PL）概念。埃森哲公司甚至注册了该术语的商标，并定义为"一个调配和管理组织自身的及具有互补性服务提供商的资源、能力与技术，来提供全面的供应链解决方案的供应链集成商"。对第四方物流概念可以从三个方面认识。

1）它是集成者。第四方物流不是一个另类的物流组织，它同第三方物流一样，是一个物流服务提供商，只不过是服务于某个性化、复杂化的物流客户，将相关的物流组织协调整合在一起的核心物流组织或各相关物流活动的集成者。

2）它是组织者。从战略联盟的角度来看，第四方物流服务商是物流企业战略联盟的组织者，从而提供物流解决方案并进行管理。

3）它本身又是服务者。第四方物流的目的是通过组织、协作各相关物流服务企业，更好地为顾客提供一流的物流服务。

【案例 1-3】 CS 物流公司的运作

Christian Salvesen（CS）物流公司是为杜邦公司在欧洲范围内的尼龙产品进行全程管理的，这个过程从生产线开始，到仓库、配送中心，最后到客户。在这个过程中，CS 物流公司不使用自己的车队和仓库，甚至不会动用 CS 的配送网络，只是帮助杜邦公司把产品的配送时间和运输力量调配到一个最合理的状态，这就是一个典型的第四方物流例子。在整个过程中，第四方物流自己不投入任何的固定资产，而是对买卖双方以及第三方物流供应商的资产和行为进行合理的调配和管理，集成各物流活动，组织各物流联盟成员，并提供一个完整的解决方案，为客户服务。

（资料来源：百度文库网，有改动）

（2）第四方物流的特征

综合以上的分析，我们可以得出第四方物流的几个特征。

1）集约性。第四方物流的经营集约化是指通过专业化和规模化的物流运营，使得客户企业的物流成本降低到最大限度，以提高客户企业产品的市场竞争力，使企业在供应链上集中核心竞争力，获得可持续竞争的优势。

2）增值性。第四方物流通过提供全面的供应链解决方案，利用对整个供应链产生的影响力来增加客户服务的价值。第四方物流关注的是整个供应链的"无缝"对接，而不像第三方物流只关注某个局部的效益。第四方物流可使那些供应链各环节连接上的成本消耗降到最低。

3）整合性。第四方物流能提供一个综合性的供应链解决方案。正如上文反复提及的，第四方物流企业整合供应链资源，规划、设计高效的供应链解决方案。这些整合性表现在：供应链再造，通过全局性的规划和实施，提高规模总量；功能整合，从传统的保证服务性的功能转化到引导、监控、优化供应链的功能上；通过供应链再造和功能整合，最终实现业务流程再造与整合。

4）创新性。第四方物流的创新性是通过整合供应链来得以实现的。在降低成本的基础上为客户寻找新的利润增长点，同时，通过业务流程再造，为企业设计新的管理制度，引入新的观念。第四方物流创造性地把第三方物流、技术服务和管理咨询融为一体，在最大程度上实现对客户的全方位服务。

（3）第四方物流的运作模式

1）协同运作模式。协同运作模式是指第三方物流（3PL）、管理咨询公司以及 IT 企业等组成战略联盟共同为客户提供第四方物流服务，开发物流市场，如图 1-7 所示。第四方物流服务的提供者是一个战略联盟组织，以联盟组织的形式来获得订单。这个联盟组织不是根据某个订单而临时组成的，它是根据几个具有互补性资产的企业，为了在竞争中赢得长期的竞争优势，迅速赢得客户，减少资产的重复建设而形成的一种利益共享的长期战略联盟。

2）方案集成商模式。在这种模式中，第四方物流集成多个服务供应商（包括 3PL、管理咨询及 IT 企业）的能力为它所承揽的单一客户提供运作和管理整个供应链的解决方案，如图 1-8 所示。在这种模式中，第四方物流的服务提供商成为主体，负责整个集成方案。例如，福特汽车集团在西班牙华伦西亚工厂的运作，就是聘请埃森哲顾问公司承担对该厂零部件供应链方案的开发，方案涉及建立供货商工业园区和物流中心。最终这个方案由 CLASA 物流服务商负责实施，结果使华伦西亚工厂管理得到改善，物流成本减少了 600 万美元。

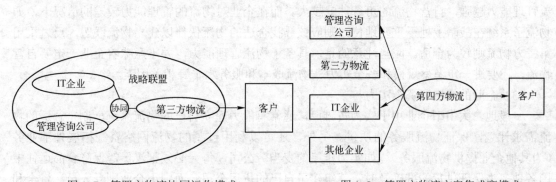

图 1-7　第四方物流协同运作模式　　　　　图 1-8　第四方物流方案集成商模式

3）行业创新者模式。在行业创新者模式中，第四方物流为多个行业的客户开发和提供供应链解决方案，以整合整个供应链的职能为重点，第四方物流将第三方物流企业、IT 企业、管理咨询公司等加以集成，向下游的客户提供解决方案，如图 1-9 所示。在这里，第四方物流的责任非常重要，因为它是上游企业集群和下游客户集群的纽带。行业解决方案会给整个行业带来最大的利益。第四方物流会通过卓越的运作策略、技术和供应链运作来提高整个行业的效率。

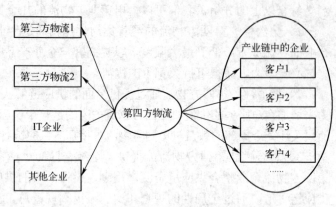

图 1-9　第四方物流行业创新者模式

我国电子商务发展迅速，所以迫切需要第四方物流对目前无序的物流发展状况进行整合提升。第四方物流是智力密集型行业，需要大批的物流专业人才，培养高素质的物流人才是当务之急。

1.3.3　电子商务物流运作模式的选择

1. 影响物流模式选择的因素

电子商务物流模式的选择是一项战略决策，应从物流对企业的战略重要性出发，在考虑物流管理能力的基础上，对企业规模实力、系统成本以及第三方物流商的服务能力等影响因素进行综合评价。

（1）物流对企业的战略重要性

在进行物流模式决策时，首先要考虑物流对电子商务企业的战略重要性，主要是看其是不是构成企业的核心能力以及对企业成功是否有关键性影响。在我国，核心能力指在竞争中起支配作用的力量，是能够为企业带来市场竞争优势的能力与资源的结合。具有了战略重要性才可以进一步考虑自营物流的条件，否则，可直接考虑物流联盟和第三方物流模式。

（2）企业对物流的管理能力

企业对物流的管理能力是影响其选择物流模式的又一个重要因素。一般而言，在其他条件相同的情况下，如果企业在物流管理方面具有很强的能力，自营物流就比较可取。企业物流管理能力越强，自营物流的可行性就越大。而在企业对物流的管理能力较差的情况下，如物流子系统在战略上处于重要地位，则应该寻找合适的物流伙伴以建立物流联盟，反之采用第三方物流则较为合适。应当注意的是，具备了物流管理能力，并不意味着企业一定要自营物流，还要进一步考察规模和资金实力、物流成本和服务水平等相关因素。

（3）企业的规模和资金实力

一般地，大中型企业由于实力较雄厚，通常有能力建立自己的物流系统，制定合适的物流需求计划，保证物流服务的质量。另外，还可以利用过剩的物流网络资源拓展外部业务（为其他企业提供物流服务）。如实力雄厚的麦当劳公司，每天必须把汉堡等保鲜食品运往中国各地，为保证供货的准确及时，就组建了自己的货运公司。而中小企业则受人员、资金和管理等资源的限制，物流管理效率难以提高，因此为了把资源用在主要的核心业务上，就应该把物流管理交给第三方专业物流代理公司负责。

（4）物流系统成本高低

在选择物流模式和设计物流系统时，要对模式和系统的总成本加以检验，最后选择成本最小的物流系统。从交易费用理论分析，企业物流外包的原因是为了在市场中寻找一种节约交易费用的制度安排。当企业内部组织管理成本高于使用市场交易成本时，企业就会选择市场模式（即外包给第三方物流）而放弃企业内部化物流业务（自有物流）。

（5）第三方物流商的服务能力

在选择物流模式时，尽管物流成本很重要，但外包物流为本企业及企业客户提供服务的能力同样是选择物流服务至关重要的因素。也就是说，外包物流在满足企业对原材料及时需求的能力和可靠性、外包物流提供商对企业的零售商和最终客户不断变化的需求的反应能力等方面应该作为重要的因素来考虑。

2．物流模式定性决策举例

假设现在根据"物流对于企业成功的关键程度"和"企业的物流管理能力"两个因素来选择物流模式，我们可以根据图 1-10 所示企业所处的位置决定最优方案。

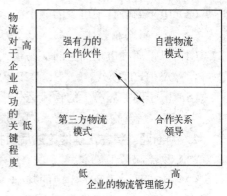

图 1-10　物流模式选择举例

方案 1：选择自营物流模式。如果物流对于企业成功很关键，企业对客户服务要求高，物流成本占总成本的比重大，且企业的物流管理能力较高，已经有高素质的人员对物流运作进行有效的管理，那么该企业就不应该采用第三方物流模式将物流业务外包出去，而应该采用自营物流模式。

方案 2：选择第三方物流模式。如果对于一家企业来说，物流对于企业成功不是很关键，物流并不是其核心战略，企业内部物流管理水平也不高，那么将物流业务外包给第三方物流企业就有利于降低成本，提高客户服务质量。

方案 3：选择物流联盟模式。①寻找强有力的合作伙伴。如果物流对于企业成功很关键，物流是企业战略的核心，但企业的物流管理能力很低，那么寻找物流伙伴将会给企业带来很多收益。好的合作伙伴在公司现有的、甚至还未进入的市场上拥有物流设施，可以向企业提供自营物流模式无法获得的物流服务及专业化的管理。②成为合作关系的领导。如果企业的物流活动不那么重要，但是企业的物流管理能力较高，由专业人员管理，那么企业就会主动寻找需要物流服务的伙伴，通过共享物流系统，提高货物流量，实现规模经济效益，降低企业成本。

最后需要说明的是，以上三种物流模式的划分并不具有很严格的界限，实际的企业情况往往是介于某几种模式之间，也就是说，企业也可以根据自身的实际情况选择一两种物流方式混用。比如，自营物流的企业，企业的物流基础设施的供应能力在满足本企业的需求外还有剩余，大企业将其所属的物流子公司向其他企业开放，即在保证本企业物流需求的前提下，也承担其他企业的物流业务，从而发挥商品物流的批量效益，提高物流资源的利用效率。例如，美的集团依据自身的实力和对物流的需求成立了安得物流公司，不仅满足了自身的物流需要，同时也作为专业物流公司向外发展业务。在安得物流公司的业务总量中，美的集团内部业务约占 60%，外部业务约占 40%。有些企业实行部分物流业务自行处理，部分业务实行外包的双结合模式。

1.4　知识测评

1. 选择题（每题至少有一个正确答案）

（1）以下哪一项不属于电子商务物流的特点？（　　　）。
  A. 信息化   B. 自动化   C. 网络化   D. 规模化

（2）从供应链角度看，电子商务物流系统包括（　　　）。
  A. 供应物流系统   B. 生产物流系统
  C. 销售物流系统   D. 废品物流系统

（3）电子商务必不可少的两个的组成要素分别是（　　　）。
  A. 计算机技术 B. 电子方式 C. 商务活动 D. 交易

（4）以下哪种电子商务的交易模式属于消费者对消费者的交易模式？（　　　）
  A. B2C 模式 B. B2B 模式 C. B2G 模式 D. C2C 模式

（5）电子商务环境下的物流运作模式包括（　　　）。
  A. 自营物流 B. 物流联盟 C. 第三方物流 D. 第四方物流

2. 判断题（请在正确的论述后面打√，错误的论述后面打×）

（1）物流起源于日本。（　　　）

（2）物流是电子商务实现的基础，同时，电子商务是物流发展的拉动力。（　　　）

（3）电子商务物流管理是一项系统工程，必须从系统的角度认识，运用系统论的思想进行管理。（　　　）

（4）电子商务对物流的新要求主要表现在供应链管理方面。（　　　）

（5）物流联盟是电子商务环境下最适宜的物流运作模式。（　　　）

1.5　案例分析：菜鸟网络 VS 京东，究竟谁的物流模式棒

曾经，菜鸟网络与京东展开了一场"口水"之战，下面是刘强东在节目《对话》中提到的观点。

1. 对"四通一达"而言，菜鸟是伙伴还是狼？

京东集团 CEO 刘强东在 2016 年 7 月 17 日晚间播出的央视《对话》栏目中，评价了京东物流的竞争对手菜鸟网络，他称菜鸟网络本质还是要在几个快递公司之上搭建数据系统，说得好听一点就是提升这几个快递公司的效率，说得难听一点，最后，几家快递公司的大部分利润，都会被菜鸟物流吸走。

此言一出，菜鸟网络于 2016 年 7 月 18 日发起了反攻，菜鸟回应说刘强东不懂物流，并称刘强东缺乏平台共享思维的意识，眼界只能停留在吸取合作伙伴利润养活自己上，不可能理解赋能伙伴、提升行业、繁荣生态的意义。

刘强东也表示，"四通一达"快递公司目前超过 50%的件来自天猫淘宝，命根子被抓住了，现在已经没有这个能力离开了，因为如果这些快递公司不这么做的话，菜鸟很可能就会

把他们踢出去。

菜鸟回应：菜鸟网络和快递公司相互依存，菜鸟网络的平台建设离不开快递公司，快递公司也需要菜鸟提供的服务和数据。

2．京东的模式仅仅是烧钱还是搭建体系？

刘强东还提到，中国目前的物流形态有三种，一种是第三方物流：比如"四通一达"；一种是智慧物流，比如阿里的菜鸟物流；另一种就是京东的自建物流，即供应链物流。说"四通一达"和菜鸟都是靠增加货物的搬运次数来赚钱，而自己的供应链物流是通过减少货物的搬运次数来赚钱。他解释道，供应链物流的设计核心是减少物品流动。当产品从工厂里生产出来，甚至还没有生产的时候，就告诉渠道商在哪个城市有哪些库房，每个库房要多少货。产品生产出来后就直接从工厂拉到京东的库房去了，这是第一次搬运。第二次搬运就是从库房搬到消费者家里去，再没有什么代理商、经销商，再也不用从这个库房搬到那个库房。

菜鸟则回应说，"在阿里巴巴和菜鸟网络的生态平台上，快递公司每年营收都呈现了超过30%以上的增速，创造就业超过200万人，今年以来多家快递公司均已申请上市，市值都超过了百亿元。反观京东，不仅连年亏损，还成为并购绞肉机，对合作伙伴的吸血和压榨，恰恰是京东的惯用手法，比如之前的易迅和拍拍，被收购后就迅速枯萎、死去。"

对此，刘强东表示："我们去年并不是真正的亏损，其实亏损只有 8 亿人民币。这是今天京东在全球电商界做一个标准，如果今天在美国亚马逊买东西，他到货速度绝对比我差很多，我们绝对比美国亚马逊好很多的。"

他还认为，京东有两种模式，就是物流投资主要是人的投资，其实真正花钱的就是仓储，仓储可以选择租赁，但我们算过账，也许 20 亿、30 亿就有一个覆盖全国的物流网络，现在投资最多的就是买土地建自己的库房，租不到这么大的物流中心必须自建，一年可能上百亿，但是这些本身都是公司的资产，并不是烧掉了，不是现在互联网公司真正烧掉的，补贴，我们其实没有。真正烧钱的很少，都变成公司有价值的资产放在那儿了。

3．顺丰为什么不和菜鸟深度合作？

同时，刘强东还提到，只有顺丰没有与菜鸟展开深入合作。因为顺丰对天猫淘宝的依赖不大，控制不了顺丰。

对此，菜鸟新闻发言人表示，顺丰和菜鸟正在各方面展开积极合作，丰巢自提柜信息就已经全面接入菜鸟系统。

其实，这已经不是菜鸟网络和京东的第一次"口水战"了，早在2016年5月12日，第二届亚洲消费电子展（CES Asia）期间，京东在展台曝光了正在研发中的两款用来送货的无人机。

在 2016 年 6 月 13 日由菜鸟网络主办的全球智慧物流峰会上，菜鸟网络 CEO 童文红表示，现在一些企业在展示无人机，"不要认为搞了个无人机，就是进入了智慧物流"。

京东和菜鸟的对撕代表着两种不同物流模式的较量，同时，也反映出双方都意识到物流对未来电商平台发展的重要作用。其实，除了菜鸟能通过平台形式聚集一帮快递企业外，京东也在通过"自建+收购"的模式构建自己的物流王国。此前，京东到家刚刚与达达完成合并，这意味着京东直接拥有了大规模众包物流资源。

业内人士表示，目前部分快递公司太依赖阿里，缺乏核心竞争力，价格战严重，毛利率也在逐年下降。所以，从 2015 年年底开始，申通、圆通、韵达等已陆续筹备上市，快递企业明显已经意识到这点，希望通过上市后的并购、投入、信息化建设等措施，提供更多专业化、细分化产品，解决行业同质化竞争问题，以让自己的话语权更强。

（资料来源：卡车之家网，有改动）

问题

1. 快递公司和菜鸟网络合作的基础是什么？
2. 你更认同菜鸟模式还是京东模式？

第2章　电子商务物流技术

未来的快递行业，不仅要有人的力量，创新、创业、拼搏的精神，更要有技术的力量，用数据的力量，用共享的力量，把全世界的物流都能够联合起来。

——阿里巴巴集团创始人马云

引例：商品条码与商品原产地无关

随着消费品市场的快速发展和百姓生活品质的提高，越来越多的消费者在商场和超市中选择购买进口商品，在购买产品时经常听到促销员介绍："先生/女士您好，这是来自某某国家生产的原装进口商品，您可以通过商品外包装上的条码确定原产地……"许多消费者拿着国产商品与进口商品进行条码比对后，大部分消费者坚信，通过条码来辨别商品的原产地是最直观的方法，但事实真的如此么？

消费者在商场和超市中见到最多的条码是以 690～699 开头的商品，这三位数是由国际物品编码协会 GS1 分配给中国的前缀码，仅代表使用该条码的企业是在中国申请的商品条码使用资质，不能用于标识产品的原产地，其原产地或者分装地可能是世界上任何一个国家。当条码的前缀码非 690～699 时，商品的原产国也可能是中国。由此可见，消费者通过商品条码来判断商品的原产地是不可靠的。

商品条码编码分配规则中也有规定，同种贸易项目在不同地点生产，如果制造商同属于一个法人实体，则采用相同的编码；在不同地域销售的相同种类贸易项目的编码相同。也就是说，同一个厂商在不同城市、不同国家自己的工厂里生产同一种产品，这些产品拥有相同的条码；而同一种产品，即使最终将销往不同的国家，它们的条码也是相同的；至于产品分装，它也属于商品生产的一个环节，同样不违背以上原则。所以，用商品条码来判断商品原产地的做法是不严谨的，另外，与分装或者原装也无直接关系。

（资料来源：中国物品编码中心网，有改动）

其实条码只是物流中应用的技术之一，还有其他一些物流信息技术的应用也非常广泛，本章将为大家一一介绍。

2.1　物流技术概述

2.1.1　物流技术的概念和分类

物流技术（Logistics Technology）指物流活动中所采用的自然科学与社会科学方面的理论、方法，以及设施、设备、装置与工艺的总称。

一般认为，物流技术包括两个方面，即物流硬技术和物流软技术。

物流硬技术指物流设施、装备和技术手段。传统的物流硬技术主要指材料（集装、包装材料等）、机械（运输机械、装卸机械、包装机械等）、设施（仓库、车站、码头、机场等）。典型的现代物流技术手段和装备（或者叫现代物流技术）包括：计算机、因特网、信息数据库技术、条码技术、语音技术，同时还有电子数据交换（Electronic Data Interchange，EDI）、无线射频识别（Radio Frequency Identification，RFID）、全球定位系统（Global Positioning System，GPS）、地理信息系统（Geographical Information System，GIS）、自动数据采集（Automated Data Collection，ADC）、电子订货系统（Electronic Ordering System，EOS）、增值网（Value Added Network，VAN）、电子货币转账（Electronic Found Transfer，EFT）、自动存取系统（Automated Storage and Retrieval System，AS/RS）、手持终端（Handheld Terminal，HT）、集成电路卡（Integrated Circuit Card，简称 IC 卡）等。

物流软技术（或者叫物流技术应用方案）是指为组织实现高效率的物流所需要的计划、分析、评价等方面的技术和管理方法等。典型的物流软技术应用方案包括：运输或配送中的路线规划技术、库存控制技术、物流过程中的可视化技术，以及供应商管理库存（Vendor Managed Inventory，VMI）、连续补货计划（Continuous Replenishment Program，CRP）、供应链管理（Supply Chain Management，SCM）、顾客关系管理（Customer Relationship Management，CRM）、仓库管理系统（Warehouse Management System，WMS）、快速反应（Quick Response，QR）、及时制（Just In Time，JIT）、ABC 库存分析法、作业成本分析（Activity Based Costing，ABC）法、直接产品营利性分析（Direct Product Profitability，DPP）法、配送资源计划（Distribution Resource Planning，DRP）、物流流程重组（Logistics Process Reengineering，LPR）、交叉配送（Cross-docking）等。

本章主要介绍现代物流硬技术，其他物流技术穿插在以后每一章的内容中再重点进行介绍。

2.1.2　电子商务物流技术的评价标准

1. 先进性标准

在采用电子商务物流技术时，应尽可能采用先进的技术。不仅要从技术的功能性、稳定性和可靠性进行评价，而且要从技术是否具有拓展性以及是否安全等方面进行评价。不仅要重视和考虑信息技术和物流作业技术的先进性，而且要考虑两者的配套和协调性。

2. 经济性标准

一是要考虑采用某项电子商务物流技术时的投资规模不能脱离企业的财务现状；二是要考虑企业的物流规模和发展方向；三是要考虑电子商务物流技术在应用过程中的费用问题。

3. 适用性标准

适用性标准指电子商务物流技术的应用应适合物流的现实经济状况。所谓"适用技术"，就是在具体条件下使用能够带来实际效益的技术。在物流活动的实际过程中，对物流过程中的某一个项目、技术方案或新的措施都应进行技术分析和评价（或可行性研究），务必使技术和经济相统一，使两者处于最佳的状态。

2.1.3　电子商务物流技术的作用

1. 电子商务物流技术是提高现代物流效率的重要条件

现代物流的优势之一就是能大大简化物流的业务流程，提高物流的作业效率。在现代物流下，一方面，人们可以通过先进的信息科学技术，对现代物流活动进行模拟、决策和控制，从而使物流作业活动选择最佳方式、方法和作业程序，降低货物的库存，提高物流的作业效率；另一方面，物流作业技术的应用可以提高物流作业的水平、质量和效率。

2. 电子商务物流技术是降低现代物流费用的重要因素

先进、合理的电子商务物流技术不仅可以有效地提高现代物流的效率，而且可以有效地降低现代物流的费用，这主要是由于先进、合理的现代物流技术的应用不仅可以有效地使物流资源得到合理的运用，而且可以有效地减少物流作业过程中的货物损失。

3. 电子商务物流技术可以提高客户的满意度

电子商务物流技术的应用不仅提高了现代物流效率，降低了物流费用，而且提高了客户的满意度，加强了与客户关系的密切度。物流技术的应用，快速反应的建立，使企业能及时地根据客户的需要，将货物保质保量、迅速准确地送到客户所指定的地点。

此外，先进、合理的信息技术的应用还有利于实现物流的系统化和标准化，有利于企业开拓市场，扩大经营规模，增加收益。

2.2 物流信息技术介绍

物流信息技术（Logistics Information Technology）是运用于物流各环节中的信息技术。根据物流的功能及特点，物流信息技术包括计算机技术、网络技术、信息分类编码技术、条码技术、无线射频识别技术、电子数据交换技术、全球定位系统（GPS）、地理信息系统（GIS）等（GB/T 18354—2006）。

2.2.1 条码技术

1. 什么是条码技术

条码（Bar Code）指由一组规则排列的条、空及字符组成的、用以表示一定信息的代码。条码系统是由条码符号设计、制作及扫描阅读组成的自动识别系统（GB/T 18354—2006）。

条码技术最早产生在风声鹤唳的 20 世纪 20 年代，诞生于 Westinghouse 的实验室里。一位名叫 John Kermode 的性格古怪的发明家"异想天开"地想对邮政单据实现自动分拣，那时候对电子技术应用方面的每一个设想都使人感到非常新奇。他的想法是在信封上做条码标记，条码中的信息是收信人的地址，就像今天的邮政编码。为此，Kermode 发明了最早的条码标识，设计方案非常简单（注：这种方法称为模块比较法），即一个"条"表示数字"1"，两个"条"表示数字"2"，依次类推。然后，他又发明了由基本的元件组成的条码识读设备：一个扫描器（能够发射光并接收反射光）；一个测定反射信号条和空的方法，即边缘定位线圈；使用测定结果的方法，即译码器。经过长期的改进，出现了各种各样的条码。

2. 应用条码的优点

（1）准确可靠

有资料可查，键盘输入平均每 300 个字符就有一个错误，而使用条码输入出错率是百万分之一。

（2）数据输入速度快

普通计算机的键盘输入，每分钟 200 个字符或字符串，而使用条码，做同样的工作只需

3s，速度提高了 20 倍。

（3）经济便宜

与其他自动化识别技术相比较，应用条码技术所需费用较低。

（4）灵活、实用

条码作为一种识别手段可以单独使用，也可以和有关设备组成识别系统实现自动化识别，还可和其他控制设备联系起来实现整个系统的自动化管理。同时，在没有自动识别设备时，也可实现手工键盘输入。

（5）自由度大

识别装置与条码标签相对位置的自由度要比光学字符识别（Optical Character Recognition，OCR）大得多。条码通常只在一维方向上表达信息，而同一条码上所表示的信息完全相同并且连续，这样即使标签有部分缺失，仍可以从正常部分输入正确的信息。

（6）设备简单

条码标签的识别设备结构简单，操作容易，无需专门训练。

（7）易于制作

条码可印刷，被称为"可印刷的计算机语言"。条码标签易于制作，对印刷技术设备和材料无特殊要求。

3. 商品条码的编码方法

由于前缀码是国际上统一规定的，厂商代码是通过厂家申请获得的，因此企业的商品编码主要是设定条码中的商品代码部分。产品代码的设定原则如下。

（1）唯一性

唯一性原则是商品编码的基本原则，是指同一商品项目的商品应分配相同的商品代码，不同商品项目的商品必须分配不同的商品代码。基本特征相同的商品应视为同一商品项目。

商品的基本特征项是划分商品所属类别的关键因素，包括商品名称、商标、种类、规格、数量、包装类型等。不同行业的商品，其基本特征往往不尽相同；同一行业不同的单个企业，可根据自身的管理需求，设置不同的基本特征项。

例如对食品杂货类产品进行代码设计时，若商品名称不同；体积、重量不同；包装形式不同；零售单位不同；原料或质量不同；大小不同，为成套商品，但组合方式或价格不同等都需要设定不同的商品代码。例如，听装健力宝饮料的条码为 6901010101098，其中 690 代表我国 EAN 组织，1010 代表广东健力宝公司，10109 是听装饮料的商品代码，8 是校验码。这样的编码方式就保证了无论在何时何地，6901010101098 唯一对应该种商品。

此外，新产品应使用新代码，对已编码的旧商品，若改变包装或体积等，也应重新设定代码；在促销时，若对单一商品打折，可沿用原来的代码；若组合策划能够成套出售，则须另外编码。

（2）稳定性

稳定性原则是指商品代码一旦分配，只要商品的基本特征没有发生变化，就应保持不变。同一商品项目，无论是长期连续生产还是间断式生产，都必须采用相同的商品代码。即使该商品项目停止生产，其商品代码应至少在 4 年之内不能用于其他商品项目。

（3）无含义性

无含义性原则是指商品代码中的每一位数字不表示任何与商品有关的特定信息。有含义的编码，通常会导致编码容量的损失。厂商在编制商品项目代码时，最好使用无含义的流水号。

4．条码分类简介

按维数，条码可分为一维条码和二维条码。

（1）一维条码

一维条码只是在一个方向（一般是水平方向）表达信息，而在垂直方向则不表达任何信息，其一定的高度通常是为了便于阅读器对准。一维条码信息靠"条"和"空"的不同宽度和位置来传递，信息量的大小由条码的宽度和印刷的精度来确定，条码越宽，包容的"条"和"空"越多，信息量越大。目前常用的一维条码有 EAN 码、UPC（Universal Product Code，通用产品代码）码和 39 码。

1）UPC 码。UPC 码是美国统一代码委员会制定的一种商品用条码，主要用于美国和加拿大地区，我们在美国进口的商品上可以看到。UPC 码是最早大规模应用的条码，它是一种长度固定、连续性的条码。由于其应用范围广泛，故又称万用条码。UPC 码仅可用来表示数字，故其字码集为数字 0～9。UPC 码共有 A、B、C、D、E 五种版本，其中最常用的是 UPC-A（用于通用商品）和 UPC-E（压缩版）两种版本，如图 2-1 所示。

2）EAN 码。EAN 码是国际物品编码协会（EAN International，简称 EAN）制定的一种商品条码，通用于全世界。EAN 码符号有标准版（EAN-13）和缩短版（EAN-8）两种，我国的通用商品条码与其等效。

EAN-13（标准版）：通常用于一般商品，是由 13 位数字及相应的条码符号组成，如图 2-2 所示，其构成及含义如下。

① 前缀码。由 3 位数字组成，是国家的代码，我国为 690，是国际物品编码协会统一规定的。

② 制造厂商代码。由 4 位数字组成，我国物品编码中心统一分配并统一注册，一厂一码。

③ 商品代码。由 5 位数字组成，表示每个制造厂商的商品，由厂商确定，可标识十万种商品。

④ 校验码。由 1 位数字组成，用以校验前面各码的正误。

EAN-8（缩短版）：用于包装面积或印刷面积不足以印刷标准码的商品，由 8 位数字码及相应的条码符号构成，如图 2-3 所示。

图 2-1　UPC-A 码和 UPC-E 码　　　　图 2-2　EAN-13（标准版）　　　图 2-3　EAN-8（缩短版）

3）39 码。39 码（Code 39）是 1975 年由美国 Intermec 公司研制的一种条码，它能够对数字、英文字母及其他字符进行编码。字符集为 0～9 的 10 个数字，大写 A～Z 的 26 个英文字母，共 43 个符号（含空格的话则是 44 个符号），其中"*"是起始符和终止符。39 码的每个条码字符由 9 个单元组成，其中 3 个是宽单元，其余是窄单元，故称为 39 码，如图 2-4 所示。我国于 1991 年研制了 39 条码标准，推荐在运输、仓储、工业生产线、图书情报、医疗卫生等领域应用。

图 2-4　39 码

（2）二维条码

二维条码在水平方向和垂直方向的二维空间都储存信息，可以直接显示英文、中文、数字、符号、图形。二维条码储存数据容量大，可用扫描仪直接读取内容，无需另接数据库；数据可加密，保密性高；安全级别最高时，损污50%仍可读取完整信息。

目前，根据二维条码实现的原理和几何结构形状的差异，二维条码可分为堆积式二维条码（Stacked Bar Code，也称层排式二维条码）和矩阵式二维条码（Dot Matrix Code，也称棋盘式二维条码）两大类。

堆积式二维条码的编码原理建立在一维条码基础之上，它是按需要堆积成两行或多行的码制。它在编码设计、校验原理、识读方式等方面继承了一维条码的特点，识读设备和条码印制与一维条码的技术兼容。但由于行数的增加，行的鉴别、译码算法与软件和一维条码不完全相同，有代表性的堆积式二维条码有 Code 49、Code 16K、PDF4 17 等。

矩阵式二维条码以矩阵的形式组成。在矩阵相应元素位置上，用点（方点、圆点或其他形状的点）的出现表示二进制"1"，点的不出现表示二进制"0"，点的排列组合确定了矩阵式条码所代表的意义。矩阵式条码是建立在计算机图像处理技术、组合编码原理等基础上的一种新型图形符号自动识读处理码制。有代表性的矩阵式二维条码有 QR Code、Code one、Data Matrix 等。

图 2-5 所示为常见二维条码。

图 2-5　常见二维条码

a) PDF417 码　b) Code 49 码　c) Code 16K 码　d) QR Code 码　e) Code One 码　f) Data Matrix 码　g) Maxi Code 码

5. 条码在物流领域中的应用

条码在物流中的应用较为广泛，主要有以下几方面。

（1）生产管理

在生产中可以应用产品识别码监控生产，采集生产测试数据和生产质量检验数据，进行产品完工检查，建立产品识别码和产品档案，从而有序地安排生产计划，监控生产流程及流向，提高产品下线合格率。

（2）销售信息系统（POS）

在商品上贴上条码就能快速、准确地利用计算机进行销售和配送管理。其过程为：对销售商品进行结算时，通过光电扫描方式读取信息并将信息输入计算机，然后输进收款机，收款后开出收据，同时通过计算机处理，掌握进、销、存的数据。

（3）仓库管理

1）根据货物的品名、型号、规格、产地、牌名、包装等划分货物品种，并且分配唯一的编码，也就是"货号"。分货号管理货物库存和管理货号的单件集合，并且应用于仓库管理的各种操作。

2）仓库库位管理是对存货空间的管理。仓库分为若干个库房，库房是仓库中独立和封闭的存货空间，库房内空间细划为库位，细分能够更加明确定义存货空间。在产品入库时将库位条码号与产品条码号一一对应，在出库时按照库位货物的库存时间可以实现先进先出或批次管理。

3）进行货物单件管理。条码技术不光可以按品种管理货物的库存，而且可以管理货物库存的具体每个单件。采用条码记录单件产品所经过的状态，就可实现对单件产品的跟踪管理，更加准确地完成仓库出入库操作。一般仓库管理只能完成仓库运输差错处理（根据人机交互输入信息），而条码仓库管理不仅可以直接处理实际运输差错，同时能够根据采集的单件信息及时发现出入库的货物单件差错（如入库重号、出库无货），并且提供差错处理。

4）仓库业务管理。仓库业务管理包括出库、入库、盘库、月盘库、移库，不同业务以各自的方式进行，完成仓库的进、销、存管理。

（4）分货、拣选系统

在配送和仓库出货时，需要快速处理大量的货物，利用条码技术便可自动进行分货、拣选，并实现有关的管理。其过程如下：一个配送中心接到若干个配送订货要求，将若干订货汇总；每一品种汇总成批后，按批发出所在条码的拣货标签；拣货人员到库中将标签贴于每件商品上并取出用自动分拣机分拣；分货机始端的扫描器对处于运动状态分货机上的货物扫描，一是确认所拣出的货物是否正确，二是识读条码上的用户标记，确认指令商品在确定的分支分流；货物到达各用户的配送货位，完成分货拣选作业。

（5）市场销售链管理

为了占领市场、扩大销售，企业根据各地不同的销售情况，制订了不同的产品批发价格，并规定只能在当地销售。但是，有些违规的批发商以较低的地域价格取得产品后，在地域价格高的地方低价倾销，扰乱了市场。由于缺乏真实、全面、可靠、快速的事实数据，企业对之也无能为力。为保证产品销售链政策的有效实施与监督，必须能够跟踪向批发商销售的产品品种或产品单件信息。通过在销售、配送过程中采集产品的单品条码信息，就可根据产品单件标识条码记录产品销售过程，完成产品销售链跟踪。

2.2.2 无线射频识别

无线射频识别（Radio Frequency Identification, RFID）：指利用射频信号及其空间耦合和传输特性进行非接触双向通信、实现对静止或移动物体的自动识别，并进行数据交换的一项自动识别技术（GB/T 18354—2006）。

1. RFID 系统的构成

无线射频识别系统（RFID System）是由射频标签、识读器和计算机网络组成的自动识别系统。通常，识读器在一个区域发射能量形成电磁场，射频标签经过这个区域时检测到识读器的信号后发送存储的数据，识读器接收射频标签发送的信号，解码并校验数据的准确性以达到识别的目的。

（1）标签

标签（Tag）也叫射频卡、电子标签等，是 RFID 系统中存储可识别数据的电子装置。它相当于条码技术中的条码符号，用来存储需要识别和传输的信息。与条码不同的是，标签必须能够自动或者在外力的作用下把存储的信息主动发射出去。电子标签一般由调制器、控制器、编码发生器、时钟、存储器及天线组成。时钟把所有电路功能时序化，以使存储器中的数据在精确的时间内传输至读写器，存储器中的数据是应用系统规定的唯一性编码，在标签被安装在识别对象（如集装箱、车辆、动物等）前就已写入。数据读出时，编码发生器把存储器中存储的数据进行编码，调制器接收由编码发生器编码后的信息，并通过天线电路将此信息发射或反射至读写器。数据写入时，由控制器控制，将天线接收到的信号解码后写入存储器。

（2）读写器

读写器是利用射频技术读取标签信息或将信息写入标签的设备。识读器读出的标签信息通过计算机及网络系统进行管理和信息传输。读写器根据支持的标签类型与完成的功能不同，具有不同的复杂性，但一般都由天线、射频模块、读写模块组成。阅读器还提供相当复杂的信号状态控制、奇偶错误校验与更正功能等。

2．RFID 工作流程

1）读写器通过发射天线将无线电载波信号向外发射。

2）当标签在发射天线的工作范围内时，标签被载波信号激活，并将自身的代码通过天线向外发射。

3）RFID 系统的接收天线接收标签发出的信号并传递给读写器，读写器再对信号进行解调解码，传输给计算机主机。

4）计算机主机根据读写器传来的信号做出相应的处理和控制，发出信号给执行系统，执行系统根据信号执行指定动作。

5）各个监控点通过计算机网络连接起来，构成了一个总控制信息平台。

3．RFID 的特点及优势

（1）读取方便快捷

读取数据无需光源，可以通过外包装读取。其有效识别距离更长，若采用自带电池的主动标签，有效识别距离可以达到 30m 以上。

（2）识别速度快

标签一旦进入磁场，阅读器可即时读取其中信息，且能同时处理多个标签，实现批量的识别。

（3）数据容量大

数据容量最大的二维码最多能存储 2725 个数字，如果包含字母，存储量会减少。RFID标签可根据用户需要扩充到数十千字节。

（4）使用寿命长，应用范围广

无线电通信方式使其可应用于粉尘和油污等高污染环境或放射性环境，且其封闭式包装使其寿命远超过印刷的条码。

（5）标签数据可动态更改

利用编程器可向电子标签写入数据，赋予 RFID 标签交互式便携数据文件的功能，且写入时间比打印条码时间短。

（6）更好的安全性

RFID 电子标签不仅能嵌入或者附着在不同形状和类型产品上，还能为标签数据的读写设置密码，具有更高的安全性。

（7）动态实时通信

标签能以 50～100 次/s 的频率与阅读器进行通信，因此一旦 RFID 标签所附着的物体出现在解读器的识别范围内，就能对其进行动态追踪和监控。

4．RFID 在物流领域中的应用

RFID 技术的应用正悄悄地改善人们生活的方方面面。

1）在超级市场中，条码技术的运用使得数以万计的商品种类、价格、产地、批次、货架、库存、销售等各环节的信息被管理得井然有序。

2）采用车辆自动识别技术，使得路桥、停车场等收费场所避免了车辆排队通关现象，减少了时间浪费，从而极大地提高了交通运输效率及交通运输设施的通行能力。

3）在铁路运营中，采用 RFID 技术可将飞驰的列车机车、车辆的标志信息在查询点上自动采集来送入铁路运输信息管理系统（TMIS）中，及时为铁路运营提供车辆追踪管理所需的基础信息。

4）采用 RFID 技术的防伪车牌系统，将使被盗车辆大白于本地监视系统之下，从而有效地防范车辆被盗案件的发生。

5）在自动化的生产流水线上，整个产品生产流程的各个环节均被置于严密的监控和管理之下。

6）在粉尘、污染、寒冷、炎热等恶劣环境中，远距离 RFID 技术的运用改善了卡车司机必须下车办理手续的不便。

7）在公交车的运行管理中，RFID 系统准确地记录着车辆在沿线各站点的到发站时刻，为车辆调度及全程运行管理提供实时可靠的信息。

【案例 2-1】 RFID 在一些物流环节中的应用

（1）智能货架

智能货架能够实现对在架货物的实时监控和上架下架过程的实时更新。其设计是在常规货架的每个货格放置一个读写器天线，完成商品的展示与实时监控，与智能拣货小车、收银台共同完成智能购物环节。

（2）智能购物车

智能购物车通过 RFID 读写器与天线识别商品，并可连接服务器查询商品具体信息，特别是为消费者提供及时的溯源渠道。智能购物车上的智能终端可以提供购物者识别的商品与购买商品的具体信息，为分析购物习惯提供了数据。

（3）智能结算通道

智能结算通道基于超高频 RFID 技术与无线网络技术，通过读取指定范围内的货物标签实现货物的智能结算。智能结算台主要由超高频 RFID 读写器、上位机及管理系统组成。

（4）RFID 出入库管理系统

RFID 智能出入库管理系统结合了 RFID 标签、RFID 读写器、自动控制、计算机、网络等先进的技术和设备，完成 RFID 技术与货物出入库管理的有效结合。目的在于能够提供更加方便、更加灵活、更加高效、功能更加强大的仓库管理手段。

（资料来源：物流知识网，有改动）

2.2.3 销售时点信息系统

1. POS 系统的含义

销售时点信息（Point of Sale，POS）系统是指通过自动读取设备（如收银机）在销售商品时直接读取商品销售信息（如商品名、单价、销售数量、销售时间、销售店铺、购买顾客等），并通过通信网络和计算机系统传送至有关部门进行分析加工以提高经营效率的系统。POS 系统最早应用于零售业，以后逐渐扩展至如金融、旅馆等服务性行业，利用 POS 系统信息的范围也从企业内部扩展到整个供应链。下面以零售业为例，将 POS 系统的运行步骤、系统特征介绍如下。

2. POS 系统的运行步骤

第一步，店头销售商品都贴有表示该商品信息的条码或 OCR（Optical Character Recognition，光学字符识别）标签。条码和 POS 系统是相辅相成、互相促进的，普及条码是运行 POS 系统的前提，没有 POS 系统，在商品上印制条码毫无意义。

第二步，在顾客购买商品结账时，收银员使用扫描读数仪自动读取商品条码标签或 OCR 标签上的信息，通过店内的微型计算机确认商品的单价，计算顾客购买总金额等，同时返回给收银机，打印出顾客购买清单和付款总金额。

第三步，各个店铺的销售时点信息通过增值网（Value Added Network，VAN）以在线连接方式即时传送给总部或物流中心。

第四步，在总部、物流中心和店铺利用销售时点信息来进行库存调整、配送管理、商品订货等作业。通过对销售时点信息进行加工分析来掌握消费者购买动向，找出畅销商品和滞销商品，以此为基础，进行商品品种配置、商品陈列、价格设置等方面的作业。

第五步，在零售商与供应链的上游企业（批发商、生产厂家、物流业者等）结成协作伙伴关系（也称为战略联盟）的条件下，零售商利用 VAN 以在线连接的方式把销售时点信息即时传送给上游企业，这样上游企业可以利用销售现场的最及时准确的销售信息制订经营计划，进行决策。

3. POS 系统的特征

POS 系统具有以下四个特征。

（1）单品管理、职工管理和顾客管理

零售业的单品管理是指对店铺陈列展示销售的商品以单个商品为单位进行销售跟踪和管理的方法。由于销售时点信息即时准确地反映了单个商品的销售信息，因此 POS 系统的应用使高效率的单品管理成为可能。

顾客管理是指在顾客购买商品结账时，通过收银机自动读取零售商发行的顾客 ID 卡或顾客信用卡来把握每个顾客的购买品种和购买金额，从而对顾客进行分类管理。

职工管理是指通过 POS 终端机上计时器的记录，对职工的出勤状况和工作效率进行考核。

（2）自动读取销售时点的信息

在顾客购买商品结账时，POS 系统通过扫描读数仪自动读取商品条码标签或 OCR 标签上的信息。在销售商品的同时获得实时的销售信息是 POS 系统的最大特征。

（3）信息的集中管理

在各个 POS 终端获得的销售时点信息以在线连接方式汇总到企业总部，与其他部门发送的有关信息一起由总部的信息系统加以集中并进行分析加工，如把握畅销商品和滞销商品以及新商品的销售倾向，对商品的销售量和销售价格、销售量和销售时间之间的相互关系进行分析，对商品店铺陈列方式、促销方法、促销期间、竞争商品的影响进行相关分析等。

（4）连接供应链的有力工具

供应链参与各方合作的主要领域之一是信息共享，而销售时点信息是企业经营中最重要的信息之一，通过它能及时把握顾客的需要信息，供应链的参与各方可以利用销售时点信息并结合其他的信息来制订企业的经营计划和市场营销计划。

2.2.4 电子数据交换

1．EDI 概念

电子数据交换（Electronic Data Interchange，EDI）指通过电子方式，采用标准化的格式，利用计算机网络进行结构化数据的传输和交换。

EDI 有自己特定的含义和条件。

1）使用 EDI 的是交易双方，是企业之间的文件传递，而非同一组织内的不同部门。

2）交易双方传递的文件是特定的格式，采用的是报文标准（现行标准是联合国的 UN/EDIFACT），这一点与传真和电子邮件有较大的区别。

3）双方各有自己的计算机（或计算机管理信息系统）。

4）双方的计算机（或计算机系统）能发送、接收并处理符合约定标准的交易电文的数据信息。

5）双方计算机之间有网络通信系统，信息传输则是通过该网络通信系统实现的。

这里要说明的是，信息处理是由计算机自动进行的，无需人工干预。这里所说的数据或信息是指交易双方互相传递的具备法律效力的文件资料，可以是各种商业单证，如订单、回执、发货通知、运单、装箱单、收据发票、保险单、进出口申报单、报税单、缴款单等，也可以是各种凭证，如进出口许可证、信用证、配额证、检疫证、商检证等。

2．EDI 构成要素

数据标准、EDI 软件及硬件和通信网络是构成 EDI 系统的三要素。

（1）数据标准

EDI 数据标准是由各企业、各地区代表共同讨论和制订的电子数据交换共同标准，可以使各组织之间的不同文件格式，通过共同的标准，达到彼此之间文件交换的目的。

（2）EDI 软件及硬件

实现 EDI，需要配备相应的 EDI 软件及硬件。EDI 软件具有将用户数据库系统中的信息译成 EDI 的标准格式以供传输交换的能力。由于 EDI 标准具有足够的灵活性，可以适应不同行业的众多需求，然而，每个公司都有其自己规定的信息格式，因此，当需要发送 EDI 电文时，必须用某些方法从公司的专有数据库中提取信息，并把它翻译成 EDI 标准格式进行传输，这就需要 EDI 相关软件的帮助。

1）EDI 所需软件包括转换软件、翻译软件和通信软件。

① 转换软件（Mapper）。转换软件可以帮助用户将原有计算机系统的文件转换成翻译软件能够理解的平面文件（Flat File），或将从翻译软件接收的平面文件转换成原计算机系统中的文件。

② 翻译软件（Translator）。翻译软件可以将平面文件翻译成 EDI 标准格式文件，或将

接收到的 EDI 标准格式文件翻译成平面文件。

③ 通信软件。将 EDI 标准格式文件在外层加上通信信封（Envelope），再送到 EDI 系统交换中心的邮箱（Mailbox），或从 EDI 系统交换中心将接收到的文件取回。

2）EDI 所需的硬件设备大致有计算机、网络连接设备及通信线路。

① 计算机：目前所使用的计算机，无论是 PC、工作站、小型机、主机等，均可利用。

② 网络连接设备：主要包括调制解调器（modem）、路由器等。

③ 通信线路：一般最常用的是宽带网络，能保证较好的网络传输速度和传输质量。

（3）通信网络

通信网络是实现 EDI 的手段，运用 EDI 技术实现从计算机到计算机的信息传递有两种方式。

1）直接方式。这种方式是指计算机通过一条通信线路直接向另一台计算机发送信息，通信线路可以是租用专线，也可以是电话线路。这种方式的通信能力受到线路通信能力的制约。直接方式具体又可分为点对点、一点对多点和多点对多点。

2）间接方式。这种方式是将计算机用增值网连接起来，即所有计算机的信息传递和接收都通过 EDI 中心完成。增值网可以使更多的计算机连到一起。它类似于邮局，为发送者与接收者维护邮箱，并提供存储转送、记忆保管、通信协议转换、格式转换、安全管制等功能。因此通过增值网传送 EDI 文件，可以大幅度降低相互传送资料的复杂度和困难度，大大提高电子数据交换的效率。

3．EDI 标准

EDI 标准实际上就是报文在国际网络和各系统之间传递的标准协议。根据联合国及 WP4 组织在 1990 年 3 月对 UN / EDIFACT 所给出的定义：EDIFACT 是"适用于行政、商业、运输等部门的电子数据交换的联合国规则。它包括一套国际协定标准、手册和结构化数据的电子交换指南，特别是那些在独立的、计算机化的信息系统之间所进行的交易和服务有关的其他规定"。

通俗地说，EDI 标准就是国际社会共同制订的一种用于在电子邮件中书写商务报文的规范和国际标准。制订这个标准的主要目的是消除各国语言、商务规定以及表达与理解上的歧义性，为国际贸易实务操作中的各类单证数据交换搭起一座电子通信的桥梁。

通常所说的 EDI 标准是指以联合国有关组织颁布的 UNTDID、UNCID 和 UN / EDIFACT 等文件的统称。有时也直接将其称为 UN / EDIFACT。其中，UNTDID 为联合国贸易数据交换目录（United Nations Trade Data Interchange Directory）的简称；UNCID 为以电子传递方式进行贸易数据交换所应遵循的统一规则（Uniform Rules of Conduct for Interchange of Trade Data by Teletransmission）的简称；UN / EDIFACT 是适用于行政、商业、运输的电子数据交换的联合国规则（United Nations Rules for Electronic Data Interchange for Administration, Commerce and Transport）的简称。自从 UN / EDIFACT 标准公布以来，UN / EDIFACT 就成为事实上的国际通用标准。

4．EDI 过程

为了理解 EDI 如何工作，下面以订单与订单回复为例进行简单介绍。

第 1 步：制作订单。购买方根据自己的需求在计算机上操作，在订单处理系统上制作出一份订单来，再将所有必要的信息以电子传输的格式存储下来，同时产生一份电子订单。

第2步：发送订单。购买方将此电子订单通过EDI系统传送给供货商，此订单实际上是发向供货商电子信箱的，它先存放在EDI交换中心，等待来自供货商的接收指令。

第3步：接收订单。供货商使用邮箱接收指令，从EDI交换中心自己的电子信箱中收取全部邮件，其中包括来自购买方的订单。

第4步：签发回执。供货商在收妥订单后，使用自己计算机上的订单处理系统，为来自购买方的电子订单自动产生一份回执，经供货商确认后，此电子订单回执被发送到网络，再经由EDI交换中心存放到购买方的电子信箱中。

第5步：接收回执。购买方使用邮箱接收指令，从EDI交换中心自己的电子信箱中收取全部邮件，其中包括供货商发来的订单回执。整个订货过程至此完成，供货商收到订单，客户（购买方）则收到了订单回执。

EDI的实现过程就是用户将相关数据从自己的计算机信息系统传送到有关交易方的计算机信息系统的过程，该过程因用户应用系统以及外部通信环境的差异而不同。

在有EDI增值服务的条件下，这个过程分为以下几个步骤。

1）发送方将要发送的数据从信息系统数据库提出，转换成平面文件（亦称中间文件）。

2）将平面文件翻译为标准EDI报文，并组成EDI信件。接收方从EDI信箱收取信件。

3）将EDI信件拆开并翻译成为平面文件。

4）将平面文件转换并送到接收方信息系统中进行处理。

由于EDI服务方式不同，平面转换和EDI翻译可在不同位置（用户端、EDI增值中心或其他网络服务点）进行，但基本步骤是相同的。

5．EDI的优势

企业采用EDI新技术可以有如下优势。

（1）信息传输快

由于交易双方的信息经由计算机通信网络传输，瞬间即达，可大大缩短业务运作时间。

（2）出错率低

由于信息处理是在计算机上自动完成的，因此除节约时间外也可大幅度降低业务处理过程中的差错率，从而降低资料出错的处理成本。

（3）节省库存费用

由于使用EDI后可大幅度缩短供需双方的业务处理时间，因此需方可减少库存，从而降低了库存成本。据统计，美国钍星汽车厂在1992年使用EDI后，每年库存费用降低9亿美元，从而大幅度降低了生产成本，提高了产品的市场竞争力。

（4）节省人事费用

由于使用EDI后不再需要人工填表、制单、装订、打包、邮寄等一系列过程，自然可节省人力。据美国福特汽车公司统计，它在配合EDI来简化对账付款流程后，相关的作业人员由500人减少到150人，成效显著。

（5）降低了贸易文件成本

实现贸易无纸化，大幅度节省纸张、印刷、储存及邮寄的费用，即降低了贸易文件成本。

（6）企业走向国际化

随着企业使用EDI，业务不再受到地域的限制，而是立即走向全球。

6．EDI在物流中的应用

EDI最初由美国企业应用在企业间的订货业务活动中，其后向其他业务扩展，如销售信息传送业务、库存管理业务、发货送货信息和支付信息的传送业务等。近年来，EDI 在物流中广泛应用，被称为物流 EDI。所谓物流 EDI，是指货主、承运业主以及其他相关的单位之间，通过 EDI 系统进行物流数据交换，并以此为基础实施物流作业活动的方法。物流 EDI 参与单位有货主（如生产厂家、贸易商、批发商、零售商等）、承运业主（如独立的物流承运企业等）、实际运送货物的交通运输企业（如铁路企业、水运企业、航空企业、公路运输企业等）、协助单位（政府有关部门、金融企业等）和其他的物流相关单位（如仓库业者、专业报送业者等）。物流 EDI 的框架结构如图 2-6 所示。

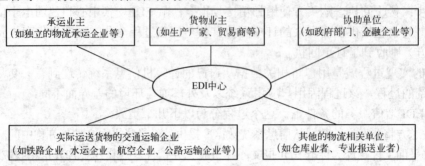

图 2-6　物流 EDI 的框架结构

下面看一个应用物流 EDI 系统的实例，一个由发送货物业主、物流运输业主和接收货物业主组成的物流模型。这个物流模型的动作步骤如下。

第 1 步，发送货物业主（如生产厂家）在接到订货后制订货物运送计划，并把运送货物的清单及运送时间安排等信息通过 EDI 发送给物流运输业主和接收货物业主（如零售商），以便物流运输业主预先制订车辆调配计划和接收货物业主制订货物接收计划。

第 2 步，发送货物业主依据顾客订货的要求和货物运送计划下达发货指令、分拣、配货、打印出物流条码的货物标签（即 SCM 标签，Shipping Carton Marking）并贴在货物包装箱上，同时把运送货物的品种、数量、包装等信息通过 EDI 发送给物流运输业主和接收货物业主依据请示下达车辆调配指令。

第 3 步，物流运输业主在向发送货物业主取运货物时，利用车载扫描读数仪读取货物标签的物流条码，并与先前收到的货物运输数据进行核对，以确认运送货物。

第 4 步，物流运输业主在物流中心对货物进行整理、集装、做成送货清单并通过 EDI 向收货业主发送发货信息。在货物运送的同时进行货物跟踪管理，并在货物交纳给收货业主之后，通过 EDI 向发送货物业主发送完成运送业务信息和运费请示信息。

第 5 步，接收货物业主在货物到达时，利用扫描读数仪读取货物标签的物流条码，并与先前收到的货物运输数据进行核对确认，开出收货发票，货物入库。同时通过 EDI 向物流运输业主和发送货物业主发送收货确认信息。

物流 EDI 的优点在于供应链组成各方基于标准化的信息格式和处理方法通过 EDI 共同分享信息、提高流通效率、降低物流成本。例如，对零售商来说，应用 EDI 系统可以大大降低进货作业的出错率，节省进货商品检验的时间和成本，能迅速核对订货与到货的数据，易于发现差错。

应用传统的 EDI 成本较高，一是因为通过 VAN 进行通信的成本高，二是制订和满足 EDI 标准较为困难，因此过去仅仅是大企业因得益于规模经济才能从利用 EDI 中得到利益。

近年来，互联网的迅速普及为物流信息活动提供了快速、简便、廉价的通信方式。从这个意义上说，互联网为企业进行有效的物流活动提供了坚实的基础。

2.2.5　全球定位系统

全球定位系统（Global Positioning System，GPS）是结合了卫星及无线技术的导航系统，具备全天候、全球覆盖、高精度的特征，能够实时、全天候为全球范围内的陆地、海上、空中的各类目标提供持续实时的三维定位、三维速度及精确时间信息。

1．GPS 概述

GPS 是美国从 20 世纪 70 年代开始研制，历时 20 年，耗资 200 亿美元，于 1994 年全面建成，具有在海、陆、空进行全方位实时三维导航与定位能力的新一代卫星导航与定位系统。经我国测绘等部门近 10 年的使用表明，GPS 以全天候、高精度、自动化、高效益等显著特点赢得了广大测绘工作者的信赖，并成功地应用于大地测量、工程测量、航空摄影测量、运载工具导航和管制、地壳运动监测、工程变形监测、资源勘察、地球动力学等多种学科，从而给测绘领域带来了一场深刻的技术革命。GPS 由三部分组成：空间部分——空间卫星星座、地面控制部分——地面监控系统、用户设备部分——GPS 信号接收机。GPS 的构成如图 2-7 所示。

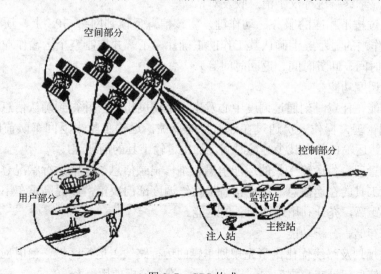

图 2-7　GPS 构成

随着 GPS 的不断改进，以及软硬件的不断完善，其应用领域正在不断地开拓，目前已遍及国民经济各部门，并开始逐步深入人们的日常生活。

【案例 2-3】 乘公交丢电脑包，车载 GPS 终端帮找回

常州的黄先生去南京出差，带着两个包在地铁 3 号线柳洲东路站旁边的公交站台上了一辆扬子公司的 666 路公交。到了香榭美颂，黄先生只拎着一个包就匆匆下车，把另一个装有笔记本电脑的包遗忘在车上。不多久，黄先生反应过来，而这辆 666 路早已不见踪影。据黄先生说，这台价值 5000 多元的联想牌笔记本电脑丢了没关系，但这是台工作电脑，里面有公司的很多重要资料，如果找不回来，不但这次出差毫无意义，很可能因此丢了工作。

着急的黄先生通过 114 查询台联系上了 666 路车队，此时距丢包时间已经过了 10 分钟。了解事情经过后，考虑到这班车还在线路上运营，包随时可能被人捡走，情况紧急，车队吴书记立即让调度员通过 GPS 终端给线上的所有 666 路车群发查找指令，让司机接到指令后在就近的站台停车寻找，如果找到电脑包及时汇报。

5 分钟后，调度员面前的电话响起，电脑包找到了！原来，司机唐宝安接到指令后，靠站停车，按照指令中提到的位置来到车厢后部，在一个空座位上找到了这个黑色电脑包。唐师傅说，可能因为中午车上乘客不多，包才能安然无恙。得知包找到了，黄先生的心总算放下来，急匆匆赶到位于鼎泰家园的车队，从吴书记手中领回了自己的电脑包，连声夸奖扬子公交的司机素质高。

（资料来源：《南京晨报》，有改动）

2．GPS 的物流功能

（1）实时监控功能

在任意时刻通过发出指令查询运输工具所在的地理位置（经度、纬度、速度等信息）并在电子地图上直观地显示出来。

（2）双向通信功能

GPS 用户可使用 GSM 的话音功能与司机进行通话或使用本系统安装在运输工具上的移动设备的液晶显示终端进行汉字消息收发对话。

驾驶员通过按下相应的服务、动作键，将该信息反馈到网络 GPS 上，质量监督员可在网络 GPS 工作站的显示屏上确认其工作的正确性，了解并控制整个运输作业的准确性（发车时间、到货时间、卸货时间、返回时间等）。

（3）动态调度功能

调度人员能在任意时刻通过调度中心发出文字调度指令，并得到确认信息。可进行运输工具待命计划管理，操作人员通过在途信息的反馈，运输工具未返回车队前即做好待命计划，可提前下达运输任务，减少等待时间，加快运输工具的周转速度。

进行运能管理，将运输工具的运能信息、维修记录信息、车辆运行状况登记处、司机人员信息、运输工具的在途信息等多种信息提供给调度部门决策，以提高重车率，尽量减少空车时间和空车距离，充分利用运输工具的运能。

（4）数据存储、分析功能

实现路线规划及路线优化，事先规划车辆的运行路线、运行区域，何时应该到达什么地方等，并将该信息记录在数据库中，以备以后查询、分析使用。

可进行可靠性分析，通过汇报运输工具的运行状态，了解运输工具是否需要较大的修理，预先做好修理计划，计算运输工具平均差错时间，动态衡量该型号车辆的性能价格比。

可进行服务质量跟踪，在中心设立服务器，储存车辆的有关信息（运行状况、在途信息、运能信息、位置信息等用户关心的信息），让有该权限的用户能方便地获取自己需要的信息。同时还可对客户索取的信息中的位置信息用相对应的地图传送过去，并将运输工具的历史轨迹印在上面，使该信息更加形象化。

依据资料库储存的信息，可随时调阅每台运输工具以前的工作资料，并可根据各管理部门的不同要求制作各种不同形式的报表，使各管理部门能更快速、更准确地做出判断及提出新的指示。

3. GPS 在物流领域的应用

（1）用于汽车自定位、跟踪调度

随着信息技术的发展，GPS 的功能越来越强大。GPS 车载终端能将接收到的位置信息实时地发送到车主的手机或企业/交通部门的监控平台上，可以很方便地实现多种功能，如定位、监控、报警、锁车、断油断电、电子围栏等。因此，GPS 被广泛应用于物流车、出租车、公交车、大巴车、工程车、私家车等。特别在大数据时代，GPS 将为我们打造一个即时、远程、安全、智能化的车辆环境。

（2）用于铁路运输管理

我国的铁路开发基于 GPS 的计算机管理信息系统，可以通过 GPS 和计算机网络实时收集全路列车、机车、车辆、集装箱及所运货物的动态信息，可实现列车、货物追踪管理。只要知道货车的车种、车型、车号，就可以立即从近 10 万公里的铁路网上流动着的几十万辆货车中找到该货车，还能得知这辆货车现在何处运行或停在何处，以及所有的车载货物发货信息。铁路部门运用这项技术可大大提高其路网及其运营的透明度，为货主提供更高质量的服务。

（3）用于军事物流

GPS 是为军事目的而建立的，在军事物流中，尤其是在后勤装备的保障等方面，应用相当普遍。驻扎在世界各地的大量美国军队，无论是在战时还是在平时都对后勤补给提出很高的需求，在战争中，如果没有 GPS，美军的后勤补给就会变得一团糟。美军在 20 世纪末的地区冲突中依靠 GPS 和其他顶尖技术，以强有力的后勤保障，为保卫美国的利益做出了贡献。目前，我国军事部门也在运用 GPS。

（4）用于内河及远洋船队最佳航程和安全航线的测定、航向的适时调度、监测及水上救援

在我国，GPS 最先用于远洋运输船舶导航。三峡库区的客渡船全部安装了 GPS 监管系统。船主可通过 GPS 接收天气预报和航行信息，还可以监测船舶行驶，达到"四个精确"：船舶位置（精确到 15m 以内）、运行速度（精确到 1km/h）、运行方向（精确到 1°）、及时的时间信息（精确到 1s）。

（5）用于空中交通管理、精密进场着陆、航路导航和监视

国际民航组织提出，在 21 世纪用未来导航系统（Future Air Navigation System，FANS）取代现行航行系统。它是一个以卫星技术为基础的航空通信、导航、监视（Communication，Navigation，Surveillance，合称 CNS）和空中交通管理（Air Traffic Management，ATM）系统，它利用全球导航卫星系统（Global Navigation Satellite System，GNSS）实现飞机航路、终端和进场导航。

2.2.6　地理信息系统

1．地理信息系统概述

地理信息系统（Geographical Information System，GIS），是 20 世纪 60 年代开始迅速发展起来的地理学研究成果，是多种学科交叉的产物。GIS 是由计算机软硬件环境、地理空间数据、系统维护和使用人员四部分组成的空间信息系统。该系统可对整个或部分地球表层（包括大气层）空间中有关地理分布数据进行采集、储存、管理、运算、分析显示和描述（GB/T 18354—2006）。

GIS 的基本功能是将表格型数据（无论它来自数据库、电子表格文件还是直接在程序中输入的）转换为地理图形显示，然后对显示结果测量、操作和分析。其显示范围可以从洲际地图到非常详细的街区地图，显示对象包括人口、销售情况、运输线路及其他内容。

2．GIS 在物流领域的应用

GIS 应用于物流分析，主要是指利用 GIS 强大的地理数据功能来完善物流分析技术。国外公司已经开发出利用 GIS 为物流分析提供专门分析的工具软件。

完整的 GIS 物流分析软件集成了车辆路线模型、最短路径模型、网络物流模型、分配集合模型和设施定位模型等。

（1）车辆路线模型

它用于解决一个起始点、多个终点的货物运输中，如何降低物流作业费用，并保证服务质量的问题。包括决定使用多少辆车、每辆车的行驶路线等。

（2）最短路径模型

它用于计算一个节点到其他所有节点的最短路径。主要特点是以起始点为中心向外层扩展，直到扩展到终点为止。

（3）网络物流模型

它用于解决寻求最有效的分配货物路径问题，也就是物流网点布局问题。如将货物从 n 个仓库运往 m 个商店，每个商店都有固定的需求量，因此需要确定由哪个仓库提货送给哪个商店，使得运输代价最小。

（4）分配集合模型

它可以根据各个要素的相似点把同一层上的所有或部分要素分为几个组，用以解决确定服务范围和销售市场范围等问题。如某一公司要设立 z 个分销点，要求这些分销点要覆盖某一地区，而且要使每个分销点的顾客数目大致相等。

（5）设施定位模型

它用于确定一个或多个设施的位置。在物流系统中，仓库和运输线共同组成了物流网络，仓库处于网络的节点上，节点决定着线路，如何根据供求的实际需要并结合经济效益等原则，在既定区域内设立多少个仓库、每个仓库的位置、每个仓库的规模，以及仓库之间的物流关系等，运用此模型均能很容易地得到解决。

我国将 GIS 应用于物流分析和物流研究，迄今为止还处于起步阶段。

2.3　知识测评

1．选择题（每题至少有一个正确答案）

（1）电子数据交换的英文简称是（　　）。

  A．POS   B．EDI   C．OCR   D．EOS

（2）下列选项中，不属于 GPS 功能的是（　　　）。

    A. 转换地理图形　　　　　　　　　　B. 实时监控

    C. 双向通信　　　　　　　　　　　　D. 动态调度

（3）下列选项中，属于电子商务物流技术的评价标准的是（　　　）。

    A. 战略性标准　　　　B. 经济性标准　　　　C. 先进性标准　　　D. 适用性标准

（4）以下关于条码的叙述中不正确的是（　　　）。

    A. 与其他自动化识别技术相比较，推广应用条码技术所需费用较低

    B. 可印刷，称作"可印刷的计算机语言"。条码标签不易于制作，对印刷技术设备
和材料有特殊要求

    C. 可和其他控制设备联系起来实现整个系统的自动化管理

    D. 普通计算机的键盘输入，每分钟 200 个字符或字符串，而使用条码，做同样的
工作只需 3 秒，速度提高了 20 倍

（5）下列技术中，被广泛应用到电子商务物流的是（　　　）。

    A. 射频识别技术　　　　　　　　　　B. 生物识别技术

    C. 语音识别技术　　　　　　　　　　D. 图像识别技术

2. 判断题（请在正确的论述后面打√，错误的论述后面打×）

（1）实践证明，先进的物流技术和先进的物流管理是提高物流能力，推动现代物流迅猛
发展的两个车轮，二者缺一不可。　　　　　　　　　　　　　　　　　　　　　（　　　）

（2）为满足物流需要而建立起来的机构、系统、组织、建筑等，统称为物流设备。

    （　　　）

（3）由条码与扫描设备构成的自动识别技术在物流管理中被广泛应用，它能提高生产
率，减少差错。　　　　　　　　　　　　　　　　　　　　　　　　　　　　　（　　　）

（4）GPS 在物流管理中没有实用价值。　　　　　　　　　　　　　　　　（　　　）

（5）EDI 最初由德国企业应用在企业间的订货业务活动中，其后 EDI 的应用范围从订货
业务向其他业务扩展。　　　　　　　　　　　　　　　　　　　　　　　　　　（　　　）

2.4　案例分析：零售巨头——沃尔玛、麦德龙应用 RFID 供应链管理

RFID 供应链应用案例之一：沃尔玛

    基于 RFID 技术的全电子化成品供应链管理，能够将销
售、库存、成本等信息与供应商实时分享。供应商可以及时
了解自身产品的销售和库存状况，大幅削减了沟通成本以及
补货时间，对市场反应有了更准确的把握。实践证明，众多
国际零售巨头正是采用了基于 RFID 技术的先进的供应链管理系统，才为它们创造了零售领
域难以撼动的竞争优势。作为全球营业额最大的零售企业，沃尔玛连续多年蝉联世界五百强
的榜首，它的成功与其以 RFID 技术为基础的高效供应链系统不无关系。早在 2005 年，沃
尔玛就要求他的前 100 位供应商采用 RFID 技术，同时在公司总部建立起庞大的数据中心，
用于接收通信卫星和主干网络传送的零售数据，包括沃尔玛集团所经营的所有店铺的商品信
息，物流、配送中心货车货箱信息等；只要是与零售经营有关的数据，沃尔玛的供应链系统

都能做到实时监控。RFID 标签的引入使沃尔玛的供应链效率进一步提升：之前核查一遍货架上的商品需要全部零售店面的工作人员耗费数小时，而现在只需 30min 就能完成。

沃尔玛重视供应链各个环节的相互协调，RFID 技术在其中的作用不可小觑。

沃尔玛零售店内的货物种类繁多，在 8~10 万种之间，每个星期都会有超过 900 件的商品进入自动挑选行列。在人工操作订单的时代，这样大的工作量很容易出现错误；而基于 RFID 技术实现的自动化工作流程则可以实现自动下订单、排序和筛选。采用 RFID 技术后，系统自动产生电子订单，货品的库存减少，节省了仓库空间，提高了沃尔玛的资金流动率。

不仅如此，RFID 技术还有效地减少了供应链管理的人工成本，让信息流、物流、资金流更为紧凑有效，增加了效益；同时，仓库的能见度极大提高，让供应商、管理人员对存货和到货的比例一目了然。美国伯克利大学为沃尔玛所做的一个量化关系试验表明，通过使用 RFID，货物短缺减少 16%，这表明销售额增加了 16%；而利用 RFID 条码的货物的补货率比没有标签的货物补货率快 3 倍。可以说，RFID 供应链整体核心能力的竞争已经成为现代市场竞争的主流，供应链与供应链之间的竞争关乎着零售企业的命运。

RFID 供应链应用案例之二：麦德龙

同样是世界五百强之一的麦德龙股份公司是德国最大、欧洲第二、世界第三大零售批发超市集团，旗下拥有多家现购自运商场，已在 30 多个国家和地区开立百货商店、超级大卖场，在全世界都有很大的影响力。

麦德龙的"未来商店"计划是在其整个供应链采用 RFID 技术。该计划吸引了 50 多家合作公司共同携手开发并测试物联网 RFID 技术的应用程序，范围涉及库存、运输、物流、仓储等零售供应链的各个环节，甚至包含了零售店面内的顾客购买体验。麦德龙首席执行官穆勒表示："使用 RFID 供应链方案后取得的日常工作改进成果可谓立竿见影，仓库及商店的货品交收程序大幅提速、过往浪费于送货的时间明显减少。RFID 还协助我们找出货品处理流程中薄弱的环节，货品在仓库上架的工序也大大改善，总体来讲，员工们的工作效率提升了，而店面脱货的情况则变少了。"

在业务量最大的乌纳配送中心，麦德龙建立了 RFID 货盘的全面跟踪系统，部署了多项 RFID 应用。货盘跟踪是配送中心 RFID 系统的基础，超过 100 位麦德龙的供应商仓储、物流、配送的货箱、货盘中使用了 RFID 标签。仓库的仓门上安装了固定式的智能数据采集设备，当货盘经过仓门时，货箱标签上的数据可被自动识别、采集，并通过自动整理传递到企业系统内；系统将此信息与发货通知的电子数据相核对，符合系统订单的货盘将被麦德龙批准接受，供应链的库存系统也会在商品入库时及时更新。这个过程不需要人工操作参与，极大地减少了劳动力成本。

在反方向的工作流程中，RFID 技术保证了仓库能够准确、迅速地把商品交送至零售商店：叉车工作人员通过指令接收订单，读取 RFID 地点标签来确认货物提取的地点、种类、时间、数量等信息，将被提取的货物送至包装区域，再装上货盘传送到指定店面。

RFID 系统还极大地改善了货物交验程序。伯克利大学针对麦德龙的最新调查数据显示，使用 RFID 系统识别货盘、发货确认和入库处理后，每辆货车的检查及卸载任务时间平均节约 15~20min；同时供应链中不到位的发货能及时被发现，改善了库存准确度，将缺货情况降低 12% 左右。

大批量采购能加强总部对采购的控制、降低进货成本、增加了议价的能力，带来的好处不言而喻，因此被众多国际零售商采用。而与其他行业相比，零售业对信息化、自动化的依赖度更大，稍有规模的零售企业都必须考虑高效供应链系统的支撑。

从这个角度来讲，RFID 技术无疑为零售企业的供应链管理提供了更便捷的方式和更高效的选择：基于物联网技术的供应链系统掌握商品进销存的全部资料，从商品的订货、出厂日期、保存时间、运输、收货、仓储、销售、结算到再订货，不仅保障配送的准确率、降低人工成本，还能根据信息系统的历史记录自动预计销售量、拟定采购计划、下发订单，把存货量控制在合理的范围之内；RFID 读写器的准确率高，能够精确、快速地扫描货箱、货品；RFID 电子标签中的信息含量大，并且具有很强的抗干扰性，具有较高的安全保密性，可以重复使用，在节约了成本的同时更加环保；RFID 技术可以实现货品流通各个环节的实时监控，从最初的设计、原材料的采购、半成品的生产、成品存储、运输、物流、零售甚至是退换货处理和售后服务等信息都能进行追踪。

（资料来源：RFID 世界网，有改动）

问题

1. RFID 技术在沃尔玛和麦德龙的零售管理中起到了什么作用？
2. 沃尔玛和麦德龙无疑是成功的，但我国目前的零售企业是否可以完全照搬其做法？

第3章　电子商务供应链管理

> 市场上只有供应链而没有企业，真正的竞争不是企业与企业之间的竞争，而是供应链和供应链之间的竞争。

> ——马丁·克里斯多夫

引例：宝洁的智慧供应链创新之道

如何快速响应并俘获消费者？"用得好、买得到、到得快"。在 2017 中国 ECR 大会（有效客户反应大会）上，宝洁大中华区供应链副总裁马文娜（Mary Wagner）在演讲中用简洁的三个关键词，揭示了宝洁以消费者为中心，打造新零售—智慧供应链的核心所在。

（1）用得好——助力"全球尖货"进入中国。

用得好，当然就是为消费者提供优质的产品。过去数十年来，宝洁陆续在中国市场引入了超过 20 个品牌，宝洁出品也成为不少中国家庭的信赖之选。而在当今消费升级的背景下，让消费者用得好，对于宝洁也意味着需要将更多的、更好的产品引入中国，以满足消费者的需求。例如，宝洁将跨境电商平台作为潜在品牌和潜在市场的测试平台，大大缩短了新品牌的引入时间和成本，旨在快速把全球优质的宝洁产品带给中国消费者。在整个计划实行当中，供应链起到了重要作用。从最初的策划到宝洁海外旗舰店登陆仅仅用了短短 80 天，上线第一天就有 5 个爆款卖到断货，并在当年天猫跨境电商店铺排名中一跃进入前三。

（2）买得到——线上线下全渠道保证"有货率"。

有了好的产品，当然还得让消费者随时随地买得到。在新零售时代，也意味着需要线上线下全渠道地保证产品的"有货率"。作为产品制造商，宝洁积极携手战略零售客户合作努力，针对不同客户的特点，梳理供应链，减少库存和供求的偏差，形成良性循环。CPFR（协同、计划、预测、补货）模型是关于提升货架有货率的行业通用指导模型。它通过与客户协同沟通、协同计划、协同预测、协同补货，形成良性的供应链链路。在这个模式里，意愿与能力显得尤为重要。无论宝洁还是零售商都需要有联合价值创造的理念。它深深植根于双方，并且本着共赢的原则进行分享合作。在能力方面，组织架构、数据系统、运作管理流程是关键。举个例子，通过高效的 CPFR 模型，宝洁与一个战略合作客户用短短 6 个月，就使得客户订单满足率提升 9%，货架缺货率降低 2%，库存减少 9%。

（3）到得快——"大数据"整合让你"加速"收货。

在新零售时代，人们不仅要随时随地买买买，更希望下完单转身就能立马收快递。送货的速度，很大程度上影响着人们的购买体验，当然也会影响人们的购买决策。所以，想要让消费者拥有完美的购物体验，"到得快"当然不容忽视。在铺开线上渠道的同时，宝洁也一直探索着线上供应链的优化建设。这其中，运用大数据分析，将库存、生产、包装、运输环节都实行灵活机制，则成为让智慧供应链"加速"的关键。

新零售时代，也是一个消费者体验至上的时代。在宝洁看来，一件产品从工厂生产线到最终到达消费者，整个过程的每一个节点都可能会成为影响消费者体验的一环。而打造"用得好、买得到、到得快"的新零售—智慧供应链，说到底，一切都是为了营造更好的消费者体验，让消费者买得更满意。

（资料来源：万联网，有改动）

那么，到底什么是供应链？如何构建和实施供应链管理呢？学完本章之后您对这些问题会有一个深刻的认识。

3.1 供应链与供应链管理

3.1.1 供应链

1. 供应链的概念

供应链（Supply Chain），指生产及流通过程中，涉及将产品或服务提供给最终用户所形成的网链结构（GB/T 18354—2006）。换句话说，供应链是围绕核心企业，通过对信息流、物流、资金流的控制，从采购原材料开始，制成中间产品以及最终产品，最后由销售网络把产品送到消费者手中的将供应商、制造商、分销商、零售商、用户连成一个整体的功能网链结构模式，如图 3-1 所示。

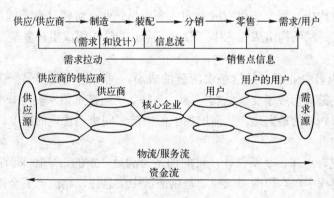

图 3-1　供应链结构模式

形象一点说，可以把供应链描绘成一棵枝叶茂盛的大树：原料供应商是养料和水分，生产企业构成树根，独家代理商是树干，分销商是树枝和树梢，满树的绿叶红花是最终用户，树根与树干、树干与树枝、树枝与树叶之间，蕴藏着一次次的流通，遍体相通的脉络便是信息管理系统。

供应链是社会化大生产的产物，是重要的流通组织形式和市场营销方式。它以市场组织化程度高、规模化经营的优势，有机地联结生产和消费，对生产和流通有着直接的导向作用。

电子商务将供应链的各个参与方以更快速的方式连结为一个整体，实现了供应链的电子化管理，使供应链的优势得到了更好的发挥。

2．供应链和物流

物流和供应链存在紧密的联系，却是两个不同的范畴。目前大致有三种观点：

1）供应链概念是物流概念的扩展。

2）物流与供应链是一回事。

3）供应链是相关企业业务、资源的集成和一体化。

以上观点都从一定角度反映了人们对供应链的认识，从特定角度讲，都有一定道理。但是多数专家认为，供应链与物流不同，供应链不仅仅是对物流概念的扩展，它与企业业务的集成息息相关，笔者更倾向于第三种观点。

供应链集成的内容包括商流、物流、信息流等，集成的对象有资源、组织、业务、流程等，因此，供应链的概念比物流的概念更加宽泛。

3．供应链的特点

从供应链的网络结构可以看出，供应链是围绕核心企业（制造商）展开的，每个成员企业是供应链上的一个节点，成员企业之间是一种供给与需求的关系，这种关系决定了供应链具有动态性、复杂性、交叉性以及需求导向性等特征。

（1）动态性

供应链管理因企业战略和适应市场需求变化的需要，供应链中的节点企业就需要动态地更新，这就使得供应链具有明显的动态性。另因客户需求也在不断变化，所以由供应商、制造商和销售商等合作伙伴组成的结构和行为方式等也需要不断重新设计。

（2）复杂性

因为供应链成员企业组成的层次（跨度）不同，即供应链往往由多个地域、多个类型甚至多个国家的企业构成，同一条供应链上的各个成员企业，可能具有不同的甚至是相互矛盾的目标，所以供应链的结构组成往往比一般单个企业的结构组成更为复杂。

（3）交叉性

供应链上的成员企业可以是这条供应链的成员，同时也可以是另一条供应链的成员企业，这样多条供应链就形成了交叉结构网络，而每条供应链都追求高运作效率与低成本，力求达到自身和整体利益的最大化，故而增加了供应链之间协调管理的难度。

（4）需求导向性

供应链的组建、运作、重新设计，目的都是为满足一定的市场需求而产生的，并且在供应链的实际运作过程中，客户的需求拉动是供应链中信息流、物流、资金流运作的源动力。

4．供应链的分类

从涉及范围上看，供应链分为内部供应链和外部供应链。内部供应链是指企业内部产品生产和流通过程中所涉及的采购部门、生产部门、销售部门等组成的供需网络。而外部供应链是指企业外部的与企业相关的产品生产和流通过程中涉及的原材料供应商、生产商、储运商、零售商以及最终消费者组成的供需网络。内部供应链和外部供应链共同组成了企业产品从原材料到成品，再到消费者的供应链。可以说，内部供应链是外部供应链的缩小化。它们的区别只在于外部供应链范围大，涉及企业众多，企业间的协调更困难。在电子商务中，更加注重 B2B 下从产品供应商开始到订购产品企业的外部供应链的综合管理。

从稳定性划分，可以将供应链分为固定供应链和动态供应链。基于相对稳定、单一的市场需求而组成的供应链叫作固定供应链。固定供应链在半导体、航空和国防行业中非常普遍。"资产专用性"使供应链成员具有较高的退出壁垒,只有长期团结协作才能共同创造出生产力。基于相对频繁变化、复杂的需求而组成的供应链叫动态供应链。服装行业常常形成动态供应链。在实际管理运作中,各类供应商只要质量有保障,需要根据不断变化的需求,相应地改变供应链的组成。

3.1.2 供应链管理

1. 供应链管理的概念

供应链管理(Supply Chain Management, SCM)是对供应链涉及的全部活动进行计划、组织、协调与控制(GB/T 18354—2006)。

2. 供应链管理的产生

在企业的活动中,供应链是客观存在的,它以"链"的形式将制造商、零售商、客户和供应商连接在一起,形成一条不可分割的、能共享技术和资源的业务流程。一种产品从设计、制造直至最终交付给客户的全过程中,会牵涉到若干个企业,事实上存在着供应链管理(SCM)问题。

从企业发展的历程来讲,企业在最初的发展中一般首先关心的是管理好企业自身,即整合企业内部的产品设计、生产制造、供应、订单执行、运输、库存、销售及售后服务等各个环节。比如说,美国很多的企业在 20 世纪 70 年代和 80 年代初,都大力开展贯穿于企业内部的物流管理,借此提高企业的经营效益。但实践证明,这对不少企业来说是远远不够的,有时甚至是费力不讨好的。

以食物链作比喻,在"草—兔子—狼—狮子"的食物链中(为便于论述,假设在这一自然环境中只生存这四种生物),如果把兔子全部杀掉,那么草就会疯长起来,狼也会因兔子的灭绝而饿死,连最厉害的狮子也会因狼的死亡而慢慢饿死。可见,食物链中的每一种生物之间是相互依存的,破坏食物链中的任何一种生物,势必导致这条食物链失去平衡,最终破坏人类赖以生存的生态环境。同样的道理,在供应链"企业 A—企业 B—企业 C"中,企业 A 是企业 B 的原材料供应商,企业 C 是企业 B 的产品销售商。如果企业 B 忽视了供应链中各要素的相互依存关系,而过分注重自身的内部发展,生产产品的能力不断提高,但如果企业 A 不能及时向他提供生产原材料,或者企业 C 的销售能力跟不上企业 B 产品生产能力的发展,那么可以得出这样的结论:企业 B 生产力的发展不适应这条供应链的整体效率。

综上所述,一方面,供应链是客观存在的,但"链"的组成形式不一定合理;另一方面,对于合理存在的供应链需要将其维持在一个最优的平衡状态上。可见,链上的企业只开展其内部作业的一体化管理是有很大局限性的,企业必须与其业务伙伴(供应商及客户)协同工作,共同优化和管理整个供应链,共同为客户提供优质的产品和服务,共同降低成本和库存。

3. 供应链管理的目标

供应链管理的功能在于将顾客所需的产品或服务在正确的时间,按照正确的数量和正确的质量送达正确的地点,并且使总成本最小。具体来说,供应链管理的目标如下。

(1)全面压缩库存

在传统的管理理论中,库存是企业抵御风险的一种手段,起到了"蓄水池"的作用。但是随着柔性化经营的不断发展,人们逐渐认识到过量的库存往往是企业低效率经营的表现,可能会掩盖经营中存在的问题。在供应链管理环境下，由于参与方掌握了全面的库存信息和市场信息，加上协同化的物流管理，使得库存实现了全面压缩。

（2）缩短供应链前置时间

供应链前置时间指的是企业从下单到交货的所有时间，它反映了企业对市场的敏捷响应能力。如果供应链参与方不能全面掌握库存情况，商品缺货就会增加，制造商就会不断因要求生产而调整生产计划，导致前置时间过长，对市场和需求的响应能力变差。在供应链管理中，将最新的数据提供给供应链全体成员，这样不仅消费者认定的所需时间缩短了，对于制造商，依据最新数据制定生产计划就可以将变更减小到最小程度，从而确立一个稳定的供应体系。

（3）改善现金流动

在分散化的经营体制下，由于企业不能有效应对市场，造成滞销品大量存在，这不仅加大了库存负担，产生大量的占压资金，而且由于生产和经营计划的不断变更和无效经营，也使得现金流日益减少。在供应链管理环境下，通过确立包括销售趋势和整个库存在内的供给体制，可全面减少库存，可以将以前的库存变为现金，改善现金流，形成良性循环的局面。

4．供应链管理涉及的主要内容

供应链管理主要涉及四个主要领域：供应（Supply）、生产计划（Schedule Plan）、物流（Logistics）、需求（Demand），如图 3-2 所示，供应链管理是以同步化、集成化生产计划为指导，以各种技术为支持，尤其以 Internet/Intranet 为依托，围绕供应、生产作业、物流（主要指制造过程）、满足需求来实施的。供应链管理主要包括计划、合作、控制从供应商到用户的物料（零部件和成品等）和信息。供应链管理的目标在于提高用户服务水平和降低总的交易成本，并且寻求两个目标之间的平衡（这两个目标往往有冲突）。

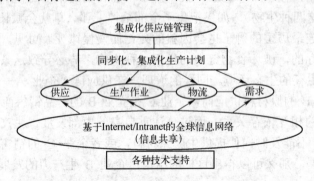

图 3-2　供应链管理涉及的领域

在以上四个领域的基础上，可以将供应链管理细分为职能领域和辅助领域。职能领域主要包括产品工程、产品技术保证、采购、生产控制、库存控制、仓储管理和分销管理。而辅助领域主要包括客户服务、制造、设计工程、会计核算、人力资源和市场营销。

由此可见，供应链管理关心的并不仅仅是物料实体在供应链中的流动，除了企业内部与企业之间的运输问题和实物分销以外，供应链管理还包括以下主要内容：

1）战略性供应商和用户合作伙伴关系管理。

2）供应链产品需求预测和计划。

3）供应链的设计（全球节点企业、资源、设备等的评价、选择和定位）。

4）企业内部与企业之间物料供应与需求管理。

5）基于供应链管理的产品设计与制造管理、生产集成化计划、跟踪和控制。

6）基于供应链的用户服务和物流（运输、库存、包装等）管理。

7）企业间资金流管理（汇率、成本等问题）。

8）基于 Internet/Intranet 的供应链交互信息管理等。

供应链管理注重总的物流成本（从原材料到最终产成品的费用）与用户服务水平之间的关系，为此要把供应链各个职能部门有机地结合在一起，从而最大限度地发挥出供应链整体的力量，达到供应链企业群体获益的目的。

5．电子商务供应链管理的提出

电子商务供应链管理（Supply Chain Management Based on E-commerce，E-SCM），主要是利用计算机网络技术全面规划供应链中的商流、物流、信息流、资金流，从而实现供应链的最优化。

电子商务供应链管理是 20 世纪 90 年代以来电子商务信息技术与供应链管理密切结合的产物，它有效地解决了传统供应链管理中的缺点和暴露出来的问题，大大提高了供应链的响应速度，使"快捷生产、准时制、大规模定制、有效的客户响应、快速反应"得以实现；使企业更灵活地响应客户的需求和变化成为可能；有效地抑制了"牛鞭效应"（详见第 5 章）；大大降低了供应链运作的成本；使供应链的运作模式由"推"向"拉"转变。

电子商务供应链管理是以信息技术在企业中的普遍应用为基础条件的，事实上，信息技术在企业中的应用已经经历了三个不同的阶段。根据 Gartner Group 的一份统计报告，从 2000 年开始，信息技术在企业中的应用已经从 1995 年的企业内部系统发展到价值链/供应链整合系统，到目前发展更为迅速，已演进到电子商务供应链管理时代，如图 3-3 所示。目前，国内的供应链管理大多处于 MIS 基础上人工集成的初级阶段，而跨国公司的供应链管理主要通过 Internet/Intranet 集成，国内企业在构建供应链时，完全可以跳过昂贵的 EDI 集成阶段，直接利用 Internet/Intranet 来实施供应链管理战略。

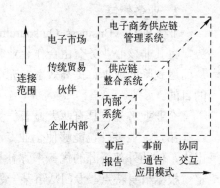

图 3-3　信息技术在企业供应链管理中应用的演变

电子商务供应链管理的核心是高效率地管理企业的信息资源，帮助企业创建一条畅通于客户、企业内部和供应商之间的信息流。它的技术支撑体系是以先进的信息系统如 EDI、Internet 为基础的 B2B 电子商务，它采取的途径是通过供应链各节点成员之间的流程整合。

3.1.3　电子商务供应链管理的几个核心概念

要做好供应链管理，必须对几个核心概念有较好的理解。

1．核心竞争力

1990 年，美国管理学家普拉哈拉德（C.K. Prahalad）和哈默尔（G Hamel）在《哈佛商业评论》上发表《企业核心竞争力》一文，从此核心竞争力（the Core Capability of Competence）的概念迅速被企业界和学术界所接受。两位管理学家认为，公司核心竞争力是企业内部集体学习的能力，尤其是关于如何协调不同的生产技能和整合多种技术的能力。与物质资本不同，公司的核心竞争力不仅不会在使用和共享中丧失，而且会在这一过程中不断成长。

按照普拉哈拉德和哈默尔的观点，核心竞争力的基本特征主要体现在三个方面：首先，核心竞争力应反映客户长期最看重的价值，要对客户的核心利益有关键性的贡献；其次，核心竞争力必须具有独树一帜的能力，并且难以被竞争对手所模仿和替代；第三，核心竞争力应具有延展到更广泛市场领域的能力。由于核心竞争力具有稀缺性、难以模仿性等这样的特征，对于核心竞争力的重视和研究，实际上是将企业竞争优势的生成问题转化为获取和保持企业竞争优势的问题，进而赋予企业可持续发展的基础。

企业的核心能力往往通过核心业务体现出来。贝恩管理咨询公司研究发现，不少成功的企业都有一项或至多两项核心业务，它们在这些业务上取得领导地位后，逐步进入周边领域以吸引新的顾客，并拓展新的销售渠道和市场，开发新产品，从而进一步强化其核心业务和核心竞争力。同时，企业应该将非核心业务外包给其他更专业的企业，使整个供应链发挥更大的效果。关于核心业务，贝恩管理咨询公司提出应从五个方面去界定：

1）能争取到可为企业带来最多盈利的客户。

2）具有最与众不同和战略性的能力。

3）拥有最重要的产品和服务。

4）拥有最重要的销售渠道。

5）能拥有其他带来上述优势的重要战略资产，如专利、品牌、网络的控制点。

2. 业务外包

业务外包（Business Outsourcing）是指企业为了获得比单纯利用内部资源更多的竞争优势，将其非核心业务交由合作企业完成。通过外包，企业整合其外部最优秀的专业化资源，从而达到降低成本、提高效率、充分发挥自身核心竞争力和增强企业对环境的迅速应变能力的目的。

企业业务外包具有两大显著优势：

第一，业务外包能够使企业专注核心业务。企业实施业务外包，可以将非核心业务转移出去，借助外部资源的优势来弥补和改善自己的弱势，从而把主要精力放在企业的核心业务上。根据自身特点，专门从事某一领域、某一专门业务，从而形成自己的核心竞争力。

第二，业务外包使企业提高资源利用率。实施业务外包，企业将集中资源到核心业务上，而外包专业公司拥有比本企业更有效、更经济地完成某项业务的技术和知识。业务外包最大限度地发挥了企业有限资源的作用，加速了企业对外部环境的反应能力，强化了组织的柔性和敏捷性，有效增强了企业的竞争优势，提高了企业的竞争水平。

【案例3-1】 iPhone手机的全球供应链

一部iPhone 5真正在美国本土完成的只有软件与设计、Wi-Fi芯片、显示驱动芯片、CMOS芯片、触控芯片和NOR闪存集成电路6个部分，占到整个构成的27%。不过，这几项几乎都是iPhone 5产品最顶端的架构，换句话说，是产生最大价值的部分。此后，该产品将经过5215英里的行程，到达英国。在那里，iPhone 5将会完成蓝牙芯片的加工，而这一部分也只占到全过程的5%。

接下来，iPhone 5 就要跨越英吉利海峡，抵达欧洲大陆的中央德国，共计 11% 的工作量，包括触摸屏、基带集成电路在这里进行组装。紧接着，iPhone 5 会来一次里程达到 11 304 英里的远距离穿行被送到韩国，并在当地完成视频解码芯片部分。直到这时，整部 iPhone 5 的工序也刚刚完成 50%。

作为继承苹果卓越显示效果的 iPhone 5 自然不能在显示屏上有任何马虎，在这方面，距离韩国生产基地 514 英里的日本则提供了占比 6% 的 TFT 屏幕项目。在此之后，"果粉"们最终拿到手里的 iPhone 5 才真正进入中国，不过此时还在中国台湾地区，而总旅程已经达到 12 882 英里。而我国台湾地区也的确没有辜负全球 IT 硬件工厂的美誉，整部手机多达 32% 的构成部分，包括相机镜头、摄像头模块、石英谐振器、接口与电线、充电器、无源元件都会在这里完成。

在经过我国台湾地区后，iPhone 5 将正式进入我国大陆地区，并在大陆地区的加工厂完成最后 11% 的组装——外壳和机械元件两个部分。至此，iPhone 5 就完成了全球 20 096 英里的旅程，成为正式商品。之后就进入物流分配中心，重新返回美国苹果总部。接下来，就是苹果的订单中心根据"果粉"们的预订以及运营商们的实际订购配送产品，直至"果粉"们拿到用透明薄膜精致封装的产品。

苹果公司的全球供应链使得苹果公司不仅可以找到每个部件的最佳供应商，而且激发起这些国家对于制造手机的浓厚兴趣。当然，这样做又可以分散风险，进行全球销售。

（资料来源：电脑报网，有改动）

3. 伙伴关系管理

伙伴关系管理（Partner Relationship Management，PRM）是 CRM 系统的销售、营销、客户服务以及其他企业业务功能向合作伙伴的延伸，它可以促进更具合作性的渠道伙伴关系。在新经济时代，成功的企业往往是那些善于与许多企业伙伴进行合作的企业，这些企业伙伴构成了该公司的合作性网络。许多跨国公司已经从自己的合作性网络中受益很多，中国的 TCL、海尔、娃哈哈、养生堂等企业也正积极编织自己的合作性网络。

伙伴关系管理的实质是企业与各关系方建立长期稳定的相互依存的合作关系，以求彼此协调发展，因而必须遵循以下原则：

（1）主动沟通原则

各关系方都应主动与其他关系方接触和联系，相互沟通信息，实现信息共享，相互交流各关系方的需求变化情况，主动为关系方服务或为关系方解决困难和问题，增强伙伴合作关系。

（2）承诺信任原则

各关系方相互之间都应作出一系列书面或口头承诺，并以自己的行为履行诺言，才能赢得关系方的信任。承诺的实质是一种自信的表现，履行承诺就是将誓言变成行动，是维护和尊重关系方利益的体现，也是获得关系方信任的关键，是企业与关系方保持融洽伙伴关系的基础。

（3）合作双赢原则

在与关系方交往过程中必须做到相互满足关系方的经济利益，通过在公平、公正、公开的条件下进行合作或价值交换，实现关系各方的双赢或多赢。

4. 业务流程重组

业务流程重组（Business Process Reengineering，BPR）是指为最大限度地适应以客户、竞争、变化为特征的现代经营环境，对企业的业务流程作根本性的思考和彻底性的再设计，从而在成本、质量、服务和速度等方面取得显著改善。

业务流程重组关注的是企业的业务流程，一切"重组"工作全部是围绕业务流程展开的。"业务流程"是指一组共同为顾客创造价值而又相互关联的活动。哈佛商学院教授Michael Porter 将企业的业务过程描绘成一个价值链（Value Chain），竞争不是发生在企业与企业之间，而是发生在企业的价值链之间。只有对价值链的各个环节（业务流程）实行有效管理的企业，才有可能真正获得市场上的竞争优势。

根本性表明业务流程重组所关注的是企业核心问题，如，我们为什么要做现在的工作？我们为什么要用现在的方式做这份工作？为什么必须由我们而不是别人来做这份工作？等等。通过对这些根本性问题的仔细思考，企业可能会发现自己赖以存在或运转的商业假设是过时的甚至错误的。

彻底性再设计意味着对事物追根溯源，对既定的现存事物不是进行肤浅的改变或调整，而是抛弃所有的陈规陋习以及忽视一切规定的结构与过程，创造发明全新的完成工作的方法。它是对企业进行重新构造，而不是对企业进行改良、增强或调整。

显著改善意味着业务流程重组寻求的不是一般意义的业绩提升或略有改善、稍有好转等，而是要使企业业绩有显著的增长、极大的飞跃。业绩的显著增长是 BPR 的标志与特点。

5．剔除零价值

"剔除零价值"的出发点是，在具有决定权的顾客眼中，价值一定要体现出来。价值是顾客关注的焦点，但到底什么是价值，顾客说了算。"剔除零价值"的基本含义就是将无价值的浪费活动降低到最小程度，如储存、等待、多余的运输及质量问题等。为了避免流程中的浪费，就必须在供应链上下游之间的流程中建立起一种动态的透明度。同时，还必须打破习惯的思维方式，不要将自己封闭在很小的范围内，一定要面对全行业的整体水平，进行持续不断的改进。一旦开始"剔除零价值"活动，就必须建立起一个维护过程，以确保所得到的收益不会丢失。

3.2 供应链设计与管理

3.2.1 供应链管理者角色与工作内容

1．供应链管理者角色

彼得·德鲁克在通用汽车公司进行管理研究时发现，分散式工厂和他所在的工厂截然不同。固定式工厂需要的管理模式和流动的全球性网络组织需要的管理模式完全不同。在电子商务时代，除了传统的管理原则外，还需要网络协作技巧。

香港利丰集团主席冯国经和总经理冯国纶在《在平的世界中竞争》一书中把供应链管理者的角色定位为网络协调员。网络协调员扮演了转移重心、网络管理和价值创造三种角色，如图3-4所示。

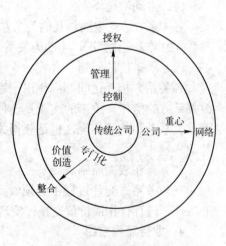

图 3-4 网络协调员角色

从一个传统公司向一个网络协调员发展需要将重心从公司转移到网络，需要将管理从控制转为授权，需要将价值创造从专门化转为整合。因为几乎没有几个公司是"纯粹"的网络协调员，也因为世界并非完全平面，所以公司尤其需要努力在内部环节和外部环节之间达到某种平衡。

角色1：设计和管理网络

首先，网络协调员需要将视线转向网络，不再将公司作为中心。公司之间无须竞争，是网络之间在竞争。在纽约市，位于街对面的两个零售商店也许看起来是直接竞争对手，但这只是一种错觉。每个商店的供应链都从其货架延伸到全世界，只有拥有卓越的供应链才能在竞争中取胜。在顾客进入商店之前，基于优势供应链的游戏就已经结束。在网络中，不可能孤立地视一家公司为竞争对手。在吸收网络智慧和实践经验的同时，网络协调员也建立起了文化价值网络，发展了指导原则。网络协调员创造了更宽泛的网络，并从中形成供应链。

角色2：通过授权加强控制

在一个并不实际执行生产的网络协调员的世界中，他们需要一种完全不同的领导和控制形式。分散的全球化网络可能会陷入混乱，该如何把这一网络联系在一起呢？与用来管理工厂的严格的控制系统不同，网络协调员不仅仅依靠酬劳，还依靠训练、认证、授权和信任来管理并不属于他的网络。此外，他授权自己的经理人和供应商以企业的身份行事。与命令和控制系统不同的是，网络协调员就像乐队中的客座指挥，指挥也许没有权力聘用或解雇员工，但他协调的是一组技艺高超的乐手。

角色3：通过整合创造价值

网络协调员拥有完全不同的价值创造方式。传统公司的价值来自专业化——在具体领域磨练技术，保护商业秘密，剔除竞争对手甚至合作伙伴。价值来自于为一块有限的馅饼而进行的竞争，并保护特定的核心竞争力。相反，在平的世界中，价值来自于整合，通过利用公司的价值和知识产权跨越边界。这种整合也意味着跨越公司内部各职能部门之间的边界，例如，在开发市场时，要看看生产部门有哪些创新，以发现营销和促销的新机会。网络协调员作为整合者需要知道何时把门打开才能创造出价值，何时专注于公司特定的资源产生价值。

网络协调员的这三种角色相互联系、相互作用。网络越分散，就越需要授权而不是直接控制。给供应商和客户越多的授权，经理人就需要在网络上关注更多的信息而非只专注于自己的公司。企业越向协作化发展，就越需要通过网络创造和捕捉价值，而不只是在公司内部进行。这三种角色相互影响，正如图 3-4 显示的，传统公司从中间的圆转移至边界更宽的网络化企业的外部的圆。

2．供应链管理的主要工作内容

实施供应链管理总体要做四大主要工作：员工转变思想、企业内部流程重组、企业间的组织融合和供应链价值网络的实现，如图 3-5 所示。

（1）实施供应链管理需要管理层和员工转变思想

1）以顾客为中心。在激烈的竞争环境下

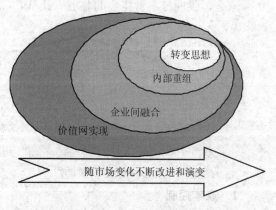

图 3-5 实施供应链管理的内容

经营，掌握顾客的资料是成功的关键。主导供应链的不是产品，而是顾客。

2）以核心业务和竞争力定位。企业需要充分发挥自己的核心竞争力，专注核心业务，而把非核心业务外包给更专业的公司。

3）以合作代替竞争。改变上下游企业以前的"你的价格是我的成本"这种竞争利润的敌对关系，将供应链成员之间的交易内部化。

（2）企业内部流程重组需要解决的主要问题

1）将顾客需求和满意度作为企业重组活动的中心。

2）人事组织和信息系统与流程重组要紧密配合。

3）实现企业内的信息共享，构筑各职能部门或人员都能随时查阅的信息系统。

4）对企业内部的流程进行综合分析，尽量减少环节之间的时间，排除无效的工作。

5）从关键流程开始重组，带动其他流程变革。

（3）企业间的组织融合需要解决的主要问题

1）与所有相关企业实现全面的战略联盟。

2）全面实现企业间信息的共享。

3）通过灵活运用 Internet 和 Intranet 强化信息网络。

4）全面整合企业间的业务流程。

5）实现供应链企业共同的预测、计划和连续补货。

6）需求预测、生产管理、营销管理、库存管理、物流管理等各种系统和软件的集成，并实现产业的标准化。

（4）供应链价值网络的实现

这一阶段是在实现企业间合作的基础上实现整个产业效率的最优化，形成和发展价值网络。这个网中的虚拟企业本身可能就是一个小型网络，它进一步融合其他网络和没有形成供应链的单个企业，共同构成价值创造的综合网络体系。这种价值网络的一个最大的特点是它能有效地对应多样化的顾客需求，并在最短的时间内对不同的顾客需求作出反应，小型网络之间或者小型网络与单个企业之间有时是一种竞争关系，有时又是一种合作伙伴关系，这样始终保持着一种灵活、动态的联盟关系。

3.2.2 供应链管理五大挑战

未来，供应链主管将会面临五大挑战，如图 3-6 所示。

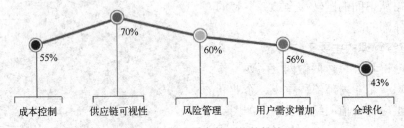

图 3-6　供应链主管面临的挑战

注：百分比表明该挑战对供应链的重要程度。

1．成本控制

供应链主管们将成本控制列为头等任务，其重要性远远超过企业发展和产品/服务创新。对于成本控制的密切关注也体现在他们开展的工作和计划上,排名前三的工作中有两项工作与提高效率有关,而这也是主管们过去最显专长的领域。

然而,系统化的持续改进过程已被颠覆。总成本受到的冲击和影响越来越常见:原先低成本劳动力市场中工资的飞涨,日用品价格的上扬,或突如其来的信用冻结……供应链主管们发现他们要应对日常发生的各种成本问题,例如,燃料价格上涨,使得主管们慌忙重新评估分销策略,更多地采用第三方物流,甚至与竞争对手拼货等;而当燃料价格下跌时,分销和运输办法则变得宽松,公司更加注重服务,而非成本。他们开始重新采用小批量、发货频率更高且速度更快的方法。

2. 供应链可视性

供应链可视性是最大的挑战,但非首要任务。

尽管现在信息比以往更充足,连通性也更强,但供应链主管们仍将供应链可视性列为其最大的管理挑战。即使可用信息大增,但能被有效地收集、管理、分析并提供给所需人群的比例却很低。

尽管可视性以及用于获取信息和决策的协同被列为首要管理难题,但事实上并未有很多的活动和计划来改善可视性。供应链主管们更多地关注于策略调整、持续的流程改进和成本控制。企业内部信息的整合和可视性在优先列表中排第四,而外部可视性的排名更低,处于第七位。更糟糕的是,竭力提高外部可视性的人员都说他们的工作极为低效,而外部可视性项目也成为所有活动中效率最低的。

虽然将可视性差及缺少协同归咎于缺乏合适的 IT 系统支持,但供应链主管们却认为组织鸿沟才是最大的障碍。尽管许多的主管都表示他们的企业业务太多而未能共享信息,或是不觉得协作决策制定有何重要。不过,顶级供应链的主管们都更关注可视性。

3. 风险管理

管理者一致认同风险管理的重要性,但是在方法上存有异议。通常只有首席财务官才会考虑风险管理,但是调查显示,风险管理也日益成为供应链管理者必须面临的第二大重要任务。与客户要求的日益严格和成本的不断上升两大难题相比,日益增加的供应链风险更让供应链领导者头痛。

风险管理日益受到人们的关注,但是这并非因为我们当前的经济环境。这一反应来源于新闻中一次又一次对于供应链风险的报道以及日趋明朗化的现实——全球化及供应链紧密相连的事实不仅加大了风险,而且使得风险管理变得更加棘手。

管理者普遍认为,阻碍他们有效进行风险管理的主要因素有:缺乏标准化的流程、数据不充分以及缺乏先进的技术支持。

三分之二以上的供应链管理者都有监控合规性的程序。但是顶级供应链在风险管理方面所做的远不止于此,他们将风险管理融合到整个计划中,并利用 IT 系统来监控和评估异常事件。

4. 用户需求增加

不断扩大的用户需求已经成为供应链管理中的第三大难题,目前有三分之二的企业为准确判断客户需求而疲于奔命。然而,尽管迫切需要与客户进行沟通,很多企业还是倾向于将工作重心放在供应商沟通上,而不是客户身上。80%的企业是与供应商合作完成产品设计的,而只有 68%的企业是与客户合作来完成的。即使是在制定供应链计划时,尽管需求驱动的理念已得到广泛宣传，但只有 53% 的企业会听取客户的意见，而 63% 的企业邀请供应商参与供应链计划。

尽管有了目前的技术，接受客户意见变得更加可行，但是直接与客户协作进行供应链计划仍属少见。事实上，至少有五分之一的企业在制定需求计划的过程中完全忽略了客户的意见。由于与客户进行沟通不仅成本高而且很耗时，一些企业只是因为怕麻烦就忽略了客户意见。但是在利润最大化的驱使下，供应链将无法承担因与客户沟通不够而带来的库存积压、销售量下滑和错失创新机会等压力。

5. 全球化

随着全球经济相互依赖程度的不断提高，全球化逐渐上升为供应链难题已不足为奇。很多企业都面临全球外包的难题，其中包括交货不稳定（65%）、交货期延长（61%）和产品质量下降（61%）。此外，14% 的被调查者预测未来 3 年内这些问题仍将继续存在。

但是，当前市场及运营的全球化所带来的财务优势远远超过各种弊端。大约 40% 的供应链管理者表示全球化增加了他们的利润，但这并不一定意味着成本下降。事实上，三分之一以上的管理者表示全球化增加了他们的成本，这主要是由上面提到的全球外包难题引起的。相反，43% 的管理者表示他们公司利润的提高主要来源于销售量上升。这些调查显示，全球化在收入增长中所起的作用远远超过了效率所起的作用。

3.2.3 供应链风险管理

【案例 3-2】 波音 787 供应链管理风险

为了减少财务负担和开发风险，波音在 787 上采取模块化设计和全方位外包，主要模块由一级供应商全面负责设计、生产，以及承担相应的成本，波音进行最后的整装和系统集成。这从财务角度来讲是成功的：787 的研发开支以百亿美金计，一级供应商有效地分担了波音的财务压力，但在供应链的管控上却是困难重重——波音 787 先后有 8 次延误，大多是由于下级供应商的问题。更严重的是还曾经出现质量问题。据相关报道，2013 年 1 月 7 日，一架波音 787 客机在美国波士顿机场出现了锂离子电池着火事故。波音公司向美国联邦航空总署（FAA）提交了一份电池修改方案，包括强化密封箱性能、提高电池的冷却能力等多项改善措施。电池的问题最终获得解决，波音公司开始恢复生产，而这项发生在波音公司历史上的不愉快事件也被写入商学院的教科书中。波音最终也意识到这点，采取了改进措施，比如收购一些关键的供应商、加强对下级供应商的管控等。

（资料来源：世界经理人网，有改动）

1. 供应链风险因素

造成供应链风险的内部因素有：

（1）供应链结构因素

供应链涉及多个企业，结构的复杂性、动态性和交叉性一方面能给供应链带来显著的效益，另一方面也给供应链埋下了巨大的风险隐患。

（2）成本分担因素

供应链上任何一级的节点企业都是独立的经济主体，从自己的利益或目标考虑，都希望把自己的成本降下来。当链条上的节点企业只考虑自己的成本，而不考虑其他企业的成本时，在成本上产生了相互挤压，引起供应链的不稳定。

（3）信息传递因素

当信息传递不准确时，就会导致供应链行为主体决策失误，引起供应链上风险的传递。比如，牛鞭效应就是由于信息传递不准确，导致链上各类库存严重积压，供应链的整体运营成本增大，运营风险也随之增大。

（4）合作伙伴因素

供应链中各企业之间在技术水平、管理水平、人员素质、企业文化、道德诚信等方面都存在着差异，这些差异影响着供应链的整体竞争能力和获利能力，并决定着供应链的稳定与否。

（5）利益分配因素

供应链中的企业是一个利益共同体，在供应链整体利润一定的条件下，某些企业利润的提高会导致其他企业利润的降低，某些企业获利水平过低便会消极合作甚至退出供应链，使供应链崩溃。

造成供应链风险的外部因素有：

（1）顾客需求波动因素

顾客需求波动会给供应链造成一定程度的损害。顾客需求的快速波动导致市场调节成本上升，生产过剩风险和缺货风险增大。另外，由于某些原因（如促销、传言、瘟疫等）使顾客产生了非理性行为，顾客购买量陡然提前（抢购）或延后（拒购）而造成顾客需求量急剧变化的假象。这种情况会造成供应链急剧震荡，调节能力和应变能力差的供应链甚至会遭受灭顶之灾。

（2）竞争者因素

市场上任何商品都有许多可替代品，它们由不同的供应链提供，各自占有一定的市场份额。某一产品在某个量（价格、性能、质量、成本等）上的变化都会导致市场需求的波动，影响所在的供应链和替代品的供应链。供应链经营活动的成功会给与之竞争的供应链带来风险。

（3）环境突变因素

在某些环境突变情况下（如瘟疫、地震、水灾、火灾、地震、风暴、陨石、冰雪损害、山体滑坡、动乱、战争等），供应链容易断裂，人们的消费行为也可能会发生极大的改变，即使突变因素结束或得到控制，供应链也会在一段时间陷入非正常的状态。

（4）基础条件因素

高速公路系统、港口、交通与信息系统、先进的制造技术、人才是高级供应链发展的基础条件，其中任何一种条件的改变都会影响到供应链。只不过条件的改变一般是渐进的，而不是突变的。

（5）其他因素

政府的政策、控制力和执行力会引起供应链的震动，社会公众、机关团体、新闻媒体等的各种行为及反应都将给供应链带来风险，其他政治、经济、法律等因素的变化，也导致各种风险的存在。

2. 供应链风险管理策略

供应链风险管理（Supply Chain Risk Management，SCRM）指的是通过与供应链中的参与者合作，在供应链中运用风险管理工具来解决与物流相关的活动或资源造成或影响的风险与不确定性问题。供应链风险管理旨在识别潜在的风险并采取适当的行动以规避、消除、降低或转移风险。

供应链风险管理策略的制定应建立在风险识别和风险评价的基础上。供应链风险识别是供应链风险管理的首要步骤，是指对供应链所面临的风险及潜在的风险加以判断、归类和鉴定性质的过程。供应链风险评价是对所识别的风险因素采取适当措施的必经一步，包括衡量潜在的损失频率和损失程度。

根据风险识别和评价，有针对性地选择以下供应链风险管理策略。

（1）提高供应链弹性

所谓供应链的"弹性"是指整个供应链作为一个整体对用户需求变化的适应程度，与"刚性"相对立，包括柔性和敏捷性。一般说来，增加供应链的"弹性"与供应链的低成本运营存在一定的矛盾，关键的问题是如何在这两者之间取得一种平衡。提高供应链的"弹性"一般有如下做法：

1）多边采购。单供应商策略使企业完全依赖于某一个供应商，会增加企业的脆弱性，中断风险也大大增强，解决的措施是多边采购策略。

2）备用运输计划。避免单一运输方式，扩大紧急运输方案的覆盖面。灵活执行运输计划甚至能让公司避免遭受危害重大的事件的影响，比如美国遭受"9·11 事件"恐怖袭击后出现的险情。

3）建立快速反应机制。对于流行时尚产品，零售商可以通过建立灵活的供应链来获得竞争优势。

4）保持合理的库存水平。尽管库存会增加物流成本，但它对降低供应链风险的作用却不可忽视，管理人员需要根据所经营产品的类别和行业特点做出库存水平的选择。

【案例 3-3】 ZARA 的灵活供应链

ZARA 是一家西班牙的服装零售商，它是灵活供应链的典范。20 世纪 90 年代中期，ZARA 创造了价值网络，它的生产流程从店铺就开始了：每天的销售情况和消费者的反馈都汇总到公司设计师那里，一旦设计完成，公司就立即开始生产。公司有高技术的机器，能设计样品和剪裁料子。对于劳动密集型的工作，例如缝纫和加工，ZARA 都外包给西班牙西北部的小作坊。如此一来，ZARA 的新品从设计到摆上货架只消 10～15 天。ZARA 对这些小作坊提供的信息和物流支持使它们能有效地以小而灵活的批量运送高质量的成品，这样，ZARA 得以持续降低成本。ZARA 每两周就更新一次设计，并能准确地控制生产，它的库存很少；而竞争对手设计、制造和储存服装却要以季节为单位，臃肿的库存使这些公司财务上不堪重负，最后不得不清仓甩卖。

（资料来源：赢商网，有改动）

（2）加强信息的共享和交流

供应链上各个企业之间的信息共享，在供应链战略形成过程中起着举足轻重的作用。一方面提高了供应链运作的协同性和运作效率，另一方面有利于及时掌握供应链上潜在的风险，为规避风险、及时采取措施赢得时间。Wal-Mart（沃尔玛）和 P&G（宝洁）在共享信息方面的战略合作就是经典案例。有效的供应链管理离不开信息技术系统提供可靠的支持。供应链内部的成员企业必须建立有效的内部管理信息系统，并以此为基础向其他信息系统，如企业资源计划、供应商管理、客户管理等延伸，以实现内部管理全过程所涉及的资金、物资、人才和技术信息流的整合。

（3）供应链成员形成战略合作伙伴

供应链要实现预期的战略目标，客观上要求各个节点企业进行合作，形成利益共享、风险共担的双赢局面，因此，在供应链节点企业之间建立起紧密的合作伙伴关系，是供应链成功运作和防范风险的一个非常重要的先决条件。节点企业间要建立和保持长期的战略合作伙伴关系，应该注意几点：首先要求供应链的节点企业之间加强信任；其次要建立正式的合作机制，在供应链节点企业间实现利益共享和风险分担；最后要选择正确的具有核心竞争能力的合作伙伴加盟供应链，并在恰当的范围内展开合作。

供应链成员间的交叉持股有利于促进战略合作伙伴关系和信任关系的建立。供应链成员间交叉持股指的是两个以上的企业基于特定的目的而相互持有对方所发行的股份的现象。交叉持股促进成员企业间的信任和信息共享作用主要从两方面来体现。首先，通过成员间的交叉持股，可以使各成员企业真正构成一个利益共同体；其次，在形成利益共同体以后，由于每一个成员的行为都会影响到其他成员的利益，因此，其他成员就会有动力去对它实施监督。

（4）合理分配利益和分担风险

获取某种经济利益是供应链参与者的共同目的，因此收益分配的比例应保证参与供应链的各个伙伴企业都"有利可图"，这样才能形成并维持供需双方的信任合作关系。此外，供需双方负责的环节不同，付出投入不同，所承担的风险也不同，因而在收益分配中所分得的利益也应是不同的，这样才能更好地激励伙伴投资热情。

分配利益和分担风险要遵守四项基本原则：

1）因果原则。如果供应链的风险是由供应链中某一成员自身的恶意或渎职行为引起的，则此类风险应该由该成员（责任方）承担。

2）合约性原则。供应链中的某些风险通常是在组建供应链之时，在依据供应链管理具体策略的基础上，通过合约的方式在成员之间制定了分担协议。

3）最小成本原则。由于供应链是一个跨地域的联盟组织，其成员应对风险的成本（如投保价格）就会因地区不同而有所不同。因此，如果某成员企业能够准确地预见和控制风险，方便、及时、低成本地化解某风险，则该风险最好由该成员分担。

4）风险—收益平衡原则。在规范的市场经济环境中，风险和收益一般是对等的。因此，供应链风险分担也应遵循这一原则。如果某一成员企业是某项风险所获得利益的最大获利者，则该风险应主要由该成员分担。

（5）注重供应商选择

供应商选择是预防供应风险的重要手段。如何选择供应商也是目前供应链管理研究的热点，同时也是每一家进行供应链管理的企业所必须面对的问题。供应链节点企业如果欲与供应商建立信任、合作、开放性交流的供应链长期合作关系，必须首先分析市场竞争环境，找到针对哪些产品市场开发供应链合作关系才有效，必须知道现在的产品需求是什么，产品的类型和特征是什么，以确认用户的需求，确认是否有建立供应链合作关系的必要。如果已建立供应链合作关系，则应根据需求的变化确认供应链合作关系的必要性，同时分析现有供应商的现状和供应上存在的问题。对供应商的业绩、设备管理、人力资源开发、质量控制、成本控制、技术开发、用户满意度和交货协议等方面也要做充分的调查，它很有可能成为影响供应链安全的一个因素。一旦发现某个供应商出现问题，应及时调整供应链战略。

（6）建立供应链预警机制

在供应链风险管理中，竞争中的企业时刻面临着风险，因此对于风险的管理必须持之以恒，建立有效的风险防范体系。构建合适的评估模型，建立一整套预警评价指标体系，当其中一项以上的指标偏离正常水平并超过某一"临界值"时，发出预警信号。其中，"临界值"的确定是一个难点。临界值偏离正常值太大，会使预警系统在许多危机来临之前发出预警信号；而临界值偏离正常值太小则会使预警系统发出太多的错误信号。所以，必须根据各种指标的具体分布情况，选择能使该指标错误信号比率最小的临界值。

3.3 供应链管理的方法

3.3.1 快速反应

1. 快速反应出现的背景

快速反应（Quick Response，QR）指物流企业面对多品种、小批量的买方市场，不是储备了"产品"，而是准备了各种"要素"，在用户提出要求时，能以最快速度抽取"要素"，及时"组装"，提供所需服务或产品。

从 20 世纪 70 年代后期开始，美国纺织服装的进口急剧增加，到 20 世纪 80 年代初期，进口商品大约占到纺织服装行业总销售量的 40%。针对这种情况，美国纺织服装企业一方面要求政府和国会采取措施阻止纺织品的大量进口，另一方面进行设备投资来提高企业的生产率。但是，即使这样，廉价进口纺织品的市场占有率仍在不断上升，而本地生产的纺织品市场占有率却在连续下降。为此，一些主要的经销商成立了"用国货为荣委员会"，一方面通过媒体宣传国产纺织品的优点，采取共同的销售促进活动，另一方面，委托零售业咨询公司 Kurt Salmon 从事提高竞争力的调查。Kurt Salmon 公司在经过了大量充分的调查后指出，虽然纺织品产业供应链各环节的企业都十分注重提高各自的经营效率，但是整个供应链的效率却并不高。为此，Kurt Salmon 公司建议零售业者和纺织服装生产厂家合作，共享信息资源，建立一个快速供应系统来实现销售额增长；投资回报率（Return On Investment，ROI）和顾客服务的最大化以及库存量、商品缺货、商品风险和减价（Markdown）最小化的目标。

【案例 3-4】 **Wal-Mart 公司的 QR 实践**

1985 年以后，QR 概念开始在纺织服装等行业得到广泛普及应用。下面以美国零售业的著名企业 Wal-Mart 公司、服装制造企业 Seminole Manufacturing 公司，以及面料生产企业 Milliken 公司合作建立 QR 系统为例说明 QR 的发展过程。

Wal-Mart 与 Seminole 和 Milliken 建立 QR 系统的过程可分为三个阶段。

（1）QR 的初期阶段

Wal-Mart 公司 1983 年开始采用 POS 系统，1985 年开始建立 EDI 系统。1986 年与 Seminole 公司和 Milliken 公司在服装商品方面开展合作，开始建立垂直型的 QR 系统。当时合作的领域是订货业务和付款通知业务。通过电子数据交换系统发出订货明细清单和受理付款通知，以此来提高订货速度和准确性，以及节约相关事务的作业成本。

（2）QR 的发展阶段

为了促进行业内电子化商务的发展，Wal-Mart 与行业内的其他商家一起成立 VICS 委员会（Voluntary Inter-Industry Communications Standards Committee）来协商确定行业统一的 EDI 标准和商品识别标准。VICS 委员会制定了行业统一的 EDI 标准并确定商品识别标准采用 UPC 商品识别码。Wal-Mart 公司基于行业统一标准设计出 POS 数据的输送格式，通过 EDI 系统向供应方传送 POS 数据。供应方基于 Wal-Mart 传送来的 POS 信息，可及时了解 Wal-Mart 的商品销售状况，把握商品的需求动向，并及时调整生产计划和材料采购计划。

供应方利用 EDI 系统在发货之前向 Wal-Mart 传送预先发货清单（Advanced Shipping Notice，ASN）。这样，Wal-Mart 事前可以做好进货准备工作，同时可以省去货物数据的输入作业，使商品检验作业效率化。Wal-Mart 在接收货物时，用扫描读取机器读取包装箱上的物流条码（Shipping Carton Marking，SCM），把扫描读取机器读取的信息与预先储存在计算机内的预先发货清单（ASN）进行核对，判断到货和发货清单是否一致，从而简化了检验作业。在此基础上，利用电子支付系统 EFT 向供应方支付货款。同时，只要把 ASN 数据和 POS 数据比较，就能迅速知道商品库存的信息。这样做的结果使 Wal-Mart 不仅节约了大量事务性作业成本，而且还能压缩库存，提高商品周转率。在此阶段，Wal-Mart 公司开始把 QR 的应用范围扩大至其他商品和供应商。

（3）QR 的成熟阶段

Wal-Mart 把零售店商品的进货和库存管理的职能转移给供应方（生产厂家），由生产厂家对 Wal-Mart 的流通库存进行管理和控制，即采用供应商管理库存（Vendor Managed Inventory，VMI）方式。Wal-Mart 让供应方与之共同管理营运 Wal-Mart 的流通中心。在流通中心保管的商品所有权属于供应方。供应方对 POS 信息和 ASN 信息进行分析，把握商品的销售和 Wal-Mart 的库存动向。在此基础上，决定什么时间，把什么类型商品，以什么方式向什么店铺发货。发货的信息预先以 ASN 形式传送给 Wal-Mart，以多频度小数量进行连续库存补充，即采用连续库存补充计划（Continuous Replenishment Program，CRP）。由于采用 VMI 和 CRP，供应方不仅能减少本企业的库存，还能减少 Wal-Mart 的库存，实现整个供应链的库存水平最小化。另外，对于 Wal-Mart 来说，省去了商品进货的业务，节约了成本，同时能将精力集中于销售活动。并且，事先能得知供应方的商品促销计划和商品生产计划，能够以较低的价格进货。这些为 Wal-Mart 进行价格竞争提供了条件。

（资料来源：宋华，胡左浩. 现代物流与供应链管理[M]. 北京：经济管理出版社，2000. 有改动）

2．QR 成功的条件

研究发现，QR 成功应该具备五个条件：

（1）必须改变传统的经营方式，革新企业的经营意识和组织

改变传统的经营方式和革新企业的经营意识与组织具体表现在以下五个方面：

1）企业不能局限于依靠本企业独自的力量来提高经营效率的传统经营意识，要树立通过与供应链各方建立合作伙伴关系，努力利用各方资源来提高经营效率的现代经营意识。

2）零售商在垂直型 QR 系统中起主导作用，零售店铺是垂直型 QR 系统的起始点。

3）在垂直型 QR 系统内部，通过 POS 数据等销售信息和成本信息的相互公开和交换，来提高各个企业的经营效率。

4）明确垂直型 QR 系统内各个企业之间的分工协作范围和形式，消除重复作业，建立有效的分工协作框架。

5）必须改变传统的事务作业的方式，通过利用信息技术实现事务作业的无纸化和自动化。

（2）必须开发和应用现代信息处理技术

这是成功进行 QR 活动的前提条件。这些信息技术有商品条码、物流条码（SCM）、电子订货系统（EOS），POS 数据读取系统、EDI 系统、预先发货清单（ASN）、电子货币转账（EFT）、供应商管理库存（VMI）、连续库存补充（CRP）等。

（3）必须与供应链各方建立（战略）伙伴关系

具体内容包括以下两个方面。一是积极寻找和发现战略合作伙伴；二是在合作伙伴之间建立分工和协作关系。合作的目标定为削减库存，避免缺货现象的发生，降低商品风险，避免大幅度降价现象发生，减少作业人员和简化事务性作业等。

（4）必须改变传统的对企业商业信息保密的做法

将销售信息、库存信息、生产信息、成本信息等与合作伙伴交流分享，并在此基础上，各方一起发现问题、分析问题和解决问题。

（5）供应方必须缩短生产周期，降低商品库存

具体来说，供应方应努力做到：缩短商品的生产周期，进行多品种、少批量生产和多频度小数量配送，降低零售商的库存水平，提高顾客服务水平，在商品实际需要将要发生时采用 JIT 生产方式组织生产，减少供应商自身的库存水平。

3.3.2 有效客户反应

1．有效客户反应的定义

有效客户反应（Efficient Customer Response，ECR）指以满足顾客要求和最大限度降低物流过程费用为原则，能及时做出准确反应，使提供的物品供应或服务流程最佳化的一种供应链管理战略。换句话说，ECR 是一个生产厂家、批发商和零售商等供应链组成各方相互协调和合作，更好、更快并以更低的成本满足消费者需要为目的的供应链管理系统。

ECR 的优势在于供应链各方为了提高消费者满意这个共同的目标进行合作、分享信息和诀窍。ECR 是一种把以前处于分离状态的供应链联系在一起来满足消费者需要的工具。ECR 的战略主要集中在以下四个领域：有效的店铺空间安排 （Efficient Store Assortment）、有效的商品补充 （Efficient Replenishment）、有效的促销活动（Efficient Promotion）和有效的新商品开发与市场投入（Efficient New Product Introduction）。

2．ECR 出现的背景

在 20 世纪 60 年代和 70 年代，美国日杂百货业的竞争主要是在生产厂商之间展开。竞争的重心是品牌、商品、经销渠道和大量的广告和促销，在零售商和生产厂家的交易关系中，生产厂家占据支配地位。进入 20 世纪 80 年代，特别是到了 20 世纪 90 年代以后，在零售商和生产厂家的交易关系中，零售商开始占据主导地位，竞争的重心转向流通中心、商家自有品牌 （PB）、供应链效率和 POS 系统。同时在供应链内部，零售商和生产厂家之间为

取得供应链主导权的控制，同时为商家品牌（PB）和厂家品牌（NB）占据零售店铺货架空间的份额展开着激烈的竞争。这种竞争使得在供应链的各个环节间的成本不断转移，导致供应链整体的成本上升，而且容易牺牲力量较弱一方的利益。

在这期间，从零售商的角度看，新零售业态的出现使得它们能以相当低的价格销售商品，从而使日杂百货业的竞争更趋激烈。在这种状况下，许多传统超市业者开始寻找对应这种竞争方式的新管理方法。从生产厂家角度来看，由于日杂百货商品的技术含量不高，大量无实质性差别的新商品被投入市场，使生产厂家之间的竞争趋同化。生产厂家为了获得销售渠道，通常采用直接或间接的降价方式作为向零售商促销的主要手段，这种方式往往会大量牺牲厂家自身的利益。所以，如果生产商能与供应链中的零售商结成更为紧密的联盟，将不仅有利于零售业的发展，同时也符合生产厂家自身的利益。

另外，从消费者的角度来看，过度竞争往往会使企业在竞争时忽视消费者的需求。通常，消费者要求的是商品的高质量、新鲜度、服务和在合理价格基础上的多种选择。然而，许多企业往往不是通过提高商品质量、服务和在合理价格基础上的多种选择来满足消费者，而是通过大量的诱导型广告和广泛的促销活动来吸引消费者转换品牌，同时通过提供大量非实质性差异的商品供消费者选择。这样消费者不能得到他们需要的商品和服务，他们得到的往往是高价、眼花缭乱和不甚满意的商品。这种状况客观上要求企业从消费者的需求出发，提供能满足消费者需求的商品和服务。

在上述背景下，美国食品市场营销协会联合包括 Coca-Cola、P&G、Safeway Store 在内的 16 家企业与 Kurt Salmon 公司一起组成研究小组，对食品业的供应链进行调查总结分析，于 1993 年 1 月提出了改进该行业供应链管理的详细报告。在该报告中系统地提出有效客户反应（ECR）的概念和体系。经过美国食品市场营销协会的大力宣传，ECR 概念被零售商和制造商所接纳并被广泛地应用于实践。

3. ECR 系统构筑

ECR 概念是流通管理思想的革新，ECR 作为一个供应链管理系统需要把市场营销、物流管理、信息技术和组织革新技术有机结合起来作为一个整体使用，以实现 ECR 的目标，如图 3-7 所示。

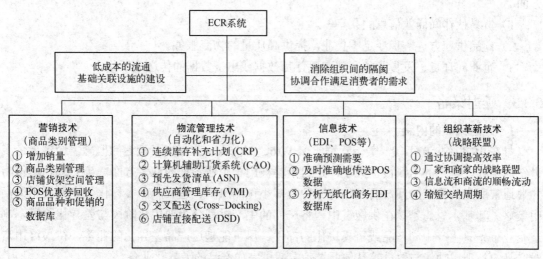

图 3-7　ECR 系统构筑

4．ECR 实施的方法

（1）为变革创造氛围

对大多数组织来说，改变对供应商或客户的内部认知过程，即从敌对态度转变为将其视为同盟的过程，比实施 ECR 的其他相关步骤更困难。创造 ECR 的最佳氛围，首先需要进行内部教育以及通信技术和设施的改善，同时也需要采取新的工作措施和回报系统。

（2）选择初期 ECR 同盟伙伴

对于大多数刚刚实施 ECR 的企业来说，建议成立 2～3 个初期同盟。然后成立 2～3 个联合任务组，专门致力于已证明可取得巨大效益的项目。以上计划的成功将增强企业实施 ECR 的信誉和信心。

（3）开发信息技术投资项目

具有很强的信息技术能力的企业要比其他企业更具竞争优势。连续实施 ECR 企业的系统将是一个无纸化的、完全整合的商业信息系统，既可降低成本又可使人们专注于其他管理以及产品、服务和系统的创造性开发。

5．QR 与 ECR 的区别与联系

QR 与 ECR 的区别主要表现在以下几个方面。

（1）侧重点不同

QR 侧重于缩短交货提前期，快速响应客户需求；ECR 侧重于减少和消除供应链的浪费，提高供应链运行的有效性。

（2）适用的行业不同

QR 适用于单位价值高、季节性强、可替代性差、购买频率低的行业；ECR 适用于产品单位价值低、库存周转率高、毛利少、可替代性强、购买频率高的行业。

（3）改革的重点不同

QR 改革的重点是补货和订货的速度，目的是最大限度地消除缺货，并且只在有商品需求时才去采购；ECR 改革的重点是效率和成本。

共同特征表现为超越企业之间的界限，通过合作追求物流效率化。具体表现在如下三个方面。

1）贸易伙伴间商业信息的共享。

2）商品供应方进一步涉足零售业，提供高质量的物流服务。

3）企业间订货、发货业务全部实现订货数据或出货数据的传送无纸化。

3.3.3　延迟策略

1．延迟策略的内涵

早在 19 世纪 50 年代，美国营销学家 Wroe Alderson 就提出了延迟的概念。经过半个多世纪的实践，延迟的内涵被扩大了，延迟策略被用于企业管理的许多方面。延迟或延迟策略并非通常所指的拖延时间，而是作为一种为减小预测风险、适应产品多样化生产而采用的高明策略。其基本思想是：在供应链中，将产品的生产过程分为通用化阶段与差异化阶段，制造企业事先只生产中间产品或可模块化的部件，尽可能延迟产品差异化的业务，待最终用户对产品的外观、功能与数量等具体要求确定后再完成产品的差异化业务。

延迟策略实现了大规模生产和定制化生产的有机相结合。大规模生产能够带来规模经济，而定制化能够获得范围经济（范围经济：Economy of scope，指由厂商的范围而非规模带来的经济，也就是当同时生产两种产品的费用低于分别生产每种产品所需成本的总和时，所存在的状况就被称为范围经济），从而在满足客户多样化需求的同时，提高了快速响应能力。当接到客户订单时，企业便能以最快的速度完成产品的差异化过程与交付过程，以不变应万变，从而缩短产品的交货提前期，并降低供应链运作的不确定性，提高企业竞争能力。延迟策略是对供应链业务流程的一种创新。

2．生产延迟

生产延迟：通过设计产品和生产工艺，把产品最后一道制造工艺延迟到接到顾客订单，按照某个顾客对产品的特殊要求集中进行。生产延迟的目标在于使产品尽量保持中性及非委托状态，制造相当数量的标准产品或基础产品以实现规模经济效益，而将产品最后的特点，例如颜色、最终的包装等延迟到收到客户订单之后。实施生产延迟，把产品的顾客化放在最接近客户的最终市场完成，能更多地利用物流设施和渠道进行轻型生产和最后的集中组装，具有在保留规模生产效益的同时，以标准产品或基础产品去适应不同客户的不同需求的能力；能够减少预测销售不同产品的种类数，从而降低物流预测误差，降低库存风险。例如，惠普公司生产的台式打印机，原来在温哥华最后包装完成后运到欧洲和亚洲的分销中心销售，由于各种原因造成库存水平过高，后来重新整合供应链，改为在温哥华生产通用打印机，再由各洲分销商进行最后包装，加上适合当地的变压器、电源插头、说明书，这样就可以按照顾客的不同需求提供不同产品，惠普成功地实施了延迟策略，使得库存下降，服务水平上升，并最终节约成本，增加利润。

3．物流（或地域）延迟

所谓物流延迟或地域延迟是指在一个或若干个具有战略意义的地区建立储备全套产品的仓库。只有在收到客户订单后，才进行库存产品的分拨配送。一旦物流程序被启动，企业要尽全力以经济有效的手段将产品直接运至客户手中。这种延迟具体表现在地理上，特别适合高价值、创新型产品，因为这类产品虽然边际利润高，但需求的不确定性大，生命周期短，更新换代快，面临淘汰贬值的风险巨大，例如，一些电子产品等。供应链物流管理中有一条公认的法则，那就是效益背反：高水平的物流服务是由高的物流成本来保证的，企业很难做到既提高了物流服务水平，同时也降低了物流成本。那么，要想获得快速响应市场，就必须在消费地建立足够多的设施，这必然导致高的物流成本。这种鱼和熊掌不能同时兼得的局面，通过实施物流延迟策略可以得到较好的解决。企业实施物流延迟能够帮助企业完全摆脱由预测型运作模式引发的库存风险，提高客户满意度。戴尔计算机公司是把制造延迟和物流延迟相结合产生巨大经济效益的典范，在完成大规模生产的同时，又实现了个性化定制，全球订货提前期降至 48 小时以内。

4．延迟策略的条件

尽管实施延迟策略可能为供应链运作带来好处，但是也有其局限性。如果不满足如下几个条件，实施该策略是不可能的。

（1）产品可模块化生产

产品在研发设计时，可分解为几个较大的模块，这几个模块经过组合或加工便能形成多样化的最终产品，这是延迟策略实施的重要前提。所以要想实施延迟策略，企业在产品研发阶段就必须有长远规划，设计模块化产品、标准化通用零部件或组装件。

（2）零部件可标准化、通用化

产品可模块化只是一个先决条件，更为重要的是零部件、组装件具有标准化与通用化的特性，这样才能彻底从时间上与空间上将产品的生产过程分解为通用化阶段和差异化阶段，并保证最终产品的完整性。

（3）经济上具有可行性

实施延迟策略一般会增加产品的制造成本，除非它的收益大于成本，否则延迟策略没有必要执行。是否采用延迟策略取决于其成本和收益的比较。

（4）现代信息技术的发展和进步

现代信息技术的高速发展和进步也是实施延迟策略非常重要的条件。

3.4 供应链管理的软件解决方案

3.4.1 物料需求计划

1．物料需求计划的含义

物料需求计划（Material Requirements Planning，MRP）指一种工业制造企业内物资计划管理模式。根据产品结构各层次物品的从属和数量关系，以每个物品为计划对象，以完工日期为时间基准倒排计划，按提前期长短区别各个物品下达计划时间的先后顺序。换句话说，物料需求计划是依据市场需求预测和顾客订单制定产品生产计划，然后基于产品生产进度计划组成产品的材料结构表和库存状况，通过计算机计算出所需材料的需求量和需求时间，从而确定材料的加工进度和订货日程的一种实用技术。

2．物料需求计划的逻辑原理

如图 3-8 所示，物料需求计划主要由三部分构成：主生产计划（Master Production Schedule，MPS，也叫基本生产进度计划）、物料清单（Bill Of Material，BOM）、库存信息（Inventory Status Record，ISR，也叫库存状态记录）。

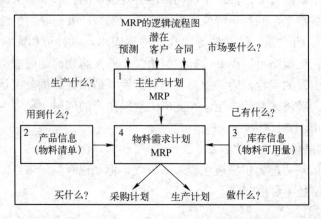

图 3-8 MRP 的逻辑原理

（1）主生产计划

主生产计划是确定每一个具体的最终产品在每一个具体时间段内生产数量的计划。这里的最终产品是指对于企业来说最终完成、要出厂的完成品，它要具体到产品的品种、型号。这里的具体时间段，通常是以周为单位，在有些情况下，也可以是日、旬、月。主生产计划详细规定生产什么、什么时段应该产出，它是独立需求计划。主生产计划根据客户合同和市场预测，把经营计划或生产大纲中的产品系列具体化，使之成为展开物料需求计划的主要依据，起到了从综合计划向具体计划过渡的承上启下作用。

（2）物料清单

MRP 系统要正确计算出物料需求的时间和数量，特别是相关需求物料的数量和时间，首先要使系统能够知道企业所制造的产品结构和所有要用到的物料。产品结构列出构成成品或装配件的所有部件、组件、零件等的组成、装配关系和数量要求，它是 MRP 产品拆零的基础。举例来说，图 3-9 所示是一个大大简化了的自行车产品结构图，它大体反映了自行车的构成。

当然，这并不是最终所要的 BOM。为了便于计算机识别，必须把产品结构图转换成规范的数据格式，这种用规范的数据格式来描述产品结构的文件就是物料清单。它必须说明组件（部件）中各种物料需求的数量和相互之间的组成结构关系。表 3-1 就是一张与自行车产品结构相对应的简单的物料清单。

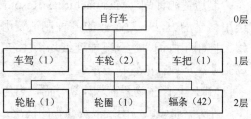

图 3-9　自行车产品结构图

表 3-1　自行车产品的物料清单

层次	物料号	物料名称	单位	数量	类型	成品率	ABC 码	生效日期	失效日期	提前期
0	GB950	自行车	辆	1	M	1.0	A	950101	971231	2
1	GB120	车架	件	1	M	1.0	A	950101	971231	3
1	CL120	车轮	个	2	M	1.0	A	000000	999999	2
2	LG300	轮圈	件	1	B	1.0	A	950101	971231	5
2	GB890	轮胎	套	1	B	1.0	B	000000	999999	7
2	GBA30	辐条	根	42	B	0.9	B	950101	971231	4
1	113000	车把	套	1	B	1.0	A	000000	999999	4

注：类型中，"M"为自制件，"B"为外购件。

（3）库存信息

库存信息是保存企业所有产品、零部件、在制品、原材料等存在状态的数据库。在 MRP 系统中，将产品、零部件、在制品、原材料甚至工装工具等统称为"物料"或"项目"。为便于计算机识别，必须对物料进行编码。物料编码是 MRP 系统识别物料的唯一标识。

1）现有库存量：是指在企业仓库中实际存放的物料的可用库存数量。

2）计划收到量（在途量）：是指根据正在执行的采购订单或生产订单，在未来某个时段将要入库或将要完成的物料数量。

3）已分配量：是指尚保存在仓库中但已被分配掉的物料数量。

4）提前期：是指某项任务由开始执行到完成所消耗的时间。

5）订购（生产）批量：在某个时段内向供应商订购或要求生产部门生产某种物料的数量。

6）安全库存量：为了预防需求或供应方面的不可预测的波动，在仓库中经常应保持最低库存数量作为安全库存量。

根据以上的各个数值，可以计算出某项物料的净需求量：

净需求量=总需求量+已分配量-计划收到量-现有库存量+安全库存量

MRP 的工作原理就是根据以上三个部分制定生产作业计划和采购计划，从而达到降低生产库存、提高生产物流效率的目的。

3.4.2 制造资源计划

制造资源计划（Manufacturing Resource Planning，MRPⅡ）指从整体最优的角度出发，运用科学的方法，对企业的各种制造资源和企业生产经营各环节实行合理有效的计划、组织、控制和协调，达到既能连续均衡生产，又能最大限度地降低各种物品的库存量，进而提高企业经济效益的管理方法。

MRP 只产生物料需求计划，而没有考虑完成这个计划的能力。在执行中可能会产生局部生产能力紧张短缺与闲置浪费并存的情况，甚至使计划不能顺利执行。为此，发展出了制造资源计划。制造资源计划是以 MRP 为基础形成的，英文名称的字头也是 M、R、P，为与 MRP 区别起见简称 MRPⅡ。它的内容和 MRP 有很大不同，它已经是一个全面的生产管理系统了。MRPⅡ的内容和 MRP 的主要区别体现在以下几个方面。

1．增加了对生产能力资源的管理

生产能力包括人力、物力和财力，体现为工时、机时或台时等。基本 MRP 的输出文件之一是生产任务单，但必须有足够的生产能力才能保证其实施。MRPⅡ的作用就是要回答在系统中有没有足够的生产能力以及怎样充分利用现有生产能力，实现能力与需求之间的平衡问题。

2．增加了车间管理

MRPⅡ的主要功能是接受 MRP 投放的生产任务单，制定能力需求计划（Capacity Requirement Planning），安排落实生产任务。

3．增加了仓库管理

MRPⅡ不仅管理物资，还增加了订货管理和供应商管理功能。

4．有成本管理的功能

MRPⅡ在考虑每一道工序时，同时也计算出加工成本，最终计算出产品成本。这就可以进行成本监督和控制，进行资金预算和使用的管理。

5．形成闭合的信息反馈系统

由于 MRPⅡ增加了生产管理和库存管理功能，物料需求计划执行结果的信息可以反馈到系统，为系统提供了信息支持。MRPⅡ的原理如图 3-10 所示。

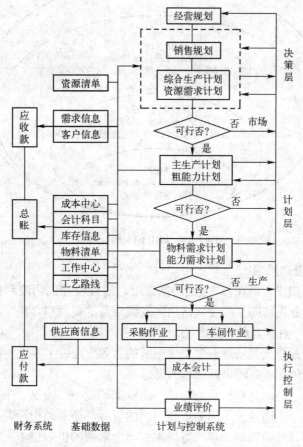

图 3-10 MRPⅡ的原理

必须指出，尽管有以上的不同，但 MRPⅡ的核心还是 MRP，所扩充的功能都是为 MRP服务的。

3.4.3 企业资源计划

1．ERP 的产生

进入 20 世纪 90 年代，随着市场竞争的进一步加剧，企业竞争空间与范围的进一步扩大，20 世纪 80 年代 MRPⅡ主要面向企业内部资源全面计划管理的思想逐步发展为 90年代怎样有效利用和管理整体资源的管理思想，ERP（Enterprise Resource Planning，企业资源计划）也就随之产生。ERP 是在 MRP Ⅱ的基础上扩展了管理范围产生的，如图 3-11所示。从图中可以看出，MRP 是产、供、销部门物料信息的集成，目的是为了实现既不出现短缺，又不积压库存；MRP Ⅱ能够实现物料信息同资金信息的集成，使"财务账"与"实物账"同步生成；ERP 则是客户、供应商、制造商信息的集成，最终达到优化供应链实现协同合作竞争。需要说明的是，从 MRP 到 ERP 是发展和包含关系，而不是相互取代关系。

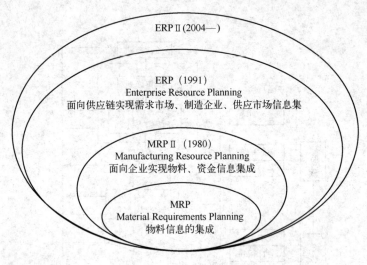

图 3-11　ERP 的发展过程

2. ERP 的核心管理思想

企业资源计划（ERP）是在 MRPⅡ 的基础上，通过前馈的物流和反馈的信息流、资金流，把客户需求和企业内部的生产经营活动以及供应商的资源整合在一起，体现完全按用户需求进行经营管理的一种全新的管理方法。

ERP 的核心管理思想就是实现对整个供应链的有效管理，主要体现在以下三个方面。

（1）体现对整个供应链资源进行管理的思想

现代企业的竞争已经不是单一企业与单一企业间的竞争，而是一个企业供应链与另一个企业供应链之间的竞争，即企业不但要依靠自己的资源，还必须把经营过程中的有关各方，如供应商、制造工厂、分销网络、客户等纳入到一个紧密的供应链中，才能在市场上获得竞争优势。ERP 系统正是适应了这一市场竞争的需要，实现了对整个企业供应链的管理。

（2）体现精益生产、同步工程和敏捷制造的思想

ERP 系统支持混合型生产方式的管理，其管理思想表现在两个方面。其一是"精益生产"（Lean Production，LP）的思想，即企业把客户、销售代理商、供应商、协作单位纳入生产体系，同他们建立起利益共享的合作伙伴关系，进而组成一个企业的供应链。其二是"敏捷制造"（Agile Manufacturing，AM）的思想。当市场上出现新的机会，而企业的基本合作伙伴不能满足新产品开发生产的要求时，企业组织一个由特定的供应商和销售渠道组成的短期或一次性供应链，形成"虚拟工厂"，把供应和协作单位看成是企业的一个组成部分，运用"同步工程"（Simultaneous Engineering，SE）组织生产，用最短的时间将新产品打入市场，时刻保持产品的高质量、多样化和灵活性，这即是"敏捷制造"的核心思想。

（3）体现事先计划与事中控制的思想

ERP 系统中的计划体系主要包括：主生产计划、物料需求计划、能力计划、采购计划、销售执行计划、利润计划、财务预算和人力资源计划等。这些计划功能与价值控制功能已完全集成到整个供应链系统中。另一方面，ERP 系统通过定义事务处理（Transaction）相关的会计核算科目与核算方式，在事务处理发生的同时自动生成会计核算分录，保证了资金流与物流的同步记录和数据的一致性，从而实现了根据财务资金现状，可以追溯资金的来龙去

脉，并进一步追溯所发生的相关业务活动，便于实现事中控制和实时做出决策。

3．ERP 的物流管理

ERP 的功能模块包括生产控制（计划、制造）、物流管理（分销、采购、库存管理）、财务管理（会计核算、财务管理）和人力资源管理。这里将重点以典型的生产企业为例子来介绍 ERP 的物流管理。

（1）分销管理

销售管理是从产品的销售计划开始，对其销售产品、销售地区、销售客户各种信息的管理和统计，并可对销售数量、金额、利润、绩效、客户服务做出全面的分析。分销管理模块大致有以下三方面的功能。

1）对于客户信息的管理和服务。它能建立一个客户信息档案，对其进行分类管理，进而对其进行针对性的客户服务，以达到最高效率地保留老客户、争取新客户。

2）对于销售订单的管理。销售订单是 ERP 的入口，所有的生产计划都是根据它下达并进行安排的。而销售订单的管理则是贯穿在产品生产的整个流程，它包括客户信用审核及查询、产品库存查询、产品报价、订单输入、变更及跟踪、交货期的确认及交货处理。

3）对于销售的统计与分析。系统根据销售订单的完成情况，依据各种指标做出统计，比如客户分类统计、销售代理分类统计等，再就这些统计结果对企业实际销售效果进行评价。

（2）库存控制

该模块用来控制存储物料的数量，以保证稳定的物流支持正常的生产，但又最小限度地占用资本。它是一种相关的、动态的及真实的库存控制系统。它能够结合、满足相关部门的需求，随时间变化动态地调整库存，精确地反映库存现状。具体功能包括以下四个方面。

1）为所有物料建立库存管理，作为采购部门制定采购计划、生产部门制定生产计划的依据。

2）收到订购物料，经过质量检验入库，生产的产品同样要经过检验入库。

3）收发料的日常业务处理工作。

4）库存状况查询和预警。

（3）采购管理

确定合理的订货量、优秀的供应商和保持最佳的安全储备。能够随时提供订购、验收的信息，跟踪和催促外购或委托外加工的物料，保证货物及时到达。建立供应商的档案，用最新的成本信息来调整库存的成本。具体功能如下。

1）供应商信息查询（查询供应商的能力、信誉等）。

2）采购订单处理（包括委托外加工单的处理）。

3）催货（对外购或委托外加工的物料进行跟催）。

4）采购与委托外加工统计（统计、建立档案、计算成本）。

5）价格分析（对原材料价格进行分析、调整库存成本）。

4．ERP 同 MRPⅡ 的主要区别

（1）在资源管理范围方面的差别

MRPⅡ 主要侧重对企业内部人、财、物等资源的管理，ERP 系统在 MRPⅡ 的基础上扩展了管理范围，它把客户需求和企业内部的制造活动以及供应商的制造资源整合在一起，形成一个完整的企业供应链并对供应链上所有环节，如订单、采购、库存、计划、生产制造、

质量控制、运输、分销、服务与维护、财务、人事、实验室、项目、配方等进行有效管理。

（2）在生产方式管理方面的差别

MRP II 系统把企业归类为几种典型的生产方式进行管理，如重复制造、批量生产、按订单生产、按订单装配、按库存生产等，对每一种类型都有一套管理标准。而在 20 世纪 80 年代末、90 年代初，为了紧跟市场的变化，多品种、小批量生产以及看板式生产等则是企业主要采用的生产方式，由单一的生产方式向混合型生产发展，ERP 则能很好地支持和管理混合型制造环境，满足了企业的这种多角化经营需求。

（3）在管理功能方面的差别

ERP 除了 MRP II 系统的制造、分销、财务管理功能外，还增加了支持整个供应链上物料流通体系中供、产、需各个环节之间的运输管理和仓库管理；支持生产保障体系的质量管理、实验室管理、设备维修和备品备件管理；支持对工作流程（业务处理流程）的管理。

（4）在事务处理控制方面的差别

MRP II 是通过计划的及时滚动来控制整个生产过程的，它的实时性较差，一般只能实现事中控制。而 ERP 系统支持在线分析处理（On Line Analytical Processing，OLAP）、售后服务及质量反馈，强调企业的事前控制能力，它可以将设计、制造、销售、运输等通过集成来并行地进行各种相关的作业，为企业提供了对质量、适应变化、客户满意、绩效等关键问题的实时分析能力。

此外，在 MRPII 中，财务系统只是一个信息的归结者，它的功能是将供、产、销中的数量信息转变为价值信息，是物流的价值反映。而 ERP 系统则将财务计划和价值控制功能集成到了整个供应链上。

（5）在跨国（或跨地区）经营事务处理方面的差别

现在企业的发展，使得企业内部各个组织单元之间、企业与外部的业务单元之间的协调变得越来越多和越来越重要，ERP 系统应用完整的组织架构，从而可以支持跨国经营的多国家地区、多工厂、多语种、多币制应用需求。

（6）在计算机信息处理技术方面的差别

随着 IT 技术的飞速发展，网络通信技术的应用使得 ERP 系统得以实现对整个供应链信息进行集成管理。ERP 系统采用客户/服务器（C/S）体系结构和分布式数据处理技术，支持 Internet/Intranet/Extranet、电子商务（E-business、E-commerce）、电子数据交换（EDI）。此外，还能实现在不同平台上的互操作。

3.5　知识测评

1. 选择题（每题至少有一个正确答案）

（1）供应链是一个（　　　）系统，它包括不同环节之间持续不断的信息流、产品流和资金流。

  A. 动态系统 B. 固定系统   C. 独立系统   D. 复杂系统

（2）供应链管理主要涉及四个主要领域：供应、生产计划、物流、需求。（　　　）又是关键的要求。

  A. 需求   B. 生产计划   C. 供应   D. 物流

（3）供应链不仅是一条供应商到用户的物料链、信息链和资金链，而且是一条（　　）

  A．供应链   B．增值链   C．服务链   D．运输链

（4）以下关于供应链管理的叙述中正确的是（　　）。

  A．供应链管理的功能在于降低库存、保持产品有效期、降低物流成本及提高服务品质

  B．供应链管理所涉及的理论源于产品的分销和运输管理，因此可以说供应链管理就是后勤管理

  C．供应链管理是对从最终客户直到原始供应商的关键业务流程的集成

  D．供应链管理的最终目的是为了满足客户需求和实现盈利能力最大化

（5）供应链一般有（　　）个核心企业。

  A．4   B．3   C．2   D．1

2．判断题（请在正确的论述后面打√，错误的论述后面打×）

（1）供应链管理的主要目标是实现零库存。   （　　）

（2）供应链管理需要跨企业，甚至跨行业管理。   （　　）

（3）可视性是供应链管理的最大挑战和首要任务。   （　　）

（4）主动沟通原则是维护和尊重关系方利益的体现，也是公司（企业）与关系方保持融洽伙伴关系的基础。   （　　）

（5）电子商务供应链管理的核心是高效率地管理企业的信息资源，帮助企业创建一条畅通于客户、企业内部和供应商之间的信息流。   （　　）

3.6 案例分析：海尔供应链管理制胜

  有一个传统的民族工业制造企业，成立 16 年来，保持了 80%的年平均增长率，成长为一个业务遍及全球的国际化企业集团，其管理模式被收入欧盟商学院的管理案例库，其首脑被英国《金融时报》评为"全球 30 位最受欢迎的企业家"之一，这家企业就是海尔集团。

  海尔集团发动的一场管理革命：以市场链为纽带，以定单信息流为中心，带动物流和资金流的运动。通过整合全球供应链资源和用户资源，逐步向"零库存、零营运资本和（与用户）零距离"的终极目标迈进。

1．以市场链为纽带重构业务流程

  从生产规模看，海尔现有 10 800 多个产品品种，平均每天开发 1.3 个新产品，每天有 5 万台产品出库。海尔一年的资金运作进出达 996 亿元，平均每天需做 2.76 亿元结算，1800 多笔账。随着业务的全球化扩展，海尔集团在全球有近 1000 家分供方（其中世界 500 强企业 44 个），营销网络 53 000 多个，海尔还拥有 15 个设计中心和 3000 多名海外经理人。如此庞大的业务体系，依靠传统的金字塔式管理架构或者矩阵式模式很难维持正常运转，业务流程重组势在必行。

  总结多年的管理经验，海尔探索出一套市场链管理模式。海尔认为，在新经济条件下，企业不能再把利润最大化当作目标，而应该以用户满意度的最大化、获取用户的忠诚度为目标，这就要求企业更多地贴近市场和用户。市场链简单地说就是把外部市场效益内部化。过去，企业和市场之间有条鸿沟，在企业内部，人员相互之间的关系也只是上下级或是同事。

如果产品被市场投诉了，或者滞销了，最着急的是企业领导人，下面的员工可能也很着急，但是使不上劲。所以海尔不仅让整个企业面对市场，而且让企业里的每一个员工都去面对市场。由此，海尔也把市场机制成功地导入企业的内部管理，把员工相互之间的同事和上下级关系转变为市场关系，形成内部的市场链机制。员工之间实施 SST，即索赔、索酬、跳闸。如果你的产品和服务好，下道工序给你报酬，否则会向你索赔或者"亮红牌"。

结合市场链模式，海尔集团对组织机构和业务流程进行了调整，把原来各事业部的财务、采购、销售业务全部分离出来，整合成商流推进本部、物流推进本部、资金流推进本部，实行全集团统一营销、采购、结算；把原来的职能管理资源整合成创新订单支持流程 3R（研发、人力资源、客户管理）和基础支持流程 3T（全面预算、全面设备管理、全面质量管理），3R 和 3T 流程相应地成立独立经营的服务公司。

整合后，海尔集团商流本部和海外推进本部负责搭建全球的营销网络，从全球的用户资源中获取订单；产品本部在 3R 支持流程的支持下不断创造新的产品，以满足用户需求；产品事业部将商流获取的订单和产品本部创造的订单执行实施；物流本部利用全球供应链资源搭建全球采购配送网络，实现 JIT 订单加速流；资金流搭建全面预算系统；这样就形成了直接面对市场的、完整的核心流程体系和 3R、3T 等支持体系。

商流本部、海外推进本部从全球营销网络获得的订单形成订单信息流，传递到产品本部、事业部和物流本部，物流本部按照订单安排采购配送，产品事业部组织安排生产；生产的产品通过物流的配送系统送到用户手中，而用户的货款也通过资金流依次传递到商流、产品本部、物流和分供方手中。这样就形成横向网络化的同步业务流程。

2. ERP、CRM：快速响应客户需求

哈尔滨用户宋先生因房间摆放需要，想要一台左开门冰箱，他首先想到了海尔，到海尔网站一看，果然有用户定制服务，用户可以选择冰箱开门方式等十几个特殊需求，他按需要下订单后，海尔冰箱生产部门立即在定制生产线上组织生产，接收信息、组织生产、配送、交易整个过程，7 天时间就搞定，获得了用户的好评。对用户宋先生来说，只需在海尔网站上轻松点击几下，对海尔来说，一张小小的订单牵动了企业的全身——设计、采购、制造、配送整个流程。

在业务流程再造的基础上，海尔形成了"前台一张网，后台一条链"（前台的一张网是海尔客户关系管理网站（haiercrm.com），后台的一条链是海尔的市场链）的闭环系统，构筑了企业内部供应链系统、ERP 系统、物流配送系统、资金流管理结算系统和遍布全国的分销管理系统及客户服务响应 Call-Center 系统，并形成了以订单信息流为核心的各子系统之间无缝连接的系统集成。

海尔 ERP 系统和 CRM 系统的目的是一致的，都是为了快速响应市场和客户的需求。前台的 CRM 网站作为与客户快速沟通的桥梁，将客户的需求快速收集、反馈，实现与客户的零距离；后台的 ERP 系统可以将客户需求快速触发到供应链系统、物流配送系统、财务结算系统、客户服务系统等流程系统，实现对客户需求的协同服务，大大缩短了对客户需求的响应时间。

海尔集团在家电行业率先建立企业电子商务网站，全面开展面对供应商的 B2B 业务和针对消费者个性化需求的 B2C 业务。通过电子商务采购平台和定制平台与供应商和销售终端建立紧密的互联网关系，建立起动态企业联盟，达到双赢的目标，提高双方的市场竞争

力。在海尔搭建的电子商务平台上，企业和供应商、消费者实现互动沟通，使信息增值。

面对个人消费者，海尔可以实现全国范围内的网上销售业务。消费者可以轻点鼠标，在海尔的网站上浏览、选购、支付，然后可以在家里静候海尔的快捷配送及安装服务。海尔首先推出 23 种类的 800 多个产品在网上直接销售，各大城市网上订购的用户可以在两天内拿到自己需要的称心如意的产品和零距离的全天候星级服务。

（资料来源：金蝶友商网，有改动）

问题

1. 通过案例，你认为构筑供应链应该做哪些工作？
2. 你认为优秀的供应链解决方案应符合哪些要求？

第4章　采购与供应商管理

采购就是通过供应商来提高附加值，它包括建立一个能以最低成本生产主要材料或服务的供应商群；利用主要供应商来帮助区分商场上的产品，从而把供应商作为一个延伸网络或企业的一部分。

——A.T. Kearney 副总裁 Nick Seimaca（尼克）

引例：万科成立建材 B2B 采购平台

2017 年 11 月 29 日，由万科、中城投资、中天集团等共同发起成立的建材 B2B 第三方采购交易平台"采筑"在深圳召开发布会，这是  "采筑"首次公开亮相。据了解，"采筑"是由房地产行业上下游企业合伙搭建的 B2B 平台。更值得关注的是，采筑也是万科唯一指定的建材采购渠道，年采购额超过 200 亿元，万科 30 多年来在建材供应链领域积累的管理经验与实践，将通过采筑平台以社会化服务的方式输出和共享。采筑总经理都军表示，采筑平台具有以下几个特点：首先，采筑属于第三方服务平台，以赚取差价为盈利手段；其次，采购商入驻采筑，即可与万科、中城联盟企业及其他开发商联合招标采购，实现最大化规模效益，提升议价能力，降低采购成本；最后，平台交易环境透明，可实时追踪产品价格、订单状态。

目前，"采筑"除了有 3000 多家供应商入驻外，还汇集了 300 多家有着精准需求的采购商，覆盖 80 个行业品类，70 000 多个 SKU。此外，"采筑"公众号会定期发布"超级产品"，包括客户最新联合采购的定标产品、供应商的爆款推广产品、最新研发产品等。

（资料来源：中国电子商务物流网，有改动）

万科的电子采购平台属于哪种模式？它们有哪些优势和劣势？学完本章后请思考这两个问题。

4.1　战略采购与招标采购

4.1.1　战略采购

所谓战略采购，就是指用分析的方法为某一特定部分的产品制定采购战略并加以执行，是计划、实施、控制战略性和操作性采购决策的过程。其目的是指导采购部门的所有活动都围绕提高企业能力展开，以实现企业远景计划。战略采购有别于常规的采购管理，战略采购注重的是"最低总成本"，而常规采购注重的是"单一最低采购价格"。战略采购用于系统地评估一个企业的购买需求及确认内部和外部机会，从而减少采购的总成本，其好处在于充分平衡企业内外部优势，以降低整体成本为宗旨，涵盖整个采购流程，实现从需求描述直至付款的全程管理。

举个例子，某办公用品公司每年需要购买 2 亿美元的纸夹。如果采取传统采购的方式，必然会既费时又费钱、费物。因此，该公司选择利用战略采购的方式。故该公司第一步需要做的是分析公司近期内纸夹的市场状况（以半年至三年为宜）。第二步，该公司需要了解纸夹使用和生产的经济因素，并制定相应的最佳采购战略，争取做到生产时间最优化、生产成本最低化。第三步，公司需要跟供应商进行物料采购谈判并建立战略合作伙伴关系，这不仅有助于保证在每次合作中供应商与企业间诚信与共赢，更使后续的商业合作成为极大可能。

在战略采购中，企业对购买什么进行分析将是实施战略采购方式重要的第一步，也是最关键的一步。这也就意味着企业可以把其所购买的所有货物和服务的数据搜集起来；接下来，企业需要对这些采购进行评估以确保通过较少供货商得到供货量，从而减少采购过程中可能花费的时间成本、人力成本及物力成本；最后，双方之间的采购谈判是必不可少的环节，通过谈判进行沟通，使矛盾最小化。同时，长期性战略合作伙伴关系的建立使采购流程及所购货物标准化，可以尽量实施大规模、固定伙伴关系采购，最终目的都是可以保证采购成本最低、物料质量最优。

【案例 4-1】 施贵宝公司的战略采购

施贵宝公司（Bristol Myers Squibb）是一家以科研为基础的全球性的从事医药保健及个人护理产品的多元化企业，其主要业务涵盖医药产品、日用消费品、营养品及医疗器械。在美国已有 100 多年历史的百时美施贵宝，今天已发展成为一家年销售额为 200 多亿美元，遍及世界 120 多个国家和地区，拥有 54 000 多名员工的全球性企业。公司全力支持全球性的科研创新，每年从事科研及开发的经费超过 15 亿美元。该公司的药物研究所在世界各地设立了 10 家主要的研究机构，有 4200 多名科学家及工作人员进行科研工作。在任何时候，至少有 50 多个项目在同时进行不间断的研究活动。

施贵宝公司能取得今天的辉煌成就与该公司利用上述分析执行战略采购计划是密不可分的。该公司负责规划、战略采购及生产率的高级副总裁 Douglas Tunnel（塔内尔）曾经说过："我们会对所有供应商进行筛选，并根据公司将要进行的不同批次采购的性质寄给他们一份建议要求书。在此建议书中会具体、详细、分门别类地列出货物的质量、服务及目标价格标准。之后，供货商看了这些文件后再决定是否合作。接着，我们将根据自己公司的需要和他们可以满足这些需要的方式同有关供应商展开一系列的洽谈；洽谈往往会持续几天到一个月不等，直到筛选出公司满意的符合采购条件与采购计划的供应商并双方合作制定采购物品的预期价格。"

（资料来源：董千里. 供应链管理[M]. 北京：人民交通出版社，2002. 有改动）

在战略采购的第一个基础中，待采购企业需要对购买什么进行分析。而在案例 4-1 中，这家制药公司做到了对所有的采购进行分析之后，再与供货商重新商谈所有的采购合同。因为确认了公司的具体采购需求甚至明细，所以为该公司节省不菲，这对一个正转向战略采购的公司来说，可以说是一项重大的"前期胜利"。

战略采购的第二个基础是要了解所购货物的成本。施贵宝公司对所购买的每样东西都制定出一个"目标价格标准"。之后，该公司的采购人员会和供应商一起为所购货物制定出成本表单，然后根据这些表单定出"目标价格"并与供应商洽谈直到双方货物价格预期达成一致。

塔内尔解释说："我们很清楚供应商制作零部件的成本，包括所有业务支出和利润。因此，如有供应商收到我们的目标价格标准后来找我们，说'你们真是疯了'，我们就会派工程师到供应商的公司去。他们会检查供应商的生产流程，找出导致供应商价格过高的原因。"

"这种大规模的企业组织变革是战略采购成功的关键。"尼克指出。采购部门不再是单纯地负责购买货物，还必须能够参与到采购的各个环节之中，与供应商进行十分深入的合作，从而创造价值并推动企业经营战略的实施，最大限度地实现成本优化。

4.1.2 招标采购方法

招标采购是由招标人（采购方）发出采购招标公告或通知，邀请投标人（潜在供应商）前来投标，最后由招标人通过对投标人所提出的价格、质量、交期、技术、生产能力和财务状况等各种因素进行综合比较分析，确定其中最合适的投标人作为中标人，并与其签订供给合同的整个过程。招标采购的优点有。

1）公平、公正、公开，一视同仁，杜绝腐败。

2）充分竞争，优中选优，提高质量，降低价格（具有最佳性价比）。

但是，优点的发挥，需要以下保证措施进行辅助。

1）必须有完善的招标法律保障和道德或信誉的保证，并已形成有效的监督机制。

2）必须有良好的经济环境。

3）必须有足够的供货渠道和供应能力。

4）必须有社会认同的技术规范或标准。

5）必须有专家队伍。

6）必须有足够公开的媒体监督。

招标和投标是招标采购过程的两个方面，分别代表了采购方和供应商的交易行为。招标采购有公开招标、邀请招标和议标采购三种方法。

1. 公开招标

公开招标是一种"无限竞争性"的招标方式，由招标人（采购方）通过报刊、电视、网络等媒体手段，刊登招标公告，吸引投标人（潜在供应商）前来竞争投标。公开招标可以是国际性的，也可以只限于国内，两者各有千秋，采购企业应按照各自的实际情况来定夺。

公开招标的最大优势是资源丰富、利于采购方在更大范围内择优录用理想的最佳潜在供应商。其特点表现为"三公原则"，即公开、公平、公正，对供应商一视同仁，所有有潜力的供应商、承包商和服务提供商都能一律平等地投标，标准统一，不偏不袒。

2. 邀请招标

邀请招标是一种"有限竞争性"的招标方式，由招标人（采购方）选择一定数目（3～10家）的投标人（潜在供应商），向其发出投标邀请函。

邀请招标的最大优势是可以缩小范围、锁定目标、速战速决，这样不仅节省了招标人的招标费用，还有效地提高了投标人的中标机会。但由于限制了充分竞争，应对选择的投标人提出更高的要求。尽量避免由邀请招标再转入公开招标，以免太过费时、费力、费钱。

3. 议标采购

议标采购是一种"谈判招标"的方式，即先通过有限制性的招标，再经过谈判来确定投标者。议标采购主要有以下三种议标方式。

（1）直接邀请

直接邀请某一供应商进行单独协商，达成协议后签订采购合同。如果与该家供应商协商不成功，再邀请其他供应商进行协商，直到成功。

（2）比价议标

将投标邀请函送给几家供应商，邀请他们在约定的时间内报价，然后择优录用。

（3）方案竞赛

方案竞赛是企业进行工程规划设计任务招标时常用的一种议标方式。

4.1.3 招标采购流程

招标采购作业流程如图4-1所示。

1. 准备招标

招标书是潜在供应商进行准备和参加投标、采购方评标和签订合同的共同依据，以便潜在供应商填写招标书上规定的要求他填写的相关内容，准备投标，并把已填写完整的招标书在规定的时间、地点送达招标人。招标书包含以下内容：招标通知（含招标人和准备内容）、投标须知、合同条款、技术规格、投标书的填写要求、投标保证金、供货一览表、报价表和工程量清单。

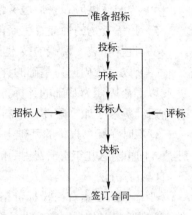

图4-1 招标采购作业流程图

2. 投标

发布投标资格预审通告，经过资格预审，缩小潜在供应商的范围，以避免对不合格供应商的无效劳动和不必要的支出，同时也节省了招标人的时间和精力，提高了招标效率。

3. 开标

检查投标文件的密封情况后，按招标通知书中规定的时间、地点，邀请投标方代表参加开标会，当众宣读供应商名单、有无撤标情况、提交投标保证金的方式是否符合要求、投标项目的内容、价格等相关信息，并合理地解释投标文件中还不甚明确的地方。以电传、电报等方式来投标的，不予开标。

开标时应做好开标记录，内容包括：项目名称、招标号、刊登招标通告的日期、购买招标书的单位及其报价、收到其招标书的日期及其处理情况。

4. 评标

评标有以下四种方法。

（1）以最低评标价为基础的评标

把评标价格（不是供应商报价）看作是评标的唯一因素，即合理的利润加上以下两种成本中的其中一种：

1）进口货物的到岸价，即成本＋保险＋运费。

2）国产货物的出厂价，即原材料及零部件采购成本＋生产成本＋税款（不包含销售税）。

若原材料、零部件已从国外进口并已放在境内，应报仓库交货价，含进口关税，但不包含销售税。

（2）综合评标

综合评标是一种以价格加其他因素为基础的评标方法，尤其在采购耐用物品，如车辆、发动机及其他设备时特别适用。

综合评标主要考虑以下六大要素。

1）内陆运费和保险费。

2）交货期（提早不优惠，推迟要罚款）。

3）付款条件（多项选择，淘汰不符合者）。

4）零配件供应和售后服务情况（采购方服务加费）。

5）招标货物的性能、生产能力、配套性、兼容性。

6）设备安装、调试的技术服务和培训费（加在报价上）。

（3）以寿命周期为基础的评标

以寿命周期为基础的评标方法特别适用于整套厂房、生产线、设备和车辆等运行期内的各项后续费用（如零配件、油料、燃料、维修等费用）很高的设备采购。

评标时在标书报价的基础上，加上一定的运行期内的各项费用，再减去一定年限后设备的残值，即扣除这几年折旧费用后的设备残余值，并按投标书中规定的贴现率折算成净现值。

（4）打分法

要打分的要素有：投标价格、内陆运费、保险费、交货期、偏离合同条款规定的付款条件、备件价格及售后服务、设备性能、质量、生产能力、技术服务和培训费用。

各要素比值分配如下：投标价 70 分，零配件 10 分，技术性能、维修、运行 3 种费用共 10 分，售后服务 5 分，标准备件 5 分，以上各项合计共 100 分。考虑的要素、分值的分配、打分标准均应在招标书中做出明确规定。

5. 决标与签订合同

决标就是将合同授予最低评标价的投标人，并要求在投标有效期内进行。决标后，在向中标者发中标通知书时，也要通知其他没有中标者，并及时退还投标保证金。

签订合同有两种方法。

1）在发中标书的同时，将合同文本邮寄给中标者，要求其在规定的时间内签字退回。

2）中标者收到中标通知书后，在规定时间内，派人前来签订合同。

签订合同及中标者按要求提交了履行保证金后，合同就正式生效，采购工作就进入了合同实施阶段。

4.2 电子采购

4.2.1 电子采购概述

1. 电子采购的定义及优势

电子采购（E-procurement）也称网上采购，是指利用信息通信技术，以网络为平台，与供应商之间建立联系，并完成获得某种特定产品或服务的活动。

电子采购和传统采购相比，有如下优势。

（1）降低采购成本和采购价格

由于电子采购的信息处理和管理是建立在因特网基础上的，企业可以进行在线订货，这就大大减少了文件处理、信息收集、通信和其他费时的交易程序，从而降低交易成本；由于电子采购快速及时、采购周期较短，企业可以减少过量的安全库存，从而降低库存成本；由于采用采购模式，采购人员无需出差，节约了差旅成本；由于能够货比多家，形成竞价局面，凡此种种，极大地降低了采购价格。研究显示，应用电子采购可以降低产品成本的 5%～10%，降低流程成本的 70%。例如，海尔集团在实施电子采购后，采购成本大幅降低，仓储面积减少了一半，降低库存资金约 7 亿元，库存资金周转日期从 30 天降低到了 12 天以下。

（2）缩短采购时间，提高采购效率

传统采购方式主要是以书面资料和电话、传真、直接见面的方式来进行信息交流，采购周期冗长，出错率高，效率低下。电子采购直接在网上进行招标、开标和评标，无需在政府部门和供应商之间来回奔波，免除了采购人员的往返之苦，从而大大加速了采购过程。又由于电子采购系统通过标准化的设计使全部采购工作流程自动化，消除了多余的采购环节，从而使企业减少出错率，缩短了采购时间，大大提高了采购效率。据统计，采用电子采购，自采购企业竞价采购项目正式开始至竞价结束，一般只需要 1～2 周，较传统招标采购节省了 30%～60%的采购时间。

（3）增加供应商数量，提高采购质量

传统采购方式下，供应商大多只限于本地区的少数供应商；而电子采购由于网络的广泛性、开放性，可以提供一个全天候、全透明、超时空的采购环境，即 365×24 小时的采购环境，扩大了采购市场的范围，可以提供全省、全国，甚至全球的适合的供应商，这就增加了采购的透明度，扩大了供应商的数量，提高了供应商的竞争积极性，改善了供需双方的关系，使采购交易双方易于形成战略伙伴关系。由于面对的是全球供应市场，可以突破传统采购模式的局限，做到货比多家，对采购品的性能、外观、技术、价格、质量等能够进行详细的了解和比较，在比质比价的基础上找到满意的供应商，最终能以较低的成本挑选出物美价廉的产品，这不仅大幅度地降低了采购成本，更重要的是提高了采购质量。

（4）优化供应链，提高采购的灵活度

电子采购是一种在 Internet 上创建专业供应商网络的基于 Web 的方式，通过 EDI 和 Internet，企业能和供应商进行及时快捷的信息交流；通过标准化的设计，使全部采购工作流程自动化，消除了多余的采购环节，简化了采购流程；通过全国、全球范围内的供应商的比较、筛选，整合了供应商资源，使得企业能够寻找到更佳的价格与质量的结合点，提高了采购的灵活度，使采购人员真正能够实现从战术性角色向战略性角色的转变，开发并培养有竞争力的战略合作伙伴，从而优化供应链管理，改善供应链绩效，真正做到战略采购。

2．电子采购系统的类型

电子采购系统是电子市场中促进采购商和供应商进行信息沟通和实施交易的开放式系统，是实施电子采购策略的媒介与核心。现有的电子采购系统主要可以分为买方采购系统、卖方采购系统、行业采购平台和采购中介系统四种类型，而这些采购系统又可进一步细分为多种形式，如表 4-1 所示。

表 4-1　四种电子采购系统的对比情况

	形　式	实　例	优　点	缺　点
买方采购系统	● ERP 中的采购模块 ● 独立电子采购系统 ● 基于 Intranet/Internet 的系统 ● 买方电子市场	● Oracle，BaaN，mySAP ● Ariba，Commerce One ● IBM，Cisco，Sony ● Covisint，PlasticsNet	● 降低采购价格 ● 强化过程控制 ● 提高产品质量	● 卖方可能会因竞争过于激烈而不愿参加
卖方采购系统	● 电子目录系统 ● 卖方电子市场	● American Hospital System ● e-Chemicals，Petrocosm	● 汇集买方信息 ● 提高销售价格 ● 强化卖方地位	● 买方可能会因竞争过于激烈而不愿参加
行业采购平台	● 行业内部采购平台 ● 第三方采购平台	● Exostar，家乐福，西尔斯 ● Transora，SNS	● 降低采购价格 ● 降低搜寻成本 ● 促进充分交易	● 无法真正改进供应链关系
采购中介系统	● 厂商名录 ● 中立型电子市场 ● 网上拍卖 ● 网上投标	● YellowPages.com ● MRO.com，亚商商务在线 ● Auction.com，eBay ● uBid，Publicpurchasing.net	● 降低采购价格 ● 降低搜寻成本 ● 提高服务质量	● 行业特性各不相同 ● 市场流动性不足

（1）买方采购系统（买方模式）

买方采购系统通常是由大型的购买方企业开发和运作的，目的是通过网络实现供应商选择与评价、合同管理、采购等过程，其关注的重点是交易效率和过程控制，如图 4-2a 所示。

（2）卖方采购系统（卖方模式）

卖方采购系统通常是由大型的或在行业内占据主导地位的供应商开发和运作的，目的是通过汇总购买方的信息使卖方获得最高的销售价格，以最大化供应商的利润，如图 4-2b 所示。

（3）行业采购平台

行业采购平台是为某个特定行业的采购商和供应商进行交易而提供一揽子服务的电子采购系统，通常是由多个采购商组成采购集团，其目的在于通过扩大采购规模来降低搜寻成本，并增加供应商之间的竞争，如图 4-2c 所示。

（4）采购中介系统（市场模式）

采购中介系统是由第三方组织开发和运营的，为同一行业乃至不同行业的采购商和供应商提供交易平台，即所谓的"网络造市者"，而越来越多的采购商则干脆将采购业务外包给这些网上中介组织，如图 4-2d 所示。

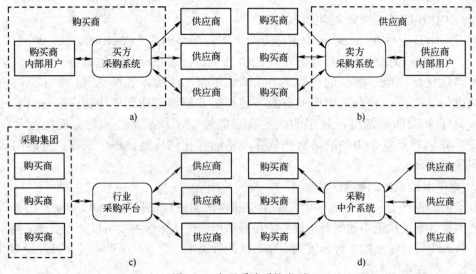

图 4-2　电子采购系统类型
a) 买方采购系统　b) 卖方采购系统　c) 行业采购平台　d) 采购中介系统

3．电子采购决策过程

在电子采购策略中，采购职能得到了扩展，采购已不仅限于产品和服务的获取，还扩展到了产品开发、同步工程、绩效监控等方面。为此，采购商加强了与供应商之间的合作，包括信息共享、信任机制、CPFR、风险共担、协同发展等，同时也促进了企业内部各职能之间的集成，通过加强企业内部各部门之间的合作，促进了企业内部采购、生产、销售、服务等各个职能之间的集成。由于供应链成员之间的集成与合作程度的提高，使得新产品研发与上市的周期大大缩短，从而提高了响应市场动态性的能力，提高了供应链整体的运作速度和动态性。其决策过程原理如图4-3所示。

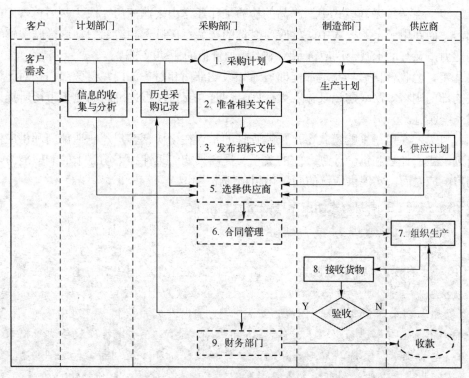

图 4-3　电子采购决策过程

第一步，借助于先进的 Internet/Intranet/Extranet 技术，采购部门实时了解和掌握客户的个性化需求，在共享制造部门甚至供应商信息的基础上，编制采购计划。同时在订货过程中不断通过收到的反馈信息修正采购计划，使订货始终与需求保持同步。

第二步，借助计算机和网络技术，快速完成采购计划所需各种采购文档的准备工作，这样既节省了大量时间以及文件处理和人力资源成本，又提高了准确性和工作效率。

第三步，通过电子手段向所有备选供应商发出询价单（RFQ）、投标者须知（ITB）或征求建议书（RFP），这样既可节约大量印刷和邮寄成本，还可提高交易过程的效率和透明性，避免暗箱操作。

第四步，在传统采购模式中，供应商既不了解、也不关心制造过程，而在电子市场中，供应商可以与制造部门进行实时的信息交换，随时掌握其生产进度，甚至新产品的设计与开发，这就提高了供应商的应变能力，做到有的放矢，最大限度地符合采购计划的要求。而且，供应商在收到招标文件后，也不必派代表参加开标会和与采购部门接洽，而是通过电子手段发出标书即可。

第五步，采购部门接到供应商的标书后，按照既定的评审标准，结合计划部门和制造部门提供的各方面信息以及历史采购记录，对标书进行综合评价，最终选择可以满足需要的供应商。

第六步，在合同管理阶段，谈判、签订、变更、收尾等基本过程以及订单的发出都可通过电子市场完成，从而大大降低了交易成本。

第七步，供应商接到订单以后，即可按照要求组织生产，采购部门和制造部门也可对其生产过程进行实时的监控和信息交换。

第八步，在传统采购模式中，产品的检验工作通常由采购部门完成，然后再入库或交付制造部门，而在电子采购模式中，供应商交付的产品直接进入制造部门，这样既缓解了采购部门的压力，又有助于减少供应链系统中不增加价值的活动或过程。

第九步，验收合格后，制造部门即可通知采购部门和财务部门，财务部门核对无误并入账，采购部门则将本次采购记录输入数据库。同时，支付过程也可通过电子市场所提供的网上支付系统实施。

由此可见，在电子采购模式中，采购管理的重点在于协调客户、制造部门和供应商以及采购计划、生产计划和供应计划之间的关系，提高采购的柔性和市场需求的响应能力，从而缩短用户响应时间，实现供应链的同步化和精细化运作。

【案例 4-2】 中国南车集团电子采购实例分析

中国南车集团株洲电力机车厂创建于 1936 年，是我国轨道电力牵引装备的主要研制基地，国家大型一类企业、中国工业 500 强、国家重点调度的 512 户企业之一。现有员工近万人，其中科技人员近 3000 名，有中国工程院院士 1 名、博士后 6 名、硕士研究生 30 名。占地 2.3 平方公里，资产总额 21.8 亿元。企业致力于高速电力机车、地铁、城轨车辆、电动旅客列车等产品的研制与销售，迄今为国内外客户提供了 2700 多台"绿色动力"，国内市场占有率达 60%以上，连续 45 年盈利，连续 25 年销售收入年均增长 10%。

株洲电力机车厂坚持以市场为导向，依靠科技创新和管理创新推动企业发展。近年来，随着企业快速发展以及市场竞争日趋激烈，尤其是去年原材料价格上涨带来的成本压力，对株洲电力机车厂的企业管理提出了更高要求。正是在这种背景下，公司领导提出建设电子商务平台，通过互联网实现物资采购管理，从而整合采购资源，发挥集中采购优势，以先进的电子采购方式降低采购成本，从采购成本源头提升企业的核心竞争力。

2006 年 8 月 8 日上午 9 时整，中国南车集团株洲电力机车有限公司启用该公司招标专用系统平台，对下半年 SS4B、SS4G 机车需求的原材料 20 个项目进行网上公开竞标，8 家代理供应商经该公司认证，参加了本次网上招标。招标会由公司物流中心组织，公司纪委、审计部和信息管理部有关人员参加了本次网上招标现场会。

本次网上在线竞价为时 3 个小时，由于每次物资竞价受到时间限制，为争夺中标机会，各供应商争相报出新低价格，部分项目报价刷新达 30 多次，除 5 项物资因无人报价或单家报价导致流标作询价处理外，其余项目全部竞价成功。据统计结果，本次网上竞价单项物资最大降幅金额达 27.6 万元，单项最大降幅比例达 29.5%，与上年均价相比共节约采购资金897 230 元。

该公司在传统采购招标的模式上对采购物资招标、竞价、询价，开发电子商务系统的基础平台，并经过对本公司基础平台的功能修订、数据输入、流程制定等框架搭建，完成该电子商务项目立项评审和项目评审。借助电子商务这一先进的手段，中国南车集团实现了采购手段的技术创新与管理创新，从而降低采购成本，提高企业效益。

（资料来源：阿里云互联网资讯，有改动）

4.2.2 电子招标

1. 电子招标

所谓电子招标，是指利用现代计算机技术，以电子文档的形式记录，通过可移动电子存储介质或互联网传递招标及投标文件等数据信息，并实现开评标全过程信息化的一种招投标管理体系。电子招标系统能够全方位地快速提供招投标信息查询，增加招投标活动的透明度和广泛性，可以对大量的招投标文件进行电子化存储与传输管理，提高管理水平。还可以实现招投标管理工作的网络化与计算机化，缩短招投标周期，降低招投标费用，保证招投标工作遵循公平、公正与诚实可信的原则，杜绝各种不符合国家法律法规的行为和现象。同时还支持异地办公，节省人力、物力，方便快捷。

2. 电子招标应用模式

电子招标主要有以下三种应用模式。

（1）简单开标模式

简单开标模式主要应用在一些电子招标刚刚起步的企业或部门，应用方式比较简单，安全措施也不是很齐备，具体如图 4-4 所示。

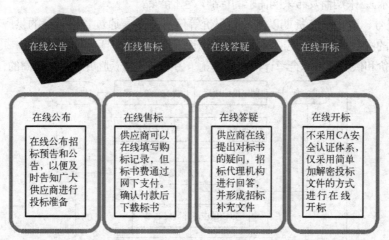

图 4-4　简单开标模式

（2）离线评标模式

离线评标模式基本上能将电子化和在线化覆盖到招投标的各个环节，除了评标，主要是考虑到评标过程的安全问题而采用的一种过渡方案，待整个社会和企业的信用环境和安全环境成熟之后可以采用全过程在线模式，具体模式如图 4-5 所示。

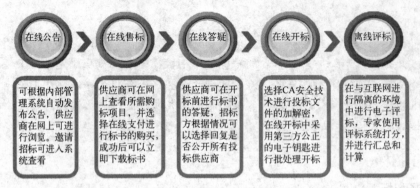

在线公告	在线售标	在线答疑	在线开标	离线评标
可根据内部管理系统自动发布公告,供应商在网上可进行浏览。邀请招标可进入系统查看	供应商可在网上查看所需购标项目,并选择在线支付进行标书的购买,成功后可以立即下载标书	供应商可在开标前进行标书的答疑,招标方根据情况可以选择回复是否公开所有投标供应商	选择CA安全技术进行投标文件的加解密,在线开标中采用第三方公正的电子钥匙进行批处理开标	在与互联网进行隔离的环境中进行电子评标,专家使用评标系统打分,并进行汇总和计算

图 4-5　离线评标模式

（3）全过程在线模式

全过程在线模式将招投标的各个环节都采用了在线的方式进行,与供应商之间以及与专家、业主之间的交互更加紧密,是一个真正意义上的完整的电子招标应用系统。这就要求招标代理机构拥有极其成熟的 IT 环境和高度标准化的业务流程,其具体模式如图 4-6 所示。

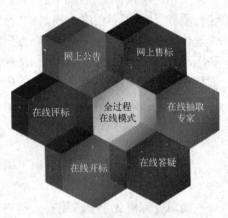

图 4-6　全过程在线模式

4.2.3　反向拍卖

1. 反向拍卖的定义及特征

反向拍卖（Reverse Auction）,又称逆向竞拍,是一种利用互联网技术将招投标与拍卖技术结合起来的采购流程（如图 4-7 所示）。采购商发布采购需求的标准,包括产品名称、规格型号、数量、交货期以及最高限价等信息;多家通过资格验证的供应商在有限时间内,通过专门的网络平台,异地同时反复竞价（逐步降价的方式）;竞价结束后,采购商根据各供应商的最低报价和供应实力综合考评,由最具竞争力的供应商获胜并取得采购商的订单。

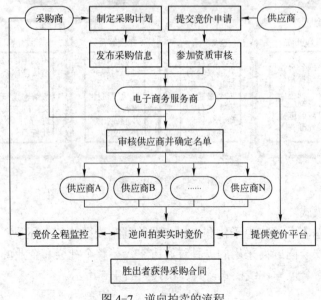

图 4-7　逆向拍卖的流程

逆向拍卖的主要特点是：

（1）流程网络化

现代逆向拍卖一般借助信息技术和网络技术等指定专业媒体发布采购信息，一般涉及采购品种、采购数量及采购投标截止日期及采购基本方法（第一、第二价格密封投标还是网上公开投标）等。这样使得信息的传递更广泛、更快捷，从而加速了传统的采购流程，扩大了供应商的选择范围，大大提高了企业采购的效率。

（2）组织专业化

逆向拍卖通常由采购人发起，委托专业的采购网站发布信息，或者聘请专业的软件服务商主持。逆向拍卖开始之前，要么企业自己有专业的采购组织（如 ABB 公司），要么软件服务商会成立专门的逆向拍卖项目小组负责具体的工作。小组中的每个成员均有特定的职能，既拥有丰富项目管理经验的经理人员，又有资深的采购专家和精通计算机网络知识的技术骨干。他们紧密团结，密切合作，形成了一个独立的专业化采购组织，通过用集体的智慧实现既定的采购目标。

（3）投标时限性

每次逆向拍卖采购的竞价投标都是有时间限制的，基于因特网的开价逆向拍卖采购一般把时间控制在半个小时到一个小时之间，这种采购通常是越靠近时间终点竞价越激烈，最后几分钟供应商的竞价频率最高、降价幅度最大。而密封投标的逆向拍卖则在采购信息中公布最后投标截止时间。

（4）报价公开、交互、连续

这是在线逆向拍卖的最大特点，也是其创新的体现。按照竞价规则，供应商在逆向拍卖的过程中可以多次报价，同时每个供应商都可以通过网络终端的显示器看到竞争对手的价格信息，因此拥有更多的机会来调整自己的报价去和对手竞争。

2．成功实施网上反向拍卖的必要条件

为了确保网上反向拍卖的成功实施，除了前面提到的技术条件保证外，有一些问题在拍卖之前也必须考虑周全。从国外网上反向拍卖的成功和失败案例来看，下面的问题非常关键。

1）拍卖商品的规格要有明确具体的说明，包括商品的 ISO 质量认证标准、买方特定的质量要求、订购的数量、从订货到交货的时间、交货的地点、售后服务及其他服务条款等。

2）订购商品的数量必须足够大。对供应商来说，如果数量太少，一方面交易费用很高，另一方面不能产生规模经济的效益，所以卖方一般不会青睐数量少的拍卖。作为购买量不高的买方必须对此有所准备，一个增大购买量的常用做法是"家庭集合购买"，即把很多家庭（单位）对同一种商品的需求放在一起只创建一个报价请求（RFQ）。

3）必须有足够多的供应商对拍卖的商品感兴趣，这样才能激发一个竞争的市场，达到拍卖的目的。

4）产品的市场价格要有一定的弹性，这样才能创造价格向下的压力，使得价格越低，能够应标的供应商就越少。

5）如果买方是生产企业，则其原有的组织结构必须进行适当的改造以适应网上反向拍卖的特点。

3．反向拍卖技术的优与劣

反向拍卖技术利用拍卖原理反其道而行之，通过与网络信息技术合理结合在互联网上实施（RAT），采购方租用平台利用专业采购中介提供在线竞价服务。这样做有如下优点。

1）降低采购支出，最高降幅可以达到40%，平均降幅17%。

2）提高采购效率，采购周期缩短达18%。

3）无论是对采购方还是对供应商来说，采购交易流程都变得简单易行。

4）降低原有供应市场供应季节的波动性，有利于提供更加稳定的供应组合源。

5）降低汇率与金融风暴的风险。

同时，反向拍卖也会具有以下弊端。

1）缺乏正规严谨的合同制度，不能实现有效的合同管理。

2）缺乏产品维护、新产品审核、库存预警管理。

3）双方交流有限，不利于解决交易过程中可能出现的问题。

4）无法对采购计划、采购实施、权限设定进行管理。

【案例4-3】 反向拍卖实例

Freemarkets 是一家总部位于匹兹堡的知名电子商务服务商，世界五百强中的艾默生公司是其客户之一。2003年12月，艾默生公司计划采购一批总金额为92万欧元的金属冲压件，分为5个小批，其目标价为82万欧元，即计划将采购物料成本下降约10%。Freemarkets 的 William Holms 为该项目的市场经纪人（Market Maker），负责组织全球的在线反向拍卖。William 会同艾默生全球采购从艾默生的全球供应商名录（AVL）及Freemarkets 的全球供应商资源中选出83家作为候选供应商。在83家供应商中，有42家提交了初始报价。通过第二轮的甄选，选出8家供应商参加在线反向拍卖。

在线实时反向拍卖时间：2004-02-19，7:00PM—HONGKONG/ 6:00AM EST / 12:00PM—MILAN。

起始价和降幅：该次在线反向拍卖的起始价为8家候选供应商提出的初始报价的最低价，最低降幅，在目标价以上的降幅为1%，目标价以下降幅为0.5%。

清场时间的设定：每批标的的额定拍卖时间为30分钟，竞价所设定清场时间为3分钟。如果最后1分钟有供应商投标的话，相对于该时间点，拍卖时间将自动延长3分钟。如果3分钟内无别的供应商再提出新的更低价格，则市场将自动关闭。

在线反向拍卖过程：现以第三批竞拍为例，共有8家公司参与加了第三批的竞标，其中6家出标。起拍价为首轮资格竞标价的最低价104 000Euro，公司A首先出标，其他公司纷纷跟进。竞争异常激烈，前5分钟内报价几乎每半分钟就被刷新一次，5分钟后竞价刷新开始减慢，部分公司由于成本无法降低而退出了竞争。后来的竞争主要在公司C和公司F之间进行。公司C在最后一分钟出标，清场时间向后顺延3分钟，在第35分钟时，公司C报价后，3分钟之内无人应标，在线反向拍卖市场关闭，公司C中标。在38分钟的时间内，6家供应商共进行15次报价，最高投标价格102 960Euro，最低投标价格93 758Euro，比艾默生设定的目标价低了9.85%，比最高价低了17.2%。

确立最终中标人：William 选择前三名的公司 A、C、F，根据价格及各公司的质量、交期等的权数计算出各公司得分，将结果交由艾默生全球采购亚洲分部经理 Rena 处置。

4.3　供应商管理

长期以来，供应商是指那些向买家提供产品或服务并收取相应货币作为报酬的制造商、贸易商或服务商。由于交易行为就是纯粹的买卖关系，内容简单，双方的交易关系一般在货物交付、货款结清时就基本结束。在其他条件不变时，交易价格就成为双方磋商的焦点。传统的供应商关系中，产品的供应价格被视作一项主要成本，供应商管理的核心内容是如何降低价格。大多数企业在经过多年改善内部生产力之后，从企业内部挖掘降低成本的潜力已经枯竭。

Shawn Tully 在《财富》杂志的一篇文章中指出：今天企业的经常性开支都不会超过企业平均制造成本的 3％，而劳动力成本通常也不会超过 6％。即使是最有效的费用削减，或者是将生产过程中劳动力密集的部分进行全面的自动化，对总成本的改善还是微乎其微。要向组织内部找寻有效的生产力提高的来源是越来越难了。然而，企业却有超过 55％的收益是花在对外采购上（如果将外协计算在内的话会更多，甚至到 80％），而传统观念上被视为是生产力改善焦点所在的内部成本比例则不及一半。这说明，在产品投放市场之前，它的总成本中大部分已被锁定在一个居高不下的水平上，因此，企业应该考虑从 55％～80％的部分中节约成本。通过管理供应商，共创利益，争取新的利润增长点。

4.3.1　供应商关系管理的概念

正如当今流行的 CRM 是用来改善与客户的关系一样，供应商关系管理（Supplier Relationship Management，SRM），是一种致力于实现与供应商建立和维持长久、紧密伙伴关系，旨在改善企业与供应商之间关系的新型管理。SRM 实施于围绕企业采购业务相关的领域，目标是通过与供应商建立长期、紧密的业务关系，并通过对双方资源和竞争优势的整合来共同开拓市场，扩大市场需求和份额，降低产品前期的高额成本，实现双赢的企业管理模式。同时它又是以多种信息技术为支持和手段的一套先进的管理软件和技术，它将先进的电子商务、数据挖掘、协同技术等信息技术紧密集成在一起，为企业产品的策略性设计、资源的策略性获取、合同的有效洽谈、产品内容的统一管理等过程提供了一个优化的解决方案。传统供应关系和供应商关系管理的区别如表 4-2 所示。

表 4-2　传统供应关系和供应商关系管理（SRM）的比较

项目	传统供应关系	供应商关系管理
供应主体	物料/部件	物料/部件，服务，技术，知识
供应商选择标准	首先强调价格，其次是质量	并行考虑多标准因素
稳定性	变化频繁	长期、稳定、紧密合作
合同性质	短期，单一	长期、开放式合同
商务谈判/合同签订频率	高，频繁	低，较固定

项目	传统供应关系	供应商关系管理
供应批量/规模	小	大
供应商数量	大量	少而精，长期紧密合作关系
供应商范围	专用在本国	全球范围
信息交流	信息专有	信息共享（电子化连接、共享信息）
参与买方研发	不参与	参与
质量控制	需要质量控制	由买方认证，供应商对产品质量负全部责任

一般的供应商关系管理包括如下内容。

1）评估采购战略：制定出更有效的货源确定、采购和产品开发战略。

2）供应商评估：更可靠、更迅速地发现与评估供应商，降低供应风险，减少存货。

3）供应商选择：通过多种拍卖与招标等技术将供应商的能力与业务需求进行匹配，从而缩短购货周期。

4）合同谈判与管理：在线开展合同谈判，发挥战略协作优势，确保版本控制、隐私和安全。

5）内容管理：供应商与产品数据等内容有效共享，供应商的创新信息及时融合到供应战略中，以增强竞争优势。

6）可行的购货计划：全面审查所有与采购申请相关的信息，包括替代材料、经批准的销售商列表和可选供应商的信息。

7）执行管理：建立许可供应商清单，并要有效地控制程序。

4.3.2 供应商评价与选择

1．供应商分类

供应商分类是指在供应市场上，采购企业依据采购物品的金额、采购商品的重要性以及供应商对采购方的重视程度和信赖的因素，将供应商划分成若干个群体。供应商分类是供应商管理的先行环节，只有在供应商细分的基础上，企业才有可能根据细分供应商的不同情况实行不同的供应商关系策略。企业可以按照以下几种方法进行供应商分类。

（1）按供应商的相对重要性分类

按供应商的相对重要性分类，可以把供应商分为以下四类（如图4-8所示）。

1）伙伴型供应商：采购业务对于供应商和采购公司来说都很重要，两者关系平衡，地位均等。

2）优先型供应商：采购业务对于供应商很重要，但是对于采购公司来说并不十分重要，这种情形下的采购业务对于采购公司来说很有利，所以这样的供应商采购者应优先考虑。

3）重点型供应商：采购业务对于供应商无关紧要，但是对于采购公司很关键，这种情形下的采购业务对于采购公司很重要，供应商需要重点处理。

4）商业型供应商：采购业务对于供应商和采购公司都不很重要，两者之间关系松散，这样的供应商是普通的商业供应商。

（2）按供应商的规模和经营品种分类

按供应商的规模和经营品种分类，也可以把供应商分为四类，如图 4-9 所示。其中，"专家级"供应商是指那些生产规模大、经验丰富、技术成熟，但经营品种相对少的供应商；"行业领袖"是指那些生产规模大、经营品种也多的供应商；"量小品种多"的供应商具备一定的培养潜力；"低产小规模"的供应商增长潜力有限，但是经营方式灵活。

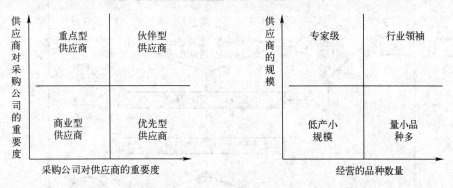

图 4-8 按供应商的相对重要性分类　　图 4-9 按供应商的规模和经营品种分类

（3）按供应商在供应链上的增值作用和竞争力分类

图 4-10 中，纵轴代表的是供应商在供应链中的增值作用，对于任何一个供应商来说，如果不能对供应链有增值作用，就不会引起供应链上其他企业的关注。横轴代表某个供应商与其他供应商之间的主要区别，包括设计能力、特殊工艺能力、柔性、项目管理能力等方面的竞争力的区别。在实际运作中，要根据不同的目标选择不同类型的供应商。对于长期市场需求而言，要求供应商能保持较高的竞争力和增值率，因此最好选择战略型供应商；对于短期需求或短暂市场需求来说，只要选择普通供应商满足需求即可，以保障成本最小化；对于中期市场需求而言，可根据增值率和竞争力对供应链的不同重要程度，选择不同类型的供应商（有影响力供应商或竞争型/技术型供应商）。

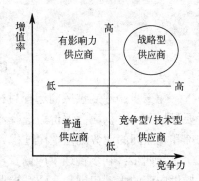

图 4-10 按供应商在供应链上的
增值作用和竞争力分类

2．供应商的评价与选择步骤

在供应链管理环境下，由于紧密合作的需要，上下游的相互连接变得更专有，采购方会在全球市场范围内寻找最杰出的供应商，所以要对供应商做出系统、全面的评价，就必须有一套完整、科学、全面的评价程序和方法，如图 4-11 所示。

第一步：供应市场竞争分析（需求、必要性）。分析市场竞争环境的目的在于确认用户的需求，确认是否有建立供应商合作关系的必要，同时分析现有供应商的现状，分析、总结企业存在的问题。

第二步：进行外购/自产的决策选择。有些学者将此决策作为供应商管理的起点。企业在内部资源有限的情况下，为取得更大的竞争优势，仅保留其最具竞争优势的功能，而把其他功能借助于整合，利用外部最优秀的资源予以实现是十分必要的。

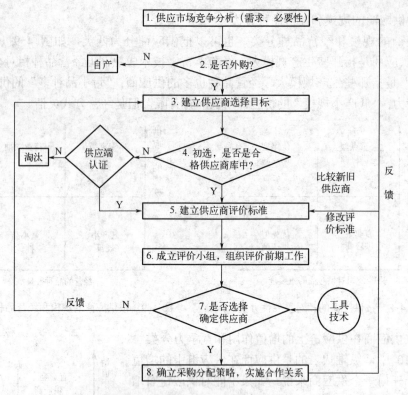

图 4-11 供应商评价与选择流程

第三步：建立供应商选择目标。企业必须建立实质性、实际的目标，其中降低成本是主要目标之一。供应商评价、选择不仅仅就是一个简单的评价、选择过程，它本身也是企业内部和企业间的业务流程重构过程。

第四步：初步挑选供应商。在供应商选择开始阶段，通过各种公开信息和公开渠道，包括供应商的主动问询和介绍、专业媒体广告、互联网搜索等方式，得到供应商的联系方式，并将对供应商的选择意向传递出去，通过渠道的方式接触潜在供应商。通过对供应商反馈信息的分析，初步筛选供应商。剔除明显不适合进一步合作的供应商后，得出待考察的供应商名录。为了使供应商选择业务持续高效地进行，企业应建立合格供应商数据库，记录供应商的基本信息、与企业业务往来的大致情况等。

第五步：建立供应商评价标准。供应商评价的指标体系是企业对供应商进行评价的依据和标准，是反映企业本身和环境所构成的复杂系统不同属性的指标。不同行业尽管有差异，但大致都会涉及供应商的业绩、设备管理、人力资源开发、质量控制、成本控制、技术开发、用户满意度及交货协议等方面。

第六步：成立评价小组，组织评价前期的工作。企业必须建立一个小组以控制和实施战略供应商评价。组员以来自采购、质量、生产、工程等与供应链合作关系密切的部门为主，组员必须有团队合作精神、具有一定的专业技能。评价前期的工作包括供应商考察及审定、询价及报价等步骤。

第七步：评价供应商。在收集供应商信息的基础上，利用一定的工具和技术方法进行战略供应商的评价。在评价的过程后，有一个决策点，如果选择成功，则可开始实施供应链合作关系，否则，返回第三步重新开始评价选择。

第八步：确立采购分配策略，实施供应链合作关系。在上述步骤完成之后，开始合同条款谈判环节。在价格谈判之前，要有充分准备，设定合理的目标价格。对确定供货的供应商要实施采购分配策略。策略的制定不仅仅局限于短期目标最优，更要着眼于长期采购供应的稳定和效率，结合对供应商的绩效管理，有步骤、有计划地进行。

在实施供应链合作关系的过程中，市场需求将不断变化，可以根据实际情况的需要及时修改供应商评价标准，或重新开始供应商评价选择。在重新选择供应商的时候，应给予原供应商以足够的时间适应变化。

3. 供应商的评价标准

供应商评价是一个非常复杂的问题，其中影响最大的学者是 Dickson，1966 年 Dickson 通过分析 170 份对采购代理人和采购经理的调查结果，得到了 23 项供应商绩效评价标准。Dickson 认为，质量是影响供应商选择的一个"极端重要"的因素；交货、历史绩效等 7 个因素则"相当重要"；"一般重要"包括遵循报价程序、沟通系统等 14 个因素；最后一个因素"往来安排"则归入"稍微重要"之列。1991 年，Weber 等专家在 Dickson 的研究基础上认为，净价是讨论最多的一项准则，接下来依次是交货、质量、生产设施/生产能力、地理位置、技术能力、管理和组织等，其他的因素则很少提及。

目前，国内企业评价标准多集中在供应商的产品质量、价格、柔性、交货准时性、提前期和批量等关于具体运作的环节，还没有形成一个全面、统一的供应商评价指标体系。其中比较有代表性的是图 4-12 所示的供应商综合考评体系。另外，我国一些专家认为，从长期和短期出发建立供应商选择标准，更具有实际意义。

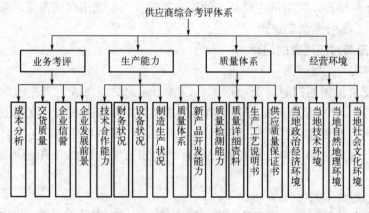

图 4-12　供应商综合考评体系

（1）供应商选择的短期标准

1）商品质量。采购物品的质量是否合乎采购单位的要求是企业生产经营活动正常进行的必要条件，也是采购单位进行商品采购首要考虑的因素。对于采购中质量的要求是否符合企业生产所需，要求过高或过低都是错误的。评价供应商产品的质量，不仅要从商品检验入手，而且要从供应商企业内部去考察。

2）成本。对供应商的报价单进行成本分析，是有效甄选供应商的方式之一。不过，成本不仅仅是采购价格，还包括原料或零部件使用过程中或生命周期结束后所发生的一切支出。总成本最低才是选择供应商时考虑的主要因素，而总成本一般包括取得成本、作业成本和处置成本。

3）交货时限。供应单位能否按约定的交货期限和交货条件组织供货，直接影响企业生产和供应活动的连续性，企业在考虑交货时间时，一方面要降低原料的库存数量，另一方面又要降低停工断料的风险，因此要审慎供应商的交货时间，以决定其是否能成为公司往来的对象。

4）整体服务水平。供应商内部各作业环节，能够配合购买者的能力与态度，如各种技术服务项目、方便订购者的措施、为订购者节约费用的措施等。主要指标有安装服务、培训服务、维修服务、升级服务、技术支持服务等。

5）履行合同的承诺与能力。企业进行采购，在确定供应商有无履行合同的承诺与能力时，要考虑确认供应商对采购的项目、订单金额及数量是否感兴趣，处理订单的时间，在需要采购的项目上是否具有核心能力，是否具有自行研发产品的能力，目前的闲置设备状况。

（2）供应商选择的长期标准

1）供应商的财务状况是否稳定。财务状况直接影响交货和履约的绩效。一般可以利用资产负债表来考核供应商一段时期内营运的成果，观察其所拥有的资产和负债情况。或者可以通过损益表，考察供应商一段时期内的销售业绩与成本费用情况。

2）供应商内部组织与管理是否良好。内部组织与管理的水平关系日后供应商服务质量。可以从供应商机器设备的新旧程度及保养状况，看出管理者对生产工具、产品质量的重视程度，以及内部管理的好坏。

3）供应商员工的状况是否稳定。员工的平均年龄是反映企业管理是否存在问题的重要指标，若平均年龄偏高，表明供应商员工的流动率较低，显示出供应商无法吸引新员工的加入，缺乏新观念、新技术的引进。

4. 选择供应商时应注意的问题

（1）选择有实力的供应商

当报价和交货承诺相同时，企业形象好、实力强的供应商成为首先考虑的对象。举个例子来说明，1992 年大量南斯拉夫廉价轿车涌入美国，很多人在第一次听到 Yugo 轿车的时候就购买了它，而现在那些购买 Yugo 轿车的人已经得不到任何服务了。对于这些购买轿车的人来说，如果当初能够选择一家已经有一定知名度并有实力的供应商，就能避免这样的损失。

（2）确定一定数量的供应商

如果太多企业长时间依赖某家供应商，便容易造成供应商独大、背后恶意操纵价格的局面，从而使采购方落入供应商垄断供货的控制之中。这时，采购方往往会使自己处于进退两难的尴尬境地，更换供应商的转换成本太高，持续现有局面却又陷入供应商的垄断陷阱。长此以往，恶性循环。因此，对于采购商们而言，为了避免上述情况的发生，就要在采购同种商品时，尽可能多选择几家供应商，2～3 家供应商是最好的选择。

（3）建立全面综合的供应商评价指标体系

目前，我国许多企业的管理制度不完善，缺乏科学的选择供应商的方法。大多数项目选择供应商时，更多的是参考供应商本身提供的各类书面文字材料和自我介绍，以及在市场上的口碑，或凭个人主观臆想，选择供应商参与竞标。这就造成了企业在选择供应商时，人为因素所占比重大，主观倾向左右选择容易使选择结果有失偏颇。因此，在选择供应商的标准方面，应该考虑建立一个全面综合的供应商评价指标体系，结合数据库管理技术、供应商管理系统等现代信息管理理论与技术对供应商做出具体、客观、公正的评价。

5. 供应商选择方法

供应商的选择方法较多，包括层次分析法、人工神经网络法、直接判断法、综合评分法和成本比较法等。其中后三种方法比较简单实用。

（1）层次分析法

层次分析法由 20 世纪 70 年代初美国运筹学家 Saaty 教授提出，是一种把定性分析与定量分析相结合的多目标决策方法。这种方法的基本原理是根据具有递进结构的目标、子目标、约束条件等对企业的供应商进行分层评价，以此得出不同供应商所占的权重，根据权重确定优先程度，从而确定选择哪些具体的供应商。

（2）人工神经网络法

人工神经网络法是指通过模仿人的大脑结构和功能而构成的信息处理系统，即通过人工神经网络来进行供应商模拟管理的方法。其中，人工神经网络具有并行和分布式的信息处理网络结构，此网络由许多个神经元组成，每一个神经元的输入和输出都有多个连接通路，每一个连接通路又会对应一个连接权系数。

（3）直接判断法

直接判断法是根据调查、征询意见、综合分析和判断来选择供应商的一种方法。直接判断法是一种主观性很强的判断方法，主要是通过倾听和采纳有经验的采购人员的意见作为决断的主要依据。这种方法的质量主要取决于供应商的资料掌握是否齐全、正确以及决策者的分析判断能力与经验。

（4）综合评分法

综合评分法也称加权平均法，是根据供应商评价的各项指标，对各个供应商进行打分，分数高者为最优供应商。

【案例 4-4】 综合评分法的应用

B 需求方按如下分数分配比例来评价本地的各供应商：产品质量占 40 分，价格占 35 分，合同完成率占 25 分。根据上期统计资料，如表 4-3 所示，从中选择出下期最合适的供应商。

表 4-3　各供应商相关信息

供 应 商	收到的商品量/个	验收合格量/个	单价/元	合同完成率
甲	2000	1920	89	98%
乙	2400	2200	86	92%
丙	600	480	93	95%
丁	1000	900	90	100%

根据表 4-3 所示的数据，按以下计算可得出各供应商的综合分数如下：

甲：（1920÷2000）×40+（86÷89）×35+0.98×25=96.7

乙：（2200÷2400）×40+（86÷86）×35+0.92×25=94.7

丙：（480÷600）×40+（86÷93）×35+0.95×25=88.1

丁：（900÷1000）×40+（86÷90）×35+1×25=94.4

得分最高者是甲，因此甲供应商是最终选定的供应商。

（5）成本比较法

成本比较法是在保证质量和交货期的前提下，对各个供应商的成本分别进行分析、计算和比较，选择成本最低的供应商。

【案例4-5】 成本比较法的应用

A需求方需采购某产品200t，甲、乙两个供应商供应的质量、交期和信誉都符合要求。距需求方较近的甲供应商的报价为320元/t，运费为5元/t，采购费用支出共200元；乙供应商距离需求方较远，报价为300元/t，运费为30元/t，采购费用支出共500元。成本比较计算如下：

甲：200t×320元/t+200t×5元/t+200元=65 200元

乙：200t×300元/t+200t×30元/t+500元=66 500元

可见，乙比甲的成本高出66 500-65 200=1300元，因此甲是更合适的供应商。

4.3.3 供应商关系管理策略

1. 建立供应商激励机制

采购企业要想保持与供应商之间长期的供需合作伙伴关系，就应该建立一套有效的供应商激励与扶持计划，帮助供应商提升业绩，从而促进双方合作关系的发展。

（1）价格激励

高的价格能增强企业的积极性，不合理的低价会挫伤企业的积极性。供应链利润的合理分配有利于供应链企业间的稳定和顺畅运行。

（2）订单激励

采购方的多个订单会带来供应商间的竞争，这对供应商来说是一种激励。

（3）淘汰激励

对于优秀的供应商来讲，淘汰弱者能使其获得更优秀的业绩；而对于业绩较差者，为避免被淘汰的危险，更需要改进自身的绩效。

（4）组织激励

在一个较好的供应链环境下，企业之间合作愉快，供应链的运作也通畅。与之保持长期稳定的合作关系是企业使用组织激励的主要措施。

（5）信息激励

在信息时代里，信息对企业而言意味着生存。企业获得更多的信息意味着企业拥有更多的机会、更多的资源，从而获得激励。

（6）新产品或新技术的共同开发

共同开发新产品或新技术可以让供应商全面掌握新产品的开发信息，有利于新技术在供应链企业中的推广和开拓供应商的市场。

（7）商誉激励

商誉是一个企业的无形资产，反映了企业的社会地位，它主要来自于供应链内其他企业的评价和在公众中的声誉。

【案例4-6】 丰田的供应商关系管理

丰田汽车与供应商关系的形成可以追溯到20世纪20年代，受日本商业环境和通产省政策的影响，汽车业被提升为日本战后发展经济的重点产业。政府在提供大量技术和政策支持的同时，对汽车的生产效率和质量提出了严格要求。由于集团内部采购效率低下，丰田汽车开始依靠供应商获得零部件资源。丰田先后经历了由国际采购向国内采购的转变，通过对潜在供应商的不断考察（主要是技术指标方面的因素）和培训，开始了供应商初期合作。从20世纪30年代起，丰田汽车外购零部件的比例不断增加，与此同时，国内零部件供应商也迅速发展起来。为把有紧密资本关系的供应商集中起来，丰田对供应商群体实行战略细分，将供应商分为协会成员和独立供应商，对于协会成员，丰田公司拥有大部分股权和实际控制权。通过细分，丰田形成了独特的供应网络，为有效的供应商管理奠定了基础。

丰田公司主要根据零部件的重要性对零部件供应商进行战略分类，对于不同的零部件供应商实行不同的管理模式。对于非战略性零部件，丰田主要考虑价格、质量和送货时间等因素能否满足自己的要求，使用传统的竞标方式压低价格，以刺激供应商之间的竞争，由此降低物品的采购价。对于战略性零部件的供应，丰田将这类制造业务专门分包给和丰田有紧密资本和财务联系的工厂，并将其视为丰田的特殊供应商。丰田与这类供应商发展战略合作伙伴关系，企业与供应商有较高程度的合作，企业开发与供应商之间的多功能界面，建立企业间的知识分享界面，把专有知识与技能传递给供应商。例如通过丰田汽车的设计工程师与供应商的设计工程师的协作，以确保产品无缺陷和产品的定制化。同时，丰田也推进对供应商特定性关系的投资，使得组织之间的界限趋于模糊，通过紧密的合作团队的形式确保企业关键技术和长期竞争优势的获得。通过对传统的竞价采购和建立合作伙伴关系这两种模式的结合，有针对性地对供应商进行区别管理，避免了传统模式和合作模式的不足。

（资料来源：黄芳. 供应商选择及关系管理[D]. 南京：南京理工大学，2008. 有改动）

2. 供应商管理控制策略

（1）完全竞争控制策略

完全竞争控制是通过采购企业对其上游供应商的控制来引起供应商之间的竞争。它可以提高产品质量，降低价格，"招标"是常见做法。

（2）合同控制策略

当长期需要某种商品时，采购人员可以考虑与供应商订立长期合同，保证供应商持续供应和对其价格的控制，并采取措施预先确定商品的最大需求量以及需求增加的时机。它实际上是一种介于供应商正常交易管理模式和伙伴管理模式之间的供应商控制策略。

（3）股权控制策略

股权控制是建立在比较亲密的伙伴关系的基础上的，双方通过协商的方式互相购买对方的股份进行股权交换。双方需要在权利和义务上相互监督控制。

（4）管理输出控制策略

管理输出控制是在股权控制或在其他形式合作的企业之间，通过向对方企业输出管理人员进行技术和管理支持，实现对对方企业状况的掌握、信息的了解，这实际上为企业之间的实质性合作提供了一个载体或媒介。管理输出控制使得合作企业双方的关系更为密切，降低了双方的交易成本，达到了对物流控制管理的目的。

（5）资产专用性控制策略

通过多给供应商一些业务，吸引供应商增加相应生产设施设备投资，由于资产专用性，供应商会增加对采购方的依赖。

4.4 知识测评

1. 选择题（每题至少有一个正确答案）

（1）以下哪个选项属于招标采购方法？（　　　）

    A. 公开招标　　　　　B. 邀请招标　　　　C. 投标招标　　　　D. 议标招标

（2）以下哪个选项不属于电子采购的优势？（　　　）

    A. 降低采购价格与成本　　　　　　　B. 与供应商建立长期战略合作伙伴关系

    C. 增加供应商数量，提高采购质量　　D. 优化供应链

（3）以下不属于逆向拍卖的主要特点的是？（　　　）

    A. 组织专业化　　　　　　　　　　　B. 流程网络化

    C. 投标时限性　　　　　　　　　　　D. 订单实时化

（4）对于长期市场需求而言，要求供应商能保持较高的竞争力和增值率最好选择以下哪种供应商？（　　　）

    A. 竞争型供应商　　　　　　　　　　B. 战略型供应商

    C. 重点型供应商　　　　　　　　　　D. 伙伴型供应商

（5）以下属于选择供应商长期标准的是？（　　　）

    A. 成本　　　　　　　　　　　　　　B. 商品质量

    C. 整体服务水平　　　　　　　　　　D. 供应商财务状况是否稳定

2. 判断题（请在正确的论述后面打√，错误的论述后面打×）

（1）电子目录系统是买方采购系统的一种形式。（　　　）

（2）在合同管理阶段，谈判、签订、变更、收尾等基本过程以及订单的发出都可以通过电子市场完成。（　　　）

（3）反向拍卖主要有简单开标模式、离线评标模式和全过程在线模式三种应用模式。

（　　　）

（4）供应商管理是以多种信息技术为支持和手段的一套先进的管理软件与技术，它将先进的电子商务、数据挖掘、协同技术等信息技术紧密集成在一起，为企业提供相关过程的优化方案。（　　　）

（5）按供应商在供应链上的增值作用和竞争力可将供应商分为伙伴型供应商、优先型供应商与重点型供应商。（　　　）

4.5 案例分析：利丰贸易的供应商管理

对利丰贸易来说，采购和生产过程中最大的挑战不是找到供应商或制造商，而是管理供应链中的材料供应商和制造商。由于消费者的品味变化迅速，产品变得越来越对时间敏感，这使得利丰贸易必须缩短生产周期以适应不断变化的顾客需求。此外，现代消费者对产品的材质是否符合标准、生产过程是否环保及工人权益是否受到保障等问题也十分关心。

为了保证能够达到顾客对产品质量的要求，利丰贸易必须严密监测生产过程的每个阶段，但这并不意味着利丰贸易要取得工厂的控制权。如果由染毛线到缝服装的每一个细节都必须详细检查，利丰贸易需要花上比现在多数倍的人力资源。因此，利丰贸易不会在细节上指定工厂应该怎样完成它们的工作，而是集中于规范最后的产品和生产过程，保证制成品可以符合顾客的要求。例如，指示承办染色的供应商达到最终产品的交货规格、将纺织品付运的日子、产品颜色、质量和必须付运到的地点等方面的要求。

利丰贸易不会去影响每个供应商或制造商完成工作的方式，因为它将自身定位为整个供应商网络的指挥者。在整个生产过程中，利丰贸易只需确保每个供应商都达到指标，并且最终产品符合质量标准及准时交付到顾客手中。但是，利丰贸易是一间"无烟工厂"，它没有自己的工厂，没有生产工人，也不用承担经营工厂的责任，那么它如何做到令 40 多个经济体内的一万多家供应商都诚意地为每张订单保证产品的质量及准时交货的呢？

利丰贸易对供应商的管理策略主要有四个方面。

（1）控制订单

使订单量占供应商产能的 30%～70%。这样，一方面可以使利丰贸易成为供应商举足轻重的客户，使之在质量和生产配置上尽力配合利丰贸易客户的快速生产需要，另一方面又不致使供应商完全依赖利丰贸易，因为利丰贸易希望供应商仍有机会去和别的客户合作，在新的工作过程中吸收新的技术与能力，最后回馈到利丰贸易上。

（2）协助供应商升级

因为利丰贸易的客户群广泛，供应商与利丰贸易合作，有机会从制造低档产品升级到制造高档产品。利丰贸易提供重要的激励给供应商，使它们有机会改进自身的表现和技术标准。利丰贸易的员工为每一类产品供应商建立了详细、可测量的基准，并且严密监测供应商的产能水平和产品质量。利丰贸易会详细地向供应商反馈它们的表现、优点和不足等信息。供应商能与利丰贸易一道持续改进。这种相互合作创造了一个强有力的平台，令供应商可以不断提高它们的业绩。一些大型零售商，每年都找固定的供应商制造同一款式的商品，但价格一年比一年低，把供应商挤压到没有生存空间，相比之下，利丰贸易则会帮助伙伴升级，一同争取订单，共同分享利润，这正是利丰贸易的供应商网络得以壮大的一个重要原因。

（3）提供金融及技术支持

利丰贸易愿意与供应商分担责任，协助供应商解决其采购和生产的问题，必要时利丰贸易还会向供应商提供信息技术及融资来推动生产。例如，在 1997 年亚洲金融危机期间，许多工厂不能获得信贷支持购买需要的原材料，利丰贸易便提供经费给一些有生产实力的工厂，令工厂生产得以延续。在某些情况下，制造商购买原材料的数量较少，利丰贸易则通过它庞大的网络整合采购额，为制造商取得一个更好的价格和更加快速的交货日期。

（4）进行日常监控

利丰贸易的质检员经常直接进出工厂，检查供应商是否严格按照利丰贸易客户的标准进行生产。如发现不按照协议生产，利丰贸易就会与工厂协商改善，若工厂始终不能达标，利丰贸易便会终止与该工厂的合作。

简言之，利丰贸易为网络中的成员提供知识和技术指导，激励网络中所有供应商和制造商与利丰贸易共同合作。利丰贸易在整个网络中处理信息交流以及与顾客和供应商的关系，达到缩短生产时间、减少费用和降低风险的目标，与合作伙伴共同创建符合各类顾客需求的供应链。

虽然上述对供应商的管理方法十分有效，但真正令供应商乐意与利丰贸易合作、结成战略联盟的，则是利丰贸易长期一贯的诚信经营及与伙伴共存共荣的精神。

问题

1. 利丰贸易采用了哪些激励供应商的措施？
2. 利丰贸易是如何保证产品质量的？你有什么启发？

第5章 仓储管理与库存控制

如果你想了解一个物流企业的实力和管理水平，最好去看一下它的仓库。

——一位物流客户的提醒

引例：京东晒黑科技，建成全球首个无人货仓

2017 年 10 月 9 日，京东物流首个全流程无人仓正式亮相，这是全球首个正式落成并规模化投入使用的全流程无人的物流中心。

这次亮相的全流程无人仓实现了从入库、存储、包装、分拣的全流程、全系统的智能化和无人化，对整个物流领域而言都具有里程碑意义。

1. 立库存储，机器人军团最强集结，场内联动秀出智能新高度

此次亮相的京东无人仓，坐落在上海市嘉定区的仓储楼群，属于上海亚洲一号整体规划中的第三期项目，建筑面积 40 000 平方米，物流中心主体由收货、存储、订单拣选、包装 4 个作业系统组成，存储系统由 8 组穿梭车立库系统组成，可同时存储商品 60 000 箱。在货物入库、打包等环节，京东无人仓配备了 3 种不同型号的六轴机械臂，应用入库装箱、拣货、混合码垛、分拣机器人供包 4 个场景。

2. 分拣机器人

在分拣场内，京东引进了 3 种不同型号的智能搬运机器人执行任务；在 5 个场景内，京东分别使用了 2D 视觉识别、3D 视觉识别，以及由视觉技术与红外测距组成的 2.5D 视觉技术，为这些智能机器人安装了"眼睛"，实现了机器与环境的主动交互。未来，京东无人仓正式运营后，其日处理订单的能力将超过 20 万单。

3. 运输机器人

京东无人仓的最大特点是对于机器人的大规模、多场景的应用。在京东无人仓的整个流程中，从货到人，到码垛、供包、分拣，再到集包转运，应用了多种不同功能和特性的机器人，而这些机器人不仅能够依据系统指令处理订单，还可以完成自动避让、路径优化等工作。

4. 智能算法精确推荐包材，不浪费 1cm 包装材料

为了履行社会责任，京东物流在无人仓的规划中融入了低碳节能的理念，其在系统中应用了推荐包装材料的算法，可以实现全自动体积适应性包装。简单来说，京东物流的仓内打包环节中，需要使用不同尺寸的纸箱，由于商品的大小体积规则不一，人工打包难免会出现"小商品大包装"或者"大商品小包装"，造成包装过度或者纸箱破损的情况，而有了系统的推荐和全自动打包系统，可以保证纸箱、包装袋等包装物的精确使用，让每一厘米纸箱都能发挥它的价值。

未来，零售的基础设施将变得极其可塑化、智能化和协同化，推动"无界零售"时代的到来，实现成本、效率、体验的升级。京东无人仓的亮相，恰恰暗合了这一点，通过将无人化带入到仓储中心的全流程操作场景，带动了物流效率的提升。

（资料来源：中国物流与采购联合会网，有改动）

那么，仓储管理到底对一个企业有什么重要作用？为什么要提高仓储效率呢？学完本章之后，你对这些问题会有深刻的认识。

5.1　仓库

5.1.1　仓储与仓库

1．仓储与仓库的概念

我国国家标准《物流术语》（GB/T 18354—2006）对仓储（Warehousing）的定义是：利用仓库及相关设施设备进行物品的进库、存储、出库的作业。

仓库（Warehouse）是保管、储存物品的建筑物和场所的总称。仓库和库房、料棚、货场不是同一个概念，库房（Storehouse）是指有屋顶和围护结构，供储存各种物品的封闭式建筑物。料棚（Goods Shed）指供储存某些物品的简易建筑物，一般没有或只有部分围壁。货场（Goods Yard）指用于存放某些物品的露天场地。

2．仓储的功能

仓储是商品流通的重要环节之一，也是物流活动的重要支柱。仓储的功能可以分为如下几个方面。

（1）仓储的基本功能

1）保管存储功能。保管物品是仓库最基本的功能。有的物品暂时存储，是指那些消耗较快、需要及时补给的物品。有的物品长期存储，一般是安全库存或缓解库存，也可以是战略物资库存。

2）分类功能。分类就是将来自某制造商的组合订货分类或分割成个别订货，然后安排适当的运力运送到制造商指定的个别客户。从多个制造商处运来整车的物资，在仓库收到物资后，如果物资有标签，就按客户要求进行分类；如果没有标签，就按地点分类，保证物资不在仓库停留，直接装到运输车辆上，装满后运往指定的零售店。

3）检验功能。在物流过程中，为了保证商品的数量和质量准确无误，分清责任事故，维护各方面的经济利益，要求必须对商品及有关事项进行严格的检验，以满足生产、运输、销售以及用户的要求。仓储为组织检验提供了场地和条件。

（2）仓储的增值功能

1）加工/延期加工。保管物在保管期间，保管人根据存货人或客户的要求对保管物的外观、形状、成分构成、尺度等进行加工，使保管物发生所希望的变化。

2）信息的传递。任何产品的生产都必须满足社会的需要，生产者都需要把握市场需求的动向。例如，通过使用电子数据交换系统或条码技术，来提高仓库物品的信息传递速度和准确性，通过互联网及时地了解仓库的使用情况和物品的存储情况。现代企业生产特别重视仓储环节的信息反馈，将仓储量的变化作为决定生产的依据之一。

3．仓库的种类

按照不同的分类标准，仓库有不同的分类。本书要求了解两种分类方法。

（1）按用途分类

1）自有仓库（Private Warehouse）。由企业或各类组织自营自管，为自身的货物提供储存服务的仓库。所保管物品确定后，企业可选择适合这些物品的仓库结构和装卸设备。

2）公共仓库（Public Warehouse）。面向社会提供货物储存服务，并收取费用的仓库。与自有仓库相比，公共仓库的使用效率更高。

3）保税仓库（Bonded Warehouse）。为国际贸易的需要，设置在一国国土之上，但在海关关境以外的仓库。外国货物可以免税进出这些仓库而无须办理海关申报手续。此外，经批准后，可在保税仓库内对货物进行加工、存储、包装和整理等业务。

（2）按结构和构造分类

1）平房仓库（如图5-1所示）。平房仓库（或称单层仓库）是指仓库建筑物是平房，结构很简单，有效高度一般不超过5～6米。这种仓库建筑费用很便宜，可以广泛采用。

2）多层仓库（如图5-2所示）。多层仓库（或楼房仓库）是指仓库为两层以上的建筑物，是钢筋混凝土建造的仓库。仓库楼房各层间依靠垂直运输机械联系，也有的楼层间以坡道相连，称坡道仓库。多层仓库，虽然有使货物上下移动进行作业的缺点，但在土地受到限制的港湾、都市等地，建造多层仓库可以扩大仓库实际使用面积。

图5-1　单层仓库

图5-2　多层仓库

3）自动化立体仓库（如图5-3所示）。自动化立体仓库（Automated Storage）是指采用高层货架以货箱或托盘存储货物，用巷道式堆垛机及其他机械进行作业，由电子计算机进行管理和控制，不需要人工搬运而实现收发作业的仓库。自动化立体仓库主要由仓库建筑物、高层货架、巷道式堆垛机、周边设备和控制系统等基本设施组成。使仓库作业全部实现机械化、自动化，一方面节省人力提高作业效率，另一方面可大幅度向空间发展，提高仓库空间利用率。

4）散装仓库。散装仓库是指专门保管散粒状或粉状物资的容器式仓库，如谷物、饲料、水泥等颗粒状、粉状货物。散装货物的进出效率很高，可以配备空气输送等特殊装置。此类仓库大多是混凝土结构，最近，由钢板建造的散装仓库也多起来了。

5）罐式仓库（如图5-4所示）。罐式仓库是指以各种罐体为储存库的大型容器型仓库，如球罐库、柱罐库等。

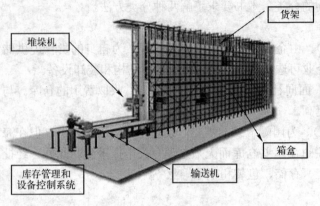

图 5-3　自动化立体仓库　　　　　　　　　　　　图 5-4　罐式仓库

5.1.2　货架与货区

1. 货架

货架（Goods Shelf）是指由支架、隔板或横梁组成的立体储存货物的设施。在现代物流活动以及仓库活动中，货架占有非常重要的地位。仓库管理实现现代化与货架的种类及功能有直接的关系。随着现代工业的迅猛发展，货流量的大幅度增加，为实现仓库的现代化管理，改善仓库的功能，不仅要求货架的数量多，而且要求货架具有多功能，并能实现机械化及自动化的要求。

货架在仓库及物流活动中的作用及功能主要有：

1）货架是一种架式结构物，可充分利用仓库空间，提高库容利用率，扩大仓库储存能力。

2）存入货架中的货物，互不挤压，可保证货物的完整性，减少货物损失。

3）货架中的货物，存取方便，便于清点及计量，可实施先进先出、后进先出等各种库存策略。

4）保证存储货物的质量，可以采取防潮、防尘、防盗、防破坏等措施，以提高货物存储质量。

5）很多新型货架的结构及功能有利于实现仓库的机械化及自动化管理。

2. 货架系统种类

货架有很多种类，我国国家标准《物流术语》（GB/T 18354—2006）中定义了三种货架系统：

1）重力货架系统（Live Pallet Rack System）。它是一种密集存储单元货物的货架系统。在货架每层的通道上都安装有一定坡度的、带有轨道的导轨，入库的单元货物在重力的作用下由入库端流向出库端。

2）移动货架系统（Mobile Rack System）。该货架系统中在货架的底部货架安装有行走轮，可在地面轨道上移动。

3）驶入货架系统（Drive-in Rack System）。该货架系统中货架可供叉车（或带货叉的无人搬运车）驶入、存取单元托盘货物的货架。

3. 货区

为了提高入库和进库效率或者便于分类管理，仓库内又划分为不同的区域。例如，存货区分为：温度保持在 0～10℃范围内的冷藏区（Chill Space）；温度保持在 0℃以下的冷冻区（Freeze Space）；温度可根据需要在一定范围内调整的温度可控区（Temperature Controlled Space）；仓库内配有湿度调制设备，使内部湿度可调的控湿储存区（Humidity Controlled Space）等。

此外还有收货区（Receiving Space），指到库物品入库前核对检查及进库准备的地区；以及发货区（Shipping Space），是指物品集中待运地区。

5.1.3 仓库内部布局

仓库布局（Warehouse Layout）是指在一定区域或库区内，对仓库的数量、规模、地理位置和仓库设施、道路等各要素进行科学规划和总体设计。

仓库内部布局分为平面布局和空间布局。

1. 仓库内部平面布局

仓库内部平面布局，是对保管场所内的货垛、通道、垛间距（架间距）、收发货区等进行合理的规划，并正确处理它们的相对位置。平面布局的形式可以概括为垂直式和倾斜式。

（1）垂直式布局

垂直式布局是指货垛或货架的排列与仓库的侧墙互相垂直或平行，具体包括横列式布局、纵列式布局和纵横式布局。

1）横列式布局，是指货垛或货架的长度方向与仓库的侧墙互相垂直。这种布局的主要优点是：主通道长且宽，副通道短，整齐美观，便于存取查点，如果用于库房布局，还有利于通风和采光，如图 5-5 所示。

图 5-5　横列式布局

2）纵列式布局，是指货垛或货架的长度方向与仓库侧墙平行。这种布局的优点主要是可以根据库存货物的不同在库时间和进出频繁程度安排货位，在库时间短、进出频繁的货物放置在主通道两侧，在库时间长、进出不频繁的货物放置在里侧，如图 5-6 所示。

3）纵横式布局，是指在同一保管场所内，横列式布局和纵列式布局兼而有之，综合利用两种布局的优点，如图 5-7 所示。

（2）倾斜式布局

倾斜式布局是指货垛或货架与仓库侧墙或主通道成 60°、45°或 30°夹角。具体包括货垛（架）倾斜式布局和通道倾斜式布局。

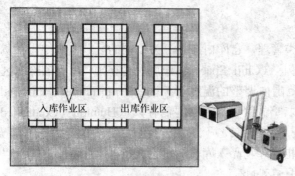

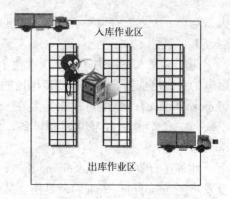

图 5-6　纵列式布局　　　　　　　　　　图 5-7　纵横式布局

1）货垛倾斜式布局，是横列式布局的变形，它是为了便于叉车作业，缩小叉车的回转角度，提高作业效率而采用的布局方式，如图 5-8 所示。

2）通道倾斜式布局，是指仓库的通道斜穿保管区，把仓库划分为具有不同作业特点，如大量储存的保管区和少量储存的保管区等，以便进行综合利用。这种布局形式下，仓库内形式复杂，货位和进出库路径较多，如图 5-9 所示。

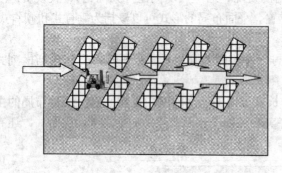

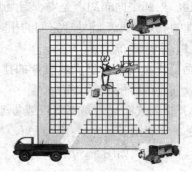

图 5-8　货垛倾斜式布局　　　　　　　　图 5-9　通道倾斜式布局

2. 仓库内部空间布局

仓库内部空间布局也称为仓库内部竖向布局，指库存货物在仓库立体空间上布局，其目的在于充分有效地利用仓库空间。空间布局的形式主要有：就地堆码、上货架存放、架上平台和空中悬挂等。

5.2　仓储管理

5.2.1　物品入库管理

要对入库作业活动进行合理的安排和组织，就需要掌握入库作业的基本业务流程。入库作业的基本业务流程包括：入库申请、编制入库作业计划及计划分析、入库准备、接运卸货、核查入库凭证、物品验收作业、办理交接手续、处理入库信息、生成提货凭证（仓单）等作业，如图 5-10 所示。

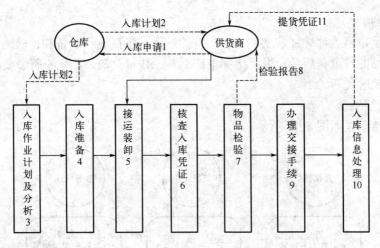

图 5-10　入库作业基本业务流程

1．入库申请

入库申请是存货人对仓储服务产生需求，并向仓储企业发出需求通知。入库申请是生成入库作业计划的基础和依据。

2．入库作业计划及分析

入库作业计划是存货人发货和仓库部门进行入库前准备的依据。入库作业计划主要包括到货时间、接运方式、包装单元与状态、存储时间及物品的名称、品种、规格、数量、单件体积与重量、物理、化学、生物特性等详细信息。

仓库部门对入库作业计划的内容要进行分析，并根据物品在库时间，物理、化学、生物特性，单品体积、重量，包装物等，合理安排货位。

仓库部门通过对入库作业计划做出测评与分析之后，即可进行物品入库前的准备工作。

3．入库准备

仓储部门根据制定好的入库作业计划，合理安排货位、苫垫材料、验收、装卸搬运器械以及人员单证等，以便货物的入库。

4．接运装卸

接运装卸是指及时而准确地从运输部门提取货物。接运货物时必须认真检查，分清责任，取得必要的证件，避免将一些运输过程中损坏的货物带入仓库。接运可在车站、码头、仓库或专用线进行，因而可以简单地分为到货和提货两种形式。到货形式下，仓库不需要组织库外运输。提货形式下，仓库要组织库外运输，需要确定运输工具和运输路线，并注意运输安全。

5．核查入库凭证

入库前必须对下列凭证进行核查：

1）入库通知单和订货合同副本，这是仓库接受物品的凭证。

2）供货单位提供的材质证明书、装箱单、磅码单、发货明细表等。

3）物品承运单位提供的运单，若物品在入库前发现残损情况，还要有承运部门提供的货运记录或普通记录，作为向责任方交涉的依据。

6．物品检验

物品检验是审核入库凭证和实物是否相符的过程，包括验收准备和检验两个作业环节。检验重点是物品的数量和质量，发现诸如单证不齐、数量短缺、质量不符合要求等问题，应根据不同情况及时处理。

7．办理交接手续

完整的交接手续如图 5-11 所示。

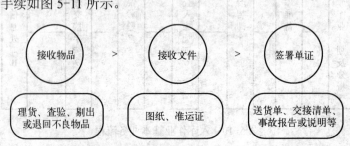

图 5-11　入库交接手续

8．处理入库信息

处理入库信息是将货物相关信息录入的过程，主要包括登账、立卡、建档等环节。

9．生成提货凭证

仓库在接收物品后，根据合同的约定或者存货人的要求，及时向存货人签发仓单，并作为提货时的有效凭证。在存储期满，根据仓单的记载向仓单持有人交付物品，并承担仓单所明确的责任。

5.2.2　物品保管与护养

保管（Storage）是对物品进行保存和数量、质量管理控制的活动。保管中必须确保仓库中所有的功能能够有效运行。

1．保管场所的布置

保管场所的平面布置，是指在库房使用面积内对各布局要素的统一安排。所考虑的要素包括通道、收发货区、墙间距和垛间距的宽度（一般为 0.5m）。

（1）分区分类保管

1）便于仓库采取恰当的保养措施和货物的盘点盘查，提高货位利用率。

2）按使用方向或按货主对货物的要求进行分区分类保管，便于仓库发货和货主提货，但不易于货物的保管。

一般情况下，都采用第一种方式，按物理、化学性质对货物进行分区分类保管。

（2）分区定置，系列存放

1）分区定置：按照货物自身物理、化学性质与储存要求，根据分库、分区、分类的原则，将货物固定区域与位置存放。

2）系列存放：在定置区域内，依货物材质和型号规格等系列因素，按一定顺序依次存放。

（3）货位存货方式

货位存货方式主要有两种：固定型和流动型。

1）固定型：是一种利用信息系统事先将货架进行分类、编号，并贴附货架的代码，各货架内装置的货物事先加以确定的货位存货方式。

2）流动型：所有货物按顺序摆放在空的货架中，不事先确定各类货物专用的货架。

一般来讲，固定型管理适用于非季节性货物、重点客户的货物以及库存货物种类比较多且性质差异较大的情况；而季节性货物或物流量变化剧烈的货物，由于周转较快，出入库频繁，更适合用流动型管理。

2. 保管作业过程

仓库针对种类繁多的货物应积极寻找其变化规律，确保在库货物质量标准水平和使用价值。

（1）堆码

堆码（Stacking）是指根据货物的包装、外形、性质、特点、重量和数量，结合季节和气候情况，以及储存时间的长短，将货物按一定的规律码成各种形状的货垛。

1）堆码的主要目的是：便于对货物进行维护、查点等管理和提高仓容利用率。

2）堆码的基本要求是：合理、牢固、定量、整齐、节约、方便。

3）货物堆码需要考虑的因素：

① 充分利用货位空间，采用立体堆码方式。

② 正确使用堆码工具，努力提高劳动水平。

③ 适当保持库内货物之间距离，保持货物堆码或拆码的工作效率。

④ 选择货位时，严格遵照先进先出原则。

⑤ 当货位紧缺时，避免发生货物堆码操作时的随意性。

4）货物堆码需要占用的面积。

计算货物堆码需要的货位面积时，计重货物可以根据仓容定额计算，计算公式如下：

$$S=Q/Ne$$

式中：S——堆码货物占用面积（m^2）；

$\quad\quad Q$——该种货物到库数量（t）；

$\quad\quad Ne$——该种货物的仓容定额（t/m^2）。

【案例 5-1】 有 1000t 薄钢板今日到库，已知薄钢板仓容定额为 3.5t/m^2，问这批钢板需占用多大面积货位？

$\quad$**解**：$S=Q/Ne$

$\quad\quad\quad =1000/3.5$

$\quad\quad\quad \approx286$（$m^2$）

$\quad$**答**：这批钢板需占用大约 286m^2 的货位。

5）堆码方法和特点。

货物堆码的方法主要取决于货物本身的性质、形状、体积、包装等因素。堆码的基本方式有重叠式（如图 5-12 所示）、交错式（如图 5-13 所示）、通风式（如图 5-14 所示）、衬垫式等。

重叠式堆码适用于板形货物和箱型货物，货垛整齐牢固。

交错式堆码适用于长形货物的堆码，可以增强货垛的稳定性。

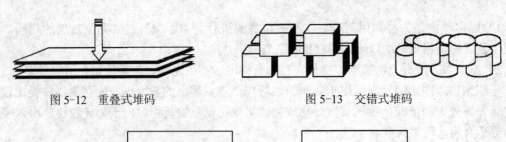

图 5-12 重叠式堆码   图 5-13 交错式堆码

图 5-14 通风式堆码

通风式堆码可以用于所有的箱装、桶装以及裸装货物堆码，起到通风、防潮、散湿、散热的作用。

（2）盘点

仓库针对大宗货物管理难的特点，建立相应盘点制度，其内容包括货物盘点方式、盘点的程序、盘点职责和要求以及盘点发现问题的处理办法。根据具体内容应逐一进行，力求做到仓库内所有货物账、卡、物三者一致，达到万无一失的目的。

（3）货卡

货卡是货物储存的动态记录，是衡量货物保管员管理水平的有效工具。其作用表现在三个方面：一是正确反映每批货物进出库和在库的数量及质量动态；二是对货物的并垛、分垛、移位起着原始记录的控制；三是货物出库和货物盘点的有效依据。

3. 货物维护保养的主要工作环节

"以防为主，防治结合"是维护保养的基本方针，为切实履行这一方针，必须做好以下具体工作。

（1）严格验收入库货物

货物入库时严格质量验收，防止货物在库发生质量变化。例如，某货物在入库时已经发现超出安全水分范围，入库应立即采取通风、晾晒等措施，尽力降低含水率。有时还会发现货物生霉、腐败、溶化、沉淀、出蛀、变色、玷污等异状，入库后应会同有关部门及时救治，以免扩大损失。

（2）适当安排货位

由于货物性能不尽相同，客观上要求安排适当的储存场所以与之性能相对应。如易溶（熔）、发黏、挥发、易燃、易爆货物应存放在温度较低或阴凉货位；怕冻且怕热货物应存放于恒温货位；性能明显不一或易串味的货物，不应存放在同一货位区域；化学危险品应存放于独立货位区域。

（3）苫垫堆码

地面潮湿或地势较低货位对货物有很大影响，特别是在梅雨季节、地潮上升时，容易引起货物霉变和溶化，这就要求货物在堆码时，做好苫垫和隔离工作。苫垫堆码的目的是便于防潮、隔热、通水、散潮，同时还便于日常检查。

（4）调节库内温湿度

库内温湿度也是影响货物质量的重要因素之一，任何货物本身的物理性能和化学性能都与温湿度保持紧密的联系。这种联系程度如果很高，就必须每天注意和观察其变化，通过通风、密封或人为机械调节使之适应于储存货物，保持良好的温湿度状态。反之，若联系程度很低，则保持一般正常温湿度水平，即能适应货物储存需要。

（5）建立良好的卫生环境

储存环境不清洁，往往很容易引起微生物、虫类滋生繁殖，因此，必须经常保持良好的卫生环境，如经常清除周围杂草、灰尘和无用废物以及墙角蜘蛛网。实质上，去除了微生物和虫类的温床，就能保证货物不受外来因素的侵袭，以使货物安全储存。

（6）坚持货物在库检查

如果储存期间货物质量发生变化没有及时被发现或被发现后没有采取有效措施，那么就会造成或扩大损失。因此，对库存货物的质量情况，应通过定期或不定期地深入、认真地检查，并做好相应的客观记录。检查的时间和方法应视货物性能的稳定性程度、气候季节变化、储存环境优劣和储存时间长短等因素决定。在检查时，运用人的五官功能、有用器具对货物是否发生质量变化做出判断，一旦发现异样或异状，及时弄清发生问题的原因，并采取有效的防治措施，恢复货物原来的状况和功能，保持其使用价值。

4．保管的原则

企业在进行保管作业时一般应遵循以下 9 个原则。

（1）面向通道原则

为了方便物品在仓库内移动、存放和取出，需将物品面向通道库存保管。

（2）分层堆放原则

为了提高仓库的利用效率，同时也为了保证作业的安全性、防止物品受损，需要利用货架等保管设备进行分层堆放保管。

（3）先进先出原则

先进先出原则是指先入库的物品应先发货送出，它是为了防止库存物品因保管时期过长而发生变质、损耗、老化等现象，特别是对于感光材料、食品等产品保质期较短的商品来说这一原则非常重要。

（4）周转频率对应原则

它是指依据物品进货发货的频率来确定物品的存放位置。比如，进货发货次数频繁的物品应放置在靠近仓库进出口的位置。

（5）同一性原则

它是指相同类型的物品需存放在相同的位置，这样便于提高物流的效率。

（6）相似性原则

它是指相类似的物品需存放在相邻的位置，这样便于提高物流的效率。

（7）重量对应原则

它是指根据物品的重量确定物品存放的位置和保管方法。具体地说，从方便搬运和安全作业的角度出发，比较重的物品应放在地上或货架的底层，比较轻的物品应放在货架的上层。

（8）形状对应原则

它是指根据物品的形状确定物品存放的位置和保管方法。按包装标准化的物品应放置在货架上保管，非标准化的物品根据形状进行保管。并可通过特殊的保管机械或设备尽量使非标准化物品（特殊形状的物品）成为标准化物品（包装上的标准化），以便提高保管效率。

（9）明确表示原则

它是指对物品的品种、数量及保管位置（如货架编号、层次等）清楚明晰地表示。这样可以使作业人员容易找到物品存放的位置，从而提高物品存放、拣出等作业的效率。

5.2.3 物品出库管理

1. 物品出库要求

物品出库的要求如图 5-15 所示，力争做到"三不""三核""五检查"。"三不"即未接单据不翻账，未经审单不备货，未经复核不出库；"三核"即在发货时，要核对凭证、核对账卡、核对实物；"五检查"即对单据和实物要进行品名检查、规格检查、包装检查、数量检查和重量检查。

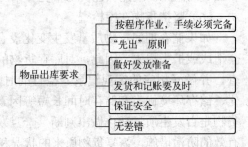

图 5-15　物品出库要求

2. 物品出库基本流程

物品出库的基本流程如图 5-16 所示。

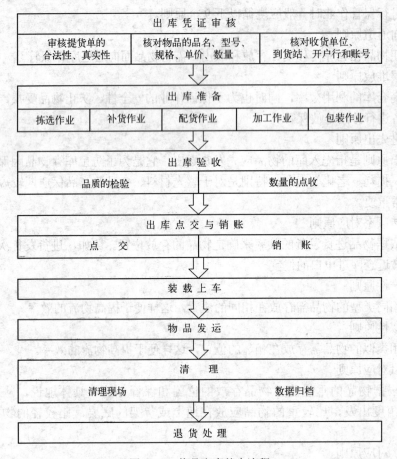

出 库 凭 证 审 核		
审核提货单的 合法性、真实性	核对物品的品名、型号、 规格、单价、数量	核对收货单位、 到货站、开户行和账号

出 库 准 备				
拣选作业	补货作业	配货作业	加工作业	包装作业

出 库 验 收	
品质的检验	数量的点收

出 库 点 交 与 销 账	
点　交	销　账

装 载 上 车

物 品 发 运

清　理	
清理现场	数据归档

退 货 处 理

图 5-16　物品出库基本流程

5.3 库存概述

5.3.1 库存的定义和分类

库存（Inventory）指处于储存状态的物品。广义的库存还包括处于制造加工状态和运输状态的物品。库存控制（Inventory Control）是在保障供应的前提下，使库存物品的数量最少所进行的有效管理的技术经济措施。换句话来说，库存控制既要防止缺货、避免库存不足，又要防止库存过量，避免发生大量不必要的库存费用。库存控制在物流过程中有举足轻重的地位，国外有些物流学者甚至把物流管理定义为对静止或运动库存的管理。

库存可从几个方面来分类。从生产过程的角度可分为原材料库存、零部件及半成品库存、成品库存三类。从库存物品所处状态可分为静态库存和动态库存。静态库存指长期或暂时处于储存状态的库存（Inventory At Rest），这是一般意义上的库存概念。实际上，广义的库存还包括处于制造加工状态或运输状态的库存（Inventory In Motion / In-process or In-transit Stock），即动态库存，指在处于加工状态以及为了生产的需要暂时处于储存状态的零部件、半成品或成品。运输过程的库存指处于运输状态或为了运输的目的而暂时处于储存状态的物品。从经营过程的角度可将库存分为以下 6 种类型。

1. 经常库存（Cycle Stock）

经常库存是指在正常的经营环境下，企业为满足日常需要而建立的库存。这种库存随着每日的需要不断减少，当库存降低到某一水平时（如订货点），就要进行订货来补充库存。这种库存补充是按一定的规则反复地进行。

2. 安全库存（Safety Stock）

安全库存是指为了防止由于不确定因素（如大量突发性订货、交货期突然延期等）而准备的缓冲库存。

3. 季节性库存（Seasonal Stock）

季节性库存是指为了满足特定季节中出现的特定需要（如夏天对空调机的需要）而建立的库存，或指对季节性出产的原材料（如大米、棉花、水果等农产品）在出产的季节大量收购所建立的库存。

4. 促销库存（Promotional Stock）

促销库存是指为了对应企业的促销活动产生的预期销售增加而建立的库存。

5. 投机库存（Speculative Stock）

投机库存是指为了避免因货物价格上涨造成损失或为了从商品价格上涨中获利而建立的库存。

6. 积压库存（Deal Stock）

积压库存是指因物品品质变坏而不再有效用的库存或因没有市场销路而卖不出去的商品库存。

如果从是否盈利来划分，还可以分为经营性库存和非经营性库存。后者又叫国家储备，主要是为了防止自然灾害和战争，如国家粮食储备库。

5.3.2 库存的作用

1．平衡供求关系

长时期的市场供求关系表现可能比较平衡，但原材料的数量变化，或者货物价格的变化，或者市场政策的变化都会导致供求在时间和空间上的不平衡，这就要求企业能够保持适当的库存数量以避免市场震荡。在某一时期内，如季节、节假日，市场供求关系也可能会失去平衡，这主要是由于市场需求量骤然上升，生产供给能力一时跟不上，因而需要库存数量缓冲或减少市场需求对生产的压力，同样要求企业有充足的货源迅速满足市场需要。

2．稳定生产

对于生产企业来说，外部需求的不稳定性和内部生产的均衡性是矛盾的。为了解决这一矛盾，拥有适当的库存是十分必要的，可以防止生产中断。同时，适量的库存可以实现规模经济，会降低生产成本，提高市场竞争能力和树立企业信誉和品牌。

3．帮助物流系统合理化

企业在建立库存时，为了考虑到货物在物流系统中的各项费用，尽力合理选择有利地址，减少原材料至仓库、产成品从仓库至客户的运输费用，这样不仅节约费用，而且大大节省时间。

4．平衡优化供应链

在供应链管理环境下，库存不再作为维持生产和销售的措施，而是作为一种供应链的平衡机制，通过简化供应链和经济控制论等方法解除薄弱链来寻找总体平衡。物流 JIT 要求供应链上的所有要素同步，减少无效作业，做到采购、运输、库存、生产、销售以及供应商、用户的供应系统一体化，促进物料与产品的有效流动，追求物料通过每个配送渠道的最高效率，以杜绝生产与流通过程中的各种浪费。

库存的作用显而易见，但库存的作用在传统的管理中往往被过分夸大，掩盖了生产经营中存在的严重问题，如废品率和返修品率过高的问题、现场管理混乱的问题、供应商原材料质量问题、供应不及时问题、生产计划安排不当的问题、需求预测不准的问题，等等。因此，库存控制的目的就是在满足顾客服务要求的前提下通过对企业的库存水平进行控制，力求尽可能降低库存水平、提高物流系统的效率，以增强企业的竞争力。

5.4 库存管理与控制

根据我国国家标准《物流术语》（GB/T 18354—2006）的定义，库存管理（Inventory Management）是在保障供应的前提下，以库存物品的数量最少和周转最快为目标所进行的计划、组织、协调与控制。库存控制（Inventory Control）是在保障供应的前提下，使库存物品的数量最少所进行的有效管理的技术经济措施。

5.4.1 定量订货方式

定量订货方式（Fixed-quantity System，FQS）是指当库存量下降到预定的最低的库存数量（订货点）时，按规定数量（一般以经济订货批量为标准）进行订货补充的一种库存管理方式。如图 5-17 所示，当库存量下降到订货点 R（Reorder）时，企业马上按预定的订货量

Q 发出订单，经过提前期 L（提前期或前置期 Lead Time：从发出订货单到收到货物的时间间隔）收到订货，库存水平上升。可见，定量订货方式的关键在于确定订货点 R 和定货量 Q。下面介绍如何确定 R。

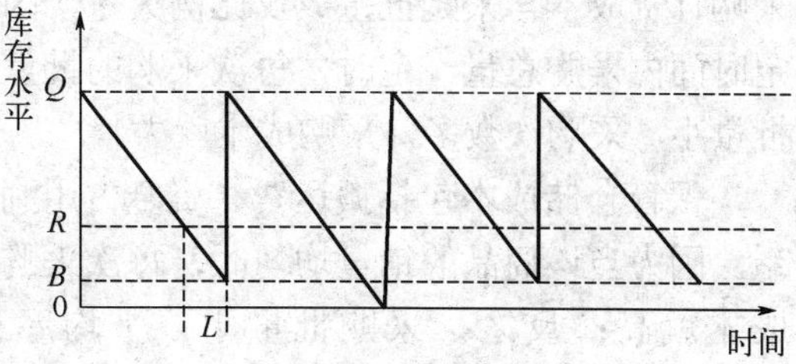

订货点的高低主要由以下三个因素决定。

1．提前期

这段时间主要由两部分组成，即货物在途时间和生产销售准备时间。

图 5-17　定量订货方式

2．平均每天需要量

某种存货的需要量有两种情况，一是平均每天正常需要量，二是平均每天最大需要量。比如，某产品平均每天正常需要量是 100kg，而在特殊情况下，每天的最大需要量达到 120kg。

3．安全储备量

安全储备量又称为保险储备，是为了应付产销量的突然扩大和采购货物不能按时到达所进行的储备。如前所述，在正常情况下，提前期是 7 天，但由于某种原因，采购的货物 10 天才到达，延迟了 3 天。在正常情况下，某种材料的正常需要量是 100kg，但有时的需要量达到 120kg。为了应付这些情况的发生，就需要建立安全存量。

由以上分析得知，订货点的计算公式有以下四种。

1）在每天销售量和进货期基本不变的情况下，订货点的计算公式是：

$$订货点 = 平均每天正常需要量 × 正常提前期$$

$$平均每天正常需要量 = 年需要量/360$$

2）在日需要量不够稳定但提前期基本稳定的情况下，订货点的计算公式是：

$$订货点 = 平均每天正常需要量 × 正常提前期 + 安全存量$$

$$安全存量 = （平均每天最大需要量 - 平均每天正常需要量）× 正常提前期$$

3）在日需要量基本稳定但提前期不够稳定的情况下，订货点的计算公式是：

$$订货点 = 平均每天正常需要量 × 正常提前期 + 安全存量$$

$$安全存量 = 平均每天正常需要量 × （最长提前期 - 正常提前期）$$

4）在日需要量和提前期都不够稳定的情况下，订货点的计算公式是：

$$订货点 = 平均每天正常需要量 × 正常提前期 + 安全存量$$

$$安全存量 = 平均每天最大需要量 × （最长提前期 - 正常提前期）$$

5.4.2　经济订货批量

1．经济订货批量的概念

经济订货批量（Economic Order Quantity，EOQ）是通过平衡订购订货成本和保管仓储成本核算，以实现总库存成本最低的最佳订货量。

由定义可知，其计算公式为：

$$总库存成本 = 采购订货成本 + 保管仓储成本$$

采购订货成本是指随着采购次数变动而变动的费用，包括差旅费、邮电费、业务费等。

采购订货成本与采购批量成反比例关系，因为每采购一次，就要花费一次采购成本。当在一定时间内采购总量一定时，每次采购的批量大，采购的次数少，采购成本就低。反之，采购批量小，采购次数多，采购成本就大。

保管仓储成本包括搬运费、资金占用利息费、商品损耗费等，它同采购批量成正比例关系。因为当该商品的销量均匀时，每次采购批量大，平均库存量就大，因而付出的保管仓储成本就高；反之，采购批量小，平均库存量小，需要支付的保管仓储成本也小。

在采购过程中，既不能不考虑采购订货成本的节约，也不能不考虑保管仓储成本的节约，应当力求使两者之和最小。相应的，能使两种成本之和最小的批量也就是经济订货批量。图 5-18 可以加深对经济订货批量的理解。

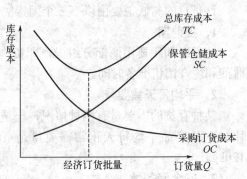

图 5-18　经济订货批量模型

2. 经济订货批量的假设

经济订货批量模型在一定的假设条件前提下才成立，主要条件包括：第一，商品的需要量应当均衡、稳定，计划期（如一年）的订货量是一定的，并是已知的；第二，货源充足，存量不允许发生短缺；第三，商品单价和运费率固定，不受订货批量大小的影响；第四，每次的订货费用和每单位商品的保管仓储成本均为常数；第五，仓库和资金条件等不受限制。

许多日用工业品适用经济订货批量法采购。因为大多数日用工业品不同于农副产品和农业生产资料（两者有明显的季节性差别），属于常年生产、销售均匀的周转性商品。如果一次采购批量大而不能及时销售出去，必然增加储存费用；而一次采购批量小了，又必然增加采购次数，使采购费用增大。因此，存在一个比较"经济"的采购批量问题。

3. 经济订货批量的计算

经济订货批量的计算方法有列表法、画图法和公式法等，下面主要介绍公式法。

由上面的叙述知道：

$$TC = OC + SC = (D/Q) \times K + (Q/2) \times C = (D/Q) \times K + (Q/2) \times PI$$

其中，OC 为采购订货成本，SC 为保管仓储成本，D 为该存货年需要量，Q 为订货量，K 为每次订货费用，C 为单位存货的年保管仓储成本（$C=PI$），P 为进货价格，I 为存货的保管成本率，$Q/2$ 为平均储存量。

要使年库存成本最小，求上面总库存成本函数关于 Q 的极小值，此时的 Q 为经济订货批量（EOQ）。由数学推导可得：

$$EOQ = \sqrt{(2KD)/C} = \sqrt{(2KD)/(PI)}$$

【案例 5-2】 某公司某种材料年需要量 4 000t，每次采购订货成本 20 元，每吨保管仓储成本 1 元，试确定经济订货批量、总库存成本、采购次数和采购周期。

解： 根据公式，

$$EOQ = \sqrt{(2KD)/C} = \sqrt{(2 \times 20 \times 4000)/1} = 400 \text{（t）}$$

总库存成本 = $(D/Q) \times K + (Q/2) C = (4000/400) \times 20 + (400/2) \times 1 = 400$（元）

在以上的计算中，假定产品集中到库，在现实中往往是定购产品陆续到库，因此需要对经济订货批量模型进行修订。

5.4.3 定期订货方式

定期订货方式（Fixed-interval System，FIS）是按预先确定的订货间隔期间进行订货补充的一种库存管理方式。

企业由于受到生产或经营目标的影响，或市场因素的影响，往往需提前确定订货时间，这样在一个生产或经营周期内基本确定订货数量，从而形成相对稳定的订货间隔期。定期订货方式随之产生。其特点是：订货间隔期不变，订货量不定。

一般认为，库存货物耗用至某一预先指定的订货时间（不发生任何缺货损失，保证生产或经营的连续性），便开始订货并发出订货单，直至进货。待到下一期订货时间，循环往复，始终保持订货间隔期不变。订货量的计算公式如下：

订货量＝最高库存量－现有库存量－订货未到量＋顾客迟延购买量

5.4.4 ABC 分类管理

1. ABC 分类管理的概念和原理

ABC 分类管理就是将库存物品按品种和占用资金的多少分为特别重要的库存（A 类）、一般重要的库存（B 类）和不重要的库存（C 类）三个等级，然后针对不同等级分别进行管理与控制。

经济学家帕累托在研究财富的社会分配时得出一个重要结论：80%的财富掌握在20%人的手中，即关键的少数和次要的多数规律。后来人们发现这一普遍规律存在于社会的各个领域，称为帕累托现象。帕累托现象也出现在企业经营管理中，表现为企业多数的利润由少数品种的产品贡献。因此，对这些少数产品管理的好坏就成为企业经营成败的关键，就有必要在实施库存管理时对各类产品分出主次，并根据不同情况分别对待、突出重点。

2. 分类方法

分类的依据是库存物资所占总库存资金的比例和所占总库存物资品种数目的比例。

A 类商品指品种少而资金占用大的商品，即 A 类库存品种约占库存品种总数的 5%～10%，而其占用资金金额占库存总金额的 60%～70%。

B 类库存品种约占库存品种总数的 20%～30%，其占用资金金额占库存总金额的20%左右。

C 类库存品种约占库存品种总数的 60%～70%，其占用资金金额占库存总金额的15%以下。

【案例5-3】 某企业存货共有 11 800 种，年占用资金 8310 万元，各类存货及资金占用如表 5-1 所示，要求列出 ABC 分类排列表，并说明管理方式。

表 5-1　某企业存货品种数及资金占用表

存货编号	存货品种数	占用资金/万元
201	505	5130
202	585	990
203	540	540
204	1350	108
205	1170	720
206	1260	225
207	270	20
208	2700	217
209	630	290
210	2790	70
合计		8310

根据表 5-1 所列资料，对各类存货按其资金占用额从大到小排序。分别计算各编号的占用资金占存货总金额的百分比和每个品种占总品种数的百分比。根据以上两个百分比，将存货分为 ABC 三类，并绘制 ABC 分析表。

解： 1）编制 ABC 分析表，如表 5-2 所示。

表 5-2　ABC 分析表

类别	存货编号	占用资金/万元	品种比重（%）	资金比重（%）	类别比重（%）	类资金比重（%）
A	201	5 130	4.28	61.73	9.24	73.64
	202	990	4.96	11.91		
B	205	720	9.92	8.66	14.50	15.16
	203	540	4.58	6.50		
C	209	290	5.34	3.49	76.26	11.20
	206	225	10.68	2.71		
	208	217	22.88	2.61		
	204	108	11.43	1.30		
	210	70	23.64	0.84		
	207	20	2.29	0.24		
合计	10 种	8310	100.0	100.0	100.0	100.0

2）确定管理方式。根据以上分析结果，对三类存货分别采用不同的管理方式。对 A、B 类商品要重点管理，严格监控，尽量降低库存金额；对 C 类商品，可以集中进货，粗放管理。

以上按占用金额大小来分类的方法有一定的缺陷，例如，按占用金额来分类，可能出现某个品种被归为 C 类物资，但却是生产过程中不可缺少的重要部件的现象。一旦发生缺货，则会造成生产的停顿。为了弥补按金额大小分类方法的不足，发展出了重要性分析方法（Critical Value Analysis，CVA）。这种方法的基本特点是按照工作人员的主观认定，对每个库存品种进行重要度打分，再依据打出分数的高低将物资品种划分为 3~4 个级别，即最高优先级、高优先级、中优先级和低优先级。

3. 管理办法

在对库存进行 ABC 分类之后，要根据企业的经营策略对不同级别的库存进行不同的管理和控制。

A 类库存物资数量虽少但对企业却最为重要，是最需要严格管理和控制的库存。企业必须对这类库存进行定时盘点，详细记录并经常检查分析物资的使用、存量增减、品质维持等信息，加强进货、发货、运送管理，在满足企业内部需要和顾客需要的前提下维持尽可能低的经常库存量和安全库存量，加强与供应链上下游企业合作，降低库存水平，加快库存周转率。

B 类库存是一般重要的库存，对于这类库存的管理强度介于 A 类库存和 C 类库存之间。对 B 类库存一般进行正常的例行管理和控制即可。

C 类库存物资数量最大但对企业的重要性最低，因而被视为不重要的库存。对于这类库存一般进行简单的管理和控制。比如，大量采购大量库存、减少这类库存的管理人员和设施、库存检查时间间隔长等。

5.4.5 零库存技术

零库存技术（Zero-inventory Technology）指在生产与流通领域按照 JIT 组织物资供应，使整个过程库存最小化的技术的总称。

1. 对零库存的理解

关于零库存概念，我国理论界曾经有人指出，零库存是一种特殊的库存概念，其含义是"以仓库储存形式的某种或某些物品的储存数量为零，即不保持库存"。

上述对零库存含义所作的解释是建立在库存即"仓库中处于暂时停滞状态的物资"这一理论观点之上的。也就是说，是从静态的观点理解库存的，下面从库存合理化的目标要求及库存内容来全面理解"零库存"的含义。

实现零库存的目的是为了减少社会劳动占用量（主要表现为减少资金占用量）和提高物流运动的经济效益（投入产出比例）。从物流运动合理化的角度来研究问题，零库存概念应当包含两层意义：其一，库存对象物的数量趋于零或等于零（即近乎无库存物资）；其二，库存设施、设备的数量及库存劳动耗费同时趋于零或等于零（即不存在库存活动）。而后一种意义上的零库存，实际上是社会库存结构的合理调整和库存集中化的表现。就其经济意义而言，它并不亚于通常意义上的仓库物资数量的合理减少。

值得注意的是，零库存并不等于不要储备和没有储备。亦即某些经营实体（如生产企业）不单独设立仓库和不库存物资，并不等于取消其他形式的储存。实际上，企业（包括生产企业和商业企业）为了应付各种意外情况（如运输时间延误、到货不及时、生产和消费发生变化等），常常需要储备一定数量的原材料、半成品和成品，只不过这种储备不是采取库存或自行库存的形式罢了。

在有些情况下，零库存反而是不合算的。经营实体储存一定数量的产品，是一种理性的行动，它与实现零库存的愿望并不矛盾。比如，非个性化商品（如大众化的家用电器）实现"零库存"就是不合算的。因为生产和销售都是批量进行的，消费是连续和随机的，并且随着生产技术的进步，这种商品的价值越来越低，单位库存商品占用的资金越来越少，而实现零库存就要增加单位商品的生产、交换和消费费用。所以，权衡的结果是应该实行适量库存而不是"零库存"政策。对那些个性化商品、价值很高的商品实行 JIT 和"零库存"是比较合算的。关于是否采用"零库存",决策的方法是找到一个平衡点,在这一点上,增加单位库存量所增加的库存费用等于因为增加这个库存所减少的生产、交换和消费成本。

需要说明的是,上面所讲的零库存是针对微观经济领域内经营实体(企业)的库存状况而言的一种库存变化趋势,它属于微观经济范畴。从全社会来看,不可能、也不应该实现"零库存"。为了应付可能发生的各种自然灾害和其他各种意外事件,为了调控生产和需求,国家通常都要以各种形式(其中包括以库存形式)储备一些重要物资(如粮食、战略物资、抢险救灾物资等)。因此,在微观领域内,某些经营实体可以进行"零库存"式的生产和无库存式的销售,但整个国家或社会不能没有库存。

2. 实现零库存的途径

考察国内外生产和流通实践发现,通过下述途径从事生产经营活动可在微观领域内实现零库存。

(1)委托营业仓库存储和保管货物

采用委托营业仓库方式来实现零库存,有如下几点好处:①受托方(营业仓库)可以充分发挥其专业化水平高的优势开展规模经营活动,从而能够做到以较低费用的库存管理提供较高水平的后勤服务;②对于委托方来说,可以减少大量的后勤工作,由此,能够集中精力从事生产经营活动。但是,我们也要看到,以上述方式去实现零库存,实质上是库存(或库存物资)位置的移动,它并没有减少社会总库存和降低库存物资总量。

(2)推行配套生产和"分包销售"的经营制度

据有关资料介绍,在发达国家的制造业中,许多生产商和经销商的零库存在很大程度上都是通过推行配套生产和"分包销售"的经营制度而实现的。在这些国家里,生产汽车和家用电器等机电产品的企业都是集团性的组织,在结构上是由少数几家规模很大的主导企业和若干家小型协作企业组成的。其中,主导企业主要负责完成产品装配和市场开发等任务,协作企业则负责零部件的制造和向主导企业供货。在实践中,承担零部件制造和供应任务的协作企业,一般都是按照主导企业的生产速度和进度来安排和调整自己的生产活动的,并且能在指定的时间内送货到位。由于供货有保障,因此主导企业都不再另设一级库存,从而使其库存呈现零库存状态。

(3)实行"看板供货"制度

所谓"看板供货",即"即时供货"。这种供货制度最早产生于美国,后来在日本得到了完善和发展。20世纪90年代中期,我国部分生产企业也曾经试行过这种供货制度。

从运作方法和原理上看,"看板供货"就是在企业内部各工序之间或者建立供求关系的企业之间,采用固定格式的卡片由下一个环节根据自己的生产节奏逆方向向上一个环节提出供货要求,上一个环节则根据卡片上指定的供应数量、品种等即时组织送货。很明显,实行这样的供货办法(或供货制度),可以做到准时、同步向需求者供应货物。在这种场合下,后者自然不会再另设库存。

(4)依靠专业流通组织准时而均衡供货

这里所讲的专业流通组织是指专门从事商品购销活动的流通企业。通常,这类组织都拥有配套的物流设施和先进的物流设备,也拥有大量的资金和物资资源。在流通实践中,依靠这样的组织去准时而均衡地向需求者供货,实际上就是利用职能企业的物力(库存物资)、财力去支撑社会上的生产活动和经营活动。从某种意义上说,也是以集中库存的形式来保障生产经营活动的正常运转。从需求者的角度来看，依靠专业性流通组织准时而均衡供货，等于是把某些后勤服务工作交给了职能企业。自然，在这样的供应体制下，作为需求者的生产企业和商业企业，不可能、也没有必要再保留过多的库存物资；相反，会自动地缩减和取消自己的库存，从而实现零库存。

（5）无库存储备

无库存的储备，是仍然保持储备，但不采取库存形式，以此达到零库存。例如，有些国家将不易损失的铝这种战略物资做成隔音墙、路障等储备起来，以备万一，而在仓库中不再保有这类物资就是一例。

5.5 "牛鞭效应"

5.5.1 "牛鞭效应"的产生

宝洁公司（P&G）在研究婴儿纸尿裤的市场需求时发现，该产品的零售数量是相当稳定的，波动性并不大。但在考查分销中心的订货情况时，却吃惊地发现波动性明显增大了。其分销中心表示，他们是根据汇总的销售商的订货需求量向其订货的。宝洁公司进一步研究后发现，零售商往往根据对历史销量及现实销售情况的预测，确定一个较客观的订货量，但为了保证这个订货量是及时可得的，并且能够适应顾客需求增量的变化，他们通常会将预测订货量作一定放大后向批发商订货，批发商出于同样的考虑，也会在汇总零售商订货量的基础上再作一定的放大后向销售中心订货。这样，虽然顾客需求量并没有大的波动，但经过零售商和批发商的订货放大后，订货量就一级一级地放大了。在考查其他供应商，如 3M 公司的订货情况时，也惊奇地发现订货的变化更大，而且越往供应链上游，其订货偏差越大。这就是营销活动中的需求变异放大现象，人们通俗地称之为"牛鞭效应"（Bullwhip）。"牛鞭效应"现象如图 5-19 所示。

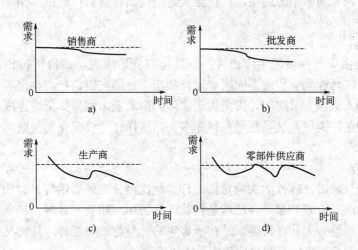

图 5-19 "牛鞭效应"现象

"牛鞭效应"是营销活动中普遍存在的现象，因为当供应链上的各级供应商只根据来自其相邻的下级销售商的需求信息进行供应决策时，需求信息的不真实性会沿着供应链逆流而上，产生逐级放大的现象，到达最源头的供应商（如总销售商或者该产品的生产商）时，其获得的需求信息和实际消费市场中的顾客需求信息发生了很大的偏差，需求变异系数比分销商和零售商的需求变异系数大得多。

5.5.2 产生"牛鞭效应"的原因

产生"牛鞭效应"的原因主要有六个方面，即需求预测修正、订货批量决策、价格波动、短缺博弈、库存责任失衡和应付环境变异。

1. 需求预测修正

需求预测修正是指当供应链的成员采用其直接的下游订货数据作为市场需求信息和依据时，就会产生需求放大。例如，在市场销售活动中，假如零售商的历史最高月销量为 1000件，但下月正逢重大节日，为了保证销售不断货，他会在月最高销量基础上再追加 $A\%$，于是他向其上级批发商下订单（$1+A\%$）×1000 件。批发商汇总该区域的销量预计后（假设）为 12 000 件，他为了保证零售商的需要，又追加 $B\%$，于是他向生产商下订单($1+B\%$)×12 000 件。生产商为了保证批发商的需要，虽然他明知其中有夸大成分，但他并不知道具体情况，于是他不得不至少按（$1+B\%$）×12 000 件投产，并且为了稳妥起见，在考虑毁损、漏订等情况后，他又加量生产，这样一层一层地增加预订量，导致"牛鞭效应"。

2. 订货批量决策

订货批量决策是指在供应链中，每个企业都会向其上游订货，一般情况下，销售商并不会来一个订单就向上级供应商订货一次，而是在考虑库存和运输费用的基础上，在一个周期或者汇总到一定数量后再向供应商订货；为了减少订货频率，降低成本和规避断货风险，销售商往往会按照最佳经济规模加量订货。同时，频繁的订货也会增加供应商的工作量和成本，供应商也往往要求销售商在一定数量或一定周期订货，此时销售商为了尽早得到货物或全额得到货物，或者为备不时之需，往往会人为地提高订货量，这样，由于订货策略导致了"牛鞭效应"。

3. 价格波动

价格波动是由于一些促销手段或者经济环境突变造成的，如价格折扣、数量折扣、赠票、与竞争对手的恶性竞争和供不应求、通货膨胀、自然灾害、社会动荡等。这种因素使许多零售商和推销人员预先采购的订货量大于实际的需求量，因为如果库存成本小于由于价格折扣所获得的利益，销售人员当然愿意预先多买，这样订货没有真实反映需求的变化，从而产生"牛鞭效应"。

4. 短缺博弈

当需求大于供应时，理性的决策是按照订货量比例分配现有供应量。比如，总的供应量只有订货量的 40%，合理的配给办法就是按其订货的 40%供货。此时，销售商为了获得更大份额的配给量，故意夸大其订货需求是在所难免的。当需求降温时，订货又突然消失，这种由于短缺博弈导致的需求信息的扭曲最终导致"牛鞭效应"。

5. 库存责任失衡

库存责任失衡加剧了订货需求放大。在营销操作上，通常的做法是供应商先铺货，待销售商销售完成后再结算。这种体制导致的结果是供应商需要在销售商（批发商、零售商）结算之前按照销售商的订货量负责将货物运至销售商指定的地方，而销售商并不承担货物搬运费用；在发生货物毁损或者供给过剩时，供应商还需承担调换、退货及其他相关损失，这样，库存责任自然转移到供应商，从而使销售商处于有利地位。同时在销售商资金周转不畅时，由于有大量存货可作为资产使用，因此销售商会利用这些存货与其他供应商易货，或者不顾供应商的价格规定而低价出货，加速资金回笼，从而缓解资金周转的困境；再者，销售商掌握大数量的库存也可以作为与供应商进行博弈的筹码。因此，销售商普遍倾向于加大订货量，以便掌握主动权，这样也必然会导致"牛鞭效应"。

6．应付环境变异

应付环境变异所产生的不确定性也是促使订货需求放大加剧的现实原因。自然环境、人文环境、政策环境和社会环境的变化都会增强市场的不确定性。销售商应对这些不确定性因素影响的最主要手段之一就是保持库存，并且随着这些不确定性的增强，库存量也会随之变化。当对不确定性的预测被人为渲染，或者形成一种较普遍认识时，为了保持有应付这些不确定性的安全库存，销售商会加大订货，将不确定性风险转移给供应商，这样也会导致"牛鞭效应"。

5.5.3 减弱"牛鞭效应"的方法

1．集中需求信息

减少或消除"牛鞭效应"最常用的方法是集中需求信息，并在整个供应链中共享这些需求信息，从而减少整个供应链的不确定性。

2．减少变动性

通过减少顾客需求过程中的变动性，可以缩小"牛鞭效应"。例如，可以通过如"天天低价"等策略来减少顾客需求的变动性。零售商使用"天天低价"而不是经常进行周期性价格促销时，就可以在一定程度上消除与这些促销一起产生的需求的急剧变化。因此"天天低价"策略能够产生更稳定的、变动性更小的客户需求模式。

3．缩短交货期

交货期扩大了需求的变动性。因此，缩短交货期能够显著减弱整个供应链的"牛鞭效应"。根据 Wal-Mart 的调查，如果提前 26 周进货，需求预测误差为 40%；如果提前 16 周进货，则需求预测的误差为 20%；如果在销售时节开始时进货，则需求预测的误差为 10%。并且通过应用现代信息系统可以及时获得销售信息和货物流动情况，同时通过多频度小数量联合送货方式，实现实需型订货，从而使需求预测的误差进一步降低。

4．战略伙伴关系

通过实施若干种战略伙伴关系中的任何一种可以消除"牛鞭效应"。这些伙伴关系改变了信息共享和库存管理的方式，可能消除"牛鞭效应"的影响。例如，在卖方管理库存中，制造商管理其在零售店的库存，从而为其自身确定每一期保存多少库存和向零售商运输多少商品。因此，制造商并不依赖零售商发出的订单，因而彻底避免了"牛鞭效应"。

5．规避短缺情况下的博弈行为

面临供应不足时，供应商可以根据顾客以前的销售记录来进行限额供应，而不是根据订购的数量，这样就可以防止销售商为了获得更多的供应而夸大订购量。通用汽车公司长期以来都是这样做的，现在很多大公司，如惠普等也开始采用这种方法。

在供不应求时，销售商对供应商的供应情况缺乏了解，博弈的程度就很容易加剧。与销售商共享供应能力和库存状况的有关信息能减轻销售商的忧虑，从而在一定程度上可以防止他们参与博弈。但是，共享这些信息并不能完全解决问题，如果供应商在销售旺季来临之前帮助销售商做好订货工作，他们就能更好地设计生产能力和安排生产进度以满足产品的需求，从而降低产生"牛鞭效应"的概率。

5.6 基于供应链协同的库存管理

在企业产品的库存管理实践中，传统库存控制方法日益暴露出其固有的两大缺陷：一是企业的库存管理过于粗放、简单，较少采用先进的库存管理技术和方法，因而企业的库存费用一直居高不下；二是众多企业在库存管理方面各自为政，"各人自扫门前雪"，即自己管理库存，结果造成库存设施重复建设严重，并且浪费现象十分普遍。

在多企业实施供应链管理（SCM）的条件下，传统库存控制方法的这种弊病显得更为突出：各节点企业为了应付需求的突发性变化和保护自己的利益，往往扩大库存水平以备不时之需，这本无可厚非，但却由此增加了供应链的总体库存成本，结果增加了供应链的运作成本，降低了其整体竞争优势。这在企业之间的竞争日益转变为供应链之间的竞争的情况下，无疑不利于供应链企业在竞争中取得主导优势地位。因此，企业有必要改革传统的库存控制方法，寻求新的库存控制模式来降低库存成本。

5.6.1 供应商管理库存

1. VMI 的含义和原则

供应商管理库存（Vendor Managed Inventory，VMI）指通过信息共享，由供应链上的上游企业根据下游企业的销售信息和库存量，主动对下游企业的库存进行管理和控制的管理模式。换句话说，VMI 系统就是供货方代替用户（需求方）管理库存，库存的管理职能转由供应商负责。

关于 VMI 的定义，国外还有学者认为："VMI 是一种在用户和供应商之间的合作性策略，以对双方来说都是最低的成本优化产品的可获性，在一个相互同意的目标框架下由供应商来管理库存，这样的目标框架被经常性监督和修正，以产生一种连续改进的环境。"

VMI 策略的关键措施主要体现在如下几个原则中。

（1）合作精神（合作性原则）

在实施该策略时，相互信任与信息透明是很重要的，供应商和用户（零售商）都要有较好的合作精神，才能够相互保持较好的合作。

（2）使双方成本最小（互惠原则）

VMI 不是关于成本如何分配或谁来支付的问题，而是关于减少成本的问题。该策略使双方的成本都得到减少。

（3）框架协议（目标一致性原则）

双方都明白各自的责任，观念上达成一致的目标，并且体现在框架协议中。

（4）连续改进原则

供需双方能共享利益和消除浪费。VMI 的主要思想是供应商在用户的允许下设立库存，确定库存水平和补给策略，拥有库存控制权。精心设计与开发的 VMI 系统，不仅可以降低供应链的库存水平，而且，用户还可获得高水平的服务，改善资金流，与供应商共享需求变化的透明性和获得更高的用户信任度。

2．VMI 的实施方法

实施 VMI 策略，首先要改变订单的处理方式，建立基于标准的托付订单处理模式。首先，供应商和批发商一起确定供应商的订单业务处理过程所需要的信息和库存控制参数，然后建立一种订单的处理标准模式，如 EDI 标准报文，最后把订货、交货和票据处理各个业务功能集成在供应商一边。

库存状态透明性（对供应商）是实施 VMI 的关键。供应商能够随时跟踪和检查到销售商的库存状态，从而快速地响应市场的需求变化，对企业的生产（供应）状态做出相应的调整。为此需要建立一种能够使供应商和用户（分销、批发商）的库存信息系统透明连接的方法。

VMI 策略可以分如下几个步骤实施。

（1）建立顾客情报信息系统

要有效地管理销售库存，供应商必须能够获得顾客的有关信息。通过建立顾客的信息库，供应商能够掌握需求变化的有关情况，把由批发商（分销商）进行的需求预测与分析功能集成到供应商的系统中来。

（2）建立销售网络管理系统

供应商要很好地管理库存，必须建立起完善的销售网络管理系统，保证自己的产品需求信息和物流畅通。为此，供应商必须：①保证自己产品条码的可读性和唯一性；②解决产品分类、编码的标准化问题；③解决商品存储运输过程中的识别问题。

目前已有许多企业开始采用 MRP II 或 ERP 系统，这些软件系统都集成了销售管理的功能。通过对这些功能的扩展，可以建立完善的销售网络管理系统。

（3）建立供应商与分销商（批发商）的合作框架协议

供应商和销售商（批发商）一起通过协商，确定处理订单的业务流程以及控制库存的有关参数（如再订货点、最低库存水平等）、库存信息的传递方式（如 EDI 或 Internet）等。

（4）组织机构的变革

这一点也很重要，因为 VMI 策略改变了供应商的组织模式。过去一般由会计经理处理与用户有关的事情，引入 VMI 策略后，在订货部门产生了一个新的职能，负责用户库存的控制、库存补给和服务水平。

一般来说，在以下的情况下适合实施 VMI 策略：零售商或批发商没有 IT 系统或基础设施来有效管理他们的库存；制造商实力雄厚并且比零售商市场信息量大；有较高的直接存储交货水平，因而制造商能够有效规划运输。

5.6.2 联合库存管理

1．基本思想

联合库存管理（Joint Managed Inventory，JMI）指供应链成员企业共同制定库存计划，并实施库存控制的供应链库存管理方式。

联合库存管理的思想可以从分销中心的联合库存功能谈起。地区分销中心体现了一种简单的联合库存管理思想。传统的分销模式是分销商根据市场需求直接向工厂订货，比如汽车分销商（或批发商），根据用户对车型、款式、颜色、价格等的不同需求，向汽车制造厂订的货，需要经过一段较长时间才能到达。因为顾客不想等待这么久的时间，因此各个销售商不得不进行库存备货，这样大量的库存使销售商难以承受，以至于破产。据估计，在美国，通用汽车公司销售 500 万辆轿车和卡车，平均价格是 18 500 美元，销售商维持 60 天的库存，库存费是车价值的 22%，一年总的库存费用达到 3.4 亿美元。而采用地区分销中心，就大大减缓了库存浪费的现象。采用分销中心后，各个销售商只需要少量的库存，大量的库存由地区分销中心储备，也就是各个销售商把其库存的一部分交给地区分销中心负责，从而减轻了各个销售商的库存压力。分销中心就起到了联合库存管理的功能，分销中心既是一个商品的联合库存中心，同时也是需求信息的交流与传递枢纽。

从分销中心的功能得到启发，对现有的供应链库存管理模式进行了新的拓展和重构，提出了联合库存管理新模式——基于协调中心的联合库存管理系统（如图 5-20 所示）。该系统在供应链企业之间的合作关系中，更加强调双方的互利合作关系，联合库存管理体现了战略供应商联盟的新型企业合作关系。

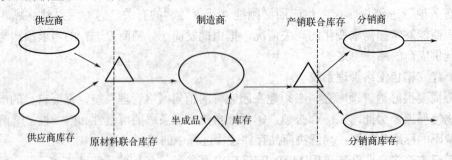

图 5-20　基于协调中心联合库存管理的供应链系统模型

联合库存管理是解决供应链系统中由于各节点企业的相互独立库存运作模式导致的需求放大现象，提高供应链的同步化程度的一种有效方法。联合库存管理和供应商管理库存不同，它强调双方同时参与，共同制定库存计划，使供应链过程中的每个库存管理者（供应商、制造商、分销商）都从相互之间的协调性考虑，保证供应链相邻的两个节点之间的库存管理者对需求的预期保持一致，从而消除了需求变异放大现象。任何相邻节点需求的确定都是供需双方协调的结果，库存管理不再是各自为政的独立运作过程，而是供需连接的纽带和协调中心。

基于协调中心的库存管理和传统的库存管理模式相比，有如下五个方面的优点。

1）为实现供应链的同步化运作提供了条件和保证。

2）减少了供应链中的需求扭曲现象，降低了库存的不确定性，提高了供应链的稳定性。

3）库存作为供需双方的信息交流和协调的纽带，可以暴露供应链管理中的缺陷，为改进供应链管理水平提供依据。

4）为实现零库存管理、准时采购以及精细供应链管理创造了条件。

5）进一步体现了供应链管理的资源共享和风险分担的原则。

2. 联合库存管理的实施策略

（1）建立供需协调管理机制

为了发挥联合库存管理的作用，供需双方应从合作的精神出发，建立供需协调管理的机制，明确各自的目标和责任，建立合作沟通的渠道，为供应链的联合库存管理提供有效的机制。建立供需协调管理机制，应从以下几个方面着手。

1）建立共同合作目标。要建立联合库存管理模式，首先供需双方必须本着互惠互利的原则，建立共同的合作目标。为此，要理解供需双方在市场目标中的共同之处和冲突点，通过协商形成共同的目标，如用户满意度、利润的共同增长和风险的减少等。

2）建立联合库存的协调控制方法。联合库存管理中心担负着协调供需双方利益的角色，起着协调控制器的作用。因此需要对库存优化的方法进行明确确定。这些内容包括库存如何在多个需求商之间调节与分配、库存的最大量和最低库存水平、安全库存的确定、需求的预测等。

3）建立一种信息沟通的渠道。为了提高整个供应链的需求信息的一致性和稳定性，减少由于多重预测导致的需求信息扭曲，应增加供应链各方对需求信息获得的及时性和透明性。为此应建立一种信息沟通的渠道或系统，以保证需求信息在供应链中的畅通和准确性。要将条码技术、扫描技术、POS 系统和 EDI 集成起来，并且要充分利用互联网的优势，在供需双方之间建立一个畅通的信息沟通桥梁和联系纽带。

4）建立利益的分配、激励机制。要有效运行基于协调中心的库存管理，必须建立一种公平的利益分配制度，并对参与协调库存管理中心的各个企业（供应商、制造商、分销商或批发商）进行有效的激励，防止机会主义行为，增加协作性和协调性。

（2）发挥两种资源计划系统的作用

为了发挥联合库存管理的作用，在供应链库存管理中应充分利用目前比较成熟的两种资源管理系统，即制造资源计划（MRP II）和物资配送资源计划（DRP）。原材料库存协调管理中心应采用 MRP II，而在产品联合库存协调管理中心则应采用 DRP（下文介绍）。这样在供应链系统中把两种资源计划系统很好地结合起来。

（3）建立快速反应系统

快速反应系统是由美国服装行业发展起来的一种供应链管理策略，目的在于减少供应链中从原材料到用户过程的时间和库存，最大限度地提高供应链的运作效率。

快速反应系统在美国等西方国家的供应链管理中被认为是一种有效的管理策略，它经历了三个发展阶段。第一个阶段为商品条码化，通过对商品的标准化识别处理加快订单的传输速度；第二个阶段是内部业务处理的自动化，采用自动补库与 EDI 提高业务自动化水平；第三个阶段是采用更有效的企业间合作，消除供应链组织之间的障碍，提高供应链的整体效率，如通过供需双方合作，确定库存水平和销售策略等。

目前在欧美等西方国家，快速反应系统应用已达到第三阶段，通过联合计划、预测与补货等策略进行有效的用户需求反应。美国的 Kurt Salmon 协会调查分析认为，实施快速反应系统后，供应链效率大有提高：缺货大大减少，通过供应商与零售商的联合协作保证了 24 小时供货；库存周转速度提高了 1～2 倍；通过敏捷制造技术，企业的产品中有 20%～30% 是根据用户的需求制造的。快速响应系统需要供需双方的密切合作，因此协调库存管理中心的建立为快速响应系统发挥更大的作用创造了有利的条件。

（4）发挥第三方物流的作用

第三方物流（Third Party Logistics，TPL）是供应链集成的一种技术手段。TPL 也叫做物流服务提供者（Logistics Service Provider，LSP），它为用户提供各种服务，如产品运输、订单选择、库存管理等。第三方物流的产生是由一些大的公共仓储公司通过提供更多的附加服务演变而来的，另外一种产生形式是由一些制造企业的运输和分销部门演变而来的。

把库存管理的部分功能代理给第三方物流管理，可以使企业更加集中精力于自己的核心业务，第三方物流起到了供应商和用户之间联系的桥梁作用，使企业获得诸多好处。第三方物流在供应链中的应用如图 5-21 所示。

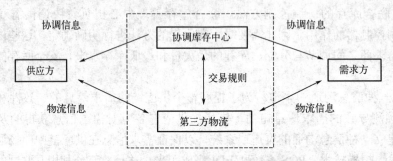

图 5-21　第三方物流在供应链中的应用

5.6.3　精益库存管理

20 世纪 50 年代，日本丰田汽车公司实施的精益生产实践对于全球制造业犹如一场管理革命。如今，工业 4.0 的提出国德国甚至已将"精益"与"高技术""模块化"及"领导力"并列为未来智能工厂的四大模块。随着企业管理方法的逐步丰富，精益思想在企业管理实践中不断深入，从单纯的管理工具已演变为一种管理思想和哲学。精益哲学认为库存就是浪费，应使其最小化，库存管理的目的就是将多余的库存消除，这被公认为企业最佳管理实践，许多企业将减少多余库存作为组织管理的目标之一。而且，库存管理已成为企业重要的战略工具之一，在企业价值创造、弹性管理及控制中的作用越来越显著。

在中国，精益库存管理正从个别企业的选择逐渐成为整个制造行业提升企业管理水平的关键手段。改革开放以来，精益库存管理对我国企业降低库存成本的总体成效是显著的，但由于企业实施精益库存管理的程度不同，对企业绩效的影响效果也有所差异。而且，随着企业实施精益库存管理的程度不断加深，企业库存管理本身带来的成本将逐步提高，当其超过精益管理为企业所节约的成本时，精益库存管理反而会对企业绩效的提升产生不利影响，因此，适度的精益库存管理对企业才是有利的。

5.7　大数据时代下的库存管理

随着大数据时代的到来，利用云计算能有效提升企业的运行效率，其便捷的信息获取和简单的操作能有效降低物资库存管理的成本，提升企业的存货控制水平和管理水平。

5.7.1 大数据对库存管理的影响

1. 大数据时代的库存管理成本更低

随着大数据时代的到来，云计算平台在获取不同区域和不同使用需求信息后，在不受时空影响下对需求信息进行预测。在云平台中，物资管理人员能对货物的实时信息进行动态搜集和分析，随时掌控库存情况。有了大数据的支持，仓储管理部门能准确获取物资使用数据和库存数据，以此来对仓库库存布局进行合理布置，通过降低调拨次数来降低库存成本。

2. 大数据时代的存货数据更准确

大数据时代下的云计算平台，可以在参考相关历史数据、相关行业和同行业类似数据来对存货进行更加合理的区分，以此来提升存货数据的准确性。大数据技术和物联网技术的应用，对企业存货的电子数据、准备成本、与供应商关系、计划需求等信息了解得更加准确，就会避免因存货出现预警而造成的生产经营损失。

3. 大数据时代库存管理更智能

在大数据时代的云计算平台下，各个项目的物资库存情况都能通过物联网进行数据汇集。后端数据中心可通过大数据分析来对物资进行调配或配置。重要设备和配件在运输过程中存在一定风险，云计算平台下物联网的应用，能统一物流和存货信息流，检测存货的流动情况，在出现丢失或损坏的情况下能及时采取应对措施来保障存货安全。

5.7.2 大数据对库存管理的优化

1. 采购入库

在采购入库阶段，大数据分析中心可根据外部情况和生产经营情况等多方面的因素来分析外部环境、物流过程、采购时间、采购数量以及采购计划等流程的影响，分析项目交工时间、生产周期、产品和订单等，参考历史数据，对供应商产品的价格、质量以及供应商信用程度进行分析，选取最优供应商。采购部门会根据这些结果进行供应商选取和采购计划制定。签订采购合同之后制定订购单并确认，根据订单交货。在上述这些过程中明确双方责任和产品信息。产品入库阶段可通过射频识别技术来对产品的供应商检验合格标识、型号、规格、品牌等进行识别，再入库检验，合格产品才能入库。

2. 库房调拨

在库房调拨阶段，可通过共享策略来提升仓库的效率。当某一仓库的库存不能满足生产经营需求时，可通过调拨来对物资进行调剂，使当前库存能满足生产需求。在云计算平台下的物联网能对海外项目的各个仓库的库存信息进行准确监控，在仓库库存低于警戒线时就会向后台数据处理中心反馈调拨请求信息。在分析调拨信息后，按照最小费用原则来对调拨量和调拨点进行确认，然后向调拨仓库发出调拨信息，以此实现存货的调拨和相互补给。如果在物资库存无法满足生产需求或调拨成本过高的情况下，库存信息就会将信息反馈到总部，仓储管理部门在收到信息后进行处理。

3. 物品出库

在物品出库中，可由生产管理部门将相关的物资使用信息指令下发到数据分析中心，仓库在收到发货指令后就会将带有 RFID 的货物送到指定地点。在 RFID 技术的辅助下，货物的地理位置和其他信息就会通过物联网大数据分析中心反馈到仓储管理人员，使其了解货物情况。物资在到达指定地点后就会将信息反馈给管理人员，以此实现整个出库过程的可控。大数据时代的到来成为企业提升核心竞争力的重要契机。在物联网、云计算和大数据技术的作用下，企业能对前端数据进行搜集、分析和处理，通过对比企业与同行业相关数据信息来对物资库存管理进行更新，提升管理效率。

5.8　知识测评

1. 选择题（每题至少有一个正确答案）

（1）以下哪一项不属于仓储的基本功能？（　　　）

    A. 保管存储　　　　　　B. 分类　　　　　　C. 检验　　　　　　D. 加工

（2）垂直式布局具体包括哪些布局形式？（　　　）

    A. 横列式布局　　　　　　　　　　　　B. 纵列式布局

    C. 纵横式布局　　　　　　　　　　　　D. 通道倾斜式布局

（3）生成入库作业计划的基础和依据是什么？（　　　）

    A. 入库申请　　　　　　　　　　　　　B. 入库作业计划

    C. 入库准备　　　　　　　　　　　　　D. 物品检验

（4）为了防止不确定因素（如大量突发性订货、交货期突然延期等）而准备的缓冲库存是（　　　）。

    A. 经常库存　　　　　　B. 安全库存　　　　C. 投机库存　　　　D. 促销库存

（5）库存的作用包括（　　　）。

    A. 平衡供求关系　　　　　　　　　　　B. 稳定生产

    C. 帮助物流系统合理化　　　　　　　　D. 平衡优化供应链

2. 判断题（请在正确的论述后面打√，错误的论述后面打×）

（1）企业的仓储保管成本越低越好。（　　　）

（2）ABC 分类管理要求对 A 类产品重点管理，C 类无需管理。（　　　）

（3）零库存就是不要储备和没有储备。（　　　）

（4）定期订货方式是按预先确定的订货间隔期间进行订货补充的一种库存管理方式。（　　　）

（5）"牛鞭效应"是由于供应链下游需求预测修正造成的。（　　　）

5.9　案例分析：ZARA 怎么做自己的库存管理？

　　ZARA（飒拉）是 1975 年设立于西班牙、Inditex 集团旗下的一个子公司，既是服装品牌也是专营 ZARA 品牌服装的连锁零售品牌。ZARA 是全球排名第三、西班牙排名第一的服装商，在 87 个国家设立两千多家的服装连锁店。

　　ZARA 深受全球时尚青年的喜爱，其设计的品牌优异时尚，价格却更为低廉，简单来说就是让平民拥抱高时尚。Inditex 超越了美国的 GAP、瑞典的 H&M、丹麦的 KM 成为全球排名第一的服装零售集团。截至 2013 年 10 月 31 日，它在全球 86 个国家和地区开设了 6249

家专卖店，旗下共有 8 个服装零售品牌，ZARA 是其中最有名的品牌。在全球 86 个国家拥有 1808 家专卖店（自营专卖店占 90%，其余为合资和特许专卖店）。尽管 ZARA 品牌的专卖店只占 Inditex 集团所有分店数的 1/3，但是其销售额却占总销售额的 66%左右。1975 年，ZARA 第一家门店在西班牙拉科鲁尼亚开设，目前已拥有 1 900 多家店遍布世界 87 个主要城市的商业中心。ZARA 在国际上的成功清楚地表明时装文化无国界。凭借一支拥有 200 多名专业人士的创作团队，ZARA 的设计紧跟大众口味。

2017 年 6 月，《2017 年 BRANDZ 全球最具价值品牌百强榜》公布，ZARA 服饰以251.35 亿美元的品牌价值在百强榜排名第 34。

ZARA 模式的竞争力在哪里？专家研究后发现，主要体现在优秀的库存管理上。

（1）快速占领市场，减少库存积压

ZARA 全年要生产大约 12 000 款衣服，一年 52 周，平均每周大概 23 款。但所有的款式不会在每个专卖店都上架，每个店平均每周上两次新款，大概每次也有 50 多款。一般服装企业别说一周，就是一个月也上不了这么多新款。众所周知，时尚的最大特点就是多变，一部电影，一个 MV，或许就会颠覆目前的时尚元素。当这些时尚元素出现时，ZARA 的设计师们只需几天的时间，就可以完成对世界顶级时装展所透视出来的潮流的模仿，保证这些款式在一定程度上非常接近最新潮流。正是 ZARA 对服装市场的快速反应使得 ZARA 的衣服卖得异常火爆，减少了不必要的库存积压。

（2）以信息代替存货

在设计环节大大降低风险后，ZARA 也没有盲目上量。ZARA 对门店的配货很准确，或者说，很保守。ZARA 具备完善的信息反馈系统，总部可以随时查看到每个单店、每款衣服的销售情况和现时库存，结合店长对销售报表的分析进行配货。每周配货两次。无论是新上架的款式，还是二次补充的款式，总部发过来的数量都不会太多。ZARA 有别于多数传统服装企业采用的订货制，而是总部根据每个店的销售情况主动配货。位于总部的设计团队能够比较清晰地看到每个单店、每个城市、每个地区需要什么样的款式，什么样的颜色，多大的尺码，每次补货大概需要补多少数量。如果用订货制的眼光来看，ZARA 这样的企业就像是每隔三四天就要开一次订货会。这保证了 ZARA 在生产数量上有所根据，不会盲目地向店内压货。已确定下架的衣服，即使店内还有存货，消费者想买到，也不会提出来卖，这就给消费者造成稀缺感。

（3）独特的供应链库存管理

供应链库存管理是指：将库存管理置于供应链之中，以降低库存成本和提高企业市场反应能力为目的，从点到链、链到面的库存管理方法。那么，ZARA 在这方面是怎么做的呢？

1）线上与线下融合，提高仓储效率。ZARA 在完成线上与线下融合时，需要重新设计合理的进货机制。因为，服装供应链中，各门店的进货量须根据下游三级市场的需求来分配，以此作为分区域配送的方案依据。有限的店面数量提高了进货成本，具有局限性，虽然减少货物的库存数量可以大幅控制库存成本，但没有办法应对需求突然增多带来的流失风险，进货量无法满足顾客的需求，造成潜在损失。在电商模式下，用户通过电子商务平台进行订货，交易的空间性被打破，用户可以实现异地购买，这就对进货机制提出了要求。进货机制需要考虑集中销售的特点，满足客户总体的需求，将库存数量维持在恒定水平。ZARA被誉为时装界的"DELL"，在服装圈以量少款多著称，这就使得 ZARA 服装具有很强的个性，每种衣服限量销售有效地减少了撞衫概率，符合顾客独一无二的追求。服装作为季节性消费品，对时间要求极高，除大众化服装，不可以大量备货，最好缩减库存。ZARA 的线上库存可以集聚不同种类的衣服，极大增强了库存的利用率，提高了仓储效率。

2）供应链协同降低成本。全球经济一体化使跨国公司更加自由地开展业务，ZARA 在全球各地建立了分支机构，保证了跨国供应链的协同运作。ZARA 对为其提供服装面料等的中小型企业进行了积极的渠道扩张，保证了原材料的供给，同时稳定的供给关系在一定程度上也有利于成本控制。ZARA 在跨国的区域竞争方面做出了调整改变，由于北京、上海等大城市的配送网点多，基础设施好，ZARA 的门店在大城市尤其明显。但其租金压力不利于维持供应链的成本控制，因此 2014 年 5 月，ZARA 在郑州、长沙等二线城市陆续进行试点。由于中小型城市对于 ZARA 产品的需求程度也很高，而且很多城市的实体店维护费用、人工成本等耗费较低，降低了供应链协同的成本。

（4）握紧订货主动权，降低库存风险

我们可以简单拆分下流程：设计、试装、定稿、样衣制作（这是订货会前的流程）；之后是订货会；货量统计、大货生产、物流配送（订货会后的流程）。那么，可以继续采取缩短生产铺货周期吗？答案是否定的。因为许多公司无法像 ZARA 一样砍掉订货会环节。ZARA 开发完产品，下面的直营店必须无条件销售，而大多数品牌却做不到这一点。因为订货的权利在加盟商手中，库存风险的承担者也是加盟商，加盟商必须认可产品才行。而这个认可就复杂了，必须请人过来看货、看打版、再下单、再买料，然后再生产，如此烦琐的程序耗去了大量时间，如何生产所谓的快时尚服装呢？这样的快时尚生产出来，市场风向标是不是早已改变？又如何将这些快时尚服装推给他们的经销商？这些都是大问题。在订货制下，加盟商恨不得多进一些爆款，企业也恨不得多生产一些压货给加盟商。新款上架之初，无论是加盟店还是直营店，将价格定得虚高，赚得差不多了再正价销售，待分摊成本后再逐渐打折销售。而 ZARA 握紧了订货的主动权，就会对市场快速反应，减少库存风险。

（5）勤进快销，减少库存风险

如果存货太多，就需要深度打折，损失的利润则要由前期溢价销售和正价销售的利润来补。所以服装圈内有句话："先赚的钱是纸，后赚的钱才是钱。"而这正是做不到"勤进快销"零售原则的必然结果，也是一种无奈的退而求其次。一般的服装，退而求其次是可行的，因为它们的销售周期比较长。但是快时尚的服装如果不能做到"勤进快销"，过时贬值的速度非常快，极容易导致打折也很难销售掉的死库存。可见，ZARA 的勤进快销大大减少了库存的积压。

ZARA 也并非是"零库存"，它同样有卖不出去的款式，同样不能确定某款一定有销量，而是采取款多量少的策略，有效分解了库存风险，即便是一件卖不掉的款式，也不会造成太多库存积压。即便是前景再好的款式，也不会大量生产大量补货，以防产生积压。

可见，ZARA 控制风险的方法是：不追求在某些款式上获得大的收益，而是在所有款式上尽量做到"勤进快销"。

（资料来源：中国物流与采购联合会网，有改动）

问题

1. ZARA 竞争力体现在哪些地方？

2. 你如何理解"信息代替库存"？

第6章 包装与流通加工合理化

不要根据包装去衡量货物的价值,但包装却可以使货物保值增值。

——佚名

引例:买椟还珠

一个楚国人,他有一颗漂亮的珍珠,他打算把这颗珍珠卖出去。为了卖个好价钱,他便动脑筋要将珍珠好好包装一下,他觉得有了高贵的包装,那么珍珠的"身份"就自然会高起来。这个楚国人找来名贵的楠木,又请来手艺高超的匠人,为珍珠定做了一个盒子(即椟),用桂椒香料把盒子熏得香气扑鼻。然后,在盒子的外面精雕细刻了许多好看的花纹,还镶上漂亮的金属花边,看上去,闪闪发亮,实在是一件精致美观的工艺品。这样,楚人将珍珠小心翼翼地放进盒子里,拿到市场上去卖。到市场上不久,很多人都围上来欣赏楚人的盒子。一个郑国人将盒子拿在手里看了半天,爱不释手,终于出高价将楚人的盒子买了下来。郑人交过钱后,便拿着盒子往回走。可是没走几步他又回来了。楚人以为郑人后悔了要退货,没等楚人想完,郑人已走到楚人跟前。只见郑人将打开的盒子里的珍珠取出来交给楚人说:"先生,您将一颗珍珠忘放在盒子里了,我是特意回来还珠子的。"于是郑人将珍珠交给了楚人,然后低着头一边欣赏着木盒子,一边往回走去。楚人拿着被郑人退回的珍珠,十分尴尬地站在那里。他原本以为别人会欣赏他的珍珠,可是没想到精美的外包装超过了包装盒内的价值,以至于"喧宾夺主",令楚人哭笑不得。

在市场化经济越来越发达的今天,或许"买椟还珠"的故事已经不适合再当一个反面教材,而应该成为一个经典的案例。

(资料来源:贾曦.物流经典故事赏析[M].北京:经济日报出版社,2014.)

那么包装在流通中有什么作用?在流通过程中进行包装有什么好处呢?学完本章之后,你对这些问题会有深刻的认识。

6.1 包装基础知识

6.1.1 包装的概念和分类

在我国国家标准《包装流通术语》(GB/T 4122.1—2008)中,对包装所下的定义是:"所谓包装(Package/Packaging)是指为在流通过程中保护商品、方便运输、促进销售,按照一定技术方法而采用的容器、材料及辅助物等的总体名称，也指为了达到上述目的而在采用容器、材料和辅助物的过程中施加一定技术方法等的操作活动。"简言之，包装是包装物及包装操作的总称。

现代商品包装的门类繁多，品种复杂，这是由于要适应各种商品性质差异和不同运输工具、装卸搬运条件、自然环境等的要求和目的，使包装在设计、选料、包装技术、包装形态等方面出现了多样化。

商品包装可以从多个角度进行划分，具体来说，可以按形态、功能、运输工具、包装方法、包装材料等进行分类。

（1）按形态分类

按包装形态分，可以将商品包装分为个装、内包装和外包装。

个装（Single Package）是指物品按个进行的包装，目的是为了提高商品的价值或保护物品；内包装（Inner Package）是指包装货物的内部包装，目的是防止水、湿气、光热和冲击碰撞对物品造成的破坏；外包装（Exterior Package）是指货物的外部包装，即将物品放入箱、袋、罐等容器中或直接捆扎，并添加标示、印记等，其目的是便于对物品的运输、装卸和保管，以保护物品。

（2）按功能分类

按包装功能分，可以将商品包装分为工业包装和商业包装。

工业包装（Industrial Package）是指以保护运输和保管过程中的物品为主要目的的包装，也称之为运输包装。其特点是在满足物流要求的基础上使包装费用越低越好，它相当于外包装（包含内包装）。商业包装（Commercial Package）是以促进商品销售为主要目的的包装，其本身构成商品的一部分，也称作零售包装或消费包装。这种包装的特点是外形美观，有必要的装潢，包装单位适于顾客的购买量以及商店陈设的要求，相当于个装。

对于某些商品，商业包装与工业包装往往有矛盾。例如，为了便于运输，包装往往应当结实，但外部形体不够美观，因而不利于销售；反之，促进销售效果的优美的商业包装，大多比较单薄，强度较低，保护效果较差。尽管工业包装和商业包装有明显的区别，但是，两者近年来也有相互接近的倾向。为了实现物流的合理化，工业包装采用与商业包装同样的创意，工业包装同时具有商业包装的功能。例如，家电产品包装就呈现出这种趋势。

（3）按运输工具分类

按物资运输工具的不同，可以将商品包装分为铁路货物包装、卡车货物包装、船舶货物包装和航空货物包装等。

这种分类方法基于不同的运输工具采取不同的包装技术。无论采用哪种包装形式，其共同特点是最大限度地使用运输工具、减少空载吨位。如船舶货物包装需要具有一定的耐压程度，还要具有抵抗搬运中较大震动的能力。铁路货物包装有小包装、行李装、混装货物等，在利用铁路运输时，必须施以相应的包装技术。利用飞机运输物资时，对包装的特征与重量又有限制。在新的物流条件下，卡车、火车、船舶的联合运输，在包装上应尽可能达到多种运输的要求。

（4）按包装方法分类

按照包装方法分，可以将商品包装分为防湿包装、防锈包装、缓冲包装、收缩包装和真空包装等。

（5）按包装材料分类

常用包装材料有纸、塑料、木材、金属、玻璃等。从各个国家包装材料生产总值的比较看，使用最为广泛的是纸及纸制品，其次是木材及木材制品，塑料及塑料制品的使用量则在快速增长。包装材料分类如表 6-1 所示。

表 6-1 包装材料分类

材 料 大 类	材 料 细 分	材 料 特 点
纸及纸制品	牛皮纸、玻璃纸、植物羊皮纸、沥青纸、油纸和蜡纸、板纸、瓦楞纸板	质轻、耐摩擦、耐冲击、质地细腻、容易黏合、无味、无毒、价格较低等
塑料及塑料制品	聚乙烯、聚丙烯、聚苯乙烯、聚氯乙烯、钙塑材料	气密性好、易于成型和封口、防潮、防渗漏、防挥发、透明度高、化学性能稳定、耐酸、耐碱、耐腐蚀等
木材及木材制品	原木板材、胶合板、纤维板、刨花板	抗压、抗震、抗挤、抗冲撞等
金属	马口铁、金属箔、铝合金	马口铁坚固、耐腐蚀，容易进行加工，而且防水、防潮、防摔等
玻璃、陶瓷		不怕腐蚀、强度高、能进行装潢装饰
复合材料	纸基复合材料、塑料基复合材料、金属基复合材料	
辅助材料	黏合剂、黏合带、捆扎材料	

6.1.2 包装的功能

在社会再生产过程中，包装处于生产过程的末尾和物流过程的开头，既是生产的终点，又是物流的始点。在现代物流观念形成以前，包装被天经地义地看成生产的终点，因而一直是生产领域的活动。包装的设计往往主要从生产终结的要求出发，因而常常不能满足流通的要求。物流研究认为，包装与物流的关系，比之与生产的关系要密切得多，其作为物流始点的意义要大得多。因此，包装应进入物流系统之中，这是现代物流的一个新观念。现代商品包装是实现现代物流、加速商品流通的必要条件及手段。

一般来说，商品包装的作用主要有四个方面：一是保护商品；二是促进销售；三是方便物流；四是方便消费。从物流方面来看，作为包装的作用，其主要可以从其对运输、装卸搬运以及保管等方面来进行分析。

（1）包装在运输中的作用

物流对运输的要求是方便、快速、安全。包装的防护功能能够保证商品在复杂运输环境中的安全，保持其质量和数量不变；包装的方便功能能够提高运输工具的装载能力，降低商品对运输环境的要求，降低运输难度，从而提高运输工作效率。

（2）包装在装卸搬运中的作用

在装卸搬运作业中，由于操作不慎致包装跌落，造成落下冲击、震动、颠簸、摩擦等引起物资破损变形，因此，商品包装必须能承受这些外力的作用，既要形成对外力的保护，又要具有一定的强度。另外，经过适当包装后的商品给装卸搬运作业提供了方便，可以采用机械化或半机械化装卸搬运作业，减轻劳动强度及难度，加快装卸搬运速度，并且可以使商品能够承受一定的装卸搬运中的机械冲击力，达到保护商品、方便装卸搬运、提高装卸搬运效率的目的。实现机械化装卸搬运作业的前提是要达到包装的标准化，这是现代包装发展的趋势。

（3）包装在保管中的作用

适当包装后的商品一方面能方便商品计数、验收和发料过程，能提高验收、发料速度，有特殊要求的商品易于引起注意，从而为保管工作提供了方便；另一方面能便于商品的堆码叠放，节省仓库空间，提高仓库的库容量；最后，良好的包装能抵御存储环境可能对商品的侵害，维护商品本身的使用价值，使物流的存储功能能顺利地实现。

【案例6-1】 德国公司的昂贵学费

2004 年，我国某县人民医院利用德国贷款购买了一套进口医疗设备，包括 CT 机、500mAX 光机、C 形臂 X 光机，均为德国某公司生产。

7 月 11 日，这批货物由中外运某省分公司的两辆厢式货车从上海运出，车厢外用雨布防潮。途中突遇暴雨。到达目的地时，德国公司、运输公司、医院三方同时在场监视卸货。当场发现一部货车的货物外包装被雨水淋湿。当日，检验检疫人员赶到现场，勘查后发现，这个车厢装有 4 只包装箱：2 只木箱、2 只纸箱。纸箱被雨水淋湿变形，内部设备可以窥见。其中一只纸箱内无任何防潮保护设施，另一只只有塑料膜保护。

随后，当地检验检疫局工作人员对这批货物开箱检验，确认木质包装中的 500mAX 光机、C 形臂 X 光机外包装虽然受潮，但内部有塑料真空包装并添加防潮剂，真空包装内还有两层密封包装，设备保护完好，可以开始进入安装检验程序。而纸箱包装箱内均为 CT 机的核心部件，价值占整套设备的 1/3，恰恰是最重要的部分，由于严重受潮，已经无法安装。

这是一起因包装使用不当导致货物受损的案例。外方违反了双方签订的合同中关于包装"能适应气候变化、防潮、抗震及防粗鲁搬运"的规定。

鉴于德国政府贷款项目购买德国医疗设备的做法在全国尚有多家，为帮助德国公司改进包装，防止此类事件再次发生，当地检验检疫局立即将此事向国家质检总局报告，建议对德国该公司的 Emotion 型 CT 机的包装进行风险预警通告。同时，依法出具对外索赔证书，支持进口单位对外索赔。

谈判并不轻松。德国公司坚持认为导致货物残损的原因是天灾，而不是人祸。损失应当由保险公司赔偿。为此，检验检疫人员从维护贸易各方合法权益的立场出发，多次与德国公司相关人员交流，宣传我国的法律和相关惯例，说明检验检疫部门出具证书的依据，坚持应由德国公司承担全部责任。外方终于认赔。

10 月 2 日，更换后全新的 CT 机全部到货，价值 290 万元人民币。经检验发现，此次货物的外包装全部更换为木质包装，内包装增加了防潮防湿保护。德国公司从这个案例中汲取了付出"高昂的学费"所取得的教训。

（资料来源：找法网，有改动）

6.1.3 包装材料和容器

1. 包装材料

包装材料（Packaging Material）是指用于制造包装容器、包装装潢、包装印刷、包装运输等满足产品包装要求所使用的材料，它既包括金属、塑料、玻璃、陶瓷、纸、竹本、野生蘑类、天然纤维、化学纤维、复合材料等主要包装材料，又包括捆扎带、装潢、印刷材料等辅助材料。

从现代商品包装具有的使用价值来看，包装材料应具有以下几个方面的性能。

（1）保护性能

保护性能主要指保护内装物，防止其变质，保证其质量。对此应研究包装材料的机械强度、防潮防水性、耐腐蚀性、耐热耐寒性、透光性、透气性、防紫外线穿透性、耐油性、适应气温变化性、无毒、无异味等。

（2）加工操作性能

加工操作性能主要指易加工、易包装、易填充、易封合，且效率高而适应自动包装机械操作。对此应研究包装材料的刚性、挺力、光滑度、易开口性、热合性、防静电性等。

（3）外观装饰性能

外观装饰性能主要指材料的形、色、纹理的美观性，能产生陈列效果，提高商品价值和激发购买欲望。对此应研究包装材料的透明度、表面光泽、印刷适应性、不因带静电而吸尘等。

（4）方便使用性能

方便使用性能主要指便于开启包装和取出内装物，便于再封闭，对此应研究包装材料的开启性能、不易破裂等。

（5）节省费用性能

节省费用性能主要指经济合理地使用包装材料，对此要研究节省包装材料费、包装机械设备费用、劳动费用、包装效率、自身重量等。

（6）易处理性能

易处理性能主要指包装材料要有利于环保，有利于节省资源，对此要研究回收再生等。

包装材料在整个包装工业中占有重要地位，是发展包装技术、提高包装质量和降低包装成本的基础。因此，了解包装材料的性能、应用范围和发展趋势，对合理选用包装材料，扩大包装材料来源，采用新包装和加工新技术，创造新型包装和包装技术，提高包装技术水平与管理水平，都具有重要的意义。

2．包装容器

包装容器是包装材料和造型结合的产物，包括包装袋（有集装袋、一般运输包装袋和小型包装袋）、包装盒、包装瓶、包装罐和包装箱。下面主要介绍包装箱。列入现代物流包装行列的主要有瓦楞纸箱、木箱、托盘集合包装、集装箱和塑料周转箱，它们在满足商品运输包装功能方面各具特点，必须根据实际需要合理地加以选用。

（1）瓦楞纸箱

瓦楞纸箱是采用具有空心结构的瓦楞纸板，经过成型工序制成的包装容器。瓦楞纸箱采用包括单瓦楞、双瓦楞、三瓦楞等各种类型的纸板作包装材料，如图 6-1 所示。

图 6-1　瓦楞纸箱

瓦楞纸箱的应用范围非常广泛，几乎包括所有的日用消费品，包括水果、蔬菜、加工食品、针棉织品、玻璃陶瓷、医药药品等各种日用品以及自行车、家用电器、精美家具等。

瓦楞纸箱有很多优点：瓦楞纸箱的设计可使它具有足够的强度，富有弹性，且密封性好；便于实现集装箱化；便于空箱储存；瓦楞纸箱的箱面光洁，印刷美观，标志明显，便于传达信息；它的体积重量比木箱要小要轻，有利于节约运费；纸箱耗用资源比木箱要少，其价格自然比木箱低，经废品回收，还可造纸，可节省资源。

当然，瓦楞纸箱也有一些不足之处，主要是抗压强度不足和防水性能不好，这两项都会影响瓦楞纸箱的基本功能——保护功能的实现。

（2）木箱

木箱是一种传统包装容器，虽然在很多情况下已逐步被瓦楞纸箱取代，但与瓦楞纸箱相比，木箱在某些方面仍有其优越性和不可取代性，加上目前木箱还比较适合我国包装生产和商品流通的现状，所以木箱在整个运输包装容器中仍占有一席之地。常见的木箱有木板箱、框板箱和框架箱三种。

木板箱一般用于小型运输包装容器，能装载多种性质不同的物品，有较大的耐压强度，但箱体较重，防水性较差。框板箱是由条木与人造板材制成的箱框板，再经钉合装配而成的。框架箱是由一定截面的木条构成箱体的骨架，再根据需要在骨架外面加木板覆盖。

（3）托盘集合包装

托盘集合包装是把若干件货物集中在一起，堆叠在运载托盘上，构成一件大型货物的包装形式。托盘集合包装是为适应装卸和搬运作业机械化而产生的一种包装。

托盘集合体包装是一类重要的集合包装，它区别于普通运输包装件的特点是在任何时候都处于可转入运动的状态，使静态的货物变成动态的货物。从不同角度看，托盘集合包装既是包装方法，又是运输工具，又是包装容器：从小包装单位的集合来看，它是一种包装方法；从它是适合运输的状态来看，它是一种运输工具；从它对货物所起的保护功能来看，它又是一种包装容器。

（4）集装箱（Container）

集装箱作为一种运输设备，应满足下列要求：

1）具有足够的强度，可长期反复使用。

2）适于一种或多种运输方式运送，途中转运时，箱内货物不需要换装。

3）具有快速装卸和搬运的装置，特别便于从一种运输方式转移到另一种运输方式。

4）便于货物装满和卸空。

5）具有 $1m^3$ 及以上的容积。

集装箱这一术语不包括车辆和一般包装。

集装箱是密封性好的大型铁制包装箱。用集装箱可实现最先进的运输方式，即"门对门"运输，从发货人仓库门送到收货人仓库门前。

集装箱属于大型集合包装，具有既是运输工具又是包装方法、包装容器的特点。在适应现代化物流方面，它比托盘集合包装更具有优越性。

（5）塑料周转箱

塑料周转箱是一种适合短途运输，可以长期重复使用的运输包装。同时，它是一种敞开式的、不进行捆扎、用户也不必开包的运输包装。一切厂销挂钩、快进快出的商品都可采用周转箱，如饮料、肉食、豆制品、牛奶、糕点、禽蛋等食品。

过去的周转箱都采用木箱，近年出现了新型的塑料周转箱，逐步取代了木箱。塑料周转箱在保护商品、节约费用、提高服务质量等方面取得很大作用，使得周转箱的应用范围逐步扩大。

塑料周转箱的重量轻，体积小，费用低，搬运方便；可提高安全度，不会发生箱底脱落现象，玻璃瓶的破损率大大降低。塑料箱的采用，可以节约宝贵的木材资源。但塑料周转箱的一次性投资大，成本高；空箱要占用运输储存费用；密封性差，在某些情况下有碍卫生；缺少标志，给物流管理带来了一定困难。

6.2 包装技术

6.2.1 通常包装技术

1．充填技术

将内装物按要求的数量装入包装容器的操作称为充填。充填是包装过程的中间工序，在此之前是容器准备工序，在此之后是封口、贴标、打印等辅助工序。在充填过程中，精密地计量内装物是很重要的。

（1）固体内装物充填方法

固体内装物按其形态可分为粉末、颗粒和块状三类；按其黏度可分为非黏性、半黏性和黏性三类。

充填精度是指装入容器的内装物实际量与标定量相比的误差范围。它关系着企业和消费者的利益。精度低时，容易产生充填不足或过量。要根据实际情况合理地选择最佳充填精度。

固体内装物充填方法有称重法、容积法和计数法三种。称重法是将内装物用秤进行计重，然后充填到容器中的包装方法。对于一些中、小块状不一的商品，一般采用称重法。

（2）液体内装物充填方法

液体内装物的充填，又称为灌装。其方法按原理可分为重力灌装、等压灌装、真空灌装和机械压力灌装四大类。

重力灌装方法是利用液体自身重力充填容器的方法；等压灌装适用于含气液体，如啤酒、汽水等，生产时采用加压的方法使液体内含有一定的气体，而在灌装时为了减少气体的溢出和灌装的顺利进行，必须先在空瓶中充气，使瓶内气压与储液缸内气压相等，然后再进行液体灌装；真空灌装是将容器中的空气抽出后灌装液体的方法，它不适用于容易变形的软性包装容器；机械压力灌装是对黏度大的半流体内装物，如牙膏、香脂、油墨等，采用机械压力进行充填的方法。

2．装箱技术

（1）装箱方法

装箱可采用手工操作、半自动或全自动机械操作的方式，其方法有装入式装箱法、套入式装箱法和裹包式装箱法等。

装入式装箱法是将内装物沿铅直方向或水平方向装入箱内的方法，所用设备称为立式或卧式装箱机。

套入式装箱法用于较贵重的大件商品，如电冰箱、洗衣机等。它是将纸箱制成两件：一件比内装物稍高，箱坯撑开后先将上口封住，下口无翼片和盖片；另一件是浅盘式的盖，开口朝上且无翼片和盖片，其尺寸略小于前者，可以插入其中形成倒置箱盖。装箱时先将浅盘式盖放在装箱台板上，里面放置防震垫，重的内装物还可以在箱下放置木托盘，接着将内装物放入浅盘上，上面也放置防震垫。然后将高的那一件从内装物上部套入，直至将浅盘插入其中，最后进行捆扎。

裹包式装箱法是用柔性或可折叠包装材料将物品包裹起来装进箱内的一种方法。裹包式装箱一般由裹包式装箱机完成，生产率可达 60 箱/min，中速的为 10～20 箱/min，半自动式的为 4～8 箱/min。

（2）瓦楞纸箱的选用

瓦楞纸箱是运输包装容器，主要功能是保护内装物。选用瓦楞纸箱时要根据内装物的性质、重量、流通环境等因素来考虑。在保证纸箱质量的前提下，要尽量节省材料和包装费用，而且要考虑箱容和运输工具的利用率以及堆垛的稳定性等。

（3）装箱设备的选择

在生产率不高、商品轻、体积小时，可采用手工操作；对一些较重的商品，易碎的商品，可选用自动装箱机装纸箱或塑料周转箱。

3. 裹包技术

裹包是用一层或者多层柔性材料包覆商品或包装件的操作。它主要用于销售包装，有时也用于运输包装，如用收缩或拉伸薄膜将托盘与商品裹包在一起。

（1）裹包方法

裹包方法与裹包形式密切相关。常见的裹包方法有折叠式和扭结式两种，而裹包形式有手工式和半自动或全自动机械式两种。

折叠式裹包的基本方法是：从卷筒材料上切下一定长度的材料，将材料裹在被包装物上，用搭接方式包成筒状，然后折叠两端并封紧。根据产品的性质和形状、表面装潢的需求以及机械化程度，折叠的形式和接缝的位置有多种变化，如两端折角式、侧面接缝折角式、两端搭接式、两端多褶式和斜角式等。

扭结式裹包方法是用一定长度的包装材料将一定的产品裹成圆筒形，其搭结接缝不需要黏结或热封，只要将开口端部分向规定方向扭转形成扭结即可。

（2）裹包机的选择

半自动裹包机属于通用型，更换商品尺寸和裹包形式时间短，需要操作人员略多一些。生产率一般 300～600 件/min。

全自动裹包机多属于专用型，如糖果、香烟、香皂的包装。一般是单一商品，操作人员少，生产率高，一般可达 600～1000 件/min。

机器自动化程度越高，检测和控制系统就越复杂，对技术人员的要求也越高。因此选择裹包机时应根据商品、生产率、包装材料以及包装成本综合考虑。

（3）裹包材料的选择

裹包材料应具有一定的撕裂强度和可塑性能，以防止裹包操作时扭断和回弹松包。同时也应考虑材料的成本以及供应情况等。

4. 封口技术

封口是指将商品装入包装容器后，封上容器开口部分的操作。

（1）黏合方法

黏合是用黏合剂将相邻两层包装材料表面结合在一起的方法。它工艺简单、生产率高、结合力大、密封性好、适用性广，已用于纸、布、木材、塑料、金属等各种材料的黏合。

（2）用封闭物封口方法

用于瓶、罐类包装件的封闭物主要是盖（如螺丝盖、快旋盖、易开盖、滚压盖等）和塞

（如软木塞、橡胶塞和塑料塞等）。现在，塞的应用范围已日趋变小，有的被盖或盖塞合一所代替。

用于袋包装件的封闭物主要是夹子、带环的套、按钮带和扣紧条等；用于纸盒纸箱的封闭物除用胶带黏合外，还有的用卡钉钉合。其形式有手动式和自动式等。

5．捆扎技术

捆扎是将商品或包装件用适当的材料扎紧、固定或增强的操作。

（1）捆扎材料

常用的捆扎材料有钢带、聚脂带、聚丙烯带、尼龙带和麻绳等。选用时要根据被捆扎物的要求以及包装材料的成本及供应情况综合考虑。

（2）捆扎方法

无论用手或机器捆扎，其操作过程相同。先将捆扎带缠绕于商品或包装件上，再用工具或机器将带拉紧，然后将带两端重叠连接。捆扎带两端连接方式有铁皮箍压出几道牙痕连接、用铁皮箍切出几道牙痕并间隔地向相反方向弯曲连接、用热黏合连接以及打结连接等。

（3）捆扎工具与设备

用于包装捆扎的工具与设备有：手动捆扎工具、半自动捆扎机和全自动捆扎机等。还有用于托盘包装、大宗货物捆扎、压缩捆扎和水平捆扎的特殊用途捆扎机。选用时可根据包装件的要求、尺寸、重量以及被包装物的性质进行综合考虑。

6.2.2 防震包装技术

1．防震包装的概念

防震包装又称缓冲包装，是指为减缓内装物受到冲击和震动，保护商品免受损坏所采取的一定防护措施的包装，如用发泡聚本乙烯、海绵木丝、棉纸等缓冲材料包衬内装物，或将内装物用弹簧悬吊在包装容器里等。防震包装是物流包装的重要组成部分。

防震包装技法是包装件在流通过程中十分重要的一种包装技法。

2．外力对包装件（或内装物）的危害

包装件（或内装物）在流通过程中，不可避免地要受到震动和冲击的危害。包装件（或内装物）在储存过程中主要是受静压力，装卸过程中主要是受冲击，运输过程中主要是受震动和冲击。包装件（内装物）因受到冲击或震动而产生损伤的形式主要有应力集中、零部件移动、震动破损等。为了防止内装物损伤，就须采用缓冲材料，使外力先作用于缓冲材料上，起到"缓和冲击"的作用。

3．缓冲材料的特性和选择

选择防震缓冲材料时，一定要把握住商品和流通环境的需要，合理地提出各种性能要求。

（1）冲击能量吸收性

它是指缓冲材料吸收冲击能量大小的能力。冲击能量吸收性大，指它对大的冲击力有效，而对冲击力小的场合，则宜用能发生较大变形的材料，所以常用硬的材料来吸收大的冲击力，用软的材料来吸收小的冲击力。因此所谓冲击能量吸收性合适，并不是指冲击能量吸收力大，而是指对同样大小的冲击，其吸收能量的能力大。

（2）回弹性

它是指缓冲材料变形后，回复原尺寸的能力。在缓冲包装中，材料的回弹性使它与包装商品之间保持密切接触。为了使包装件防冲击、防震效果不致显著降低，应选用回弹性好的材料。如果采用回弹性差的材料，在储存或运输过程中发生永久性变形，必然会导致商品与缓冲材料之间或包装容器与缓冲材料之间产生间隙，商品就会在容器中跳动，这是不允许的。

（3）温湿度稳定性

它要求缓冲材料在一定温湿度范围内保持缓冲性能。一般纤维材料中纤维素材料易受湿度影响，而热塑性塑料易受温度影响，特别是温度降低，材料变硬，使所包装商品承受的加速度变大。

（4）吸湿性

吸湿性大的材料对包装有两个危害：一是降低缓冲防震性能；二是引起所包装的金属制品生锈和非金属制品的变形变质。吸湿性强的材料不宜用于金属制品的包装。

（5）酸碱度（pH 值）

它要求缓冲材料的水溶出物的 pH 值在 6～8 之间，最好为 7，否则在潮湿的条件下，易使被包装物腐蚀。

（6）密度

对于缓冲材料，无论是成型品还是块状、薄片状的材料，从其使用状态来看要求其密度尽量地低，以减轻包装件的重量。

（7）加工性

它是指缓冲材料是否有易于成型、易于黏合等加工性能及易于进行包装作业的特性。

（8）经济性

合理地选择缓冲材料的目的是降低流通成本，因此缓冲包装技法应考虑其经济性。材料自身价格固然是重要的一面，但还必须把改变包装物的容积及形态对运输储存费的影响等因素也考虑进去。

除上述特性外，在不同情况下选择缓冲材料还需注意其震动吸收性、压缩蠕变性、磨耗、耐油性、抗霉性、耐化学腐蚀性、带电性等特性。

4. 防震包装方法

防震包装主要有以下三种方法。

（1）全面防震包装方法

全面防震包装方法是指内装物和外包装之间全部用防震材料填满进行防震的包装方法。常见的全面防震包装方法有充填法、盒装法和现场发泡法等。

1）充填法。充填法是采用丝状、粒状和片状的防震缓冲材料，填满内装物（或内包装容器）和外包装容器的所有空间。这种防震缓冲材料不需要预先加工，适用于小批量异形商品的包装，能很好地分散外力，保护商品。若商品形状复杂且有较多的凸出部分，还可以采用双层防震方法，即除了在内包装容器和外包装容器间充填缓冲材料外，在内装物和内包装容器之间也充填缓冲材料。

2）盒装法。小型、轻质商品往往用聚苯乙烯泡沫塑料预制成与商品外形一样的模盒，将商品固定在其中进行包装，如各种小型电器、测量仪表等，这种全面防震包装方法就称为盒装法。

3）现场发泡法。现场发泡法是将内装物置入直接发泡的聚氨脂泡沫塑料中进行全面防震包装的一种方法。

（2）部分防震包装方法

对于整体性好的产品和有内装容器的产品，仅在产品或内包装的拐角或局部地方使用防震材料进行衬垫即可。所用包装材料主要有泡沫塑料防震垫、充气型塑料薄膜防震垫和橡胶弹簧等。该方法能够根据内装物的结构特点、重量、缓冲材料的特性以及最佳防震效果等来确定缓冲面积，因而材料花费合理，适于大批量商品的包装。设计衬垫时要标准化、积木化，尽量减少模具的数量。

（3）悬浮式防震包装方法

对于某些贵重、易损的物品，为了有效地保证在流通过程中不被损坏，外包装容器比较坚固，然后用绳、带、弹簧等将被装物悬吊在包装容器内。在物流中，无论哪个操作环节，内装物都应被稳定悬吊而不与包装容器发生碰撞，从而减少损坏。

6.2.3　集合包装技术

集合包装是一种重要的包装技术，它包括集装箱、集装托盘、集装袋等。本节仅介绍物流配送中心常用的集装箱集合包装和托盘集合包装两种技术。

1．集装箱集合包装

（1）集装箱的定义

集装箱是集合包装容器中最主要的形式，它能为铁路、公路和水路运输所通用，它能一次装入若干运输包装件、销售包装件或散装货物。

集装箱是一种包装方式、包装容器，也是一种运输工具。我国国家标准《集装箱名词术语》（GB 1992—80）中对集装箱是这样定义的：集装箱是一种运输设备，它能满足下列要求。

1）具有坚固耐久性，能反复使用。

2）适合于在一种或几种运输方式中运输，在途中转运时，箱内货物不需换装。

3）装有快速装卸和搬运装置，特别是便于从一种运输工具转移到另一种运输工具。

4）便于货物装满和卸空。

5）具有 $1m^3$ 或 $1m^3$ 以上的容积。

现代集装箱主要是用钢板、铝合金和玻璃钢制成，外部形状为一大型长方体容器。集装箱按用途分为通用集装箱和专用集装箱。

（2）集装箱集合包装方法

1）采用集装箱进行集合包装与其他包装技法不同，除集装箱本身外，还需有车站、码头的专用设备和运输工具等与之配套，如起吊、搬运设备和工具，集装箱码头和集装箱船等。

2）集装箱虽然可以重复使用，但投资较大，并需一定的维修费用。因此，对于一般货物最好采用租赁集装箱的方法，以节省投资；对特殊货物，租赁专用集装箱有困难时，可采用自备专用特殊集装箱。

3）集装箱运输时，必须充分利用各种运输工具的底面积。为此，必须了解各种规格集装箱的长宽高比例关系。

4）在集装箱内装货的方法是，预先将货物的量和集装箱的容积计算清楚，使货物能装满箱底，然后对装货的高度加以调整。最好做到货物和货物之间、货物和集装箱之间不留空隙。在不得已而产生空隙时，就需要实施有效的填堵工作，例如，使用木材、垫舱板、气垫、橡皮垫等，把货物和集装箱形成一体化，达到安全运输的目的。集装箱包装的防护安定方法，如图 6-2 所示。

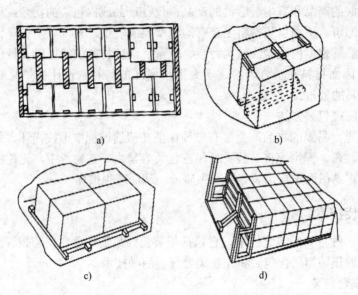

图 6-2　集装箱包装防护安定方法

a) 利用木材支撑货物　b) 利用木材支撑货物及将底边安定　c) 货物在中央部，而将四边安定住　d) 后门口的防护措施

2．托盘集合包装

（1）托盘的概念

托盘集合包装是一类重要的集合包装，它区别于普通运输包装件的特点，是在任何时候都处于可以转入运动的准备状态，使静态的货物转变为动态的货物。从不同角度看，托盘集合包装既是包装方法，又是运输工具、包装容器，还是诸如仓储式商场的陈列工具。因此，托盘集合包装能在物流中发挥更大的效用。图 6-3 所示为托盘集合包装的示意图。

托盘是托盘集合包装的基本用具。它是方形或长方形扁平垫板，垫板下面有"脚"（几根横梁），形成插口，以供铲车、叉车进行装卸、运送和堆放。有时它也用于散装货物、半成品和产品的临时性堆垛和运输。托盘的载重量一般为

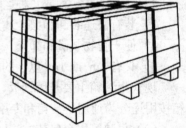

图 6-3　托盘集合包装的示意图

0.5t、1t 和 2t 等多种。为防止托盘上面货物松动，需要采用安全加固措施，将货物牢固捆扎在托盘上，且形成一个包装单元。它具有保护商品、减少损耗、便于装卸与运输，提高劳动效率，合理堆码储存，节省包装材料，简化包装工序，推动包装标准化等优点。

（2）托盘的种类和规格

托盘的种类较多。按材质分为木制托盘、金属托盘、塑料托盘等；按用途分为一次性使用托盘、重复使用托盘、专用托盘和互换托盘等；按结构形式分为两面进叉平托盘、四面进叉平托盘、立柱式托盘、箱式托盘等，如图 6-4 所示。

国际标准化组织规定托盘的规格有 800mm×1200mm、800mm×1000mm、1000mm×1200mm 三种，此外还有 1200mm×1600mm、1200mm×1800mm 的大型托盘。按照国家标准

《联运平托盘外部尺寸系列》（GB 2934—82），托盘的外部尺寸为 800mm×1000mm、800mm×l200mm、1000mm×1200mm 三种。托盘集合包装所集装的货物单元体积一般为 1m³ 以上，其高度为 1100mm 或 2200mm，载重 500～2 000kg。

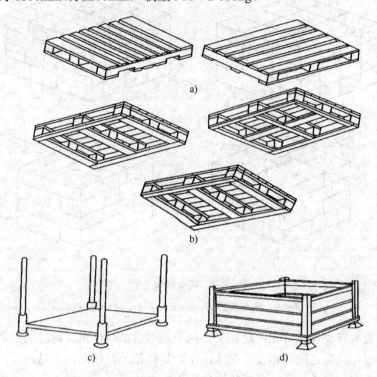

图 6-4　托盘的结构形式

a) 两面进叉平托盘　b) 四面进叉平托盘　c) 立柱式托盘　d) 箱式托盘

（3）托盘集合包装方法

1）合理地选择托盘货体的尺寸。托盘货体的长、宽、高尺寸，必须与各种车辆内部尺寸和叉车的装卸性能相适应，既能充分利用车辆的内容积，便于装卸和运输，又能保证托盘货体的安全和充分利用仓容，有利于储存。托盘货体的长度和宽度，除了以托盘长度和宽度作为基数外，还必须考虑码盘前后和左右的超出尺度。货体的高度既要适应车辆内部的高度和叉车最大起升高度，又要考虑作业间隙、货物重量和产品原包装的规格。交通部推广的 1250mm×850mm 规格的托盘，每盘宽度前后可超出 40mm，作业间隙可按 100mm 考虑。

2）科学地选择托盘码垛方式。在托盘上装放同一形状的立体形包装货物，可以采取各种交错咬合的办法码垛，这可以保证足够的稳定性，甚至不需要再用其他方式加固。

托盘上的货体码垛方式主要有重叠式、纵横交错式、旋转交错式和正反交错式 4 种，如图 6-5 所示。

图 6-5a 为重叠式。各层码放方式相同，上下对应。这种方式的优点是，工人操作速度快，包装物四个角和边重叠垂直，承载力大。缺点是各层之间缺少咬合作用，稳定性差，容易发生塌垛。

图 6-5b 为纵横交错式。相邻两层货物的摆放方向旋转 90°角，一层成横向放置，另一层成纵向放置。这种方式装完一层之后，利用转向器旋移 90°，使各层间有一定的咬合效果，

但咬合强度不高。重叠式和纵横交错式适合自动装盘机进行装盘操作。

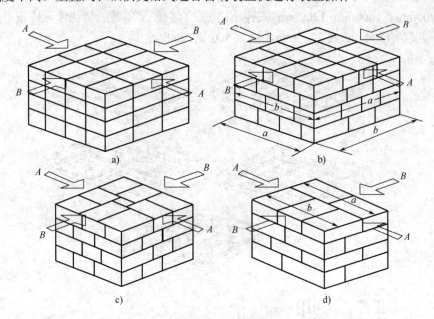

图 6-5 托盘码垛方式
a）重叠式 b）纵横交错式 c）旋转交错式 d）正反交错式

图 6-5c 为旋转交错式。第一层相邻的两个包装体成 90°角，两层间的码放方向又相差 180°角，这样相邻两层之间互相咬合交叉，托盘货体稳定性较高，不易塌垛。其缺点是，码放难度较大，且中间形成空穴，会降低托盘装载能力。

图 6-5d 为正反交错式。同一层中，不同列的货物以 90°角垂直码放，相临两层的货物码放形式是另一层旋转 180°的形式。不同层间咬合强度较高，相临层之间不重缝，因而码放后稳定性很高，但操作较为麻烦，且包装体之间不是垂直面互相承受荷载，所以下部货体易被压坏。

3）适宜地选择托盘货体紧固方法。托盘货体的紧固是保证货体稳固性、防止塌垛的重要手段。托盘货体紧固方法主要有如下几种。

① 捆扎。用绳索、打包带等对托盘货体进行捆扎以保证货体的稳固。其方式有水平、垂直和对角等捆扎方式，如图 6-6 所示。

图 6-6 捆扎

② 网罩紧固。主要用于装有同类货物托盘的紧固。多见于航空运输，将航空专用托盘与网罩结合起来，就可以达到紧固的目的。将网罩套在托盘货物上，再将网罩下端的金属配件挂在托盘周围的固定金属片上，以防止形状不整齐的货物发生倒塌，如图 6-7 所示。

150

③ 加框架紧固。框架紧固是将墙板式的框架加在托盘货物的相对的两面或四面以至顶部，用以增加托盘货物钢性的方法，如图6-8所示。

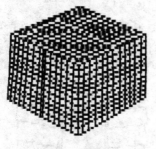 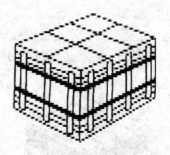

图6-7　网罩紧固　　　　　　　　图6-8　加框架紧固

④ 中间夹摩擦材料。将具有防滑性的纸板、纸片或软性塑料片夹在各层容器之间，以增加摩擦力，防止水平移动（滑动），或冲击时托盘货物各层之间的移位，如图6-9所示。

⑤ 专用金属卡具固定。对某些托盘货物，最上部伸入金属夹卡将相邻的包装物卡住，以便于每层货物通过金属卡具成一整体，防止个别分离滑落，如图6-10所示。

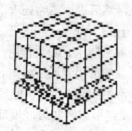 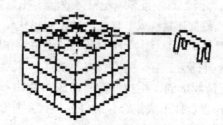

图6-9　中间夹摩擦材料　　　　　图6-10　专用金属卡具固定

⑥ 黏合。有两种黏合方式：一是在下一层货箱上涂上胶水使上下货箱黏合，涂胶量根据货箱的大小和轻重而定；二是在每层之间贴上双面胶条，可将两层通过胶条黏合在一起。这样便可防止托盘上的货物在物流中从层间发生滑落，如图6-11所示。

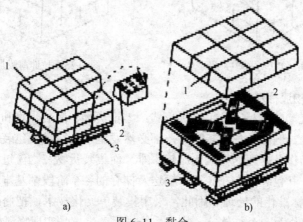

a)　　　　　　　　　　　b)

图6-11　黏合

a) 涂胶黏合　b) 胶带黏合

1-货物；2-黏合物；3-托盘

⑦ 胶带粘扎。托盘货体用单面不干胶包装带粘捆，即使是胶带部分损坏，但由于不干胶全部贴于货物表面，因此也不会出现散捆，而用绳索、包装带捆扎，一旦一处断裂，全部捆扎便失去效用，如图6-12所示。

⑧ 平托盘周边垫高。将平托盘周边稍稍垫高，托盘上的货物会向中心互相依靠，在物流中发生摇动、振动时，可防止层间滑动错位，防止货垛外倾，因而也会起到稳固作用，如图6-13所示。

图6-12　胶带粘扎　　　　　　图6-13　平托盘周边垫高

⑨ 收缩薄膜加固。将热缩塑料薄膜套于托盘货体之上，然后进行热缩处理，塑料薄膜收缩后，便将托盘货体紧箍成一体。这种紧固形式属五面封，托盘下部与大气连通。它不但起到固紧、防塌垛作用，而且由于塑料薄膜的不透水作用，还可起到防水、防雨作用，这有利于克服托盘货体不能露天放置、需要仓库的缺点，可大大扩展托盘的应用领域。如图6-14所示。

⑩ 拉伸薄膜加固。用拉伸塑料薄膜将货物和托盘一起缠绕裹包，当拉伸薄膜外力撤除后收缩固紧托盘货体形成集合包装件。顶部不加塑料薄膜时，形成四面封；顶部加塑料薄膜时，形成五面封。拉伸包装不能完成六面封，因此不能防潮，如图6-15所示。

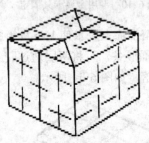
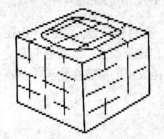

图6-14　收缩薄膜加固　　　　　　图6-15　拉伸薄膜加固

3. 集合包装与物流标准化

进入物流领域流动的商品不外乎三种形式：零星货物、散装货物和集装货物。前两种货物在物流"节点"上，例如换载、装卸时，都必然发生组合数量及包装形式的变化，要在这些"节点"上实现操作及处理的标准化比较困难。而集装货物在物流过程中始终都是以一个集装体为基本单位，其包装形态在装卸、输送及储存的各个阶段都基本上不会发生变化，在"节点"上容易实现标准化的处理。因此，采用集装单元化技术，把商品的包装、储存、装卸搬运和输送等环节作为一个整体——物流系统进行考虑，是实现物流标准化的途径。

通过对国内外物流现状的调查和物流发展趋势的预测得出，集装形式是未来物流的主导形式，散装只在某些专用领域有发展，而零星货物一部分可向集装靠拢，另一部分还会保持其多样化的形态而存在。因此，集装系统使物流全过程贯通而形成体系，是保持物流各环节使用的设备、装置及机械之间整体性及配合性的核心。所以，集装系统是使物流过程连贯而建立标准化体系的基点。

以集装系统为物流标准化的基点，其作用即以此为准来解决各个环节之间的配合性问题，包括如下各种配合性：

1）集装与生产企业最后工序——包装环节的配合性。

2）集装与装卸机具、装卸场所的配合性。

3）集装与仓库的搬运机械、保管设施、仓库建筑的配合性。

4）集装与保管条件、工具、操作方式的配合性。

5）集装与运输设备、设施的配合性。

6）集装与末端物流的配合性。

7）集装与国际物流的配合性。

6.2.4　其他包装技术

1. 防破损包装技术

缓冲包装有较强的防破损能力，因而是防破损包装技术中有效的一类。此外还可以采取以下几种防破损保护技术。

（1）捆扎及裹紧技术

捆扎及裹紧技术的作用是使杂货、散货形成一个牢固整体，以增加整体性，便于处理及防止散堆而减少的破损。

（2）集装技术

利用集装技术，减少与货体的接触，从而防止破损。

（3）选择高强保护材料

通过外包装材料的高强度来防止内装物受外力作用破损。

2. 防锈包装技术

（1）防锈油防锈蚀包装技术

如果使金属表面与引起大气锈蚀的各种因素隔绝（即将金属表面保护起来），就可以达到防止金属大气锈蚀的目的。防锈油防锈蚀包装技术就是根据这一原理将金属涂封防止锈蚀的。用防锈油封装金属制品，要求油层要有一定厚度，油层的连续性好，涂层完整。不同类型的防锈油要采用不同的方法进行涂敷。

（2）气相防锈包装技术

气相防锈包装技术就是用气相缓蚀剂（挥发性缓蚀剂）在密封包装容器中对金属制品进行防锈处理的技术。气相缓蚀剂是一种能减慢或完全停止金属在侵蚀性介质中的破坏过程的物质，它在常温下即具有挥发性，它在密封包装容器中，在很短的时间内挥发或升华出的缓蚀气体就能充满整个包装容器内的每个角落和缝隙，同时吸附在金属制品的表面上，从而起到抑制大气对金属锈蚀的作用。

3. 防霉腐包装技术

在运输包装内装运食品和其他有机碳水化合物货物时，货物表面可能生长霉菌，在流通过程中如遇潮湿，霉菌生长繁殖极快，甚至延伸至货物内部，使其腐烂、发霉、变质，因此要采取特别防护措施。防霉烂变质的包装措施，通常是采用冷冻包装、真空包装或高温灭菌方法。

防止运输包装内货物发霉，还可使用防霉剂。防霉剂的种类甚多，用于食品的必须选用无毒防霉剂。

机电产品的大型封闭箱，可酌情开设通风孔或通风窗等相应的防霉措施。

4．防虫包装技术

防虫包装技术，常用的是驱虫剂，即在包装中放入有一定毒性和臭味的药物，利用药物在包装中挥发气体杀灭和驱除各种害虫。常用驱虫剂有苯、对位二氯化苯、樟脑精等。也可采用真空包装、充气包装、脱氧包装等技术，使害虫无生存环境，从而防止虫害。

5．危险品包装技术

危险品有上千种，交通运输及公安消防部门按其危险性质将其分为十大类，即爆炸性物品、氧化剂、压缩气体和液化气体、自燃物品、遇水燃烧物品、易燃液体、易燃固体、毒害品、腐蚀性物品、放射性物品，有些物品同时具有两种以上危险性能。

对有毒商品的包装要明显标明有毒标志。防毒的主要措施是包装严密不漏、不透气。对有腐蚀性的商品，要注意商品和包装容器的材质发生化学变化。金属类的包装容器，要在容器壁涂上涂料，防止腐蚀性商品对容器的腐蚀。对黄磷等易自燃商品的包装，宜将其装入壁厚不少于 1mm 的铁桶中，桶内壁须涂耐酸保护层，桶内盛水，并使水面浸没商品，桶口严密封闭，每桶净重不超过 50kg。

再如遇水会引起燃烧的物品，如碳化钙，遇水即分解并产生易燃乙炔气，对其应用坚固的铁桶包装，桶内充入氮气。如果桶内不充氮气，则应装置放气活塞。

对于易燃、易爆商品，如有强烈氧化性的，遇有微量不纯物或受热即急剧分解引起爆炸的产品，防爆炸包装的有效方法是采用塑料桶包装，然后将塑料桶装入铁桶或木箱中，每件净重不超过 50kg，并应有自动放气的安全阀，当桶内达到一定气体压力时，能自动放气。

6．特种包装技术

（1）充气包装

充气包装是采用二氧化碳气体或氮气等不活泼气体置换包装容器中空气的一种包装技术方法，因此也称为气体置换包装。这种包装方法是根据好氧性微生物需氧代谢的特性，在密封的包装容器中改变气体的组成成分，降低氧气的浓度，抑制微生物的生理活动、酶的活性和鲜活商品的呼吸强度，达到防霉、防腐和保鲜的目的。

（2）真空包装

真空包装是将物品装入气密性容器后，在容器封口之前抽真空，使密封后的容器内基本没有空气的一种包装方法。一般的肉类商品、谷物加工商品以及某些容易氧化变质的商品都可以采用真空包装。

（3）收缩包装

收缩包装就是用收缩薄膜裹包物品（或内包装件），然后对薄膜进行适当加热处理，使薄膜收缩而紧贴于物品（或内包装件）的包装技术方法。

收缩薄膜是一种经过特殊拉伸和冷却处理的聚乙烯薄膜，由于薄膜在定向拉伸时产生残余收缩应力，这种应力遇到一定热量后便会消除，从而使其横向和纵向均发生急剧收缩，同时使薄膜的厚度增加，收缩率通常为 30%～70%，收缩力在冷却阶段达到最大值，并能长期保持。

（4）拉伸包装

拉伸包装是 20 世纪 70 年代开始采用的一种包装技术，它是由收缩包装发展而来的。拉伸包装是依靠机械装置在常温下将弹性薄膜围绕被包装件拉伸、紧裹，并在其末端进行封合的一种包装方法。由于拉伸包装不需要进行加热，因此消耗的能源只有收缩包装的 1/20。拉伸包装可以捆包单件物品，也可用于托盘包装之类的集合包装。

（5）脱氧包装

脱氧包装是继真空包装和充气包装之后出现的一种新型除氧包装方法。脱氧包装是在密封的包装容器中，使用能与氧气起化学作用的脱氧剂与之反应，从而除去包装容器中的氧气，以达到保护内装物的目的。脱氧包装方法适用于某些对氧气特别敏感的物品，适用于那些即使有微量氧气也会促使品质变坏的食品包装中。

6.2.5 包装的设计及其合理化

1．包装的设计

为货物设计包装时，必须了解货物本身的特性，以及运输和存储环境条件，并从以下几方面进行考虑：

1）保护性：包装是否能够达到货物的保护要求。

2）装卸性：货物在运输工具上装卸及仓库中存取是否方便、高效。

3）作业性：对货物的包装作业是否简单、容易操作。

4）便利性：货物开包是否方便，包装物处理是否容易。

5）标志性：包装物内物品的有关信息（如品名、数量、重量、装运方法、保管条件等）是否清楚。

6）经济性：包装费用是否恰当。深入了解产品因素和物流因素是进行合理包装的重要前提，否则就无法进一步确定保护等级要求和进一步选择包装材料、容器、技法、标志等。

2．包装的合理化

包装的合理化，就是要做到在合理地保护产品安全的基础上，尽量降低包装成本和减少物流费用。这一问题实质上是保持包装各种功能之间的综合平衡。

1）包装轻薄化。由于物流包装只是起保护作用，对产品使用价值没有任何意义，因此在强度、寿命、成本相同的条件下，采用更轻、更薄、更短、更小的包装，可以提高装卸搬运的效率。而且轻薄短小的包装一般价格比较低，如果用作一次性包装还可以减少废弃包装材料的数量。

2）包装单纯化。为了提高包装作业的效率，包装材料及规格应力求单纯化，包装形状和种类也应单纯化。

3）包装标准化。包装的规格和托盘、集装箱关系密切，应考虑到和运输车辆、搬运机械的匹配，从系统的观点制定包装的尺寸标准。

4）包装机械化。为了提高作业效率和包装现代化水平，各种包装机械的开发和应用很重要。

5）包装绿色化。绿色包装是指无害、少污染的符合环保要求的各类包装物品，主要包括纸包装、可降解塑料包装、生物包装和可食用包装等。它是包装合理化的发展主流。

6.3 流通加工

6.3.1 流通加工的内涵

按照国家标准《物流术语》（GB/T 18354—2006），流通加工（Distribution Processing）是指物品在从生产地到使用地的过程中，根据需要施加的简单作业活动（如包装、分割、计量、分拣、刷标志、拴标签、组装等）的总称。

流通加工与一般生产型加工在加工方法、加工组织和生产管理方面并无显著区别，但在加工对象和加工程度方面差别较大，具体表现在以下几个方面，如表 6-2 所示。

表 6-2　流通加工和生产加工的区别

项　目	生 产 加 工	流 通 加 工
加工对象	原材料、零配件、半成品	进入流通过程的产品
所处环节	生产过程	流通过程
加工程度	完成大部分、复杂的加工	简单的、辅助性的补充加工
附加价值	创造价值和使用价值	完善其使用价值并提高价值
加工单位	生产企业	流通企业
加工目的	交换、消费	消费、流通

1）从加工对象看，流通加工的对象是进入流通过程的商品，具有商品的属性。而生产加

工的对象不是最终产品，而是原材料、零配件或半成品，并使物品发生物理或者化学变化。

2）从所处环节看，生产加工是在生产过程中进行的，而流通加工则处于流通过程。

3）从加工程度看，流通加工大多是简单加工，而不是复杂加工，是为更好地满足需求对生产加工环节的一种补充，绝不是对生产加工的取消或代替。

4）从价值观点看，生产加工的目的在于创造价值及使用价值，以满足消费者的需求，而流通加工的目的则在于完善商品的使用价值，多数是在对商品不做大的改变的情况下提高商品的价值。

5）从加工责任人看，流通加工是从事物流活动并能密切结合流通需要的物流经营者组织的加工活动，如商业企业、物资企业、运输企业等所做的流通加工作业。而生产加工则由生产企业完成。

6）从加工目的看，商品生产是为交换、消费而进行的生产，而流通加工的一个重要目的是消费（或再生产），这一点与商品生产有共通之处。但是流通加工有时也以自身流通为目的，纯粹是为流通创造条件，创造价值及使用价值，而流通加工则是完善其使用价值。

【案例6-3】 阿迪达斯的流通加工

阿迪达斯公司在美国有一家组合式鞋店，摆放着不是做好了的鞋，而是做鞋用的半成品，款式花色多样，有 6 种鞋跟、8 种鞋底，均为塑料制造的，鞋面的颜色以黑、白为主，搭带的颜色有 80 种，款式有百余种，顾客进来可任意挑选自己所喜欢的各个部位，交给店员当场组合。只要 10 分钟，一双崭新的鞋便唾手可得。这家鞋店昼夜营业，店员技术熟练，鞋子的售价与成批制造的价格差不多，有的还稍便宜些。所以顾客络绎不绝，销售金额比邻近的鞋店高 10 倍。

（资料来源：钱廷仙.现代物流管理［M］.南京：东南大学出版社，2003.）

6.3.2 流通加工的类型

为了充分体现流通加工对物流服务功能的增强，流通加工可以分为以下 8 种。

（1）为弥补生产领域加工不足的深加工

有许多产品在生产领域只能加工到一定程度，这是由于存在许多限制因素限制了生产领域不能完全实现终极的加工。这种流通加工实际上是生产的延续，是生产加工的深化，对弥补生产领域加工不足有重要意义。

（2）为满足需求多样化进行的服务性加工

从需求角度看，需求存在着多样化和多变化两个特点，为满足这种要求，经常是用户自己设置加工环节。例如，生产消费型用户的再生产往往从原材料初级处理开始。就用户来讲，现代生产的要求，是生产型用户能尽量减少流程，尽量集中力量从事较复杂的技术性较强的劳动，而不愿意将大量初级加工包揽下来。这种初级加工带有服务性，由流通加工来完成，生产型用户便可以缩短自己的生产流程，使生产技术密集程度提高。

（3）为保护产品所进行的加工

在物流过程中，直到用户投入使用前都存在对产品的保护问题，防止产品在运输、储存、装卸、搬运、包装等过程中遭到损失，使使用价值能顺利实现。和前两种加工不同，这种加工并不改变进入流通领域的"物"的外形及性质，主要采取稳固、改装、冷冻、保鲜、涂油等方式实现对产品的保护。

（4）为提高物流效率，方便物流的加工

有一些产品本身的形态使之难以进行物流操作。如鲜鱼的装卸、储存操作困难；过大设备搬运、装卸困难；气体物运输、装卸困难等。对它们进行流通加工，可以使物流各环节易于操作。这种加工往往改变货物的物理状态，但并不改变其化学特性，且最终仍能恢复原物理状态。

（5）为促进销售的流通加工

流通加工可以从若干方面起到促进销售的作用。如将过大包装或散装物分装成适合一次销售的小包装的分装加工；将以保护产品为主的原运输包装改换成以促进销售为主的装潢性包装，以起到吸引消费者、指导消费的作用；将零配件组装成用具、车辆以便于直接销售；将蔬菜、肉类洗净切块以满足消费者要求等。

（6）为提高加工效率的流通加工

许多生产企业的初级加工由于数量有限，加工效率不高，难以投入先进科学技术。流通加工以集中加工形式，解决了单个企业加工效率不高的弊病。以一家流通加工企业代替了若干生产企业的初级加工工序，促使生产水平进一步发展。

（7）为提高原材料利用率的流通加工

流通加工利用其综合性强、用户多的特点，可以实行合理规划、合理套裁、集中下料的办法，这就能有效提高原材料利用率，减少损失浪费。

（8）衔接不同运输方式，使物流合理化的流通加工

在干线运输及支线运输的节点，设置流通加工环节，可以有效解决大批量、低成本、长距离的干线运输与多品种、少批量、多批次末端运输和集货运输之间的衔接问题，在流通加工点与大生产企业间形成大批量、定点运输的渠道，又以流通加工中心为核心，组织对多用户的配送，也可在流通加工点将运输包装转换为销售包装，从而有效衔接不同目的的运输方式。

6.3.3　流通加工的作用

流通加工的作用可以归结为以下几个方面。

1．提高原材料利用率

通过流通加工进行集中下料，将生产厂商直接运来的简单规格产品，按用户的要求进行下料。例如，将钢板进行剪板、裁切，钢筋或圆钢裁制成毛坯，木材加工成各种长度及大小的板、方等。集中下料可以优材优用、小材大用、合理套裁，有很好的技术经济效果。北京、济南、丹东等城市对平板玻璃进行流通加工（集中裁制、开片供应），玻璃利用率从60%左右提高到85%～95%。

2．进行初级加工，方便用户

用量小或满足临时需要的用户，不具备进行高效率初级加工的能力，通过流通加工可以使用户省去进行初级加工的投资、设备、人力，方便了用户。目前发展较快的初级加工有将水泥加工成生混凝土，将原木或板、方材加工成门窗，钢板预处理、整理等加工。

3．提高加工效率及设备利用率

在分散加工的情况下，加工设备由于生产周期和生产节奏的限制，设备利用时松时紧，使得加工过程不均衡，设备加工能力不能得到充分发挥。而流通加工面向全社会，加工数量

大，加工范围广，加工任务多。这样可以通过建立集中加工点，采用一些效率高、技术先进、加工量大的专门机具和设备，一方面提高了加工效率和加工质量，另一方面还提高了设备利用率。

4．充分利用各种输送手段的最高效率

流通加工环节将实物的流通分成两个阶段。一般说来，由于流通加工环节设置在消费地，因此，从生产厂家到流通加工的第一阶段输送距离较长，而从流通加工到消费环节的第二阶段距离较短。第一阶段是在数量有限的生产厂家与流通加工点之间进行定点、直达、大批量的远距离输送，因此可以采用船舶、火车等大量输送的运输手段；第二阶段则是利用汽车和其他小型车辆来输送经过流通加工后的多规格、小批量、多用户的产品。这样可以充分利用各种输送手段的最高效率，加快输送速度，节省运力运费。

5．创造附加值，提高收益

在流通过程中一些改变产品某些功能的简单加工，还可以促进产品的销售。例如，许多制成品（如洋娃娃玩具、时装、工艺美术品等）在深圳进行简单的加工，改变了产品外观，仅此一项就能使产品售价提高 20%以上。因此，在物流领域中，流通加工可以成为提高产品附加价值的活动。这种高附加价值的形成，主要着眼于满足用户需要、提高服务功能。

6.3.4 不合理流通加工形式

不合理的流通加工的形式主要有以下几种。

（1）流通加工地点设置得不合理

流通加工地点的设置（即布局状况）是能否使整个流通加工有效的重要因素。一般而言，为了方便消费，即为衔接单品种大批量生产与多样化需求的流通加工，加工地点设置在需求地区，才能实现大批量的干线运输与多品种末端配送的物流优势。相反，如果是为了方便物流的流通加工环节，应设在产出地，设置在进入社会物流之前，如果将其设置在物流之后，即设置在消费地，则不但不能解决物流问题，反而又在流通中增加了一个中转环节，因而也是不合理的。

即使在产地或需求地设置流通加工的选择是正确的，也还有流通加工在小地域范围的正确选址问题，如果处理不善，仍然会出现不合理现象。这种不合理主要表现在交通不便，流通加工与生产企业或用户之间距离较远，流通加工点的投资过高（如受选址的地价影响），加工点周围社会、环境条件不良等。

（2）流通加工方式选择不当

流通加工方式包括流通加工对象、流通加工工艺、流通加工技术、流通加工程度等。流通加工方式的确定实际上是与生产加工的合理分工。分工不合理是指，本来应由生产加工完成的，却错误地由流通加工完成，本来应由流通加工完成的，却错误地由生产过程去完成，都会造成不合理性。

流通加工不是对生产加工的代替，而是一种补充和完善。所以，一般而言，如果工艺复杂，技术装备要求较高，或加工可以由生产过程延续或轻易解决者都不宜再设置流通加工，尤其不宜与生产过程争夺技术要求较高、效益较高的最终生产环节，更不宜利用一个时期市场的压迫力使生产者变成初级加工或前期加工，而由流通企业完成装配或最终形成产品的加工。如果流通加工方式选择不当，就会出现与生产夺利的恶果。

（3）流通加工作用不大，形成多余环节

有的流通加工过于简单，或对生产及消费者作用都不大，甚至有时流通加工的盲目性，同样未能解决品种、规格、质量、包装等问题，相反却增加了环节，这也是流通加工不合理的表现。

（4）流通加工成本过高，效益不好

流通加工之所以能够有生命力，其重要优势之一是有较大的产出投入比。如果流通加工成本过高，则不能实现以较低投入实现更高使用价值的目的。除了一些必需的、从政策要求即使亏损也应进行的加工外，都应看成是不合理的。

6.4 知识测评

1. 选择题（每题至少有一个正确答案）

（1）从包装功能的角度对其分类的话，可以分为以下哪几种包装？（　　）

    A. 工业包装　　　B. 商业包装　　　　　C. 外包装　　　　D. 外包装

（2）一般来说，商品包装的作用主要有哪几个方面？（　　）

    A. 保护商品　　　B. 促进销售　　　　　C. 方便物流　　　D. 方便物流

（3）防震包装主要有以下哪几种方法？（　　）

    A. 全面防震包装方法　　　　　　　　B. 部分防震包装方法

    C. 集装箱集合包装方法　　　　　　　D. 悬浮式防震包装方法

（4）采用二氧化碳气体或氮气等不活泼气体置换包装容器中空气的一种包装技术方法，被称为（　　）。

    A. 充气包装　　　B. 真空包装　　　　　C. 收缩包装　　　D. 脱氧包装

（5）包装的规格和托盘、集装箱关系密切，应考虑到和运输车辆、搬运机械的匹配，从系统的观点制定包装的尺寸标准，这属于包装的（　　）。

    A. 单纯化　　　B. 标准化　　　　　C. 机械化　　　D. 绿色化

2. 判断题（请在正确的论述后面打√，错误的论述后面打×）

（1）从加工对象看，生产加工的对象是进入流通过程的商品，具有商品的属性。

          （　　）

（2）充气包装是将物品装入气密性容器后，在容器封口之前抽真空，使密封后的容器内基本没有空气的一种包装方法。　　　　　　　　　　　　　　　　　　　　（　　）

（3）托盘集合包装是一类重要的集合包装，它在任何时候都处于可以转入运动的准备状态，使静态的货物转变为动态的货物。　　　　　　　　　　　　　　　　　　　（　　）

（4）流通加工不是对生产加工的代替，而是一种补充和完善。　　　　　　　（　　）

（5）瓦楞纸箱是运输包装容器，其主要功能是美观好看。　　　　　　　　　（　　）

6.5 案例分析：我国物流包装中存在的问题

1. 各类产品因包装不良导致巨大损失

在过去较长的一段时间内，我国各行业对运输包装技术不够重视，从而使得运输包装的质量出现过许多问题，并造成了大量的产品损坏和散失。据报道，我国每年因包装不善造成的经济损失一直在百亿元以上，其中80%的损失是因运输包装不当造成的。

例如，我国每年的粮食损失率平均达到年产量的14.8%，最低的也在8%以上，即每年最低损失100亿千克。其中，有些损失就是由麻袋质量不好、质量过重及装卸不当等原因造成的，且这项损失很惊人。如某省调运粮食部门经统计发现，调运过程中因包装不善造成的撒漏率曾高达48.6%，经采取一系列改进措施才降至3.5%。

我国年生产480万吨包装用玻璃瓶，加上玻璃器皿，年共生产522万吨玻璃制品。但由于玻璃制品包装的方式较原始，玻璃瓶往往不加防护就装入麻袋，所以极易造成玻璃物件的毁损。据统计，仅此一项每年约损失80万吨玻璃制品，这相当于投资16亿元所建工厂的全年生产总量。

我国自行车年产量达4000万辆，出口850万辆。尽管10多年来其包装有了很大的改进，但还是常出现磕碰损伤，从而引起消费者的不满，并造成了一定的经济损失。

耐火材料在运输过程中因包装原因造成的损失每年也在4亿元以上。

2. 物流包装的传统运营模式存在弊端

我国物流包装的传统运营模式存在的弊端主要表现在服务模式与供应链环境不协调、物流效率低、包装原材料成本高和环境污染严重几个方面。

（1）服务模式与供应链环境不协调

为了适应越来越短的供应链生产提前期，物流包装企业应该与供应链实现无缝连接，但是当前的包装企业大多仍按照传统的"交货——使用——回收——加工——再利用"的服务模式和供应链与物流企业进行合作，并未深入到供应链中去。因而，导致往返作业多、交货期滞后、流转效率低等问题。

（2）物流效率低

按传统习惯，上游供应商和下游客户群常常会针对不同的产品使用不同规格的包装。这样，每个物流环节都会产生大量的包装废弃物。在缺乏有效回收流程体系的情况下，必然使得运输、堆垛、存储等流通环节中的作业量增加，以及空间、设备、时间和人力资源的占用，从而降低物流业的运作效率。

（3）包装原材料成本高

由于近年来全球原材料供求关系的变迁，导致原材料成本不断增大，所以带来物流包装业的成本及整个供应链的成本不断上升。如何降低整个供应链上的物流包装成本已成为包装企业提升自身竞争力所面临的重要课题。

（4）环境污染严重

按照目前物流包装企业的运营模式，每个服务环节的包装物都需要回收并再度加工。再加工过程中，不仅加工量很大，而且不可避免地产生很多"三废"，从而对环境造成污染。

3. 物流与包装的标准化衔接不好

物流包装的标准化是个大问题。包装标准中关于各种包装标志、包装所用材料规格、质量、技术规范与要求、包装检验方法等的规定并不是孤立的，而应是在整个物流供应链中都要考虑和实施的。各种运输方式之间装备标准的不统一、物流器具标准的不配套、行业规范的非标准化等均会导致物流企业的无效作业增多、物流速度降低、物流事故增加、物流成本上升、服务质量落后，这已严重影响了我国物流企业的效益和市场竞争力。

4. 包装引发的国际商务纠纷多

国际贸易中，因货物包装问题而造成的损失较大，从而导致国际商务纠纷频频发生。

（1）使用的包装材料违反进口国法规

若使用的包装材料违反进口国的有关规定，则会导致货物在入关时被查扣。如绝大多数国家不允许使用稻草做包装捆扎与衬垫材料的货物进入；许多国家规定，为避免病虫害的传播，以木、竹、藤、柳等为原材料的进口包装物必须经过熏蒸处理，并附权威证明书，而未经熏蒸处理的包装物不能进入；大多数国家禁止使用旧报纸、旧棉花、旧棉布作商品内部充填物或包装缓冲材料。

（2）脆弱易碎商品的包装不够坚固

我国每年因包装保护不良导致进出口贸易商品在运输流通途中破碎损坏而引起索赔的案例很多。其原因除了运输流通途中出现意外和装运方法粗暴、违规等，还在于包装容器结构设计和使用不合理，内部缓冲衬垫设计和使用不科学等方面。

（3）贵重商品包装过于简易或封缄不严

有些贵重的出口商品因包装简陋或封缄不严而受损或丢失，从而引发商务纠纷。造成物品受损或丢失的具体情况有包装纸箱封缄处开裂、捆扎带宽松、受压后包装变形、缺少包装封缄的原封专用标记、无防偷换措施（即打开后可重新封合而不留痕迹）等。此类商品门类众多，包括丝绸、服装、抽纱品、文体用品、玩具、工艺礼品、精密仪器、工艺瓷器、钟表等。

（4）危险品包装容器结构薄弱与密封不良

具有易燃、易爆、放射性等潜在危险的产品在储藏运输过程中需要密封包装，不然会因物品的渗漏溢出而发生燃烧、爆炸、污染等危害环境与人身的严重后果。这类产品主要有电石、铝银粉、油漆、有机溶剂、冰醋酸等。过去几年里，我国发生过几十次因危险品出口包装不合格引起事故而引发的纠纷问题。

（5）包装规格与容量不适当

我国某些商品的包装不按国际贸易惯例的要求执行，不严格遵照客户要求操作或因包装容量规格的设置划分不当，有些商品包装体积过于巨大或过于笨重，从而导致进口方拒收，因此引发商务纠纷。

（6）包装设计违反进口国宗教与风俗习惯

一些商品包装的图文标贴设计未能充分尊重进口国的宗教文化、风俗习惯，这也是引起国际商务纠纷的常见原因之一。

（资料来源：金国斌. 中国物流包装中存在的问题与发展策略探讨［J］. 包装学报，2001（2）. 有改动）

问题：

1. 我国物流包装存在哪些问题？
2. 包装不合理可能会带来哪些影响？

第7章　搬运装卸与运输管理

每一位联邦快递人每天都应该做到"不计代价，使命必达"。

——联邦快递的员工理念

引例：机器人成物流仓库"搬运工"

不久前，上百台机器人在菜鸟网络广东惠阳智慧仓工作的场景，让众网友惊讶不已。

当用户的订单下达，形同"扫地机器人"的 AGV 搬运机器人便开始忙碌了。在接到指令后，它们会自动前往相应的货架，将货架顶起，随后将货架拉到拣货员面前。别看它们的身形小，每一台机器人能顶起的重量可达到 250kg，同时还能灵活旋转，让四面货架均可存货。此外上百台机器人一起工作，不仅不会碰撞打架，反而能相互识别、相互礼让，现场井然有序。工作"累了"的机器人，还能自动归巢充电，让人忍俊不禁。

这些机器人不仅很萌，与拣货员搭配干活的工作效率也十分惊人，一小时的拣货数量比传统拣货员多了三倍还不止。菜鸟网络物流专家游育泉表示，菜鸟网络与合作伙伴将会在天猫的一系列仓库内复制惠阳模式，机器人陆续上岗后，预计今年消费者在天猫购物的收货时间还将进一步缩短。

此前亮相的申通"小黄人分拣战队"同样火遍网络，在大工作平台上，密密麻麻的分拣机器人与工人配合默契，排队接任务、有序"穿梭"、找到自己的"坑"、把货物投进去……不仅"萌萌哒"，而且每小时处理包裹可达 2 万单，可以减少日常 70%的仓内作业人员。

事实上，仓库服务机器人正在成为物流业的新宠，不断在各家仓库分拣、搬运、堆垛等工作岗位上"发光发热"，而这也使许多快递承诺"一日达"有了足够的底气。

（资料来源：中国物流与采购网，有改动）

机器人只是搬运装卸设备的典型代表，除了机器人，还有哪些搬运装卸设备得以广泛应用呢？

7.1　搬运与装卸

7.1.1　搬运和装卸的概念与特点

为了衔接储存和运输等物流作业，需要将商品从载体上卸下，或者从发货地装上载体，有时还需要进行很短距离的搬运作业。

搬运（Handing/Carrying）是指在同一场所内，以对物品进行水平移动为主的物流作业。搬运的主要内容是移动，而且是发生在一定范围内的短距离移动。物流系统的各节点上和节点之间都必须进行物料搬运，如运输、仓储等都要有搬运作业的配合才能进行，物料搬运是随运输和保管等活动而产生的必要活动，是物料运动的不同阶段之间相互转换的桥梁。

装卸（Loading and Unloading）指物品在指定地点以人力或机械装入运输设备或卸下。为了提高装卸效率，一方面不断采用先进的装卸设备，另一方面不断进行装卸方式的创新。例如，单元装卸（Unit Loading and Unloading）是指用托盘、容器或包装物将小件或散装物品集成一定重量或体积的组合件，以便利用机械进行作业的装卸方式，它是装卸方式的改进。

搬运与装卸具有伴生附属性。搬运与装卸是每一项物流活动开始、结束时必然发生的活动，是存在于物流各环节中必不可少的一部分。

搬运与装卸具有衔接过渡性。搬运与装卸在一定程度上会影响物流活动的效率与质量，任何物流活动间相互过渡时都需要搬运与装卸来衔接。

搬运与装卸具有支撑保障性。物流活动中附属的搬运装卸只有在操作得当、衔接有效时才能实现高水平的物流运转，形成有效的物流系统。

7.1.2 搬运装卸设备

物料搬运设备可分为机械化设备、半自动化设备、自动化设备和信息引导设备。在机械化系统中，人员和搬运设备结合在一起，方便收货入库、存货作业和出运，但人工成本占总成本的比重较高。自动化系统通过对自动化设备的投资而最大限度地减少人员数量。如果分选、搬运作业使用自动化设备而其余的搬运使用机械化设备，这样的系统就属于半自动化系统。信息引导系统是使用计算机在最大范围内控制机械化搬运设备。机械化搬运系统是使用最普遍的系统，半自动化系统和自动化系统的应用正在快速增长。

1. 机械化系统

机械化系统所利用的搬运设备范围很广，最常用的设备主要有叉车、步行码垛车、拖缆、牵引车挂车、输送机以及回转货架等。

（1）叉车

叉车（Forklift Truck）是指具有各种叉具，能够对货物进行升降和移动以及装卸作业的搬运车辆。叉车是一种用于搬运托盘货物的具有代表性的搬运设备，是在物流现场使用最多的具有装卸、搬运双重功能的机具。它具有操作灵活、机动性强、转弯半径小、结构紧凑、成本低廉等特点，可用于物料的搬运、堆垛和短距离运输。叉车一般都与托盘配合使用，是现有的物料搬运设备中最流行、最普遍的一种。

特别值得注意的是，近些年来，由于希望提高货仓库垛密度和总库存容量，因此，出现了越来越多能在窄通道内操作的叉车。高垛叉车（High-stacking Trucks）可以垂直升降移动至垛高 40ft（1ft=0.3048m），从事从侧面叉取无货板承载货物的操作。物流仓库中也有能够在 56in（1in=0.0254m）的窄通道里操作的叉车。

（2）输送机

输送机（Conveyor）是连续搬运货物的机械，被广泛用于收货入库和出运货物作业，以及被用来作为挑拣系统的基本设备。

根据用途和所处理货物形状的不同，输送机可分为带式输送机、辊子输送机、链式输送机、重力式辊子输送机、伸缩式辊子输送机、振动输送机和液体输送机等。此外，还有移动式输送机和固定式输送机，重力式转送机和电驱动式输送机等多种划分方法。

输送机是物料搬运设备中非常普遍的一种，是机械化的配送中心和仓库常用的一种设备。由于连续输送机的特点是在工作时连续不断地向同一方向输送散料或重量不大的单件物品，搬运中不需要停机，因此能降低搬运成本、提高劳动生产率。又因为输送机运输路线确定，只有在重新安装时才会发生改变，因而易于规划统筹，作业稳定。

（3）起重机

起重机（Crane）是在采用输送机之前曾被广泛使用的具有代表性的一种搬运机械。它是指将货物吊起、在一定范围内作水平移动的机械。

起重机按其构造或形状可分为天车、悬臂起重机、桥形起重机、集装箱起重机、巷道堆垛机或库内理货机、汽车起重机、龙门起重机等各种悬臂（转臂）式起重机。在仓库中使用的起重机主要有两种类型：桥式起重机和悬臂起重机。桥式起重机的优点在于能高效、迅速地举起很重的货物。在物资供应仓库中，由于移动储存和装载的主要是重工业产品，因此，桥式起重机应用更为普遍。而悬臂式起重机能有效利用空间并实现自动化，所以在物资分配仓库中利用较多，并与复杂的货架系统联合使用。

2. 半自动化系统

半自动化系统是使用一些专门的自动化搬运设备对机械化系统进行补充的搬运系统。因此，半自动化仓库既有机械化搬运设备，又有自动化搬运设备。典型的半自动化设备有自动导引车（即无人搬运车系统）、自动分拣系统、机器人以及不同形式的活动货架。

（1）自动导引车

自动导引车（Automatic Guided Vehicle）是能够自动行驶到指定地点的无轨搬运车辆。它是连接取货、存储、制造和装运的纽带。自动导引车的优点是简单，运行成本低，可用于搬运原材料和产成品等货物，具备机动工作站以及与其他物流搬运系统连接的能力。

典型的自动导引车设备依赖于光导和磁导系统。新的自动导引车使用图像和信息技术而无需固定的轨道。随着物流技术的进一步发展，现代的自动导引车更简单，更灵活。

（2）自动分拣系统

自动分拣系统（Automatic Sorting System，ASS），是第二次世界大战后在美国、日本的配送中心广泛采用的一种自动化作业系统。该系统目前已成为发达国家大中型配送中心不可缺少的一部分。自动分拣系统一般由控制装置、分类装置、输送装置及分类道口组成。它具有能连续大批量地分拣货物，分拣误差率低，速度快、分拣作业基本实现无人化等优点。

因为当商品在仓库中分选和输送时，它们必须被分拣到专门的出货区，以备出运，所以自动化的分拣设备通常与输送机配合使用。自动化分拣系统要求货物的包装箱必须有识别代码，以供扫描设备识别。然后，货物可自动地按一定路线运行到指定位置。为了适应不断变化的需要，搬运人员可通过编程来控制货物流量。但该系统一次性投资巨大，对商品外包装要求高，而且需要大量的业务支持。

（3）机器人

机器人（Automation）是一种通过大量的信息系统编程使之能完成一个动作或一系列类似人的动作的机械。机器人的使用有利于降低成本，而且能显著提高产品的标准和质量。在20世纪80年代初期，机器人代替人工被广泛地应用于自动化工业中。

在仓库中使用机器人的主要用途是将货物分门别类并组成单位载荷。在分门别类作业中，机器人被用来识别垛形，并把指定位置的货物放到输送机的皮带上。使用机器人的另一个主要用途，是用机器人发挥人无法发挥的作用，如机器人可以在高噪音或冷藏库等这种极端条件下工作。

机器人还可在机械化仓库中发挥挑选作用，它是传统人工作业的一个极好的替代物，除了具备速度和准确性外，还具备一定的人工智能。

3. 自动化搬运系统

自动化搬运的概念已出现了很久，但自动化搬运实施的时间并不长。自动化搬运开始实施时，主要用在纸箱的拣选上。目前自动化搬运已经转向高层仓库自动化存取系统。

自动化存取系统是第二次世界大战后随着后勤技术与信息技术的发展而出现的一种新的现代化仓库设备系统，具有大量储存、自动存取的功能。一般，自动存取系统的货架高度在15m 左右，最高达 44m，拥有货位数可多达 30 万个，可储存 30 万个托盘，称为高层货架。自动存取系统的出入库及库内搬运作业全部实现由计算机控制的机电一体化（即自动化）。自动存取系统包括四个组成部分，即储存货架、存取设备（巷道机）、输入输出系统和控制系统。

自动存取系统除了能增加存储能力、实现自动存取、减少人力成本、提高储存效率等优点外，还可以通过计算机化的存储和取货系统对库存进行控制，使物料需求计划同生产过程紧密联系在一起，满足部件的及时运送，并准确反映当前库存量，使之对于灵活生产系统的需求和客户订货需求做出有效的快速反应，提高整个物流系统的反应能力和反应速度。

4. 信息引导系统

信息引导系统的概念是一个相对新的概念，它把自动化搬运控制与机械化系统的灵活性结合在一起。因此，这一系统是非常优越的。

信息引导系统运用了机械化搬运设备，多使用叉车。系统对仓库布局和设计的要求与机械化操作的设施是一样的，不同之处在于所有的叉车由计算机指导和监控。作业时，所有的搬运移动信息都被输入计算机，由计算机来分析搬运需求、安排设备，这样可以确保有效的移动和减少空载移动。叉车移动由安装在叉车上的终端来安排，计算机与叉车之间的通信则利用射频（RF）波来完成。信息引导搬运系统具有明显的优势，因为该系统在不需要大量投资的情况下，可获得自动化分选的益处，并提高生产率。该系统的主要缺点是工作安排的灵活性不够。在作业期间，专用叉车常会受到装卸运载工具、分拣作业等的影响。工作安排的范围广度使系统指导工作复杂化，并可能会降低绩效。

7.1.3 装卸作业合理化

日本物流界从工业工程的观点出发，总结出改善物流作业效率的"6 不改善法"，具体内容如下。

1. 不让等——闲置时间为零

"不让等"是指通过正确安排作业流程和作业量使作业人员和作业机械连续工作，不发生闲置现象。

2. 不让碰——与物品接触为零

"不让碰"是指通过利用机械化、自动化物流设备进行物流装卸、搬运、分拣等作业，使作业人员在从事物流装卸、搬运、分拣等作业时尽量不直接接触物品，以减轻劳动强度。

3．不让动——缩短移动距离和次数

"不让动"是指通过优化仓库内的物品放置位置和采用自动化搬运工具，减少物品和人员的移动距离和次数。

4．不让想——操作简便

"不让想"是指按照专业化（Specialization）、简单化（Simplification）和标准化（Standardization）原则进行分解作业活动和作业流程，并应用计算机等现代化手段，使物流作业的操作简便化。

5．不让找——整理整顿

"不让找"是指通过作业现场管理，使作业现场的工具和物品放置在一目了然的地方。

6．不让写——无纸化

"不让写"是指通过应用条形码技术、信息技术等，使作业记录自动化。如今，工业工程技术越来越重视研究作业环境和人的协调问题，设计一个工作人员工作舒适且作业效率高、经济性好的物流作业系统是工业工程研究的中心课题。

7.2　运输基础知识

在物流的几大功能中，运输是最重要的功能之一，它创造了空间价值和时间价值，是物流过程中最主要的增值活动。

7.2.1　运输与相关概念的关系

运输（Transportation）指用运输设备将物品从一个地点向另一个地点运送。其中包括集货、分配、搬运、中转、装入、卸下、分散等一系列操作。

1．运输与物流的联系与区别

运输是物流系统的基础功能之一。物流系统是通过运输来完成对客户所需的原材料、半成品和制成品的地理定位的。运输合理化是物流系统合理化的关键。两者的区别表现在以下四个方面。

（1）物流是超出运输范畴的系统化管理

物流的出发点是以生产和流通企业的利益为中心，运输只是物流管理控制的必要环节，处于从属地位。有物流必然有运输，而再完善的运输也远不是物流。

（2）物流不同于运输只注重实物的流动

物流还同时关注着信息流和增值流的同步联动。信息流不仅通过电子或纸质媒介反映产品的运送、收取，更重要的是反映市场做出的物流质量的评价。增值流是指物流所创造的形态效用（通过生产、制造或组装过程实现商品的增值）、地点效用（原材料、半成品或成品从供方到需方的位置转移）和时间效用（商品或服务在客户需要的时间准确地送到）。

（3）物流的管理观念比运输更先进

现代物流对用户追求高质量无极限的服务，即在服务过程中，凡是用户不满意的地方都需要改进完善，凡是用户嫌麻烦的事情都尽量不让用户做，一切以满足用户的需要为服务目标。因此，从服务理念上来说，物流也突破了运输的服务理念，再高质量的运输也不可能具备服务的延伸性，因而获取的回报附加值也远大于运输。

（4）物流比运输更重视先进技术的应用

因为现代物流追求的是服务质量的不断提高，物流系统综合功能的不断完善，总成本的不断降低和服务的网络化、规模化，因此，最先进的技术都会在物流中采用。

2．运输和搬运的关系

运输和搬运本质上都实现了位置的移动，但是，运输是较大范围内的活动，是在物流节点之间的转移，而搬运是在同一场所内的物流作业活动。

3．运输与包装的关系

物资的包装材料、包装规格、包装方法等都不同程度地影响运输。因为包装的外廓尺寸与承运车辆的内部尺寸成倍数关系时，车辆的容积才可以得到最充分的利用。

4．运输与装卸的关系

装卸是运输的影子，有运输活动发生就必然有装卸活动。一般一次运输伴随两次装卸活动，装卸质量将影响运输的质量，如装卸不好，在途中进行二次装卸将影响运输时间。装卸是各种运输方式的衔接手段。

5．运输和储存的关系

运输活动组织不利会延长物资在生产者仓库中的存放时间，同时也会使消费者的库存增加，因为运输组织不利会使消费者的安全库存数量增大。

7.2.2 运输的功能

一般来说，运输有两个基本功能：产品空间转移和短时间产品存放。

1．产品空间转移

通过运输，使产品从一个地方转移到另一个地方，可以延伸出以下功能。

（1）商品运输可以创造出商品的空间效用和时间效用

商品运输通过改变商品的地点或者位置所创造出的价值，称为商品的空间效用；商品运输使得商品能够在适当的时间到达消费者的手中，就产生了商品的时间效用。通过这两种效用的产生，才能够真正地满足消费者消费商品的需要。如果运输系统瘫痪，商品不能在指定的时间送到指定的地点，则消费者消费商品的需要就得不到满足，整个交易过程就不能得到实现。

（2）商品运输可以扩大商品的市场范围

在古老的市场交易过程中，商品只在本地进行销售，每个企业所面对的市场都是有限的。随着各种商品运输工具的发明，企业通过商品运输可以到很远的地方去进行销售，企业的市场范围可以大大地扩展，企业的发展机会也大大增加。随着电子商务这种先进的交易形式的发展，企业的市场范围随着网络的出现而产生了无限扩大的可能，任何有可能加入因特网的地方，都有可能成为企业的市场。为了真正地将这种可能变成现实，必须使企业的商品能够顺利地送达这个市场中，这就必须借助于商品运输过程。因此，商品运输可以帮助企业扩大它的市场范围，并给企业带来无限发展的机会。

（3）商品运输可以保证商品价格的稳定性

各个地区因为地理条件的不同，拥有的资源也各不相同。如果没有一个顺畅的商品运输体系，其他地区的商品就不能到达本地市场，那么，本地市场所需要的商品也就只能由本地来供应。正是因为这种资源的地域不平衡性，造成了商品供给的不平衡性。因此，在一年中，商品的价格可能会出现很大的波动。但是，如果拥有了一个顺畅的商品运输体系，那么，当本地市场的商品的供给不足时，外地的商品就能够通过这个运输体系进入本地市场，本地的过剩产品也能够通过这个体系运送到其他市场，从而保持供求的动态平衡和价格的稳定。

（4）商品运输能够促进社会分工的发展

随着社会的发展，为了实现真正意义的社会的高效率，需推动社会分工的发展，而对于商品的生产和销售来说，也有必要进行分工，以达到最高的效率。但是，当商品的生产和销售两大功能分开之后，如果没有一个高效的商品运输体系，那么，这两大功能都不能够实现。商品运输是商品生产和商品销售之间不可缺少的联系纽带，只有有了它，才能真正地实现生产和销售的分离，促进社会分工的发展。

2．短时间产品存放

从广义库存的概念讲，运输的过程本质上是处于动态库存状态。下面从另外一个角度理解运输的功能。

对产品进行临时存放是一个特殊的运输功能，这个功能在以往并没有被人们关注。将运输车辆临时作为相当昂贵的储存设施，这是因为转移中的产品需要储存但在短时间内（1～3天）又将重新转移，那么将该产品从车上卸下来和再装上车的成本可能高于存放在运输工具上支付的费用。

在仓库有限的时候，利用运输车辆存放也许是一种可行的选择。在本质上，利用运输车辆作为临时存储设施，它是移动的，而不是处于闲置的状态。因此，我们可以采取的一种方法是，将产品装到运输车辆上去，然后采用迂回线路或间接线路运往其目的地。采用迂回线路需要的转移时间将大于采用直接路线耗费的时间。当起始地或目的地仓库的储存能力受到限制时，这样做是合情合理甚至必要的。

7.2.3 运输的规模经济和距离经济

物流运输管理有两条重要的基本原则：规模经济与距离经济。

1．规模经济

规模经济的特点是随着装运规模的增长，单位重量的运输成本降低。例如，整车运输的每单位成本低于零担运输。就是说，诸如铁路和水路之类运输能力较大的运输工具，它每单位的运输费用要低于汽车和飞机等运输能力较小的运输工具的单位运输费用。运输规模经济的存在是因为与转移一批货物有关的固定费用可以按整批货物的重量分摊，同一批货物越重，就越能分摊费用。另外，通过规模物流运输还可以有运价的折扣，这样一来，企业的货物运输成本会下降很多。总之，货物的批量物流运输因规模经济的存在而变得更加合理。

2．距离经济

距离经济本质上也是规模经济，是相对于距离的规模经济，尤其体现在运输装卸费用上的分摊。

距离经济是指每单位距离的运输成本随距离的增加而减少。如 800km 的一次装运成本要低于 400km 的二次装运成本。运输的距离经济也指递减原理，因为费率或费用随距离的增加而减少。运输工具装卸所发生的固定费用必须分摊到每单位距离，所以距离越长，每单位支付的费用越低。因此，企业也可以通过利用距离经济的递减原理科学地进行物流运输管理，从而达到节省物流运输成本的效果。

7.2.4 运输方式分类与比较

按不同的标准，可以把运输方式分为多个类别。

1. 按运输的范围

（1）干线运输

这是利用铁路、公路的干线，大型船舶的固定航线进行的长距离、大数量的运输，这是进行远距离空间位置转移的重要运输形式。干线运输一般速度较同种工具的其他方式运输速度要快，成本也较低。干线运输是运输的主体。

（2）支线运输

这是与干线相接的分支线路上的运输。支线运输是干线运输与收、发货地点之间的补充性运输形式，路程较短，运输量相对较小。

（3）二次运输

这是一种补充性的运输形式，指的是干线、支线运输到站后，站与用户仓库或指定地点之间的运输。由于是单个单位的需要，所以运量也较小。

（4）厂内运输

指的是在大型工业企业范围内，直接为生产过程服务的运输。但小企业内的这种运输称之为"搬运"。从工具上讲，厂内运输一般使用卡车，而搬运则使用叉车、输送机等。

2. 按运输的协作程度

（1）一般运输

单个企业孤立地采用不同运输工具或同类运输工具而没有形成有机协作关系的为一般运输。

（2）联合运输（Combined Transport）

联合运输是指一次委托由两家以上运输企业或用两种以上运输方式共同将某一批物品运送到目的地的运输方式。

3. 运输中途是否换载

（1）直达运输（Through Transport）

直达运输是指物品由发运地到接收地，中途不需要换载和在储存场所停滞的一种运输方式。直达运输可避免中途换载所出现的运输速度减缓、货损增加、费用增加等一系列弊病，从而能缩短运输时间、加快车船周转、降低运输费用。

（2）中转运输（Transfer Transport）

中转运输是指物品由生产地运达最终使用地，中途经过一次以上落地并换装的一种运输方式。中转运输可以将干线运输和支线运输有效地衔接，可以化整为零或集零为整，从而方便用户、提高运输效率。

4. 按运输设备及运输工具不同

（1）铁路运输

铁路运输是一种重要的现代陆地运输方式，它是使用机动车牵引车辆，用以载运旅客和货物，从而实现人和物的位移的一种运输方式。在现代运输体系中，铁路运输占有非常重要的地位。

铁路运输的优点：

① 适应性强。铁路几乎可以在任何需要的地方修建，可以全天候运转，受限制少。

② 运输能力大。可以承运大宗货物。

③ 安全程度高。

④ 运送速度较快。

⑤ 运输成本低。

铁路运输的缺点：

① 灵活性差。

② 不能实现门到门运输。

③ 需要其他运输手段配合。

④ 投资高，建设周期长，一条干线要建设 5～10 年。

（2）公路运输

公路运输是指主要使用汽车在公路上进行客货运输的一种形式，主要承担近距离、小批量运输。近年我国的高速公路和高等级公路发展较快，公路运输的指标随着技术的发展逐步提高，但还跟不上经济的发展。

公路运输的优点：

① 机动灵活。

② 投资少、周转快。

③ 可实现门对门运输。

公路运输的缺点：

① 运输能力、距离有限，不适合大宗、长途运输。

② 受气候影响较大。

③ 运输能耗很高。

④ 物流运输成本较高。

（3）水路运输

水路运输是指使用船舶运送客货的一种运输方式。海上运输历史悠久，主要承担大数量、长距离运输。

水路运输的优点：

① 运输能力大。

② 运输成本低。

③ 水路运输通用性能好，既可运客亦可运货（尤其是大宗货物）。

水路运输的缺点：

① 航速低。

② 受自然条件限制较大，如河流分布、气候等。

③ 不能实现门到门运输。

④ 港口装卸费用高，故不适合短途运输。

（4）航空运输

航空运输是指使用飞机或者其他航空器进行运输的一种运输方式。主要设施包括飞行器、航空港和航管设施。

航空运输的优点：

① 运输速度快。速度为五种运输方式之首，且两点之间航空运输通常取最短路径，与各种地面运输方式存在距离差。

② 受地形条件限制小。在两点之间的空中飞行，无论高山、低谷都可以到达，只需修建两端点的飞机起降设施，而不需要在地面修建线路设施。

③ 航空运输服务质量高、安全可靠。各航空公司对航空飞行实行严格管理，有较好的服务保障措施。

受技术水平的限制，与其他方式相比较，航空运输也存在缺点：

① 运输成本高。由于飞机造价较高，燃油消耗量大，航空运输仍然是最昂贵的一种运输方式。

② 航空运输的载重量仍相当有限且技术要求严格，空运货物的体积和重量限制较多。

③ 有些货物禁用空运。

④ 受天气影响较大。恶劣天气可能造成飞机延误和偏航。

（5）管道运输

管道运输是随着石油的生产和运输而发展起来的一种特殊运输方式，设施包括管道线路、管道两端气泵站，货物直接在管道内进行运输。或者说，管道运输是一种集运输工具和运输线路于一身的运输方式。

管道运输的优点：

① 不受地面气候影响，可以全天候24小时、全年365天连续作业。

② 货物不需要包装。

③ 货物在管道内移动，货损率很低。

④ 单向运输，没有回空问题。

⑤ 耗用能源少，占地少，安全，公害少。

⑥ 经营管理相对简单。

⑦ 单位运营成本低，管道运营仅需气泵站的极少数维护人员，人工成本很低。

管道运输的缺点：

① 仅限于液体、气体和少数同质固体货物的运输而不能运输旅客及其他货物，可运输的对象过于单一，是一种专用的运输方式。

② 机动灵活性小，局限于固定的管道内运送货物，且为单向运输。

③ 管道建设的初期固定投资成本大，铺垫管道消耗金属也大。

④ 管道起输量与最高运输量间的幅度小，油田开发初期要配合其他运输方式过渡。

运输方式的运作特征包括：服务可靠性、输送速度、服务频率、服务可得性和处理货物能力五个方面。

（1）服务可靠性

运输服务的可靠性通常用与正常服务水平的偏差来衡量。运输装备的可靠性和一些不可控因素（如恶劣天气或自然灾害）常常是影响运输可靠性的因素，航空运输最易受这些因素的影响，而管道运输受影响最小。

（2）输送速度

由于存在着货币的时间价值和货物本身的易变性，速度是托运人关注的重要因素，同时它也是客户服务水平的重要体现。

（3）服务频率

服务频率是指在一个给定时间内在两地之间往返的次数。承运人提供的服务频率依赖于托运人在两地间的服务需求量。

（4）服务可得性

服务可得性是指在特定服务的地理区域内，各种运输方式的可接近性和可达性。联运有助于提高不同运输方式间的可得性。

（5）处理货物能力

处理货物能力是指处理异形、重质、易碎、液态、易燃、易爆、易腐或易受污染的货物的能力。

总之，不同运输方式各有其优缺点，其具体运作特征如表 7-1 所示。

表 7-1　不同运输方式运作特征对比表

项　　目	铁　　路	公　　路	水　　路	航　　空	管　　道
成　本	中	中	低	高	很低
速　度	快	快	慢	很快	很慢
频　率	高	很高	有限	高	连续
可靠性	很好	好	有限	好	很好
可用性	广泛	有限	很有限	有限	专业化
距　离	长	中、短	很长	很长	长
规　模	大	小	大	小	大
能　力	强	强	最强	弱	最弱

7.2.5　货物运输费用

1. 货物运费的概念及构成

货物运输费用是以补偿货物承运方从事货物运输过程中所耗费的社会必要劳动量所发生的费用。具体是指货物托运方托运货物所应支出的运费和杂费。

对承运方来说，运费主要包括固定费用、可变费用和损失性费用。

固定费用包括工资、办公费、房屋设备折旧费及其修理费、劳动保护费、保险费等。这些费用是承运方的经常性开支，不论生产设备是否动用，都要支付，在一定范围内，与货物运输量的增减无直接关系，故称固定费用。可变费用，如低值易耗品、燃料费、运输工具折旧费及修理费等。它们是随着货物运输量的增减而变化，故称可变费用。损失性费用是指在货物运输过程中所发生的损失性开支，如各种罚款、运输损失等。

对托运方来说，货物运费主要包括运费和杂费。

运费，即托运货物而开支各种车船等的费用，如铁路、公路、水路、航空等费用。杂费，是货物在运输过程中发生的装卸费、中转服务费、换装费等。

2．货物运费的计算

（1）货物运价规则

为了对各种货物按其不同的路程、不同的批量以及不同的运输条件计算运费，针对各种运输方式均制定出简单易行、合理的货物运价规定。这些规定有：《铁路货物运价规则》《水路货物运价规则》《汽车货物运输规则》《中国民航国内货物运输规则》。这些是货物运价制度及有关政策的具体表现，是计算货物运费和杂费的依据。

（2）货物运费的计算

1）铁路运输费用。铁路货物运费的计算一般要经过下列步骤：确定运价里程 —→ 确定运价等级和运价率 —→ 确定计费重量 —→ 计算运费。

第一步，确定运价里程。可查阅《铁路运价里程表》计算得出。

第二步，确定货物运价等级和运价率。铁路运送的货物按其性质、特点分为不同的种类。对不同种类的货物规定有不同的运价号。

《铁路运价规则》规定：整车分 1～12 号，零担分 21～25 号。运价号越大，运价率越高。各种货物的等级是根据《铁路运价规则》"货物运价分类表"确定的。表内列载了各种货物的整车运价号和零担运价号。由于铁路运送的货物品名繁多，不便一一列举，因此，有些货物列出了具体品名，有些只列出了概括名称，还有的被列为"列名以外的货物"。在计算运费时，必须根据货物运单上填写的货物名称，确定适用的运价号。根据运价里程和运价号，在《铁路运价规则》的 "货物运价率表"中可以查出相应的运价。

第三步，确定计费重量。整车货物计费重量以吨（t）为单位，吨以下四舍五入。整车货物一般按货车标记重量（标重）计算运费，货物超过标重时，按货物重量计费。

集装箱货物以使用的箱型"只"数为计费单位，分为 1t、5t、6t、10t 以及 20ft、40ft 几种箱型。

第四步，计算运费。其计算公式为：

$$整车运费 = 计费重量 \times 整车运价率$$
$$零担运费 = 计费重量 \div 10 \times 零担运价率（以 10kg 为单位，不足 10kg 计为 10kg）$$
$$集装箱运费 = 集装箱数 \times 适用箱型的集装箱运价率$$

【案例 7-1】 有一批自行车从上海站发运到广州南站，货物重量为 37 300kg，用标重 50t 棚车以整车运输。其运费计算如下：

确定运价里程：从铁路货物运价里程表中查得上海站至广州南站的最短距离为 1816km。

确定运价等级：从铁路运价号中查得整车为 9 号。

确定运价率：从铁路整车货物运价率表中查为 33.40 元/t。

确定计费重量：按铁路规定按标重计重，应为 50t。

计算运费：代入公式求得：

$$自行车整车运费 = 50 \times 33.40 = 1\,670 元$$

2）汽车运输费用。汽车货物运价的分类如下：

① 基本运价和差别运价。基本运价是指以中型普通货车，采用整车方式在正常营运路线上运送一等货物的每吨千米运价。差别运价是在基本运价基础上，按不同的车型、货种、营运方式和运输条件制定的加成或减成运价。

② 长途运价和短途运价。运距在 25km 以上为长途，25km 以下为短途。长途运价一般执行基本运价，短途运价按递近递增的原则，以里程分段或以基本运费加吨次费计费。

③ 整车、零担运价。一次托运货物的计费重量达 3t 以上的，按整车运价计费，不足 3t 的按零担计费。零担运价一般高于整车 50%左右。

④ 普通货物分等运价。《汽车货物运输规则》对普通货物分为三等。以一等货物为基数，二、三等货物采用固定比差，在一等货物的基础上加 10%。

⑤ 特种货物分等运价。特种货物分长大笨重、危险、贵重和鲜活 4 类。长大笨重分 3 级，危险货物分 2 级。特种货物分等运价实行不同价目运价率比差，可在最高和最低的一定幅度内由各省、自治区、直辖市自行规定。凡"特种货物分类表"列名的货物都执行特种货物运价。其运价提高幅度一般高于基本运价的 30%～50%，个别的不超过 100%。除以上 5 种外，还有特种车辆运价、小型车运价、区域运价和包车运价。在交通部颁布的《汽车运价规则》各地都有一些具体规定。

汽车运费的计算程序一般是：

确定计费重量 ⟶ 确定货物等级 ⟶ 确定计费里程 ⟶ 运费的计算。

3）水运费用。水运货物运价的计算程序如下：

确定货物运价等级 ⟶ 确定运价里程 ⟶ 确定运价率 ⟶ 确定计费重量 ⟶ 计算运费。

第一步，确定货物运价等级。交通部的运价规则把货物分为 10 个等级。各地有 25 级制、10 级制、8 级制、5 级制、3 级制，甚至不分级制。在各自适用的运价规则中都附有"货物运价分级表"，根据货物名称，可查到运价等级。

第二步，确定运价里程。运价里程按公布的《水运运价里程表》计算，未规定里程的按实际里程计算，当实际里程难以确定的，按里程表中邻近而又较远的里程计算。《水运运价里程表》由交通部和各省、市、直辖市交通主管部门分别公布，适用于各自管理的水运企业。

第三步，确定运价率。由于水运分江运、河运、海运，因此水运运价率比较分散。北方沿海各直属港口之间的直达运输，可查找"北方沿海货物运价率表"；华南沿海各直属港口间的直达运输，可查找"华南沿海货物运价率表"；华南沿海各直属港口与北方沿海各直属港口之间的直达运输，可查找"华南沿海与北方沿海各港口间主要航线直达货物特定运价率表"，以此类推。在浙江、福建等省的沿海货物运价率还可按其使用的船舶大小分别查找"沿海小轮货物运价率表"（500t 及以下的船为小轮）和"沿海货物运价率表"。长江干线货物运价率有上、中、下游 3 个航区 7 个表，其他主要河道港口间的货物运输也可在交通部运价规则里查找运价率。

第四步，确定计费重量。水运货物的计费重量分为重量吨（W）和体积吨（M）两种。重量吨按货物毛重，以 1000kg 为 1 重量吨；体积吨按货物"满尺丈量"的体积，以 $1m^3$ 为 1 体积吨。在货物运价分级表中，计费单位为"W"的按重量吨计算，计费单位为"M"的按体积吨计算，计费单位为"W/M"的按货物的重量吨和体积吨中择大计算。

第五步，计算运费。计算基本公式为：

$$每批货物运费 = 适用运价率 × 计费重量$$

【案例7-2】 上海有棉布一批重 270t，五金商品 30t，用货驳运往芜湖。其水路运费计算如下：

　　① 确定运价里程。从长江运价里程表中，查得为 488km。

　　② 确定运价分类。从水路货物运价分级表中，查得棉布为 1 级，五金商品为 5 级。

　　③ 确定运价率。从长江下游区间货物运价率表中，查得棉布为 4.93 元/(W/M)；五金商品为 6.6 元/(W/M)。

　　④ 确定计量数值。按水路规定：棉布为 270t；五金商品为 30t。

　　计算运费，代入公式求得：

$$水路运费：（270 \times 4.93）+（30 \times 6.6）= 1529.1 元$$

　　4）航空运输费用

　　由于航空运价有特种货物运价、等级运价、一般货物运价，当遇到两种运价均可适用时，应首先使用特种货物运价，其次是等级运价，最后才是一般货物运价，这是选用运价的原则。但是如果以重量起点的运价低于特种货物运价时，可以使用这个较低的一般货物运价。

　　航空运价的其他规定：

　　航空运价是指从一个机场到另一个机场的运价，不包括提货、仓储等费用，而且运价仅适用于单一方面。

　　① 起码运价。这是航空公司办理一批货物运输所能接受的最低运费，最低运费是航空公司在考虑办理即使一笔很小的货物所产生的固定费用后制定的。不同地区有不同的起码运费。

　　② 声明价值费。按航空公司规定，对由于承运人的失职而造成的货物损坏、丢失或延误等所承担的责任，其赔偿的金额为每千克若干美元或相等的当地货币，如果货物每千克价值超过这一金额，则须由托运人在支付运费的同时，向承运人另外支付一笔声明价值费。

　　其计算公式：

$$航空运费 = 计费重量 \times 适用运价率$$

　　5）管道运输费用

　　管道运输最显著的特征是其规模经济性。石油或天然气管道在运输距离不变的情况下，管道直径越大，平均成本越低。国外有研究表明，管道运输能力增加一倍，单位吨千米的运输费用可降低 30%。但为了充分发挥管道运输的规模经济特性，必须有足够的货源以保证管道能在多年内保持足量的运输。

　　管道运输的固定成本大大高于变动成本，即使是在很大的产出范围内都是这样，与其他运输方式相比，管道的这种能力最为明显。

　　关于管道的运输费用，目前业内并无权威的计算方法和公式。下面通过一组数据的对比可见一斑。据统计，建设一条年运输能力为 1500 万 t 煤的铁路，需投资 8.6 亿美元，而建设一条年运输能力为 4500 万 t 煤输送管道只需 1.6 亿美元。经常的管理人员也只有铁路运输的 1/7。管道运输的成本一般只有铁路运输的 1/5，公路运输的 1/20，航空运输的 1/66。

　　（3）货物运输杂费的计算

　　货物运输杂费主要有装卸费、货物港务费、联运换装包干费、中转费等。其基本计算程序如下：确定适用地区 —→ 确定货类与费率编号 —→ 确定适用杂费率 —→ 确定计量数值 —→ 计算运输杂费。

　　第一步，确定适用地区。计算铁路整车装卸费、水路装卸费、联运换装包干费、货物港务费，都必须根据有关装卸费率表和联运换装包干费率表中所规定的地区或不同装卸形式确定适用地区。计算铁路零担装卸费和集装箱装卸费则不需要进行这个程序。

第二步，确定货类和费率编号。铁路整车和水路装卸费、联运换装包干费的货类和费率编号，在有关装卸费率表和联运换装包干费表内加以选定。铁路和水路集装箱装卸费的计算，主要在铁路和水路现行规定的集装箱装卸费率表中，选定箱型、和空、重别或货类、作业过程。货物港务费和铁路零担装卸费的计算，可省去此项计算程序。

第三步，确定适用杂费率。计算铁路整车装卸费，水路装卸费，联运换装包干费和铁路、水路集装箱装卸费，可根据有关杂费率表中适用地区与适用货类费率编号或空、重别与箱型、作业过程的交会点杂费率为依据，加以确定。但铁路整车中有不同装卸费率的货物，以其中重量最多的费率为适用费率。

第四步，确定计量数值。铁路整车装卸费，水路、水陆联运的重量吨货物装卸费，联运换装包干费，货物港务费以及铁路零担装卸费等，均按货物实重计量，水路和水陆联运的体积吨货物装卸费、联运换装包干费、货物港务费等，均按每立方米一个体积吨计量；铁路和水路集装箱装卸费，按箱数计量。

第五步，计算运输杂费。其基本公式为：

$$各种运输杂费 = 适用计量数值 \times 适用杂费率$$

【案例7-3】 上海有一批重量为 62t 的百货商品，其中重货 30t，轻货 32t，共 136m³。用海铁联运方式，经由大连，换装两节整车，其中一节 50t 棚车装 82m³，一节 30t 棚车装 54m³，运往哈尔滨。计算联运运费和杂费。

联运运费计算如下：

① 确定运价里程。从沿海运价里程表中，查上海至大连为 558 海里；从铁路运价里程表中，查大连至哈尔滨为 944km。

② 确定运价分类。从水路运价分级表中，查为 8 级；从铁路运价分号表中，查为整车 9 号。

③ 确定运价率。从北方沿海联运运价率表中，查为 7.38 元/(W/M)；从铁路整车运价表中，查为 21.10 元/t，按联运优惠规定，应为 21.10 元/t × 0.85 = 17.94 元/t。

④ 确定计量数值。水路按货重计重，应为 62t；铁路按标重计重，应为 80t。

代入公式求得：

百货海铁联运运费（62 × 7.38）+（80 × 17.94）= 1892.76 元

百货海铁联运杂费计算如下：

① 计算上海装船费。根据现行沿海港口货物装卸费率表，查得上海地区 37 号列名外货物类与船、车作业交会点的费率为 0.80 元/W，其计量数值按货物实重 62t 计量后，代入公式求得：

上海装船费：62 × 0.8 = 49.6 元

② 计算上海货物港务费。根据沿海港口收费规则，查得货物港务费率为 0.10 元/W，及其计量数值按货物实重 62t 计量后，代入公式求得：

上海货物港务费 = 62 × 0.10 = 6.2 元

③ 计算大连换装包干费。根据沿海港口联运换装包干费率表分段收费部分，查得 32

号列名外货物类与水、陆交会点的费率为 1.80 元/W 及其计量数值，按货物实重 62t 计量后，代入公式求得：

$$大连换装包干费 = 62 × 1.8 = 111.6 元$$

④ 计算哈尔滨卸车费：根据铁路整车货物装卸费率表，查得体轻货物类费率号为 5，费率号与两区交会点的费率为 0.77 元/t，及其计量数值按货物实重 62t 计量后，代入公式求得：

$$哈尔滨卸车费 = 62 × 0.77 = 47.74 元$$

7.3 运输绩效评价指标

7.3.1 运输绩效评价指标选择的原则

能否正确选择绩效评价指标，将直接影响到运输绩效评价结果，也关系到运输绩效管理以及企业管理的成效，所以选择和确定适当的评价指标是进行运输绩效评价的基础和前提，也是运输绩效管理的一种手段。在实际绩效评价工作中，应把握一定的基本原则来选择和确定具体的评价指标，并使之形成完整的和系统的指标体系，以取得良好的绩效评价效果。

1．目的性原则

绩效指标的选择应该以正确反映企业整体经济效益和运输活动绩效为目的，也就是说，所选指标应科学合理地评价运输活动的作业过程以及投入、产出、成本费用等客观情况。

2．系统性原则

运输活动由许多环节或过程组成，它会受到来自人、财、物、信息、服务水平等因素及其组合效果的影响，因此选择绩效评价指标必须系统地、全面地考虑所有影响运输绩效的因素，以保证评价的全面性和可信度。

3．层次性原则

在选择评价指标时，应注意各项指标的层次性，这样有利于确定每层重点，并有效地进行关键指标分析、评价方法的运用以及绩效评价的具体操作。

4．定性指标与定量指标相结合的原则

由于运输活动具有复杂性、动态性，因此绩效评价指标应该既包括易于定量表示的技术经济指标，又包括很难量化表示的社会环境指标，如安全、快速、舒适、便利等方面的指标。在实际的评价活动中，应该使定量指标与定性指标相结合，这样可以利用两者的优势弥补双方的不足，以保证绩效评价的全面性、客观性。

5．可操作性原则

就是使各项指标尽量含义清晰，简单规范，操作简便，同时，能够符合运输活动的实际情况，并与现有统计资料、财务报表兼容，以提高实际评价的可操作性和整个绩效评价的效率。

7.3.2 运输绩效评价指标体系的构成

运输绩效评价指标体系可以根据货物运输量、运输质量、运输效率以及运输成本与效益来确定。运输绩效评价指标主要包括以下内容：

1．货物运输量指标

它包括以实物量为计量单位的指标和以实物金额为计量单位的指标。其计算公式为：

$$货物运输量 = \sum (每批货物的重量 \times 该批货物的里程)$$

2．运输效率指标

运输效率指标主要是车（船）利用效率指标，包括多个方面（如时间、速度、里程及载重量等）的指标，其中主要的几种运输效率指标如下。

（1）时间利用率指标

时间利用率指标包括车辆工作率与车辆完好率。车辆工作率指一定时期内运营车辆总天数（时数）中工作天数（时数）所占的比重；车辆完好率是指一定时期内运营车辆总天数中车辆技术状况完好天数所占的比重。其计算公式为：

$$车辆工作率 = 计算期运营车辆工作总天数 / 同期运营车辆总天数 \times 100\%$$

$$车辆完好率 = 计算期运营车辆完好总天数 / 同期运营车辆总天数 \times 100\%$$

（2）里程利用率

里程利用率是指一定时期内车辆总行程中载重行程所占的比重，反映了车辆的实载和空载程度，可以用来评价运输组织管理水平的高低。

$$里程利用率 = 载重行驶里程 / 车辆总行驶里程 \times 100\%$$

（3）载重量利用指标

载重量利用指标是反映车辆载重能力利用程度的指标，包括吨位利用率和实载率。吨位利用率按照一定时期内全部营运车辆载重行程载重量的利用程度来计算，其中载重行程载重量亦称为重车吨位千米。

$$吨位利用率 = 计算期完成货物周转量 / 同期载重行程载重量 \times 100\%$$

$$实载率 = 计算期完成货物周转量 / 同期总行程载重量 \times 100\%$$

3．运输质量指标

货运质量事故是指货物在空间位置的移动中，即货物在装卸车、船、入库、出库、运输、交接各环节中发生的包括火灾、被盗、丢失、损坏、变质、污染和其他七类货物损坏和数字溢短等事故的总称。

货物运输质量可以从安全性、可达性、可靠性、联运水平以及客户满意度等方面选择衡量指标。

（1）安全性指标

安全性指标包括运输损失率、货损货差率、事故频率和安全行驶间隔里程等指标。运输过程中的货物损失率有两种表示方式：一种方式是以损失货物总价值与所运输货物的总价值进行比较，这种方式主要适用于货主企业的运输损失绩效考核；另一种方式是用运输损失赔偿金额与运输业务收入金额的比率来反映，此方式更适用于运输企业或物流企业为货主企业提供运输服务时的货物安全性绩效考核。

两者计算公式如下：

$$运输损失率 = 损失货物总价值 / 运输货物总价值 \times 100\%$$

$$运输损失率 = 损失赔偿金额 / 运输业务收入总额 \times 100\%$$

货损货差率指标是指在发运的货物总票数中货损货差的票数所占的比重，其计算公式为：

$$货损货差率 = 货损货差票数 / 办理发运货物总票数 \times 100\%$$

事故频率指标是指单位行程内发生行车安全事故的次数，一般只计大事故和重大事故。该指标反映车辆运行过程中随时发生或遭遇行车安全事故的概率，其计算公式为：

事故频率（次／万千米）＝报告期事故次数／（报告期总运输千米数／10 000）

安全行驶间隔里程指标是指平均每两次行车事故之间车辆安全行驶的里程数。该指标是事故频率的倒数，其计算公式为：

安全行驶间隔里程＝报告期总运输千米数／10 000／报告期事故次数

（2）可达性（方便性）指标

对于有些运输方式（如铁路、航空等）不能直接将货物运至最终目的地的情况，可以用可达性指标来评价企业提供多式联运服务的水平。可达性指标对于评价来往于机场、铁路端点站、港口之间的运输，特别是在评价外部运输与厂内运输的衔接上显得更有意义。货物直达率是评价运输可达性的主要指标，其计算公式为：

货物直达率＝直达票号数／同期票号数

（3）可靠性指标

这是反映运输工作质量的指标，它可以促进企业采用先进的运输管理技术，做好运输调度管理，保证货物流转的及时性。相对来说，厂内运输对于运输的可靠性要求更高。正点运输率是评价运输可靠性的主要指标，其计算公式是：

正点运输率＝正点营运次数／营运总次数×100%

（4）联运水平指标

一票运输率反映了联合运输或一体化服务程度的高低。所谓一票运输是指货主经一次购票（办理托运手续）后，由企业全程负责，提供货物中转直至将货物送达最终目的地的运输服务。一票运输率的计算公式为：

一票运输率＝一票运输票号数／同期票号数×100%

（5）客户满意率指标

这是对运输服务质量的总体评价指标，它是用满意客户数与被调查客户数的比率来表示。所谓满意客户是指在对货主进行满意性调查中，凡在调查问卷上回答对运输服务感到满意及以上档次的客户。客户满意率的计算公式为：

满意率＝满意客户数／被调查客户数×100%

（6）意见处理率

该指标用已经处理的意见数与客户所提意见数的比率来表示，它反映了对客户信息的及时处理能力，也可反映客户对运输服务性好坏的基本评价及企业补救力度的大小。已处理意见是指在客户针对运输服务质量问题提出的意见中，企业予以及时查处并给予客户必要的物质或精神补偿而取得满意效果的意见。意见处理率和客户满意率均可按季度计，必要时也可按月计。意见处理率的计算公式为：

意见处理率＝已处理意见数／客户意见数×100%

4．运输成本与效益指标

（1）单位运输费用指标

该指标可用来评价运输作业效益高低以及综合管理水平，一般用运输费用总额与同期货物总周转量的比值来表示。运输费用主要包括燃料、各种配件、养路、工资、修理、折旧及其他费用支出。货物周转量是运输作业的工作量，它是车辆完成的各种货物的货运量与其相应运输距离乘积之和。

单位运输费用（元／吨千米）＝运输费用总额（元）／报告期货物总周转量（吨千米）

（2）燃料消耗指标

评价燃料消耗的指标主要有单位实际消耗、燃料消耗定额比，它反映了运输活动中燃料消耗的情况，可以促进企业加强对燃料消耗的管理。其计算公式为：

燃料消耗定额比＝百千米燃料实耗量／百千米燃料定额量

（3）运输费用效益指标

该指标表示单位运输费用支出额所带来的盈利额，其计算公式为：

运输费用效益＝经营盈利额／运输费用支出额

（4）单车（船）经济收益指标

该指标表示单车（船）运营收入中扣除成本后的净收益。该指标为正值，说明车辆运营盈利；该指标为负值，说明车辆运营亏损。

（5）社会效益指标

该指标主要反映运输活动对环境污染的程度以及对城市交通的影响程度等。可以用专业性的环境评价指标对运输活动进行社会效益评价，也可以用定性的指标进行评价。如对企业具体的运输活动评价，可以考察运输活动中采用清洁能源车辆情况、运输时间是否考虑避开城市交通高峰、运输活动对周围环境污染情况等。在实际运输活动中，可综合考虑运输活动的目标与任务、运输货物特点、运输环境、运输能力、客户要求等方面的因素，具体确定各项评价指标及其主次顺序，形成完整的、相互衔接的指标体系，以获得良好的评价效果。

【案例 7-4】 沃尔玛的高效物流运输车队合理节约成本

作为世界上最大的商业零售企业，沃尔玛公司在物流运营过程中，尽可能地降低成本是沃尔玛公司经营的哲学。在国际上，沃尔玛有时采用空运，有时采用船运，还有一些货物采用卡车公路运输。然而在中国，沃尔玛几乎百分之百采用公路运输的运输方式。因此，为了降低公路卡车运输成本，沃尔玛采取了以下措施：

第一，沃尔玛使用一种尽可能大的卡车，大约有 16m 加长的货柜，比集装箱运输卡车更长或更高。沃尔玛把卡车装得非常满，产品从车厢的底部一直装到最高，这样非常有助于节约成本。此外，沃尔玛的车辆都是自有的，司机也是他的员工。沃尔玛的车队大约有 5000 名非司机员工，有 3700 多名司机，车队每周一次运输可以达 7000～8000km。

第二，沃尔玛的连锁商场的物流部门会 24 小时进行工作，无论白天或晚上，都能为卡车及时卸货。另外，沃尔玛的运输车队还利用夜间进行运输，从而做到了当日下午进行集货，夜间进行异地运输，翌日上午即可送货上门，保证在 15～18 个小时内完成整个运输过程，这是沃尔玛在速度上取得优势的重要措施。

第三，沃尔玛的卡车把产品运到商场后，商场可以把它整个卸下来，而不用对每个产品逐个检查，这样就可以节省很多时间和精力，加快了沃尔玛物流的循环过程，从而降低了成本。这里有一个非常重要的先决条件，就是沃尔玛的物流系统能够确保商场所得到的产品是与发货单完全一致的产品。

第四，沃尔玛的运输成本比供货厂商自己运输产品要低。所以厂商也使用沃尔玛的卡车来运输货物，从而做到了把产品从工厂直接运送到商场，大大节省了产品流通过程中的仓储成本和转运成本。

选择合理运输方式的同时对物流各环节精细恰当调度，沃尔玛做出了一个最经济合理的安排，从而使沃尔玛的运输车队能以最低的成本高效率地运行。

（资料来源：百度文库，有改动）

7.4 合理化运输

所谓合理化运输，就是在实现产品实体从生产地至消费地转移的过程中，充分、有效地运用各种运输工具的运输能力，以最少的人、财、物消耗，及时、迅速、按质、按量和安全地完成运输任务。合理化运输的标志是：运输距离最短，运输环节最少，运输时间最短和运输费用最省。

7.4.1 影响运输合理化的因素

运输合理化，是由各种经济的、技术的和社会的因素相互作用的结果。影响运输合理化的因素主要包括以下五个。

1．运输距离

在运输时，运输时间、运输货损、运费、车辆周转等若干运输的技术经济指标，都与运输距离有一定比例关系，运输距离长短是运输是否合理的一个最基本因素。因此，物流公司在组织商品运输时，首先要考虑运输距离，尽可能实现运输路径优化。

2．运输环节

因为运输业务活动需要进行装卸、搬运、包装等工作，多一道环节，就会增加起运的运费和总运费。因此，减少运输环节，尤其是同类运输工具的运输环节，对合理运输有促进作用。

3．运输时间

运输是物流过程中需要花费较多时间的环节，尤其是远程运输，在全部物流时间中，运输时间短有利于运输工具加速周转，充分发挥运力作用，有利于运输线路通过能力的提高。

4．运输工具

各种运输工具都有其使用的优势领域，对运输工具进行优化选择，要根据不同的商品特点，分别利用铁路、水运、汽运等不同的运输工具，选择最佳的运输线路合理使用运力，以最大限度发挥所用运输工具的作用。

5．运输费用

运费在全部物流费用中占很大比例，是衡量物流经济效益的重要指标，也是组织合理运输的主要目的之一。

上述因素既相互联系，又相互影响，有的还相互矛盾。运输时间短了，费用却不一定省，这就要求进行综合分析，寻找最佳方案。在一般情况下，运输时间快，运输费用省，是考虑合理运输的关键，因为这两项因素集中体现了物流过程中的经济效益。

7.4.2 不合理运输的表现

物流不合理运输是相对合理运输而言的。不合理运输是指违反客观经济效果，违反商品合理流向和各种动力的合理分工，不充分利用运输工具的装载能力，以及运输环节过多。不合理运输的表现一般体现在以下几个方面。

1．对流运输

对流运输是指同一种物资或两种能够相互代用的物资，在同一运输线或平行线上，作相对方向的运输，与相对方向路线的全部或一部分发生对流。对流运输又分两种情况：一是明显的对流运输，即在同一运输线上对流，如一方面把甲地的物资运往乙地，而另一方面又把乙地的同样物资运往甲地，产生这种情况大都是由于货主所属的地区不同、企业不同所造成的；二是隐蔽性的对流运输，即把同种物资采用不同的运输方式在平行的两条路线上朝着相反的方向运输。

2．倒流运输

倒流运输是指物资从产地运往销地，然后又从销地运回产地的一种回流运输现象。倒流运输往返两程的运输都是不必要的，形成了双程的浪费，因此其不合理程度要甚于对流运输。倒流运输也可以看成是隐蔽对流的一种特殊形式，它有两种形式：一是同一物资由销地运回产地或转运地；二是由乙地将甲地能够生产且已消费的同种物资运往甲地，而甲地的同种物资又运往丙地。

3．迂回运输

迂回运输是指物资运输舍近求远绕道而行的现象。物流过程中的计划不同、组结不善或调运差错都容易出现迂回现象。迂回运输有一定复杂性，不能简单处之，只有当计划不周、地理不熟、组织不当而发生的迂回，才属于不合理运输。如果最短距离有交通阻塞、道路情况不好或有对噪音、排气等特殊限制而不能使用时发生的迂回，不能称不合理运输。

4．重复运输

重复运输是指某种物资本来可以从起运地一次直运达目的地，但由于批发机构或商业仓库设置不当，或计划不周等人为原因运到中途地点（例如中转仓库）卸下后，又二次装运的不合理现象。重复运输增加了一道中间装卸环节，这就延缓了流通速度，延长了商品在途时间，从而增加了装卸搬运费用。

5．过远运输

过远运输是指舍近求远的运输现象。即销地本可以由距离较近的产地供应物资，却从远地采购进来；产品不是就近供应消费地，却调给较远的其他消费地，违反了近产近销的原则。当然，如果某些物资的产地与销地客观上存在着较远的距离，这种远程运输是合理的。

6．运力选择不当

运力选择不当是指选择运输工具时，未能运用其优势，如弃水走陆（增加成本），铁路和大型船舶的过近运输，运输工具承载能力不当等。

7．托运方式选择不当

托运方式选择不当是指没有选择最佳的托运方式，如可以选择整车运输却选择了零担运输，应当选择直达运输却选择了中转运输，应当选择中转运输却选择了直达运输等。

8．无效运输

无效运输是指装运的物资中无使用价值的杂质含量过多或含量超过规定标准的运输，"杂质"犹如煤炭中的矸石、原油中的水分、矿石中的泥土和沙石等。

某公司以生产低附加值的玻璃罐装食品为主，且暂时只有小部分使用 PET 瓶。其主要的销售区域集中于南方，南北大致的销售比例为 7：3（以长江划分南北）。目前，该公司的整体物流费用约占公司销售成本的 4%。A 厂每天运输数量为 300~500t。此公司省内配送主要使用汽运，而省外港口城市多使用海运集装箱再短驳至客户。省内配送也使用过一段时间的自由车辆，但考虑到成本较高最终也改用第三方物流车辆。

公司内运输部门运输管理的主要工作有：监控运作质量、管理合同价格并进行价格谈判、日常回顾、提供发货的信息给其他相关部门。该公司物流运费结算方式如下：汽车运输价格设定为按不同吨位不同标准收取，例如，同一目的地 1~3t、3~8t、8~10t、10t 以上，计价单位元/t，每天客服将订单通知车队即运输供应商，由供应商根据订单情况派出车辆到工厂装货，具体车辆调度由供应商完成（比如某车装哪几票货物，或者每票货装多少）。最后，供应商根据每月发货情况跟客服部门对账确认运费。

（资料来源：中国论文网，有改动）

7.4.3 运输合理化的有效措施

运输合理化是一个系统分析过程，常采用定性与定量相结合的方法，对运输的各个环节和总体进行分析研究，研究的主要内容和方法主要有以下几点。

1. 提高运输工具的实载率

实载率的含义有两个：一是单车实际载重与运距之乘积和标定载重与行驶里程之乘积的比率，在安排单车、单船运输时，它是判断装载合理与否的重要指标；二是车船的统计指标，即在一定时期内实际完成的货物周转量（吨千米）占载重吨位与行驶里程乘积的百分比。

提高实载率，如进行配载运输等，可以充分利用运输工具的额定能力，减少空驶和不满载行驶的时间，减少浪费，从而求得运输的合理化。

2. 减少劳力投入，增加运输能力

运输的投入主要是能耗和基础设施的建设，在运输设施固定的情况下，尽量减少能源动力投入，从而大大节约运费，降低单位货物的运输成本，达到合理化的目的。如在铁路运输中，在机车能力允许的情况下，多加挂车皮；在内河运输中，将驳船编成队行，由机运船顶推前进；在公路运输中，实行汽车挂车运输，以增加运输能力等。

3. 互联网+物流，赋能社会化的运输体系

运输社会化的含义是发展运输的大生产优势，实行专业化分工，打破物流企业自成运输体系的状况。单个物流公司车辆自有，自我服务，不断形成规模，且运量需求有限，难于自我调剂，因而经常容易出现空缺，运力选择不当，不能满载等浪费现象，且配套的接/发货设施、装卸搬运设施也很难有效地运行，所以浪费颇大。互联网+物流，打造互联网共享平台，促进车货对接，实行运输社会化，可以统一安排运输工具，避免对迂回、倒流、空驶、运力选择不当等多种不合理形式，不但可以追求组织效益，而且可以追求规模效益。

2017 年 11 月 27 日，贵阳货车帮科技有限公司（货车帮）与江苏满运软件科技有限公司（运满满）联合宣布战略合并，双方将共同成立一家新的集团公司。由天使投资人王刚担任集团公司的董事长兼 CEO，货车帮 CEO 罗鹏和运满满 CEO 张晖兼任集团联席总裁。新的集团公司将保留原有的运满满和货车帮的品牌继续独立运作，业务上进行优势互补的战略整合。

公开资料显示，货车帮成立于 2011 年，截至 2017 年 5 月，公司已获得 4.27 亿美元融资，估值超 10 亿美元。据官网，截至 2017 年 7 月底，货车帮诚信注册会员车辆达 88 万家，每天发布货源信息 500 万条，日促成交易 14 万单，日成交运费超 17 亿。运满满于 2013 年成立，截至 2017 年 11 月 27 日，运满满融资 15.7 亿美元，估值超 10 亿美元。据官网统计，至 2016 年底，公司注册货主达 80 万家，司机达 350 万个，汇聚了全国 90% 的货源信息及 70% 的重卡司机。

货车帮与运满满合并之后，在货运物流界会形成怎样的格局，大家拭目以待。

（资料来源：砍柴网，有改动）

4. 开展中短距离铁路公路分流，在公路运输经济里程范围内，应利用公路运输

这种运输合理化的表现主要有两点：一是铁路运输的紧张局面在用公路分流后可以得到一定程度的缓解，从而加大这一区段的运输通过能力；二是充分利用分路从门到门和在中途运输中速度快且灵活机动的优势，实现铁路运输难以达到的水平。

5. 尽量发展直达运输

直达运输就是在组织货物运输过程中，越过商业、物资仓库环节或交通中转环节，把货物从产地或起运地直接运到销地或用户，以减少中间环节的一种追求运输合理化的重要形式。直达的优势，尤其是在一次运输批量和用户一次需求量达到了一整车时表现最为突出。此外，在生产资料、生活资料运输中，通过直达，建立稳定的产销关系和运输系统，有利于提高运输的计划水平。

近年来，直达运输的比重逐步增加，它为减少物流中间环节创造了条件。特别值得一提的是，同其他合理化运输一样，直达运输的合理性也是在一定条件下才会有所表现，如果从用户需求来看，批量大到一定程度，直达是合理的，批量较小时中转是合理的。

6. 配载运输

配载运输是充分利用运输工具载重量和容积，合理安排装载的货物及方法以求合理化的一种运输方式，也是提高运输工具实载率的一种有效形式。

配载运输往往是轻重商品的合理配载，在以重质货物运输为主的情况下，同时搭载一些轻泡货物，如海运矿石、黄沙等重质货物，在上面捎运木材、毛竹等，在基本不增加运力的情况下，在基本不减少重质货物运输的情况下，解决了轻泡货的搭运，因而效果显著。

7. 提高技术装载量

依靠科技进步是运输合理化的重要途径。它一方面是最大限度地利用运输工具的载重吨位，另一方面是充分使用车船装载容量。其主要做法有如下几种：专用散装及罐车解决了粉状、液体物质运输损耗大、安全性差等问题；袋鼠式车皮、大型拖挂车解决了大型设备整体运输问题；集装箱船比一般船能容纳更多的箱体；集装箱高速直达加快了运输速度等。

8. 进行必要的流通加工

有不少产品由于产品本身形态及特性问题，很难实现运输的合理化，如果进行适当加工，针对货物本身的特性进行适当的加工，就能够有效解决合理运输的问题，如将造纸材料

在产地先加工成纸浆，后压缩体积运输，就能解决造纸材料运输不满载的问题；将水产品及肉类预先冷冻，就可提高车辆装载率并降低运输损耗。

7.5 知识测评

1. 选择题（每题至少有一个正确答案）

(1) 以下哪一项属于半自动化系统？（　　）

  A. 自动导引车   B. 输送机

  C. 机器人   D. 信息引导系统

(2) 以下哪一项不属于改善物流作业效率的"6不改善法"？（　　）

  A. 不让碰   B. 不让搬   C. 不让想   D. 不让找

(3) 以下哪一项是按运输的范围划分运输方式的？（　　）

  A. 二次运输   B. 一般运输   C. 厂内运输   D. 中转运输

(4) 以下属于运输绩效评价指标选择原则的是（　　）。

  A. 目的性原则   B. 效率性原则

  C. 便捷性原则   D. 层次性原则

(5) 以下不属于不合理运输的表现的是（　　）。

  A. 对流运输   B. 倒流运输   C. 回流运输   D. 空载

2. 判断题（请在正确的论述后面打√，错误的论述后面打×）

(1) 装卸是指在同一场所内，对物品进行水平移动为主的物流作业。　　　　（　　）

(2) 机械化系统是第二次世界大战后随着后勤技术与信息技术的发展而出现的一种新的现代化仓库设备系统，具有大量储存与自动存取的功能。　　　　（　　）

(3) 运输比物流的管理观念更先进。　　　　（　　）

(4) 运输是较大范围的活动，是在物流节点之间的转移，而搬运是在同一场所内的物流作业活动。　　　　（　　）

(5) 运输方式的运作特征包括服务可靠性、输送速度、服务频率、服务可得性和处理货物能力五个方面。　　　　（　　）

7.6 案例分析：荷兰 TPG 公司的快运模式

  荷兰 TPG 公司是一家提供邮件、快运和物流服务的全球性公司。在 1997 年，荷兰邮政集团公司 KPN 兼并了澳大利亚 TNT 集团公司后，KPN 公司将其皇家 PTT 邮政与原 TNT 合并组建 TPG 公司。TPG 是 TNT Post Group 的英文缩写，于 1998 年 6 月挂牌上市，是世界上最大的国际商务邮件服务商，也是唯一在欧洲各主要城市拥有网络的快件服务商。公司使用"皇家 PTT 邮政"和"TNT"两个品牌（TNT 快运、TNT 物流），目前业务范围覆盖 200 个国家，并在 58 个国家设有分支机构。

  TPG 以 TNT 快运为品牌，服务网络覆盖面很广，按照服务功能和区域不同分为欧洲空运网络、欧洲路运网络、亚洲网络、商用网络和国内网络五个部分。货运量的 65% 靠路运，25% 空运，10% 商业航班。

TNT 快运实行统一销售、集中分级分拣、统一运输的运输组织形式，特别是集中分级分拣，将不同的货运站进行功能设置，有些大型货运站完全服务于粗拣后站与站间的运输，通过这种接力式的分拣、运输，强化了集团公司间的合作，也提高了分拣和运输的整体效率。这种在集团公司内部进行专业化分工的组织形式非常有利于提高整个网络的运输效率，降低营运成本。统一销售，统一调度，统一分拣，统一运输，信息共享，是今后快件运输发展的趋势，也是货物运输集团企业专业化、规模化、网络化的运作模式。

客户服务中心统一负责整个快运业务的销售、售后服务以及财务结算等，实行统一业务受理、标准化服务、程序化管理、一个声音对外、一站式的运作模式。TNT 快运共有五个客户服务中心，其中四个负责国际快运业务，一个负责国内快运业务。根据客户的需要，客户服务中心提供不同的服务。小型客户业务量小，要求方便，专门为小型客户设立了每天 24 小时的免费电话。对大型客户，则有固定人员定期联系。所有的业务受理电话由 TNT 快运付费。

集散站分为主集散站（Main Depot）和卫星集散站（Satellite Depot）。卫星集散站对货物进行粗检，按流向运到相应的主集散站，在主集散站进行集中分拣。重量小于 30kg 的货物由货物到达地的主集散站运到卫星集散站配送，31kg 以上的货物由主集散站直接配送。主集散站负责快运货物的分流向的分拣（粗拣），卫星集散站负责快运货物的定向分拣（细拣），但卫星集散站在进行货物收集（托运）业务时是粗略分拣，承担货物配送时是细拣。通过主集散站和卫星集散站的分级分拣、合理分工，加快了快运货物的分拣速度，便于货物按流向集中运输，降低了运输费用。

TNT 快运目前主要提供以下五种门到门的服务：当日快件、早 9 点快件、中午 12 点快件、全球午后 17 点快件和经济快件。这五项服务均为标准化服务，服务的内容及要求都按照严格的标准及相关程序进行。另外，TNT 快运还提供多种价值附加服务，如技术速递、夜间速递、保险速递等。多样化的服务能够满足不同层次、不同要求顾客的需要，多样化的服务使得快运网络更加稠密，通达不同的角落，促进了企业快运业务的增长。

快件货物运输根据不同的服务项目的要求，采用空运或路运（汽车或大型货车）。一般早 9 点、午 12 点快运选择空运方式；当日快件则比较灵活，只要能按时到达，则采用较经济的运输工具；经济快运一般采用汽车运输。通常在 800km 范围内用汽车运输，超过 800km 用航空运输。为此，TNT 快运欧洲空运网络有五个空运快件主集散站，分布在比利时的列日、英国的利物浦和德国的科隆等地。并在列日租用机场和跑道，每周飞行 500 个航班，加上利用商业网络，构成 250 条空运航线，每周飞行 13 000 个飞行段，运送 1500t 货物，与 745 个集散站相连。在欧洲路运网络中，卫星集散站到客户（门或货架）的配送 85% 由 TNT 快运公司承担，卫星集散站到主集散站、主集散站之间的长途、大吨位厢式货车运输的 30% 是 TNT 快运公司承担，70% 是外包，由有运输协议的小型运输公司承担，但车辆和人员要使用 TNT 的标志和品牌。由于 TNT 快运网络十分发达，能运达 200 多个国家，故快件的运送速度比邮件快。虽然快件和邮件由不同的网络运送，但有时邮件和快件会相互利用和协调，邮件也能通过快件网络运行。

（资料来源：中大网校，有改动）

问题

1. TNT 快运快速增长的原因有哪些？
2. 简述运输合理化的措施有哪些。

第8章 电子商务配送与配送中心

将来配送被 AI 替代，我的兄弟们可以坐到办公室中去，去监控无人机、配送机器人。

——刘强东

引例：京东用无人机送出首个订单，无人机送货真成现实了吗？

2016 年 6 月 8 日上午 9 点，在江苏宿迁市曹集乡同庵村居委会内，一架三轴无人机缓缓起飞，10 分钟后，5km 外的旱闸村居委会内，京东当地的推广员接收包裹，无人机送货第一单完成。京东方面称，无人机正式投入农村物流试点运行。

京东在宿迁展示了三款无人机，载重量从 10kg 到 15kg 不等，可以按照规划的既定航线自助飞行，具备自动装卸货功能；无人机的飞行距离约为 5km 到 10km，货物送到后可按指令自动返航。

据了解，本次展示的无人机是由京东自主研发的，安全性能也被考虑其中，无人机将会按照提前规划好的航线飞行，规划航线的同时，已经避开了学校、居民区等人员密集的场所。在宿迁展示的三款无人机有长航时、大载荷的特性，这是专为农村设计的。

目前京东已经拿到了宿迁地区低空空域授权，并且与空军和空管部门报批了固定航线，未来一年将在宿迁开设更多的无人机送货站点。

对于物流无人机长远规划，负责无人机研发的京东×事业部负责人肖军表示，京东的目标是解决往返 45km 内的农村物流需求。未来无人机主要会应用在中南部的丘陵和山区。这些送货无人机将在农村配送站之间飞行，取代农村的配送车辆和人员。

从 2014 年开始，国内的主要电商都开始了渠道下沉，布局农村，但是快递的"最后 1km"问题始终难以解决。因为订单分散，配送难，包括京东在内的电商平台都面临成本压力。以快速送达的物流为核心优势的京东，在农村电商方面，与阿里等相比并无优势。

无人机送货被看成京东突破瓶颈延续优势的一个探索。刘强东在 2016 年 4 月份曾透露，京东已经成立专门的项目小组，研发物流无人机和机器人。在 5 月底的中国大数据博览会上，京东的送货无人机也高调亮相。肖军称，目前，农村送货成本约 5 倍于城市，而无人机能很好解决成本问题。根据目前的测试，正常情况下，京东无人机往返 10km，成本大大低于汽车配送，而且比汽车配送要快。

其实，无人机送货的概念提出已久，亚马逊一直在测试其物流无人机，却暂未投入使用。亚马逊主要探索的是给普通消费者送货，属于 TOC 模式，因而面临监管和安全等问题，而京东目前做配送站之间的货物传递会比亚马逊更容易实现。同时，京东拥有 20 万的乡村推广员，已经覆盖了全国 15 万个农村，未来，整个无人机物流体系将和农村合作站紧密相连。合作站的京东推广员经过培训，简单操纵无人机，不需要开设更多的配送中心，有助于节省成本。

目前送货无人机还处于试运营阶段，京东在这方面的投入没有上限，但无人机的造价、监控中心建造，以及人员培训等成本都没有经过系统核算。作为一款新型运输工具，意外成本也不能不加以考量。

不论怎样，无人机送货从网络营销噱头终于成了现实。京东迈出了第一步。未来我们的头顶会不会有送货无人机频繁飞过，还需要市场和时间检验。

（来源：新浪科技网，有改动）

配送业务随着电商的发展越来越受到物流企业的重视，无人机送货新概念的兴起给了配送服务新的发展方向，那么到底什么是配送业务？什么是配送中心呢？

8.1 配送概述

8.1.1 配送的概念

根据国家标准《物流术语》（GB/T 18354—2006）规定，配送（Distribution）是指在经济合理区域范围内，根据用户要求，对物品进行拣选、加工、包装、分割、组配等作业，并按时送达指定地点的物流活动。

对于配送可以作如下理解。

1. 配送是短距离的末端运输，它的面向对象是终端客户

配送是相对于长距离的干线运输而言的概念，从狭义上讲，货物运输分为干线部分的运输和支线部分的配送。与长距离运输相比，配送承担的是直线的、末端的运输，是面对客户的一种短距离送达服务。电子商务下的物流配送是在"商物分离"模式下的一种"门到门"的高水平送货服务。它作为最终配置是指对客户完成最终交付的一种活动，是从最后一个物流结点到用户之前的物品的空间移动过程。

配送处于接近用户的那一段流通领域，辐射范围小，是末端物流，却有其战略价值。美国兰德公司针对《幸福》杂志所列的 500 家大公司所做的一项调查表明"经营战略和接近顾客至关重要"，证明了这种配置方式的重要性。

2. 配送是商流与物流的紧密结合

从商流来讲，配送和物流的不同之处在于，物流是商物分离的产物，而配送则是商物合一的产物，配送本身就是一种商业形式。虽然配送在具体实施时也有以商物分离形式实现的，但从配送的发展趋势看，商流与物流越来越紧密的结合是配送成功的重要保障。

3. 配送是"配"和"送"有机结合的一种方式

配送的实质是送货，但和一般送货有区别。第一，一般送货可以是一种偶然的行为，而配送却是一种固定的形态，甚至是一种有确定组织、确定渠道，有一套装备和管理力量、技术力量，有一套制度的体制形式。所以，配送是高水平送货形式。第二，配送使"配"和"送"有机结合，利用有效的分拣、配货等理货工作，使送货达到一定的规模，利用规模优势取得较低的送货成本。如果不进行分拣、配货，有一件运一件，需要一点送一点，会大大增加动力的消耗，使送货并不优于取货。所以，追求整个配送的优势，分拣、配货等工作是必不可少的。

4. 配送是一种"中转"形式

配送是"中转"型送货，而一般送货尤其从工厂至用户的送货往往是直达型。一般送货是生产什么，有什么送什么，配送则是企业需要什么送什么。所以，要做到需要什么送什么，就必须在一定中转环节筹集这种需要，从而使配送必然以中转形式出现。当然，在广义上，许多人也将非中转型送货纳入配送范围，将配送外延从中转扩大到非中转，仅以"送"为标志来划分配送外延，也是有一定道理的。

5. 配送以用户要求为出发点

在定义中强调"按用户的定货要求"明确了用户的主导地位。配送是从用户利益出发、按用户要求进行的一种活动，因此，在观念上必须明确"用户第一""质量第一"，配送企业的地位是服务地位而不是主导地位，因此不能从本企业利益出发而应从用户利益出发，在满足用户利益基础上取得本企业的利益。更重要的是，不能利用配送损伤或控制用户。

6. 配送强调合理化

配送要在经济合理的范围内进行，既要满足用户需求，也要有利于实现配送的经济效益。在配送环节上的商品一般有批量小、批次多的特点，所以要尤其注意规模经济的最大化。因为配送要在时间、速度、服务水平、成本、数量等多方面寻求最优，所以过分强调"按用户要求"是不妥的，用户要求受用户本身的局限，有时甚至会损害自我或双方的利益。对于配送者，必须以"要求"为据，但是不能盲目，应该追求合理性，进而指导用户，实现共同受益的商业原则。

7. 配送使企业实现"零库存"

企业为保证生产持续进行，依靠库存（经常库存和安全库存）向企业内部的各生产工位供应物品。如果社会供应系统既能承担生产企业的外部供应业务，又能实现上述的内部物资供应，那么企业的"零库存"就能成为可能。理想的配送恰恰具有这种功能，由配送企业进行集中库存，取代原来分散在各个企业的库存，就是配送的最高境界。这点在物流发达国家和我国一些地区的实践中已得到证明。

8.1.2 配送的分类

经过较长期的发展，国内外创造出多种形式的配送，以满足不同产品、不同企业、不同流通环境的要求。各种配送形式都有各自的优势，但也有其一定的局限性。

1. 按实施配送的节点分类

（1）配送中心配送

组织者是专职配送的配送中心，规模较大，有的配送中心需要储存各种商品，储存量比较大。也有的配送中心专职配送，储存量较小，货源靠附近的仓库补充。从实施配送较为普遍的国家看，配送中心配送是配送的主体形式，不但在数量上占主要部分，而且是某些小配送单位的总据点，因而发展较快。配送中心配送覆盖面较宽，是大规模配送形式，因此，必须有一套配套的大规模实施配送的设施，如配送中心建筑、车辆、路线等，一旦建成便很难改变，灵活机动性较差，投资较高，在实施配送时难以一下子大量建立配送中心。因此，这种配送形式有一定局限性。

（2）仓库配送

仓库配送是以一般仓库为据点进行配送的形式。可以是仓库完全改造成配送中心，也可以是以仓库原功能为主，在保持原功能前提下增加一部分配送职能。优点是较为容易利用现有条件而无需大量投资。

（3）商店配送

组织者是商业或物资的门市网点，这些网点主要承担商品的零售，规模一般不大，但经营品种较齐全。除日常零售业务外，还可根据用户的要求将商店经营的品种配齐，或代用户外购一部分本商店平时不经营的商品，和商店经营的品种一起配齐送给用户。

按实施配送的节点进行分类，如表 8-1 所示。

表 8-1　按实施配送的节点分类

配送类别	特　点
配送中心配送	配送的主体形式； 有一套配套的大规模实施配送设施； 灵活机动性较差； 投资较高
仓库配送	仓库为据点； 较为容易利用现有条件而无需大量投资
商店配送	规模一般不大； 经营品种较齐全

2. 按配送商品种类及数量不同分类

（1）少品种大批量配送

工业企业需要量较大的商品，单独一个品种或几个品种就可达到较大输送量，可实行整车运输，这种商品往往不需要再与其他商品搭配，可由专业性很强的配送中心实行这种配送。特点是配送工作简单，成本较低。

（2）多品种少批量配送

多品种少批量配送是按用户要求，将所需的各种物品（每种需要量不大）配备齐全，凑整装车后由配送据点送达用户。这种配送作业水平要求高，配送中心设备复杂，配货送货计划难度大，要有高水平的组织工作予以保证和配合。

（3）配套成套配送

按企业生产需要，尤其是装配型企业生产需要，将生产每一台件所需全部零部件配齐，按生产节奏定时送达生产企业，生产企业随即可将此成套零部件送入生产线装配产品。这种配送方式下，配送企业承担了生产企业的大部分供应工作，使生产企业专注于生产。

按配送商品种类及数量分类，如表 8-2 所示。

表 8-2　按配送商品种类及数量分类

配送类别	描　述	特　点
少品种大批量配送	工业企业需要量较大的商品，单独一个品种或几个品种就可达到较大输送量，可实行整车运输	品种少、数量大，便于合理安排运输和计划管理，物流成本低，可收到规模效益
多品种少批量配送	按用户要求，将所需的各种物品（每种需要量不大）配备齐全，凑整装车后由配送据点送达用户	品种多、批量少，配送难度大，技术要求高，使用设备复杂，要有高水平的组织工作保证和配合
配套成套配送	按企业生产需要，尤其是装配型企业生产需要，将生产每一台件所需全部零部件配齐，按生产节奏定时送达生产企业，生产企业随即可将此成套零部件送入生产线装配产品	生产企业可以专致于生产

3．按配送时间及数量分类

（1）定时配送

定时配送是指按规定时间间隔进行配送，如数天或数小时一次等，每次配送的品种及数量可按计划执行，也可在配送之前以商定的联络方式（如电话、计算机终端输入等）通知配送品种及数量。

（2）定量配送

定量配送是指按规定的批量在一个指定的时间范围中进行配送。这种方式数量固定，备货工作较为简单，效率较高。

（3）定时定量配送

定时定量配送是指按照规定配送时间和配送数量进行配送。这种方式兼有定时配送和定量配送两种方式的优点，但特殊性强，计划难度大，适合采用的对象不多，不是一种普遍的方式。

（4）定时定路线配送

定时定路线配送是指在规定的运行路线上制订到达时间表，按运行时间表进行配送，用户可按规定路线及规定时间接货及提出配送要求。

（5）即时配送

即时配送是指完全按用户突然提出的配送要求的时间和数量随即进行配送的方式，是有很高的灵活性的一种应急的方式。采用这种方式的品种可以实现保险储备的零库存，即用即时配送代替保险储备。

4．按配送的组织形式分类

（1）集中配送（又叫配送中心配送）

集中配送由专门从事配送业务的配送中心对多家用户开展配送。配送中心规模大，专业性强，可与用户确定固定的配送关系，实行计划配送，集中配送的品种多、数量大，可以同时对同一线路中的几家用户进行配送。配送经济效益明显，是配送的主要形式。

（2）共同配送（Joint Distribution）

共同配送是由多个企业联合组织实施的配送活动。这种配送有两种情况：一是中小生产企业之间分工合作实行共同配送；二是几个中小型配送中心之间实行共同配送。前者是同一行业或同一地区的中小型生产企业在单独进行配送的运输量少、效率低的情况下进行联合，实行共同配送，这样不仅减少了企业的配送费用，弥补了配送能力薄弱的企业和地区，而且有利于缓和城市交通拥挤，提高配送车辆的利用率。后者是针对某地区的用户由于所需物资数量较少，配送车辆利用率低等原因，几个配送企业将用户所需的物资集中起来，共同制订配送计划，实行共同配送。

（3）分散配送

分散配送是对少量、零星货物或临时需要货物的配送业务，一般由商业和物资零售（或销售）网点进行。由于商业和物资零售网点具有分布广、数量多、服务面广的特点，它们比较适合开展对近距离、品种繁多而用量小的货物的配送。

8.1.3　配送的基本功能要素及流程规范

1．配送的基本功能要素

配送一般是由备货、储存、订单处理、分拣及配货、装配、运输、配送加工和送达共 8 个基本要素组成的。具体流程如图 8-1 所示。

（1）备货

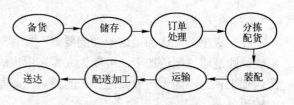

图 8-1　配送基本功能要素流程图

备货是配送的准备工作或基础工作，备货工作包括筹集货源、订货或购货、集货、进货及有关的质量检查、结算、交接等。配送的优势之一，就是可以集中用户的需求进行一定规模的备货。备货是决定配送成败的初期工作，如果备货成本太高，会大大降低配送的效益。

（2）储存

配送储备是按一定时期的配送经营要求形成的对配送的资源保证。这种类型的储备数量较大，储备结构也较完善，视货源及到货情况，有计划地确定周转储备及保险储备结构及数量。配送的储备保证有时在配送中心附近单独设库解决。另一种储存形态是暂存，是具体执行日配送时，按分拣配货要求，在理货场地所做的少量储存准备。由于总体储存效益取决于储存总量，因此这部分暂存数量只会对工作方便与否造成影响，而不会影响储存的总效益，因而在数量控制上并不严格。

还有一种形式的暂存，是分拣及配货之后形成的发送货载的暂存，这个暂存主要是调节配货与送货的节奏，暂存时间不长。

（3）订单处理

订单处理就是由订单管理部门对客户的需求信息进行及时处理，这是物流活动的关键之一，是从客户下订单开始到客户收到货物为止的过程中所有单据的处理活动。具体包括接受用户订货或配送要求，审查订货单证，核对库存情况，下达货物分拣、配组、输送指令等一系列与订单密切相关的工作活动。

（4）分拣及配货

分拣及配货是配送不同于其他物流形式的特有功能要素，也是配送成败的一项重要的支持性工作。分拣及配货是完善送货、支持送货的准备性工作，是不同配送企业在送货时进行竞争和提高自身经济效益的必然延伸，所以，也可以说分拣及配货是送货向高级形式发展的必然要求。有了分拣及配货就会大大提高送货服务水平，所以，分拣及配货是决定整个配送系统水平的关键要素。

（5）装配

在单个用户配送数量不能达到车辆的有效载运负荷时，就存在如何集中不同用户的配送货物进行搭配装载以充分利用运能、运力的问题，这就需要装配。装配和一般送货的不同之处在于，通过装配送货可以大大提高送货水平及降低送货成本，所以，装配也是配送系统中有现代特点的功能要素，也是现代配送不同于以往送货的重要区别之处。

（6）运输

配送运输属于运输中的末端运输、支线运输，它和一般运输形态的主要区别在于：配送运输是较短距离、较小规模、额度较高的运输形式，运输工具一般选择汽车；与干线运输的另一个区别是，配送运输的路线选择问题是一般干线运输所没有的，干线运输的干线是唯一的运输线，而配送运输由于配送用户多，一般城市交通路线又较复杂，如何组合成最佳路线，如何使配装和路线有效搭配等，是配送运输的特点，也是难度较大的工作。

（7）配送加工

在配送中，配送加工这一功能要素不具有普遍性，但是往往是有重要作用的功能要素。主要原因是通过配送加工，可以大大提高用户的满意程度。配送加工是流通加工的一种，但配送加工有它不同于一般流通加工的特点，即配送加工一般只取决于用户要求，其加工的目的较为单一。

（8）送达

配好的货物运输到用户所在地还不算配送工作的完结，这是因为送达货物和用户接收货物往往还会出现不协调，使配送前功尽弃。因此，要圆满地实现运到之货的移交，并有效地、方便地处理相关手续并完成结算，还应讲究卸货地点、卸货方式等。送达服务也是配送独具的特殊性。

2．一般配送作业流程规范

配送作业流程（Distribution Process）是指配送中心进行商品分拣、组配、运送等作业的程序。一般认为，随着商品日益丰富，消费需求个性化、多样化，多品种、少批量、多批次、多用户的配送方式，最能有效地通过配送服务实现流通终端的资源配置，是当今最具时代特色的典型配送活动形式。一般配送作业的流程分解图如图8-2所示。

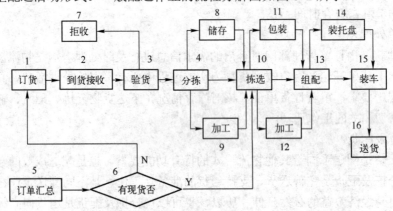

图8-2　一般配送作业流程分解图

配送的一般作业流程，只能说是配送活动的典型作业流程模式。但并不是所有的配送者按上述流程进行。不同产品的配送可能有独特之处，如燃料油配送就不存在组配工序，水泥及木材配送又多出了一些流通加工的过程，而流通加工又可能在不同环节出现。

8.1.4　配货方式的选择

配货是配送工作的第一步，根据各个用户的需求情况，首先确定需要配送货物的种类和数量，然后在配送中心将所需货物挑选出来。配货作业有两种基本形式：摘取式（又叫拣选式）和播种式（又叫分货式）。配货时大多是按照入库日期的"先进先出"原则进行。

1．摘取式

（1）摘取式配货的含义

摘取式配货是在配送中心分别为每个用户拣选其所需货物，此方法的特点是配送中心的每种货物的位置是固定的，对于货物类型多、数量少的情况，这种配货方式便于管理和实现现代化。

（2）摘取式配货的流程

进行拣选式配货时，以出货单为准，每位拣货员按照品类顺序或储位顺序，到每种品类的储位下层的拣货区拣取该出货单内该品类的数量，码放在托盘上，再继续拣取下一个品类，一直到该出货单结束，将拣好的货品与出货单置放于待运区指定的位置后，由出货验放人员接手。摘取式配货流程如图8-3所示。

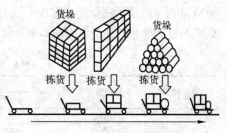

图 8-3　摘取式配货流程

这种方式好比农夫背个篓子在果园里摘水果，从果园的这一头一路走到另一头，沿途摘取所需要的水果，因此被称为"摘取式"。

（3）摘取式配货的优缺点

摘取式的优点是：以出货单为单位，一人负责一单，出错的机会较少，而且易于追查。有些配送中心以摘取式进行配货，甚至省略了出货验放的工作，而由拣货员同时完成出货验放的工作。

摘取式的缺点是：作业重复太多——尤其是热销商品，几乎每张出货单都要走一趟仓库，容易在这个地区造成进出交通拥堵、补货不及时等现象。人力负荷重——出货单的品类多，每单项数量少的时候，人力作业的负担很重，每人（拣货员）拣取单数随工作时间成反比。

便利店的配送作业，就是摘取式配货作业的典范。在国外，便利店将许多商品的物流工作外包出去，自身保留周转率比较高、处理技术层次低的商品品类的配送作业，其他难度较大，如保存期限短的冷藏食品——包子、饭团、三明治等，退货率高的报纸、杂志、书籍等，通通外包。其效果反而比自己处理还要好。

2．播种式

（1）播种式配货的含义

播种式配货是将需要配送的同一种货物从配送中心集中搬运到发货场地，然后再根据各用户对该种货物的需求量进行二次分配，就像播种一样。这种方式适用货物易于集中移动且对同一种货物需求量较大的情况。

（2）播种式配货的流程

播种式配货的流程和摘取式完全不同，除了单一的出货单以外，还需要有各个出库商品品类的总数量。拣货员的工作，先是按照"拣货总表"的品类总量，到指定储位下层的拣货区一次取一类货物。取完一个品类后，拖至待验区，按照出货单的代码（位置编号）将该品类应出货的数量放下。播种式配货流程如图8-4所示。

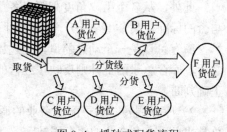

图 8-4　播种式配货流程

（3）播种式配货的特点

播种式配货法需要相当大的空间作为待验区，对于仓储空间有限的业者而言，有一定的困难。而且出货时间必须有一定的间隔（要等到这一批的出货单全部拣完、验完），不能像摘取式配货那样可以逐单、连续出货。

3．摘取式和播种式的比较

如果出货单数量不多，摘取方式和播种方式的效率与效果都没有什么差别。但是如果是大量出货的情况，它们的优劣可见表 8-3。比较的前提条件是：拣货员与出货验放员数量不变，出货单数量相同。播种式配货法在误差度上占了明显的优势，而且在大多数情况中，处理时间也比摘取式节省。如果转换成人力成本来计算，应可节省17%～25%的费用或是相当的工时。

表8-3　两种配货方式的对比情况

商品种类	每种数量	摘取式		播种式	
		时间	误差率	时间	误差率
多	多	100	3.2%	65	1.1%
	少	100	1.5%	85	0.4%
少	多	100	2.3%	96	0.1%
	少	100	0.3%	112	0.1%

注：① 时间：每一出货单从拣货到验放完成的处理时间。
　　② 误差率：出货验放时发现的错单次数占出货单总数的比例。

摘取式配货法在某些情况下，如出货数量少、频率少的商品品种（书籍），品种多、数量少，但识别条件多的品种（如成衣），体积小而单价高的品种（化妆品、药品、机械零件），牵涉到批号管制且每批数量不一定的品种等，仍然有它的适用性。

8.2　配送合理化

8.2.1　配送流程合理化

1. 合理化的判断标志

对于配送合理化与否的判断，是配送决策系统的重要内容，目前国内外尚无一定的技术经济指标体系和判断方法，按一般认识，以下若干标志是应当纳入的。

（1）库存标志

库存是判断配送合理与否的重要标志。具体指标有以下两个方面。

1）库存总量。库存总量在一个配送系统中，从分散于各个用户转移给配送中心，配送中心库存数量加上各用户在实行配送后库存量之和应低于实行配送前各用户库存量之和。

此外，从各个用户角度判断，各用户在实行配送前后的库存量比较，也是判断配送合理与否的标准，某个用户上升而总量下降，也属于一种不合理。

库存总量是一个动态的量，上述比较应当是在一定经营量的前提下。在用户生产有发展之后，库存总量的上升则反映了经营的发展，必须扣除这一因素，才能对总量是否下降做出正确判断。

2）库存周转。由于配送企业的调剂作用，以低库存保持高的供应能力，库存周转一般总是快于原来各企业的库存周转。

此外，从各个用户角度进行判断，各用户在实行配送前后的库存周转比较，也是判断配送合理与否的标志。

为取得共同比较基准，以上库存标志都以库存储备资金计算，而不以实际物资数量计算。

（2）资金标志

总的来讲，实行配送应有利于资金占用降低及资金运用的科学化。具体判断标志如下。

1）资金总量。用于资源筹措所占用流动资金总量，随储备总量的下降及供应方式的改变必然有较大的降低。

2）资金周转。从资金运用来讲，由于整个节奏加快，资金充分发挥作用，同样数量的资金过去需要较长时期才能满足一定供应要求，配送之后，在较短时期内就能达到此目的。所以资金周转是否加快，是衡量配送合理与否的标志。

3）资金投向的改变。资金分散投入还是集中投入，是资金调控能力的重要反映。实行配送后，资金必然应当从分散投入改为集中投入，以增加调控作用。

（3）成本和效益。

总效益、宏观效益、微观效益、资源筹措成本都是判断配送合理与否的重要标志。对于不同的配送方式，可以有不同的判断侧重点。如配送企业、用户都是各自独立的以利润为中心的企业，则不但要看配送的总效益，而且要看对社会的宏观效益及两个企业的微观效益，不顾及任何一方，都必然出现不合理。又如，如果配送是由用户集团自己组织的，配送主要强调保证能力和服务性，那么，效益主要从总效益、宏观效益和用户集团企业的微观效益来判断，不必过多顾及配送企业的微观效益。

由于总效益及宏观效益难以计量，在实际判断时，常以按国家政策进行经营，完成国家税收及配送企业及用户的微观效益来判断。

对于配送企业而言（投入确定的情况下），企业利润反映配送合理化程度。

对于用户企业而言，在保证供应水平或提高供应水平（产出一定）前提下，供应成本的降低反映了配送的合理化。

成本及效益对合理化的衡量，还可以具体到储存、运输等配送环节，使判断更为精细。

（4）供应保证标志

实行配送，各用户最担心的是害怕供应保证程度降低，这是心态问题，也是承担风险的实际问题。

配送的一个关键是必须提高对用户的供应保证能力，这才算合理。供应保证能力可以从以下几方面判断。

1）缺货次数。实行配送后，对各用户来讲，该到货而未到货以致影响用户生产及经营的次数必须下降才算合理。

2）配送企业集中库存量。对每一个用户来讲，其数量所形成的保证供应能力高于配送前单个企业保证程度，从供应保证来看才算合理。

3）即时配送的能力及速度。即时配送是用户出现特殊情况的特殊供应保障方式，这一能力必须高于未实行配送前用户紧急进货能力及速度才算合理。

特别需要强调的一点是，配送企业的供应保障能力是一个科学、合理的概念，而不是无限的概念。具体来讲，如果供应保障能力过高，超过了实际的需要，则属于不合理。所以追求供应保障能力的合理化也是有限度的。

（5）社会运力节约标志

末端运输是目前运能、运力使用不合理，浪费较大的领域，因而人们寄希望于配送来解决这个问题。这也成了配送合理化的重要标志。

运力使用的合理化是依靠送货运力的规划和整个配送系统的合理流程及与社会运输系统合理衔接实现的。送货运力的规划是任何配送中心都需要花力气解决的问题，而其他问题有赖于配送及物流系统的合理化，判断起来比较复杂。可以简化判断如下。

1）社会车辆总数减少，而承运量增加为合理。

2）社会车辆空驶减少为合理。

3）一家一户自提自运减少，社会化运输增加为合理。

（6）整个物流合理化标志

配送必须有利于整个物流系统合理化，如是否减少了物流损失，是否发挥了各种物流方式的最优效果，是否有效衔接了干线运输和末端运输，是否不增加实际的物流中转次数，是否采用了先进的技术手段。

物流合理化的问题是配送要解决的大问题，也是衡量配送本身的重要标志。

2．配送合理化可采取的做法

（1）推行一定综合程度的专业化配送

通过采用专业设备、设施及操作程序，取得较好的配送效果并降低配送过分综合化的复杂程度及难度，从而追求配送合理化。

（2）推行加工配送

通过加工和配送结合，充分利用本来应有的这次中转，而不增加新的中转求得配送合理化。同时，加工借助于配送，加工目的更明确，和用户联系更紧密，更避免了盲目性。这两者有机结合，投入不增加太多，却可追求两个优势、两个效益，是配送合理化的重要经验。

（3）推行共同配送

通过共同配送，可以以最近的路程、最低的配送成本完成配送，从而追求合理化。

（4）实行送取结合

配送企业与用户建立稳定、密切的协作关系。配送企业不仅成了用户的供应代理人，而且成为用户储存据点，甚至成为产品代销人。在配送时，将用户所需的物资送到，再将该用户生产的产品用同一辆车运回，这种服务也成了配送中心的配送产品之一，或者作为代存代储，免去了生产企业的库存包袱。

（5）推行准时配送系统

准时配送是配送合理化的重要内容。配送做到了准时，用户才有资源把握，可以放心地实施低库存或零库存，可以有效地安排接货的人力、物力，以追求最高效率的工作。另外，保证供应能力，也取决于准时供应。从国外的经验看，准时供应配送系统是现在许多配送企业追求配送合理化的重要手段。

（6）推行即时配送

即时配送是最终解决用户企业担心断供之忧、大幅度提高供应保证能力的重要手段。即时配送是配送企业快速反应能力的具体化，是配送企业能力的体现。

即时配送成本较高，但它是整个配送合理化的重要保证手段。此外，用户实行零库存，即时配送也是重要手段保证。

8.2.2　配送路线优化

为达到高效率配送，做到时间最少、距离最短、成本最低，必然要求选择最佳的配送线路和车辆的综合调度。下面介绍一种节约里程的方法。

1．节约里程的基本原理

设 Q 为配送中心，分别向 A 和 B 两个用户配送货物，Q 至 A 和 B 的直线运输距离分别为 S_1 和 S_2。

最简单的方法是分别用两辆汽车对两个用户各自往返送货。则运输总距离为：

$$S=2（S_1+S_2）$$

若改用一辆车巡回送货（这辆车能承担两个用户的需要量），则运输总距离为：

$$S=S_1+S_2+S_3$$

其中，S_3 为 A、B 之间的运输距离。

两个方案比较，后一种方案比前一种方案节约运输里程：

$$\Delta S=S_1+S_2-S_3$$

2．按节约里程法制订配送计划

当一个配送中心要向多个用户配送时，其配送路线和车辆的安排可按以下案例所列步骤确定。

【**案例 8-1**】 有一配送中心（Q）要向 10 个用户配送，配送距离（km）和需用量（t）如图 8-5 所示。

假设，采用最大载重量分别为 2t、4t、8t 的三种汽车，并限定车辆一次运行距离 50km。

第一步，做出最短距离矩阵，从配送网络图中列出配送中心至用户及用户相互间的最短距离矩阵，如表 8-4 所示。

第二步，从最短矩阵中，计算用户相互间的节约里程，如表 8-5 所示。

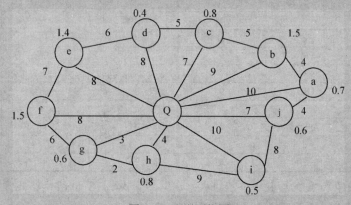

图 8-5　配送网络图

表 8-4　最短距离矩阵

	Q	a	b	c	d	e	f	g	h	i	j	
a	10	a										
b	9	4	b									
c	7	9	5	c								
d	8	14	10	5	d							
e	8	18	14	9	6	e						
f	8	18	17	15	13	7	f					
g	3	13	12	10	11	10	6	g				
h	14	14	13	11	12	12	8	2	h			
i	10	11	15	17	18	18	17	11	9	i		
j	7	4	8	13	15	15	15	10	11	8	j	
	0.7	1.5	0.8	0.4	1.4	1.5	0.6	0.8	0.5	0.6	需要量

例如，c-d之间的节约里程为：

$$\Delta S = S_1 + S_2 - S_3 = 7 + 8 - 5 = 10(km)$$

表8-5 节约里程计算过程

a	a									
b	15	b								
c	8	11	c							
d	4	7	10	d						
e	0	3	6	10	e					
f	0	0	0	3	9	f				
g	0	0	0	0	1	5	g			
h	0	0	0	0	0	4	5	h		
i	9	4	0	0	0	1	2	5	i	
j	13	8	1	0	0	0	0	0	9	j

第三步，将节约里程按大小排序，如表8-6所示。

表8-6 节约里程顺序表

排序	用户连接线	节约里程	排序	用户连接线	节约里程
1	a-b	15	9	f-g	5
2	a-j	13	9	g-h	5
3	b-c	11	9	h-i	5
4	c-d	10	10	a-d	4
4	d-e	10	10	b-i	4
5	a-i	9	10	f-h	4
5	e-f	9	11	b-e	3
5	i-j	9	11	d-f	3
6	a-c	8	12	g-i	2
6	b-j	8	13	c-j	1
7	b-d	7	13	e-g	1
8	c-e	6	13	f-i	1

第四步，按节约里程大小顺序，组成配送路线，如图8-6所示。此方案共有7条路线，总行程为109km，用6辆2t载重汽车和1辆4t汽车。

按上述方法，逐次取代，优化配送路线，得出图8-7所示的方案，此方案共有两条路线，线路A和B，总行程70km，用8t的载重车1辆（实际载重6.9t），最大行程46km；2t的载重车1辆（实际载重1.9t），最大行程24km。（请读者思考是否还有其他方案。）

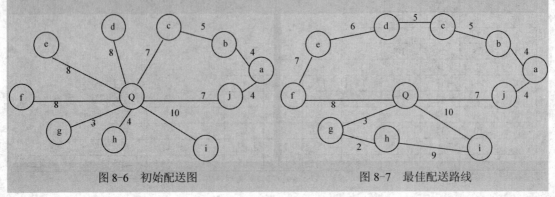

图8-6 初始配送图　　　　　　　　　图8-7 最佳配送路线

3．节约里程法应用原则和注意事项

节约里程法总的原则是约束条件下追求利润最大化。为了使利润最大，可以通过使路程尽量短、运力运用适当、运送准确性高来实现。约束条件也就是应该注意的事项，其具体内容如下：

1）客户的需要。即客户对配送数量、质量、时间的要求。

2）应充分考虑交通和道路情况。

3）充分考虑收货站的停留时间。

4）应充分考虑运载工具的载重量和容积要求及配送中心的配送能力。

8.3　配送中心

8.3.1　配送中心与物流中心

在中国和日本，物流中心和配送中心的使用都非常普遍，但在欧美国家，较多使用配送中心，这是因为配送中心作为重要的分销渠道的节点，从市场营销的角度研究较多。那么，配送中心和物流中心有哪些区别和联系呢？

按照国家标准《物流术语》（GB/T 18354—2006），配送中心（Distribution Center）是从事配送业务的场所或组织。配送中心应基本符合下列要求：

1）主要为特定的用户服务。

2）物流功能健全。

3）完善的信息网络。

4）辐射范围小。

5）多品种、小批量。

6）以配送为主，存储为辅。

物流中心（Logistics Center）是从事物流活动的场所或组织。物流中心应基本符合下列要求：

1）主要面向社会服务。

2）物流功能健全。

3）完善的信息网络。

4）辐射范围大。

5）少品种、大批量。

6）存储、吞吐能力强。

7）物流业务统一经营、管理。

通过以上定义可以归纳出，物流中心和配送中心有五个方面的区别，如表8-7所示。

表8-7　物流中心与配送中心的区别

项　　目	物　流　中　心	配　送　中　心
功能	可单可全	较为全面
规模	一般较大	可大可小
在供应链中的位置	在配送中心的上游	在物流中心的下游
物流特点	少品种、大批量、少供应商	多品种、小批量、多供应商
服务对象	通常提供第三方服务	一般为公司内部服务

8.3.2 配送中心分类

对配送中心的适当划分，可以深化对配送中心的认识，指导物流实践。

1. 按配送中心在供应链中的位置划分

（1）供应配送中心

供应配送中心是指专门为某个或某些用户（如联营商店、联合公司）组织供应的配送中心。例如，为大型连锁超级市场组织供应的配送中心；代替零件加工厂送货的零件配送中心，使零件加工厂对装配厂的供应合理化。我国上海地区六家造船厂的配送钢板中心，就属于供应型配送中心。

（2）销售配送中心

销售配送中心是指以销售经营为目的，以配送为手段的配送中心。销售配送中心大体有三种类型：

1）生产企业为本企业产品直接销售给消费者的配送中心，在国外，这种类型的配送中心有很多。

2）流通企业作为本身经营的一种方式，建立配送中心以扩大销售，我国目前拟建的配送中心大多属于这种类型，国外的例证也有很多。

3）流通企业和生产企业联合的协作性配送中心。

比较起来看，国内外的发展都在向着以销售配送中心为主的方向发展。

2. 按照配送中心的辐射范围划分

（1）城市配送中心

城市配送中心是指以城市为配送范围的配送中心，由于城市一般处于汽车运输的经济里程范围内，因此这种配送中心可直接配送到最终用户。我国已建立的"北京食品配送中心"就属于这种类型。

（2）区域配送中心

区域配送中心是指以较强的辐射能力和库存准备，向省（州）际、全国乃至国际范围的用户配送的配送中心。这种配送中心配送规模较大，一般而言，用户也较大，配送批量也较大，而且，往往是配送给下一级的城市配送中心，也配送给营业所、商店、批发商和企业用户，虽然也从事零星的配送，但零星配送不是主体形式。这种类型的配送中心在国外十分普遍，《国外物资管理》杂志曾介绍过的日本的阪神配送中心、美国马特公司的配送中心、蒙克斯帕配送中心等就属于这种类型。

3. 按配送中心的功能划分

（1）储存型配送中心

这种配送中心有较强的储存和保管功能，可以调节市场供求。

（2）流通型配送中心

流通型配送中心是指基本上没有长期储存功能，仅以暂存或随进随出方式进行配货、送货的配送中心。这种配送中心的典型方式是，大量货物整进并按一定批量零出，采用大型分货机，进货时直接进入分货机传送带，分送到各用户货位或直接分送到配送汽车上，货物在配送中心里仅做少许停滞。

（3）加工配送中心

加工配送中心是指有流通加工功能的配送中心。许多资料都提到配送中心的加工职能，但是加工配送中心的实例目前见到的不多。

8.3.3　配送中心的作用

1. 降低物流成本

通过在供应商与客户之间设置配送中心，将干线部分的大批量、高效率运输与支线部分的小批量、快速配送结合起来，从而在保证物流服务水平的前提下有效地控制物流成本。

2. 实现库存集约化

将分散在多处的仓库或多处营业仓库的商品集中存放在配送中心，有利于防止过剩库存和缺货的发生，提高了库存管理水平，有利于维持适当的库存。

3. 通过提高顾客服务水平，促进产品销售

配送中心设置在接近顾客的地方，在接到顾客的订货后提供及时的供货，而且可以一次满足多品种的订货。

4. 有利于把握销售信息

配送中心作为商品的分销中心、库存中心，通过库存的变化、出库状况直接掌握着各个零售商的销售信息，并将其及时反馈到有关部门。

5. 有利于实现商物分离

利用配送中心的各项功能完成商品从厂商到零售商甚至最终消费者的实体直接转移，按照物流合理化的原则，尽可能减少中间环节，节约物流费用。

8.3.4　配送中心的功能及作业流程

1. 配送中心的主要功能

（1）集货

为了满足门店"多品种、小批量"的要货和消费者在任何时间都能买到所需商品的要求，配送中心必须从众多的供应商那里按需要的品种较大批量地进货，以备齐所需商品，此即为集货。

（2）储存

利用配送中心的储存功能，可以有效地组织货源，调节商品的生产与消费、进货与销售之间的时间差。配送中心为了保证市场需求的满足，以及配货、流通加工等环节的正常运转，也必须保持一定的库存。这种集中储存，较之商场"前店后库"的分散储存，大大降低了库存总量。由于配送中心按照网点反馈的信息及时组织货源，始终保持最经济的库存量，从而既保证了门店的要货，将缺货率降低到最低点，又减少了流动资金的占用和利息的支付，因此，缩短商品的周转期是配送中心获取效益的重要手段之一。

（3）拣选

在品种繁多的库存中，根据门店的订货单，将所需品种、规格的商品，按要货量挑选出来并集中在一起，这在现代物流中占有重要地位。这是因为现代化配送中心要求迅速、及时、准确无误地把订货商品送到门店。而规模较大的配送中心往往是门店数和商品的种类繁多，客户要货的批量又十分零星（有的甚至要开箱拆零）；要货时间十分紧迫，必须限期送到；总的配送量又很大。在这种情况下，货物的拣选已成为一项复杂而繁重的作业。

（4）流通加工

它是为了促进销售、维护产品质量和提高物流效率，而对物品进行的加工。配送中心可根据各商店的不同需求，按照销售批量大小，直接进行集配、分货，可拆包分装、开箱拆零。以食品销售为主的连锁超市配送中心，还增加了食品加工的功能，设有肉、鱼等生鲜食品的切分、洗净、分装等小包装生产流水线，并在流通过程的储存、运输等环节进行温度管理，建造冷藏和冷冻供货系统，直接产生经济效益。

（5）配送运输

与传统运输相比，配送运输通常是在商品集结地——物流节点，完全按照客户对商品种类、规格、品种搭配、数量、时间、送货地点等各项要求，进行分货、集装、合装整车、车辆调度、路线安排的优化等一系列工作，再运送给客户的一种特殊的送货形式。所以，配送运输是发达商品经济的产物，需要现代的交通运输工具和先进的经营管理水平。

（6）信息处理

配送中心有相当完整的信息处理系统，能有效地为整个流通过程的控制、决策和运转提供依据。无论是集货、储存、拣选、流通加工、分拣、配送等一系列物流环节的控制，还是在物流管理和费用、成本、结算方面，均可实现信息共享。而且，配送中心与销售商店建立信息直接交流，可及时得到商店的销售信息，有利于合理组织货源，控制最佳库存。同时，还可将销售和库存信息迅速、及时地反馈给制造商，以指导商品生产计划的安排。配送中心成了整个流通过程的信息中枢。

2. 配送中心的作业流程

作业流程一方面包括货物的入库、对入库货物进行检查验收、对库存货物的保管；另一方面，根据客户要求，进行货物的拣选、货物的出库、对出库的货物进行捆包、出货配送，以及店铺送货（如图 8-8 所示）。在每一个配送作业环节里还包含不同的作业内容。

配送中心作业的完成要依赖于各种机械设备。配送机械设备是实现配送业务的重要手段和技术保证，是建立迅速、安全、正确作业体系的基础。配送中心机械设备主要由装卸搬运设备、输送设备、拣选设备和分货设备等构成。

图 8-8　配送中心作业流程图

8.3.5　配送中心的退货管理

退货管理是售后服务中的一项任务，进行退货处理也是配送中心的一项重要工作。退货的情况可以分为正常退货和异常退货两种。

商品的退货流程可分为返仓流程（配送商品）和返厂流程（直送商品）。

1. 返仓流程

返仓流程为：门店商品返仓申请──计算机室录入并上传总部──订货部审批──信息返回门店──门店整理返仓商品──返仓商品交接──配送中心验收并增加系统库存──数据下发并返还返仓单至门店──计算机室审单冲减门店库存。

返仓的具体操作与要求如下：

1）门店商品返仓申请：门店商品科填制返仓申请单（一式两联，信息科、商品科各一联，内容包括编码、品名、数量、返仓原因）交收货科，收货科交计算机室录入。

2）计算机室录入并上传总部：计算机室操作员录入并保存返仓申请单，在当天营业结束后随其他数据一起上传总部。

3）订货部审批：总部数据更新后，订货部相关人员审核返仓申请单，并根据公司的有关规定给予批准，签署意见和批准人姓名。

4）信息返回门店：批准后的单据随其他数据一起下发至对应的门店。

5）门店整理返仓商品：电脑室打印审批后的返仓申请单（一式两联）并交给收货科，收货科交予对应的商品科。商品科根据总部的意见对返仓的商品进行分类整理，将能够返仓的商品进行清点封箱，将数量、编号、商品品名写明在外箱上，然后将实际数量填在对应商品的返仓申请单上，做好返仓准备。

6）返仓商品交接：下个配送日来货时，收货科要统计出返仓商品总箱数和返仓单据的张数，并用一式两联清楚地写明：单据总张数、退货商品总箱数、零散商品（不能装箱的商品）的品名及数量，其中贵重商品（单价在 100 元以上的商品）品种、数量，配送司机根据退货清单进行核对，核对无误后签字确认，将其中一联装入"单据周转专用袋"，另一联收货科留底。返仓申请单两联均随货同行，所以收货科必须登记返仓申请单号备查。对整车商品或一车装不下的退货，由收货员自带单据跟车到配送中心交接。如果返仓商品交接不清或没有交接手续，损失商品由收货科长与司机共同承担。

7）配送中心验收并增加系统库存：

① 返仓商品到配送中心退货组后，司机先将退货清单交给退货组，并与退货组一起当场清点退货总箱数（含不能装箱的商品件数）及单据张数。

② 配送中心退货组再根据返仓申请单验收返仓商品，并填注验收数量和验收人姓名。对于不符合退货要求需返回门店的商品，应该在备注栏上写明原因。

③ 配送计算机室根据验收后的返仓申请单从系统内调出并按实审核，增加配送库存并打印正式的返仓单，返仓单一式两联，第一联送财务，第二联和返仓申请单的第二联返回门店。

8）数据下发并返还返仓单至门店。

9）计算机室审单冲减门店库存：门店收货科收到返仓单后必须在当天交门店计算机室做返仓单审核，减少门店库存。

2．返厂流程

返厂流程为：理货员填写手工退货单——→科长审核并通知供应商退货——→门店财务核查供应商余额并签字——→收货科核对单货是否一致——→计算机室打印返厂单——→凭单退货。

具体操作与规范

1）理货员填写手工退货单：理货员工整填写退货单，并详细注明退货原因，属于公司通知清退的商品必须在退货单的备注栏中注明"清退"字样，并且对返厂数量不得随意修改。

2）科长审核并通知供应商退货：商品科长审核退货单并通知供应商，供应商在退货单上签字确认。

3）门店财务核查供应商余额并签字：商品科长到门店财务核查供应商账目余额，并由财务签字确认。

4）收货科核对单货一致：商品科长将审核后的手工退货单与商品一同交收货科，收货科核对签字确认后交计算机室打单。

5）计算机室打印返厂单：计算机室审查单据手续，确认齐全后严格按手工单内容开具计算机返厂单，冲减计算机库存，并将手工退货单及计算机返厂单交收货科；收货科核对两单是否一致，并组织收货员、商品科长、防损员、供应商在计算机返厂单上签字。

6）凭单退货

收货科、防损员监督供应商凭财务签字后的手工返厂单及计算机返厂单第三联将退货拿出卖场。

8.4 配送中心规划设计

8.4.1 配送中心设计原则

配送中心一旦建成就很难再改变，所以，在规划设计时必须切实掌握以下四项基本设计原则。

1. 系统工程原则

配送中心的工作包括收验货、搬运、储存、装卸、分拣、配货、送货、信息处理以及供应商、连锁商场等店铺的连接等。设计时要考虑各个作业之间的协调均衡，追求整体优化是应该遵守的一个重要原则。

2. 价值工程原则

在激烈的市场竞争中，配送的准点及时和缺货率低等方面的要求越来越高，在满足服务高质量的同时，又必须考虑物流成本。特别是建造配送中心耗资巨大，必须对建设项目进行可行性研究，并进行多个方案的技术、经济比较，以求最大的企业效益和社会效益。

3. 管理科学化原则

近年来，配送中心均广泛采用电子计算机进行物流管理和信息处理，大大加速了商品的流转，提高了经济效益和现代化管理水平。同时，要合理地选择、组织，使用各种先进的物流机械、自动化设备，以充分发挥配送中心多功能、高效率的特点。

4. 发展原则

规划配送中心时，无论是建筑物、信息处理系统的设计，还是机械设备的选择，都要考虑到有较强的应变能力，以适应物流量扩大、经营范围的拓展。在规划设计第一期工程时，应将第二期工程纳入总体规划，并充分考虑扩建时业务工作的需要。

5. 人本原则

配送中心作业地点的设计实际是人机环境的综合设计，要考虑创造一个良好、舒适的工作环境。

8.4.2 配送中心的规划要素

配送中心的规划要素就是影响配送中心系统规划的基础数据和背景资料，主要包括如下几个方面。

1. 配送的对象或客户——C（C—Customer）

配送中心的服务对象或客户不同，配送中心的订单形态和出货形态就会有很大的不同。例如，为生产线提供 JIT 配送服务的配送中心和为分销商提供服务的配送中心，其分拣作业的计划、订单传输方式、配送过程的组织将会有很大的区别；而同是销售领域的配送中心，面向批发商的配送和面向零售商的配送，其出货量的多少和出货的形态也有很大不同。

2. 配送的货品种类——I（I—Item）

配送中心所处理的货品品项数差异性非常大，多则上万种，如书籍、医药及汽车零件等配送中心，少则数百种甚至数十种，如制造商型的配送中心。由于品项数的不同，配送工作的复杂性与难度也有所不同。例如，所处理的货品品项数为一万种的配送中心与处理货品品项数为一千种的配送中心是完全不同的，其货品存放的储位安排也完全不同。

另外，配送中心所处理的货品种类不同，其特性也完全不同。如目前比较常见的配送货品有食品、日用品、药品、家电产品、服饰、化妆品、汽车零件及书籍等。它们分别有各自的物品特性，配送中心的厂房及物流设备的选择也完全不同。

3. 货品的配送数量或库存量——Q（Q—Quantity）

这里 Q 包含两个方面的含义：一是配送中心的出货数量；二是配送中心的库存量。

配送中心的出货数量的多少及其随时间变化的趋势会直接影响到配送中心的作业能力和设备配置。例如一些季节性波动、节日的高峰等，都会引起出货量的变动。

配送中心的库存量和库存周期将影响配送中心的面积和空间的需求，因此应对库存量和库存周期进行详细的分析。一般，进口型的配送中心因进口船期的原因，必须拥有较长期的库存量（约 2 个月以上）；而流通型的配送中心则完全不需要考虑库存量，但必须注意分货的空间及效率。

4. 物流通路——R（R—Route）

物流通路与配送中心的规划也有很大的关系。常见的几种通路模式如下：

1）工厂──→配送中心──→经销商──→零售商──→消费者。

2）工厂──→经销商──→配送中心──→零售商──→消费者。

3）工厂──→配送中心──→零售店──→消费者。

4）工厂──→配送中心──→消费者。

因此规划配送中心之前，首先必须了解物流通路的类型，然后根据配送中心在物流通路中的位置和上下游客户的特点进行规划，才不会造成案例失败。

5. 物流的服务水平——S（S—Service）

一般企业建设配送中心的一个重要目的就是提高企业物流服务水平，但物流服务水平高低恰恰与物流成本成正比，也就是说，物流服务品质愈高，其成本也愈高。但是站在客户的立场而言，总是希望以最经济的成本得到最佳的服务。所以物流的服务水准原则上应该是合理物流成本下的服务品质，也就是物流成本不会比竞争对手高，而物流服务水准比竞争对手高一点。

物流服务水平的主要指标包括订货交货周期、货品缺货率、增值服务能力等。应该针对客户的需求，制订一个合理的服务水准。

6. 物流的交货周期——T（T—Time）

在物流服务品质中物流的交货周期非常重要，因为交货周期太长或交货不准时都会严重影响零售商的业务，因此交货周期的长短与是否守时，是对物流业者的重要评估项目。

所谓物流的交货周期，是指从客户下订单开始，订单处理、库存检查、理货、流通加工、装车及卡车配送到达客户的这一段时间。物流的交货周期依厂商的服务水准而不同，可分为 2 小时、12 小时、24 小时、2 天、3 天、1 星期送达等几种。同样情况下，物流的交货周期愈短，则其成本也会愈高。

7. 配送货品价值或建造预算——C（C—Cost）

在规划配送中心时，除了考虑以上基本要素外，还应该注意研究配送货品价值和建造预算。

首先，配送货品的价值与物流成本有很密切的关系。因为在物流的成本计算中，往往会计算物流成本所占货品价格的比例。如果货品的单价高而物流费用比率较低，则客户有能力负担；如果货品的单价低而物流费用比率较高，则客户难以接受。

另外，配送中心的建造费用预算也会直接影响配送中心的规模和自动化水准。没有足够的建设投资，所有理想的规划都是无法实现的。

8.4.3 配送中心规模确定

配送中心的总体设计是在物流系统设计的基础上进行的。由于配送中心具有收货验货、库存保管、拣选、分拣、流通加工、信息处理以及采购组织货源等多种功能，配送中心的总体设计首先要确定总体的规模。进行总体设计时，要根据业务量、业务性质、内容、作业要求确定总体规模。

1. 预测物流量

物流量预测包括历年业务经营的大量原始数据分析，以及根据企业发展的规划和目标进行的预测。在确定配送中心的能力时，要考虑商品的库存周转率、最大库存水平。我们通常以备齐商品的品种作为前提，根据商品数量的 ABC 原则分析，做到 A 类商品备齐率为 100%，B 类商品备齐率为 95%，C 类商品备齐率为 90%，由此来研究、确定配送中心的平均储存量和最大储存量。

2. 确定单位面积的作业量定额

根据规范和经验，可确定单位面积的作业量定额，从而确定各项物流活动所需的作业场所面积。例如，储存型仓库比流通型仓库的保管效率高，即使使用叉车托盘作业，储存型仓库的走道面积占仓库面积的 30%以下，而流通型仓库的走道面积却占仓库面积的 50%。同时，应避免一味追求储存率高，而造成理货场堵塞、作业混杂等现象，以致无法达到配送中心要求周转快、出货迅速的目标。根据实践经验，配送中心各类型作业区的单位面积作业量定额如表 8-8 所示。

表 8-8 配送中心各类型作业区单位面积作业量定额

作业区名称	单位面积作业量/（t/m²）
收货验货作业区	0.2～0.3
分拣作业区	0.2～0.3
储存保管作业区	0.7～0.9
配送理货作业区	0.2～0.3

3. 确定配送中心的占地面积

一般来说，辅助生产建筑的面积占配送中心建筑面积的 5%~8%。另外，办公、生活用占地面积占配送中心建筑面积的 5%左右。再考虑作业区的占地面积，配送中心总的建筑面积便可大体确定。再根据城市规划部门对建筑覆盖率和建筑容积率的规定，可基本上估算出配送中心的占地面积。

8.4.4 配送中心的选址

在确定了配送中心的建筑规模之后，接下来就是选址问题。配送中心的选址应符合城市规划和商品储存安全的要求，适应商品的合理流向，交通便利，具有良好的运输条件、区域环境和地形、地质条件，具备给水、排水、供电、道路、通信等基础设施。特别是大型配送中心，应具备大型集装箱运输车辆进出的条件，包括附近的桥梁和道路。配送中心一般都选址在环状公路与干线公路或者铁路的交汇点附近，并充分考虑商品运输的区域化、合理化。此外还应分析服务对象，如连锁超市的门店目前分布状况和将来布局的预测，以及配送区城范围。往往先初定若干个候选地点，然后采用数值分析法和重心法，谋求配送成本最低的地点。

1．配送中心选址的程序

1）收集整理历史资料。制订物流系统的基本计划，进行物流系统的现状分析，确定配送中心规模。

2）地址筛选。对地形、地价、费用、配送路线、设施现状进行分析及需求预测。

3）定量分析。运用的方法主要有数理解法及重心法。

4）复查。主要考虑选址的约束条件，如地理、地形、地价、环境、交通、劳动条件及有关法律的条目。

5）确定。评价市场的适应性、购置土地条件、服务质量、总费用、商流、物流的职能及其他。

2．单一配送中心选址方法

（1）数值分析法

数值分析法是利用费用函数求出配送中心至顾客之间配送成本最小地点的方法。

设有 n 个用户，分布在不同坐标点(x_i, y_i)上，现假设配送中心设置在坐标点(x_0, y_0)处（如图 8-9 所示）。

以 e_i 为从配送中心地到顾客 i 的运输费，则运输总额为：

$$H = \sum_{i=1}^{n} e_i$$

设：a_i 为配送中心到顾客 i 每单位运输量、单位距离所需运输费；w_i 为到客户 I 的运输量；d_i 为配送中心到顾客 i 的直线距离，根据两点间距离公式：

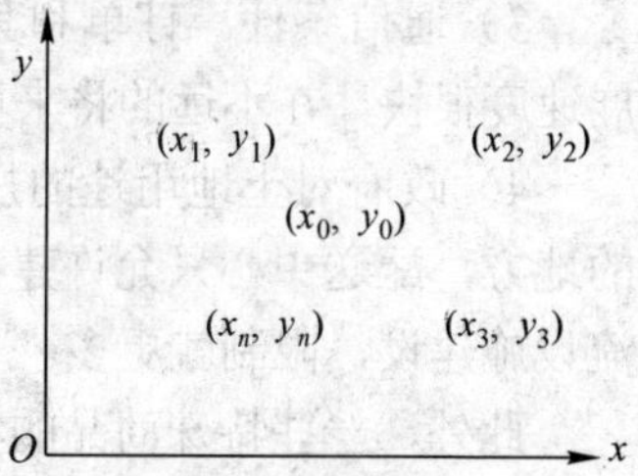

$$d_i = \sqrt{(x_0 - x_i)^2 + (y_0 - y_i)^2}$$

图 8-9 单一配送中心与多数客户

总运输费用 H 为

$$H = \sum_{i=1}^{n} d_i w_i a_i$$
$$= \sum_{i=1}^{n} a_i w_i \left[(x_0 - x_i)^2 + (y_0 - y_i)^2 \right]^{\frac{1}{2}}$$

令：

$$\frac{\mathrm{d}H}{\mathrm{d}x_0} = 0 \qquad \frac{\mathrm{d}H}{\mathrm{d}y_0} = 0$$

求得使 H 为最小值的点 (x_0, y_0)，即为配送中心的地址。

（2）重心法。

此方法不是参照数值分析法进行计算，而是使用简单的试验器具，求得地址位置的方法。具体操作方法为：

1）在平板上放一幅缩尺地图，并画出顾客 A，B，…，N 所在地点，在各点上分别穿一个孔。

2）用一定长度的细绳，分别拴上一个小锤。每个小锤的重量比例按顾客需要量换算求得。

3）把拴有 A，B，…，N 各重锤的线，分别穿过各对应孔，然后在平板上把各线段集中起来打一个小结。

4）用手掌把绳结托起，然后让它们自由落体，这样多次反复实验，把落下点比较稳定处作为合适的选址点。

但是，这种方法对于用地的现实性和候选位置点均缺乏全面考虑。例如，最适当的选址点可能是车站、公园等不能实现的解。此时，可以将其最近处当作可以实现的场址点，可以在其附近选定几个现实的候补场址，再把各候补选址点用前述的数值分析法，在分析成本的同时进行求解。

3．配送中心选址中的约束条件

配送中心选址决策时常见的约束条件有：

1）资金。资金约束将会影响配送中心选址决策，因为不同位置的土地价格差异非常大。

2）交通运输条件。由于只能选择能够到达用户的运输方式，选址决策必须在此范围内进行。例如，对多数用户而言公路是唯一能到达的运输方式，则配送中心的位置必须在公路交通枢纽或干线附近。

3）通信条件。订单和其他物流信息的传递受现有通信条件限制，但是，中国电信业发展速度很快，在不远的将来可能就不成为约束条件。

4）政府对土地用途的规划。地方政府对使用不同区块的土地有着各种不同的限制。有的地方，配送中心只允许建在政府指定的区域范围内。对化工、燃料等易造成环境污染的物流设施建设，限制就更多。

此外，一些特殊商品的物流中心还受到温度、湿度、雨量等自然因素的约束。

8.4.5 配送中心设施

1．建筑物

从装卸货物的效率看，建筑物最好是平房建筑，采用大跨度钢筋混凝土框架结构。而在城市，由于土地紧张且受地价的限制，采用多层建筑的情况较多。对建筑费用影响较大的因素有地面负荷强度、天棚高度、立柱间隔距离等。还有，设施内部配置的保管机器、装卸机器的多少，也对建筑费用有较大的影响。

2．地面负荷强度

地面负荷强度是由保管货物的种类、比重、货物码垛高度和使用的装卸机械等决定的。

一般地面负荷强度规定如下：

1）平房建筑物，平均每平方米负荷 2.5～3.0t。

2）多层建筑物：一层，平均每平方米负荷 2.5～3.0t；二层，平均每平方米负荷 2.0～2.5t；三层以上，每平方米负荷 1.5～2.0t。多层建筑物，二层以上的地面负荷是指通过建筑物墙体而由地基支撑的负荷。因而，随着建筑物层次的增多，各层地面的负荷是逐渐减小的。当然，在确定地面承受能力时，不仅要考虑地面上货物的重量，还要考虑所用机器工具的重量及机械工作时货物短时冲击力。

3．天花板高度

天花板高度指在全部装满货物时，货物计划堆放的高度，或者说，是在考虑最下层货物所能承受的压力时，堆放货物的高度加上剩余空间的总高度。在有托盘作业时，还要考虑叉车的扬程高度及装卸货物的剩余高度。一般情况下，托盘货物的高度为 1200～1700mm，其中 1300～1400mm 的高度最多。总之，天花板高度不能一概而论。通常，平房建筑的天花板高度为 5.5～7m；多层建筑物的天花板高度多数情况是：一层 5.5～6.5m，二层 5～6m，三层 5～5.5m。

天花板高度对于建筑费用的影响很大。因此，事先要充分研究作业的种类和内容，确定好合理的天花板高度。

4．立柱间隔距离

柱子间隔不当会使作业效率和保管能力下降，因而要充分研究建筑物的构造及经济性，以求出适宜的柱子间隔距离。一般柱子间隔距离为 7～10m（在建筑物前面可停放大型卡车两辆、小型卡车三辆）。

5．建筑物的通道

通道是根据搬运方法、车辆出入频度和作业路线等确定的。建筑物内部通道的设置与内部设施的功能、效率、空间使用费等因素有关，所以，应根据货物的品种和批量的大小，以及所选定机器的出入频度和时间间隔等因素，来决定通道的宽度和条数（有单向通道和往返通道两种）。通道配置的方案应在充分比较研究的基础上确定。

通道宽度的标准大致如下：人 0.5m，手推车 1m，叉车（直角装载时），重型平衡叉车 3.5～4.0m，伸长货叉型叉车 2.5～3.0m，侧面货叉型叉车 1.7～2.0m。

6．卡车停车场

通常，各种车辆都必须有停车场。车辆停止时占用的面积如表 8-9 所示。

表 8-9　各种车辆停止时的占用面积

车　　型	停止时占用面积
15t 重拖挂车	60m²
10～11.5t 卡车	45m²
6～8t 卡车	35m²
3～4t 卡车	25m²

然而，很多车辆停在一起时，各车之间一般情况下需要有超出通过 1 个人的距离（0.5～1.0m）。如宽 2.5m、长 9m 的 8t 车，与邻车的间隔为 1m 时，其必要的停车空间面积为：（2.5m+1m）×（9m+1m）=35m²，是车体实际投影面积（2.5m×9m=22.5m²）的约 1.56 倍。

另外，日常装卸货物时，所占用的停车空间与上述车辆处于静止状态时不同。为了确保卡车装卸作业可以顺利进行，应留有必要的侧面通道，或者在卡车前方留有一定宽度的通道，使卡车作业时可以前进和后退。其标准用下列公式求出：

（1）与站台或设施成直角停车（纵向）时

车辆前方通道宽度＝车体全长×[1+车体宽/（车体宽+与邻车距离）]+α。

一般相邻车的间隔距离为 0.5～1 米，α表示剩余空间。

（2）与站台或设施平行停车（横向），用叉车进行托盘作业时

车体侧面通道宽度＝车体宽+叉车直角装载作业时通道宽度+一个托盘的临时放置空间+α。

8.5 知识测评

1. 选择题（每题至少有一个正确答案）

（1）以下哪一项不属于按配送的组织形式分类的？（　　　）

    A. 集中配送　　　　　B. 即时配送　　　C. 共同配送　　　D. 分散配送

（2）配送流程合理化的判断标志有哪些？（　　　）

    A. 库存标志　　　　　B. 资金标志　　　C. 成本和效益　　D. 供应保证标志

（3）以下按配送商品种类及数量分类的有？（　　　）

    A. 少品种大批量配送　　　　　　　B. 多品种少批量配送

    C. 定时定量配送　　　　　　　　　D. 配套成套配送

（4）库存是判断配送合理与否的重要标志。具体指标有（　　　）。

    A. 库存总量　　　　　B. 安全库存　　　C. 库存周转　　　D. 促销库存

（5）以下是按配送中心在供应链中的位置划分的有（　　　）。

    A. 供应配送中心　　　　　　　　　B. 销售配送中心

    C. 区域配送中心　　　　　　　　　D. 加工配送中心

2. 判断题（请在正确的论述后面打√，错误的论述后面打×）

（1）播种方式适用于出货量少的情况。 （　　　）

（2）配送流程合理化的判断标志是库存总量，其他不需要关注。 （　　　）

（3）配送的实质就是一般的送货。 （　　　）

（4）配送可以帮助企业实现"零库存"，这是配送的最高境界。 （　　　）

（5）单一配送中心选址方法中数值分析法是最好的且是唯一的方法。 （　　　）

8.6 案例分析：联华江桥物流中心——全温带多业态共同配送典范

联华超市股份有限公司（简称"联华超市"）是香港联交所上市公司，隶属于上海国资委百联集团，年销售额 300 亿元，员工近 50 000 人。联华超市于 1991 年起在上海开展业务，以直接经营、加盟经营和并购方式，已发展成为一家业态齐全、品牌众多、全国布局的零售连锁公司，除了大型综合超市、超级市场、便利店三大主要零售业态外，电子商务业务也在有序开展，实现了线上、线下齐扩张。截止到 2017 年上半年，联华超市的门店总数达到 3595 家，遍布全国 19 个省和直辖市。

作为持续领先的中国零售巨头，联华超市的物流体系一直为业界标杆。2016 年，联华江桥物流中心建成并投入使用，再一次引起业界广泛关注。据悉，江桥物流中心是目前亚洲

地区单体跨度最大的杂货物流中心，业内第一座全温带、多业态共同配送中心，上海市现代服务业综合试点项目。

1. 建设背景

联华超市 81.6%的门店处于华东区域，近年来发展迅速。在联华超市原有物流体系中，上海的两个常温配送中心、一个便利拆零物流中心以及一个生鲜加工配送中心，共同支持华东区业务发展。但鉴于四个物流中心布局分散，人员、设备、配送能力等各方面资源也相对分散且难以满足需要，联华超市于是决定新建一个大型物流中心，将原有四个物流中心的业务整合在一起，实现集中化运营及管理。2011 年，江桥物流中心开始规划建设，2016 年正式投入运营。

2. 概况及功能

江桥物流中心位于上海市嘉定区，其东西长度约为 426m，南北长度约为 137m，是目前亚洲最大的单跨杂货物流中心。物流中心占地面积约为 13.5 万 m^2，建筑面积近 20 万 m^2，其中包括：一栋三层的配送中心，约 18 万 m^2，分为常温库区 15 万 m^2 与低温加工库区 3 万 m^2；两栋四层的办公楼 7000m^2 及一些辅助用房。

江桥物流中心为除江浙区域外的长三角地区的世纪联华大卖场、快客便利、联华、华联标超、i 百联电商等提供采购、集货、分拣、储存、理货、加工、配送、信息处理、资金结算等物流及相关配套服务，涉及门店 2000 余家。江桥物流中心作为目前国内为数不多的大型"全业态、全温带、全天候、全渠道"物流中心，处理的货品不仅涵盖食品、日杂、百货、家电等常温商品，还包括常温生鲜食品、需冷藏冷冻的低温食品，以及与百姓日常生活密切相关的各类快速消费品和耐用消费品，甚至邮包、信函等，充分满足了各业态发展需求。

值得一提的是，规模巨大的江桥物流中心定位独特，功能强大：不仅是商品供应链与物流服务链的关键节点，还是商品贸易的集散中心和商品流通的转运中心及配载中心，成为联合超市商流、物流、信息流的综合服务平台，为其业务进一步发展奠定了坚实基础。而且，物流中心还实现了各业态共享商流资源，可协同采购议价，分享规模红利。

3. 强大的信息系统

江桥物流中心建设围绕两大核心服务体系展开，一个是门店服务体系，另一个是供应商服务体系。在门店服务体系中，需要保证门店订货便捷性、商品订货满足率、到货时间及时性、商品到货准确性、库存结算及时性、在途商品可视性。在供应商服务体系中，则需要保证供应商货品装卸方便、数据透明、在途商品可视、货源组织高效、结算清晰、设备共享。

为了实现上述目标，江桥物流中心对信息系统建设进行了严谨规划，分为智能社区系统和业务应用系统。两大系统的上线，使人员、商品、设备、资金以及数据实现了在移动中的智能化管理。

（1）智能社区系统

智能社区系统用于物流中心内部管理，包括人员管理、全场区监控管理、资产设施管理、内外部通信管理以及食堂等方面。

（2）业务应用系统

业务应用系统是用于物流服务的管理系统，主要包括小型 ERP 模块、WMS 仓储模块、TMS 车辆配送模块以及商品加工模块。功能强大、接口规范、灵活开放的信息系统实现了物流中心各个业务环节的信息贯通和共享。各模块的主要功能如下：

1）ERP 模块承接了卖场、便利店、标超、电商、药妆、第三方以及总部的业务指令，根据业务指令并结合物流中心内部运作，对商品加工模块、WMS 仓储模块、TMS 车辆配送模块做出指令。

2）WMS 仓储模块能够在进货扫描后自动分配库位，操作人员仅需按照信息指示将货品送至指定库位；在分拣过程中，系统自动生成的拣货标签上印有相关信息，指导拣选作业；还能够盘点各类商品的库存状况。

3）TMS 车辆配送模块能够自动规划配送路径，提高车辆装载效率，使货品保质、准时、高效地完成配送。

4）商品加工模块驱动低温加工库区的生鲜加工作业。

4. 先进的物流设备应用

（1）自动化分拣系统

物流中心采用了高速滑块式分拣系统，截止到物流中心投入使用之际，为国内同行业中速度最快、能力最强的分拣流水线，分拣效率高达 12 500 箱/h，实现了货物快速自动且零差错分拣。

（2）DPS 电子标签拣选系统

针对拆零商品采用 DPS 系统，通过货架上的电子显示装置提示的应拣选货物及其数量，辅助拣货人员作业，不仅缩短了目视寻找的时间，大幅提高了拆零拣选效率，还减少了差错率。

（3）自动升降设备

物流中心为三层楼库的设计，楼层之间的货品传送通过自动升降机提高了效率。

此外，特别值得介绍的是，江桥物流中心以"高效、节能、共享"为目标，在商品、资产、设备、人员管理等方面广泛应用了条码技术、无线射频技术，强化资产、设备、作业的跟踪管理；强制推广外箱码的规范使用，以规范物流运作管理、提高作业效率；使用标准托盘、标准周转箱、标准笼车等载运工具，实现载运工具的双向互换和社会化流转使用，提高作业效率；规范配送车辆车型，在自有车辆以及签约运输车辆上均配置装卸尾板，实现货物的快速装卸和交接。高度的标准化、规范化、可视化，保障了物流顺畅、高效。

5. 顺畅的作业流程

下面主要介绍常温库区的物流作业流程。低温加工库区除了与常温库区相似的收货、存储、分拣、出库等作业环节外，还包括生鲜食品的加工处理，如蔬菜清洗、肉品切割等，此不再述。

（1）收货

物流中心南侧有 45 个进货道口，接收 2000 多家供应商货品。工作人员应用 RF 枪扫描完成收货作业，信息自动传递给 WMS。

（2）存储

常温库区二层、三层为存储区，一层除了分拣区、发货区以外，还包括通过型货品暂存区。扫描完成收货作业的货品，WMS 自动按照货品规格、属性等特点分配指定货位。

针对通过型货品，作业人员驾驶叉车搬运至一层的通过型货品暂存区；对于存储型货品，则由叉车作业人员搬运至自动升降机，自动升降机自动提升至指定楼层，再由该楼层作业人员驾驶叉车搬运到指定货位，完成存储。

（3）分拣

分拣作业分为整件分拣和拆零分拣。

整件分拣是工作人员手持 WMS 自动生成的拣货标签，驾驶叉车到指定货位拿出指定数量的整件货品，搬运至自动升降机，并贴上相应的条码，然后再搬运到自动分拣系统的入货口，由自动分拣系统完成分拣。

拆零分拣区位于一楼。输送线贯穿拆零分拣区，当拣货标签与周转箱一起到达作业人员负责区域时，货架上的提示灯亮起，作业人员按照提示将指定数量、指定货品放入周转箱，周转箱自动传送到下一拣选区，直到完成所有拣选任务，打包并贴上相应条码，自动进入自动分拣系统。

（4）分拨

当整件商品或分拣之后的周转箱经过分拣系统的扫描设备时，自动扫描条码，按照信息自动到达对应的道口。

（5）出货

工人将货品装入笼车，与此同时，TMS 系统安排对应的物流运输车到达出货道口，作业人员驾驶叉车将笼车运送到车上，物流运输车按照既定路线进行配送。

需要指出的是，江桥物流中心道路环通、场地宽敞，装卸货码头、停车泊位富足，可以确保任何货运车辆的平均装、卸货时间不超过半小时，作业效率极高。

6. 项目特点及效果

联华江桥物流中心酝酿时间长、资金投入大、规划起点高，广泛吸取了他人的经验教训，集合了各项物流标准和物流规范，采纳了先进的运作管理理念，选用了先进的物流运作技术和设备，确立了自己的优势地位。作为业内首创的全温带共同配送中心，该项目吞吐能力强、作业效率高：常温库日进库峰值为 25 万箱，日出库峰值为 25 万箱，极限库存容量 200 万箱，储存型商品品项数为 20 000～25 000 个，拆零品项数为 5000～8000，库存商品周转天数为 7 天，年配送金额超百亿元。低温加工库日配送量达 580 万元，冷库存储量 8 万箱，生鲜食品加工量 7600 万元，年配送金额超 20 亿元。

联华江桥物流中心运营一年里，以开放的信息系统、标准的作业流程、可视化的运作管理模式、可追溯的全程监控措施为保障，以联华集团遍布长三角地区数千家门店的商品配送需求为依托，面向社会、面向供应链上下游客户提供全方位的物流综合服务，成为名副其实的能辐射长三角地区的城市共同配送枢纽，成为规模宏大、功能齐全、技术先进的行业示范工程。

（案例来源："物流技术与应用"微信公众号，有改动）

问题

1. 联华江桥物流中心的建设依据是什么？全温带多业态共同配送有什么好处？

2. 自建配送中心有什么好处？结合案例和教材中的知识，谈谈合理化配送有哪些做法？

第9章 回收物流与低碳物流

> 加强城乡环境综合整治，倡导绿色生活方式，普遍推行垃圾分类制度。培育壮大节能环保产业，发展绿色再制造和资源循环利用产业，使环境改善与经济发展实现双赢。
>
> ——李克强总理《政府工作报告》

引例：电子商务退货的逆向物流

2015 年 3 月，李克强总理在工作报告中首次提出"互联网+"的概念，标志着"互联网+"时代的到来，目的在于通过互联网全面带动传统生产制造、交通运输、物流快递等产业的发展。网络购物作为"互联网+"的切入口，能够充分带动传统行业转型升级。同时，政府确定的"互联网+"相关支持政策，清除了阻碍"互联网+"发展的不合理制度，促进了网络购物的快速发展。截至 2015 年 12 月，我国网民规模达 6.88 亿，互联网普及率为 50.3%，网络购物用户规模达到 4.13 亿，移动网购、农村网购以及跨境网购等发展潜力逐步凸显，其中移动网络购物用户规模达 3.4 亿。结合 2014 年 3 月 15 日起实施的《网络交易管理办法》规定，消费者有权自收到商品之日起七日内退货，且无需说明理由（但规定的相应商品除外），伴随而来的退货率也不断攀升。据了解，网购一般退货率在 20% 以下，购物旺期如"双十一"有可能飙升至 30%。退货问题的及时正确处理，对于提升客户满意度与忠诚度，增强企业或个体的运营效率及竞争实力具有重要意义。但是，目前大多数电子商务企业或个人商家对退货物流的管理问题不够重视、退货物流服务滞后、退退运费难以明确、顾客的满意度与忠诚度下降。

（资料来源：曾秋梅."互联网+"背景下 B2C 电子商务退货逆向物流策略分析[J]. 时代金融，2016，(12)：289—293. 有改动）

退货是逆向物流的主要表现形式，同时，逆向物流与电子商务之间存在紧密联系。那么，什么是逆向物流呢？它是怎么产生的，又该如何去管理呢？学完本章之后，你会对这些问题有深刻的认识。

9.1 再生资源回收物流

9.1.1 回收物流、逆向物流与废弃物物流

国家标准《物流术语》（GB/T 18354—2006）对回收物流、逆向物流和废弃物物流分别

作了界定：逆向物流（Reverse Logistics）是指物品从供应链下游向上游的运动所引发的物流活动，也称反向物流。回收物流（Return Logistics）是指退货、返修物品和周转使用的包装容器等从需方返回供方所引发的物流活动。废弃物物流（Waste Material Logistics）是指将经济活动中失去原有使用价值的物品，根据实际需要进行收集、分类、加工、包装、搬运、储存等，并分送到专门处理场所的物流活动。

由于上述三个概念之间存在交叉重叠，尤其"逆向物流"和"回收物流"的范围大小问题，没有定论，很容易给研究和实践带来困扰。参考一些专家的意见，本书出于论述条理性的需要，引入广义回收物流和狭义回收物流的提法，对三个概念的内涵边界和相互关系做简单界定。如图 9-1 所示，广义回收物流应涵盖逆向物流、再生资源回收物流和废弃物回收物流三部分。

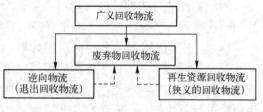

图 9-1　广义回收物流的分类

逆向物流即指通常意义上的退货回收物流，它是指下游顾客将不符合订单要求、有质量问题或者未销售完的产品退回上游供应商。逆向物流是现代物流供应链中不可或缺的部分，它与正向物流一起构成循环的物流体系，如图 9-2 所示。

再生资源回收物流是指将最终顾客所持有的再生资源回收到供应链各节点企业，主要包括回收分拣、储存、拆分处理及再次使用（有使用价值）或填埋（没有使用价值）等环节。处理后可再次使用的材料可以回到包括原供应商在内的

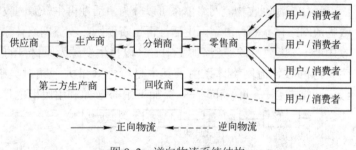

图 9-2　逆向物流系统结构

原材料需求企业，一般为"开环式"回收物流网络结构，即再生原材料不一定回到初始的生产商而有可能用于其他企业（第三方生产商）的情况。

废弃物回收物流是指将经济活动或人民生活中失去原有使用价值，并且以目前的技术水平不可能被再次利用的废弃物，根据实际需要进行收集、分类、加工、包装、搬运、储存，并分送到专门处理场所时所形成的物品实体流动。其中，逆向物流、再生资源回收物流将同时包含部分废弃物回收物流的内容。

狭义回收物流是指再生资源回收物流这一部分的内容，它是指将生活或生产过程中产生的失去原有全部或部分使用价值、但经过一定的加工处理可再次利用的物品从产生地到再利用地的实体流动过程，以及伴随其中的信息及资金流动过程。

9.1.2　再生资源回收物流

1. 再生资源回收物流的特点

（1）再生资源回收物流种类繁多

再生资源的产生渠道多，方式复杂，这就决定了再生资源回收物流方式的多样性。生产企业都有可能产生再生资源，不同类型企业产生的再生资源不同，而且几乎每个生产企业的

每一个工序、每一个阶段的生产过程都会产生再生资源。再生资源可能产生于生产领域、流通领域或生活消费领域，涉及任何领域、任何部门、任何个人。

（2）生产性再生资源的回收物流数量大

许多种类再生资源有单独处理数量较大的特点。这就决定了再生资源物流需要消耗较大的物化劳动及活劳动，需要有一个庞大的物流系统来支撑。

（3）再生资源回收物流的多变性

回收物流的分散性及消费者对再生资源自由回收政策的滥用，使得回收企业无法控制物品的回收时间与空间，导致了再生资源回收物流的多变性。

（4）供应渠道分散，分销渠道相对集中

与一般商品不同，再生资源的流通渠道是"倒金字塔"结构。再生资源的"生产单位"是海量的，海量生产单位产生的再生资源通过相对少量的流通单位，最终供少数消费单位作为原料进行再生产。一般而言，普通商品的消费单位就是再生资源的生产单位，再生资源的消费单位也在普通商品的生产单位之列。两个过程相互衔接，形成"循环经济"的大框架。生产单位众多而消费单位少量的特征，使得再生资源供应渠道分散、消费渠道集中，因此特别需要一个有效的收集系统。

2．再生资源回收物流网络构成

再生资源回收物流网络体系可以分为生活性再生资源回收物流网络体系和生产性再生资源回收物流网络体系两种类型。生活性再生资源回收物流网络体系通常分为四个层级：回收点→回收中心→集散市场→深加工中心（以再生资源为原材料的企业），如图 9-3 所示；生产性再生资源回收物流网络体系由于其本身特性（量大、相对集中），其网络体系通常分为三个层级：回收中心→集散市场→深加工中心（如利用废旧的厂家和加工厂），如图 9-4 所示。

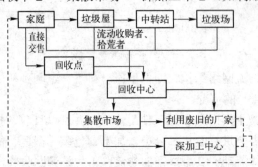
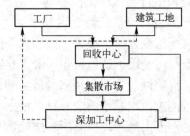

图 9-3　生活性再生资源回收物流网络体系　　图 9-4　生产性再生资源回收物流网络体系

（1）回收点

回收点是指建立在居民区内或者在企业聚集的地方，专门用于收集居民生活过程或企业生产过程中产生的再生资源的网点，又可叫作回收站点，是再生资源回收物流网络体系的最低层级，也是最接近消费者的层级。回收点的设置直接影响到居民以及企业关于再生资源回收物流的看法，因此，一般情况下要求生活性再生资源回收点做到"日产日清"。因为生产性再生资源一般单次的运输量比较大，可以不通过回收点直接进入再生资源回收物流的上一层级，因此，回收点主要是针对生活性再生资源的回收而建立的。一般按照"便于交售"的原则，城区每 1000～1500 户居民设置一个简易回收点或固定回收点，乡镇每 1500～2000 户居民设置一个简易回收点或固定回收点，条件暂不具备的地区可设立流动回收车。回收点可以是回收公司的社区回收点、街道授权的回收点、物业授权的回收点、社会组织的回收点，以及流动回收车等形式。

（2）回收中心

回收中心一般设置在城市的不同区域内，主要负责收集区域内各回收点所回收到的再生资源的汇集、储存、整理等作业，同时也可将生产性再生资源在此汇总整理、打包。回收中心一般不进行加工作业，因此一般情况下不会对环境产生污染。

（3）集散市场

集散市场一般设置在城郊且交通便利的位置，主要完成再生资源的拆解、分拣及交易环节。再生资源在回收中心整理打包以后，统一运输到集散市场进行初加工，然后进行交易。再生资源经集散市场加工环节后可以直接运输到深加工中心进一步加工，以增加产品的附加值；也可直接出售给再生资源需求企业。集散市场一般由再生资源回收物流企业负责建设，然后分包给不同的经营户。集散市场必须配备污水、污油及固废处理系统。

（4）深加工中心

深加工中心一般设置在工业园区或产业园区内，主要是对初加工后的再生资源产品进一步加工，以增加其附加值，提高再生产品的售价。再生资源回收物流由初加工向深加工发展是再生资源回收利用行业发展的必然趋势，单纯的"买废卖废"企业势必为市场经济所边缘化。深加工中心拥有比集散市场更完备的污水、污油、固废处理系统。由于其通常位于工业园区或产业园区内，可以达到一定的规模效应，从而可以提高企业效益、降低运营成本，这是产业园区吸引再生资源深加工中心入驻的主要诱因。再生资源回收点、回收中心、集散市场以及深加工中心各层级的主要作业如图9-5所示。

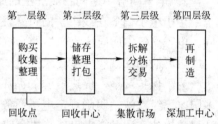

图9-5　再生资源回收物流主要作业

9.2　电子商务逆向物流

在电子商务环境下，逆向物流是以消费者为导向的，以网络信息技术为基础，以产品回收为核心，将产品从消费者手中回收到企业的过程。

9.2.1　电子商务与逆向物流

1. 逆向物流成为电子商务的竞争优势

（1）提高顾客满意度，增强企业竞争能力

在传统的商业活动中，投诉退货与维修退回是否有效率是最终顾客所关注的，进而也是评价企业信誉的重要指标。在顾客有可能无法接触到商品实物的网络活动中，逆向物流的可行性与方便性更成为影响顾客购买的重要因素。顾客满意是企业的无形资产，它可以按"乘数效应"向有形资产转化，从而增强企业竞争力。

（2）节省资源，保护环境，塑造良好的企业形象

进入网络经济时代后，人们的生活水平和文化素质有了很大提高，环境保护意识也日益增强。为了改善企业的环境行为，在消费者心中赢得良好的声誉，许多企业纷纷采取退货逆向物流战略，以减少产品对环境的污染及资源的浪费。退货逆向物流进行再加工或报废处

理，从而实现环保。企业不仅仅要重视经济效益，还要注重社会效益。

（3）促进企业优化与整合自身管理系统

逆向物流恰好处于企业管理活动的检查和改进两个环节上，承上启下，作用于两端。企业在退货中暴露出的问题，将通过逆向物流信息系统不断传递到管理层，为企业减少退货与维修比例提供参考依据。良好的逆向物流系统还能帮助企业分析退货产品，为产品的改进设计提供反馈信息，使企业可以设计制造出特色产品，提高产品竞争力，以根除产品隐患。

（4）可观的社会效益和经济效益

企业实施逆向物流可以最大限度地利用资源，降低企业成本，使产品符合环保的要求，可以提高企业产品的竞争力，扩大产品市场份额以获得最大利润。回收所生产、销售的产品，运用专业技术与设备对其进行集中报废销毁或再次回收利用，是企业节省社会资源与保护环境直接和有效的行为，可以为企业赢得良好的声誉。

（5）借助互联网获取有效信息

互联网环境下可以通过 E-mail 或销售网站问卷等方式收集消费者信息、退货信息记录、有害产品的召回、过期产品的提醒等数据，以便企业能够及时掌握产品的销售、使用状况、消费者预期等信息，从而进行科学分析，做出相应经营决策。

当然，逆向物流在给电子商务带来"利润处女地"的同时，也给它提出了特殊的挑战。退货的增加造成物流利润中正向物流所产生的效益被不合理的逆向物流支出抵消。

2．电子商务中逆向物流产生的原因

由于电子商务在线经营的特殊性，引起退货的原因和传统经营中产生的原因相似但不相同。电子商务中逆向物流产生的影响因素主要有以下几个方面。

（1）法律法规和环境要求

为了保护环境，促进资源的循环利用，同时为了规范网站行为和保护消费者的利益，许多国家已经立法，明确规定电子商务网站必须采取退货政策。这些法律法规除了政府制定的法律法规外，还可能来自某些协会或者兴趣团体发起的要求规定。

（2）市场竞争

电子商务的发展使得企业经营环境发生改变，企业的经营和竞争进入白热化。为了在激烈的市场竞争中吸引更多的顾客，企业竞相推出各种优惠的退货条件，接受顾客的退货和退换。这些优惠在使顾客满意的同时，也造成了大量商品的反流，同时企业也意识到电子商务中的逆向物流是一件强有力的竞争武器。

（3）商品本身原因

大规模的生产、配送、运输、存储环节造成商品的缺陷和瑕疵，以及商品接近或超过保质期，商品递送错位等，这些都会导致大量逆向物流的产生。

（4）退货行为

退货行为主要有以下三种。

1）销售退货。网络环境下，顾客只能看到商品图片或网络介绍，不能全面了解所购商品的特性。当顾客收到商品后，发现实物与在网上看到的不一致，或希望获得更好的产品型号，就会导致逆向物流的产生。

2）零售商或分销商将积压、滞销或过季的商品退还给供应商引起的退货行为。

3）为维护顾客权益及企业信誉，供应商对有缺陷的商品进行的召回行为。

9.2.2 电子商务中逆向物流回收模式

电子商务中具有代表性的三种退货物流渠道为：生产商负责回收模式、在线商家负责回收模式和第三方企业负责回收模式。这三种模式各有所长，每个模式都有公司在采用。如Xerox 公司和 Canon 公司都是直接从客户那里收集废旧商品和接收退货，而 Kodak 公司则是通过零售商来收集废旧产品和接受退货。

1. 生产商负责回收模式

在生产商负责回收模式中，生产商直接负责回收消费者退回的产品。其流程如图 9-6 所示。在满足退货的条件下，通过在线购买货物的消费者可以直接将退货返还给生产商，由生产商负责退货的接收及进一步的处理。

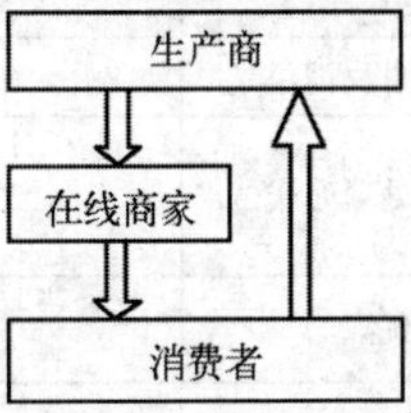

在这种模式下，生产商可以通过退货流程直接与消费者接触，准确、迅速地获得消费者对于产品的反馈，也易于在回收过程中与消费者建立良好的关系。其缺点在于生产商处理退货物流的资金需求较大，成本较高。退货逆向物流与正向物流的处理流程不同，会造成一些设备的重复建设，管理起来也比较复杂，而且如果生产商把过多精力放在逆向物流上面，必然会影响其核心业务的发展壮大。

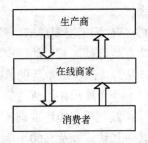

图 9-6　生产商负责回收模式的流程

2. 在线商家负责回收模式

在线商家负责回收模式下，消费者将购买的商品退还给在线商家，由在线商家根据退货条款对消费者进行补偿。其流程如图 9-7 所示。

这种模式的优点在于消费者可从中得到较低的销售价格，这是因为多卖出一件产品，在线商家可得的受益分为两部分，一部分是销售价格和进价之间的差额，另一部分是已用产品的残值。在线商家为了卖出更多的产品，就会适当降低销售价格，消费者可以从中获益。其缺点在于生产商不能直接从消费者那里得到产品的反馈，获得信息的时间较长，不利于及时改进产品。

图 9-7　在线商家负责回收模式的流程

3. 第三方企业负责回收模式

在第三方企业负责回收模式下，生产商通过与供需双方以外的第三方物流公司签订协议或转让价，将产品回收处理工作转交给第三方物流公司，由其提供专业的退货逆向物流服务。其流程如图 9-8 所示。

这种逆向物流回收模式的优势在于：第三方物流公司能提供更专业的退货物流管理，可以充分发挥第三方的专业优势和成本优势，有利于企业实现资源的优化配置，集中精力和资源大力发展核心业务。对生产商来说，资金需求不大，且效率较高。其缺点在于：同在线商家负责回收模式一样，由于供需双方不能直接交流信息，因此可能会造成比较大的信息偏差，并且这种逆向物流成功与否，会受到第三方物流公司能力的限制。

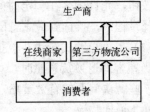

图 9-8　第三方企业负责回收模式的流程

4. 电子商务中逆向物流三种回收模式比较

表 9-1 主要从成本、专业性、信息反馈等方面对三种回收模式进行了比较。

表 9-1　逆向物流三种回收模式比较

类型	生产商负责回收模式	在线商家负责回收模式	第三方企业负责回收模式
描述	消费者直接将退货还给生产商，由生产商进行处理	消费者将退货返还给在线商家，由在线商家进行处理	生产商与第三方企业签订协议，由第三方企业负责接收消费者退货
成本	较高	一般	较低
专业性	一般	一般	较强
信息反馈	及时	不及时	不及时
退货处理方式	1）再使用； 2）再制造； 3）废物处理	1）退给生产商； 2）在二手商品电子交易市场再次出售	1）退给生产商； 2）退给在线商家； 3）其他
优点	及时获取来自消费者的反馈消息	零售价格较低，消费者受益	退货管理流程较为专业，退货物流管理效率较高
缺点	退货管理的资金投入较大，退货物流信息系统要求较高，管理复杂	生产商得到消费者反馈意见时间较长，信息延迟严重	信息反馈不及时，容易出现信息偏差，对第三方物流管理依赖性强

9.2.3　电子商务逆向物流管理

逆向物流面向终端顾客，代表着企业的经营水准和信誉形象。电子商务逆向物流管理需要从事前和事后两个视角，以预防和减少为基础，同时采用合适的方式高效处理不可避免的逆向物流。

1．优化网上交易环节，预防或减少逆向物流

为有效降低可避免的逆向物流，在线零售商必须完善和优化在线购物环节，减少逆向物流量，从源头减少退换货现象的发生。

（1）全面展示在线商品的相关信息，克服信息不对称的弊端

除了做到语言描述准确、商品图像清晰、服务项目（标准）完备之外，还应该综合运用平面式、互动式以及 360°全景展示等技术，向顾客全面展示商品的性能、外观、特点等相关信息。

（2）采取有效措施，避免顾客一时冲动而购买产品

如通过网页或产品包装提供详细的退换货说明和政策；在"购买"按钮旁边创建"取消"按钮，允许顾客在一定时间内取消自己的订单；提供商品对比功能，使顾客在充分的对比选择过程中，挑选到最满意的商品。

（3）提供自助式在线补救措施

当顾客有退换货意愿时，可登录退换货系统。系统根据顾客要退换的商品和原因，为其提供一些解决问题的有效策略，由顾客自行选择。一般来说，这些策略可以减少20%～40%的退换货逆向物流。

（4）增强在线交易的互动性和体验性

对于计算机等特殊的商品，可提供在线自主配置的互动功能；对于服装鞋帽等需要充分体验才能做出购买决定的商品，可创设"网上试衣间"在线体验系统，以帮助顾客挑选自己真正需要的商品。

除此之外，还要注意加强逆向物流的起点控制。企业可以通过对其销售人员进行培训以及建立退换货控制系统，在逆向物流流程的起点入口对有缺陷或无依据的回流商品进行审查，把好逆向物流的入口关。

2. 完善退换货管理体系，提高逆向物流管理效率

对于不可避免的退换货逆向物流，在管理上应实施积极的退换货政策，在操作上要加快退换货的处理速度，并采用合适的返品处理方式。

（1）实行积极的退换货政策

一方面要制定合理的退货价格，如按原批发价进行全额退款或按批发价打折等方式确定退货价格，使供应商和零售商的总体利益达到最优。另一方面，又要确定最佳的退换货比率，通过采用发货时给予数量折扣或价格折扣，协商确定退换货的比率，以降低退换货逆向物流的不确定性，较好地平衡成本和收益。

（2）建立逆向物流信息系统

一个成功的逆向物流计划在很大程度上取决于收集有意义的信息，这些信息可以在追踪成本时帮助管理退货过程。逆向物流信息系统还将会由于退货而为公司赢得信用，改进现金流管理，从而挖掘新的利润源，增强客户的满意度。一个有效的逆向物流信息系统应该具备以下功能：第一，具备对退货信息的归类和分别处理，能够追踪每次退货的原因，并且为最后处理分配一个编码，如设立退货原因代码和处置代码等，实现退货商品的实时跟踪和评估；第二，建立基于 EDI 系统设计的信息系统，实现制造商和销售商之间退货信息的交流共享，以便双方随时查询到其所需要的信息，提高退货的处理速度，使退货在最短的时间内得以分流，节约大量的库存成本和运输成本。

> **【案例 9-1】 Henderson 电器公司的逆向物流**
>
> 美国 Henderson 电器公司最近开发了一套逆向物流系统，以管理其来自主要经销商的返品。尽管有一些产品是在顾客那里损坏的，但主要的损坏还是来自运送途中。作为逆向物流领域的一个新丁，公司为此从头开始设计了一个高效信息系统，这对公司来说多少有点奢侈。这个系统帮助 Henderson 公司将每个顾客的每一个返品都同初始订单、初始制造厂和制造商的数据联系起来。公司的产品和质量工程师利用这些数据评定制造上的缺陷，提高流程，甚至重新设计包装以杜绝以后低劣产品的出现。公司的最终目标是消除运送途中造成的返品，因为这类返品的比率极高。例如，当某种类型的损坏时常发生时，工程师就会重新设计产品包装以防止运输途中类似情况的再发生。这种改革极大地节约了成本，提高了公司过去两年的收入。
>
> 在新系统中最有趣的是，它允许 Henderson 根据顾客所贡献的长期价值进行区别对待。管理层也意识到，一些顾客的服务成本明显高于其他顾客。Henderson 能根据返品历史来评估经销商，这也可以帮助 Henderson 评估其经销商对公司的贡献。滥用 Henderson 返品政策的经销商会发现，它们不得不另寻供应商了。通过更有效的管理，每个经销商在返品上给公司造成的服务成本，Henderson 已经看到明显的成本改进了。
>
> Henderson 还在其逆向物流系统里构筑了另外一个复杂元素：极大化其返品利润的能力。收到损坏的返品后，产品工程师立即定位损坏之处，计算零部件的成本和将产品修复到初始状态所需耗费的劳动。例如，当一个冰箱因为底板损坏而不能使用时，工程师马上计算要花费多少费用，才能更换掉底板并使它能够重新使用。基于以上的修复成本，Henderson 制定了电器是需要修复、还是在二手市场销售或者是拆成备品备件的一般原则。通过这种方式，Henderson 能够最小化存货成本，并保证返品能够给公司带来最大收入。

（3）建立集中退货中心

集中退货中心（CRCS）是一个逆向物流渠道上的所有产品的集中设施。退货在 CRCS 被分类、处理，然后被装运到它们的下一个目的地。CRCS 的运用使得快速高效的处理退货成为可能，它不仅有效地改进了退货处理，而且降低了库存水平，改进了库存周转，在处理过程中还形成了目标一致、富有经验的专业团队，并且改善最终的绩效。目前，已经有越来越多的零售商和制造商开始意识到它的价值。与传统退换货流程相比，基于第三方的集中式退换货中心不需要自己建立退换货仓库，顾客也不必将退换货商品运到在线商家，能够大大减少运输费用，缩短退换货周期，提高退换货效率。

（4）做好返品的再处理工作

对于缺乏最新功能但可以使用的商品，应及时入库以备更新后再次使用；对于尚处在保修期的返回商品，要在比较维修和新建成本的基础上，进行直接调换或集中整修后另行销售；对于返回状态良好的零部件，要整理入库供维修使用，也可通过二手零部件销售渠道进行处理；对质量、包装状态良好的返回商品，应及时进行再次销售。

9.3 低碳物流

9.3.1 低碳物流概念的提出

低碳物流是"低碳经济"和"物流"的交集。

随着全球气候的变暖，人类的生存和发展环境日益恶化，也促使人们越来越关注"低碳经济"的发展。以"低能耗、低污染、低排放"为基础、全球化的"低碳革命"正在兴起，低碳的概念日益深入人心。我国政府在哥本哈根会议上做出了到 2020 年全国单位国内生产总值二氧化碳排放比 2005 年下降 40%～45%的承诺，说明发展低碳经济成为我国今后发展的重要国策。在低碳经济发展环境下，物流产业占有特殊的地位。物流活动是能源消耗大户，也是碳排放大户，降低能源消耗，减少碳排放量，低碳物流就成为必然选择。

低碳经济变革渗透到物流系统内，"低碳物流"的概念开始受到关注。目前还没有关于低碳物流的统一定义，其中有代表性的观点是：低碳物流（Low Carbon Logistics）是以应对全球气候变化为背景，以科学发展观、低碳经济、物流管理等理论为基础，以节能减排、低碳发展为基本要求，抑制物流活动对环境的污染，减少资源消耗，利用先进技术规划并实施低碳物流活动。低碳物流应是物流作业环节和物流管理全过程的低碳化，其内涵体现为绿色加高效。

根据实施低碳物流的不同主体，即政府、企业和住户，低碳物流可以划分为三个不同的层面：低碳社会物流、低碳企业物流和低碳住户物流。这三个层面分别关注不同的问题。以政府为主实施的为低碳社会物流；以企业为主实施的为低碳企业物流；以住户或个人为主实施的为低碳住户物流。本书主要关注的是低碳企业物流。

【案例 9-2】 联邦快递：全球减排增速的践行者

世界快递巨头联邦快递在发展自身业务的同时，致力于节能和环保事业，在多个国家和地区获得了诸多环保奖项。联邦快递在节能和环保领域的探索，在为联邦快递节约大量成本的同时，也树立了联邦快递为公众利益负责的良好形象。

近些年来，联邦快递注意到现代飞机技术发展日新月异、新型飞机层出不穷、飞机燃油效率不断提高的现实和趋势，联邦也开始引入一些新机型，如波音 777F 和波音 757。新机型拥有更高的燃油效率和更大的载货量，能够降低货运燃料消耗。例如，波音 777F 比先前的 MD-11 载货更多、耗油更少、飞行更远，大幅度减少了每一运输单位的成本和废气排放。经计算，波音 777F 可直飞 1 万多千米，比 MD-11 多 3000 多千米；能运载 17.8 万磅（1 磅 =0.4536kg）的货物，比 MD-11 多 1.4 万磅的载货量。但波音 777F 消耗的燃料却要比 MD-11 少很多，同时每吨货物的废气排放量也比 MD-11 少很多。鉴于波音 777F 的巨大优势，联邦快递又购置了 6 架波音 777F，使其架数增至 12 架，并借此开通了多次直达航班。根据当前的采购方案和约定，在 2020 年前，联邦快递将扩充波音 777F 的机队规模，将波音 777F 增至 45 架。在大量购置波音 777F 的同时，联邦快递也增加了新型飞机替换旧有飞机的数额，如开始使用波音 757 替换波音 727，进而使每磅载货量的燃料消耗降低了 47%，并减少了维护费用。更换飞机这一举措为联邦快递节约了大量燃油，减少了大笔经营成本。

（资料来源：刘刚.物流管理[M].北京:中国人民大学出版社，2014.）

9.3.2 低碳物流的特征

1. 低碳物流系统具有多目标性

低碳物流系统有一个明确的目的，那就是运用先进的物流技术和管理理念，以减少资源消耗，降低污染物排放，使物流不对环境造成危害。低碳物流的多目标性体现在企业的物流活动要顺应可持续发展的战略目标要求，注重对生态环境的保护和对资源的节约，注重经济与生态的协调发展，以低能耗、低污染、低排放为基础，追求企业经济效益、消费者利益、社会效益与生态环境效益四个目标的统一。

2. 低碳物流系统具有双向性

由于早期人们对效益认识的局限性，使物流各职能相互各自为政，因而传统物流造成了效率低下、资源浪费、污染严重的局面，这是与低碳经济模式相抵触的。低碳物流系统由两种流向渠道构成：一种是物品通过生产——流通——消费途径，满足消费者的需要，这是物流流向的主渠道，称为正向低碳物流；另一种是合理处置物流衍生物所产生的物流流向渠道，如回收、分拣、净化、提纯、商业或维修退回、包装等再加工、再利用和废弃物处理等，故称为逆向低碳物流。

3. 低碳物流系统具有整体性

低碳物流系统展示了在低碳物流的实现过程中，从技术到一般服务层所应具备的完整的运作基础。传统的物流系统侧重于运输等具体的物流操作层面。而低碳物流系统则在其中强化了基础服务平台，同时又注重各个子系统之间的相互衔接、相互联系、相互依赖、相互作用和相互制约，从而构成一个有机整体。这种变化并没有使物流的实质发生改变，但在物品流通传递过程的一些环节所依附的技术发生了变化，因此也相应地改变了物流的形式。

4．低碳物流系统具有效益背反性

所谓效益背反是指一个部门的高成本会因另一个部门成本的降低或效益的提高而相互抵消的这种相关活动之间的相互作用关系。换言之，效益背反的原理体现的是一方利益的追求要以牺牲另一方的利益为代价的相互排斥的状态。比如，在低碳物流系统中，减少碳排放的选择降低了环境成本，但必然以低碳技术的投入增加作为代价。

9.3.3 低碳物流与相关概念的比较

面对日益严峻的资源与环境问题，许多学者从资源与环境的角度对物流系统进行了研究，提出了"绿色物流""逆向物流""循环物流"等概念。低碳物流与这些概念既有相通之处，也有根本性的区别。

1．与绿色物流的比较

绿色物流（Environmental Logistics）是继"绿色制造""绿色设计"等概念之后提出的理念，将资源节约与环境保护纳入物流概念的范畴，使之成为物流系统的内在目标与根本属性。

根据国家标准《物流术语》（GB／T 18354—2006），绿色物流是指在物流过程中抑制物流对环境造成危害的同时，实现对物流环境的净化，使物流资源得到最充分利用。

与低碳物流相比，绿色物流将资源节约与环境保护纳入了物流概念的范畴，强调抑制物流过程自身对环境造成的危害，以环境污染最小为首要目标。这种思想对于低碳物流具有重要的指导意义，直接减排型的低碳物流同绿色物流在本质上是一致的。

2．与逆向物流的比较

对逆向物流（Reverse Logistics）的研究始于20世纪90年代，近年来得到了迅速发展，在理论研究与实践研究两个方面均取得了显著成果。不同的学者对逆向物流的定义有不同的表述，但其主要思想是一致的，可以概括为以下四个方面。

1）逆向物流的目的是重新获得废弃产品或有缺陷产品的使用价值，或是对最终的废弃物进行正确的处理。

2）逆向物流的流动对象是产品、用于产品运输的容器、包装材料及相关信息，将它们从供应链终点沿着供应链的渠道反向流动到相应的各个节点。

3）逆向物流的活动包括对上述流动对象的回收、检测、分类、再制造和报废处理等活动。

4）尽管逆向物流是物品的实体流动，但同正向物流一样，逆向物流中也伴随着资金流、信息流以及商流的流动。

3．与循环物流的比较

目前，较为成熟的循环物流（Cycle Logistics）是指满足循环经济发展模式的物流服务需求，将产品物流与废弃物物流进行有机整合的资源节约型、环境友好型的物流过程。

与低碳物流相比，循环物流从改造承载资源流动的物流系统切入，以资源循环利用率最大化为首要目标，通过整合产品物流与废弃物物流实现资源循环。循环物流对于低碳物流有指导意义，间接减排型低碳物流与循环物流的思想在本质上是一致的。

通过以上比较可以看出，低碳物流与"绿色物流""逆向物流""循环物流"等概念是一脉相承的，是这些概念在低碳经济时代的新体现。低碳物流与相关概念的比较如表9-2所示。

表9-2　低碳物流与相关概念的比较

项　目	循环物流	逆向物流	绿色物流	低碳物流
提出时间	20世纪90年代	20世纪90年代	20世纪90年代	21世纪初
概念内涵	满足循环经济发展模式的物流服务需求，资源节约型、环境友好型的物流过程	原材料、加工库存品、产成品及相关信息从消费地到生产地的高效率、低成本的流动过程	认识物流过程产生的生态环境影响并使其最小化的过程	直接和间接抑制温室气体排放的资源节约型、环境友好型物流过程
共同点	均将降低污染物排放、废弃物回收与循环利用等资源与环境问题纳入物流的研究范畴，在研究目标上强调经济利益与环境影响的统一与协调			
侧重点	从改造承载资源流动的物流系统切入，以资源循环利用率最大化为首要目标	主要强调废弃物回收与处理过程的规划、实施和控制等管理过程	强调抑制物流过程自身对环境造成危害，以环境污染最小为首要目标	突出强调以二氧化碳为代表的温室气体排放量的降低

9.3.4　发展低碳物流的微观途径

要实现低碳物流，重点应该从低碳物流的作业环节入手，力争在每个环节实现低碳化。低碳物流作业的基本环节包括低碳运输、低碳仓储、低碳流通加工、低碳包装和废弃物回收，如图9-9所示。

1. 低碳运输

众所周知，运输过程中车辆的燃油消耗和尾气排放，是造成环境污染的主要原因。运输易燃、易爆、化学品等危险原材料或产品可能会引起爆炸、泄漏等事故。低碳物流首先要对货运网点、配送中心的设置做合理布局，同时缩短路线和降低车辆空载几率，实现节约燃料和减少排放的目标。主要做法是共同配送和灵活选择运输方式。

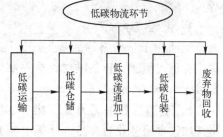

图9-9　低碳物流作业的基本环节

（1）共同配送

几个中小型配送中心联合起来，分工合作对某一地区客户的企业进行配送，它主要是指对某一地区的企业所需要物品数量较少而使用车辆不满载、配送车辆利用率不高等情况。

（2）灵活选择运输方式

吸取铁路、汽车、船舶、飞机等基本运输方式的长处，把它们有机地结合起来，实行多环节、多区段、多运输工具相互衔接进行商品运输。这种方式能够克服单个运输方式固有的缺陷，从而在整体上大大提高了运输效率并减少了资源消耗。

另外还可以通过改进内燃机技术，减少燃料消耗，或者使用燃气等清洁燃料替换石油，进一步提高能效。在运输过程中还应当防止运输过程中的泄露问题，以免对周围环境造成严重污染。

【案例9-3】　松下与NEC共推低碳物流合作模式

2010年底，Panasonic（松下）与NEC两大巨头联合宣布，Panasonic公司的数字家电与NEC的信息通信机器商品，自10月份便开始了使用NEC的运输车辆开展共同运送合作。

据称，此前，Panasonic 位于关西福岛家电工厂的运输车辆，往往是单程配送，造成运力浪费。而引进 NEC 前往关西地区运送电脑等的返程车辆，将商品配送至大阪府等地区，则可以实现班次成本削减一半，以及每年减排57t二氧化碳的环保效益。

分析人士表示："两大巨头充分释放运力潜能，开展低碳物流联合合作的做法，无疑给人们一种新的思路。即优化车辆环保性能，内部挖潜的同时，充分利用包括同业公司在内的社会富裕运力资源，推进共同物流、仓储等资（能）源节约合作减排措施，必将大大提升企业履行社会环境责任的能力，也将大大提升企业的公众形象。"

（资料来源：中国家电网，有改动）

2．低碳仓储

低碳仓储即要求仓库布局合理，以节约运输成本。

1）仓库布局过于密集，会增加运输的次数，从而增加资源消耗；仓库布局过于松散，则会降低运输的效率，增加车辆空载的几率。这两种做法都会大大增加运输成本。

2）仓库建设还要充分考虑对所在地环境的影响。例如，易爆易燃和化学制品的储存仓库不能建在居民区或离居民区太近；有害物质的储存仓库不能建在重要水源附近等。

3）在新建物流中心时，还应该考虑旧有的物流设施，以免建了新的，就放弃旧的，浪费基础设施。

3．低碳流通加工

流通加工是指将物品从生产地运送到使用地的过程中，根据需要施加包装、分割、计量、分拣、组装、价格贴付、标签贴付、商品检验等简单作业的总称。低碳流通加工主要包括以下两个方面的措施。

1）变消费者加工为专业集中加工，以规模作业方式提高资源利用效率，减少环境污染，如饮食服务业对食品进行集中加工，以减少家庭分散烹调所带来的能源和空气污染。

2）集中处理消费品加工中产生的边角废料，以减少消费者分散加工所造成的废弃物的污染，如流通部门对蔬菜集中加工，可减少居民分散加工垃圾丢放及相应的环境治理问题。

4．低碳包装

包装是商品营销的一个重要手段，但大量的包装材料在使用一次后就被消费者遗弃，从而造成环境问题。我国现在比较严重的白色污染问题，就是因为大量使用了不可降解的塑料包装引起的。

低碳包装主要是指采用环保材料、以提高材料利用率为目的等的包装。要促进生产部门尽量采用可降解材料制成的包装。在流通过程中，应采取可折叠式的包装，并建立适当的包装回收制度。具体做法如下。

（1）包装模数化

确定包装基础尺寸的标准，即包装模数化。包装模数标准确定以后，各种进入流通领域的产品便需要按模数规定的尺寸包装。模数化包装利于小包装的集合，利用集装箱及托盘装箱、装盘。包装模数如能和仓库设施、运输设施尺寸模数统一化，也利于运输和保管，从而实现物流系统的合理化。

（2）包装的大型化和集装化

包装的大型化和集装化有利于物流系统在装卸、搬迁、保管、运输等过程的机械化。加快这些环节的作业速度，有利于减少单位包装，节约包装材料和包装费用，有利于保护货体。可采用集装箱、集装袋、托盘等集装方式。

（3）包装多次、反复使用和废弃包装的处理

采用通用包装，不用专门安排回返使用；采用周转包装，可多次反复使用，如饮料、啤酒瓶等；梯级利用，一次使用后的包装物，用毕转作它用或简单处理后转作它用；对废弃包装物经再生处理，转化为其他用途或制作新材料。

（4）开发新的包装材料和包装器具

未来的发展趋势是，包装物的高功能化，即用较少的材料实现多种包装功能。

5. 废弃物回收

从环境的角度看，今后大量生产、大量消费的结果必然导致大量废弃物的产生，尽管我国已经采取了许多措施加速废弃物的处理并控制废弃物物流，但是目前处理设施、技术、人力的不足导致处理能力有限，而待处理的数量巨大，使得废弃物处理困难，比如近年来大量的不可降解包装造成的污染。大量废弃物的出现对社会产生了严重的消极影响，而且会引发社会资源的枯竭以及自然资源的恶化。因此发展低碳物流必须要考虑废弃物方面的物流。

废弃物回收形成废弃物物流，指将经济活动中失去原有使用价值的物品，根据实际需要进行收集、分类、加工、包装、搬运、储存，并分送到专门处理场所时形成的物品实体流动。废弃物物流的作用是，无视对象物的价值或对象物没有再利用价值，仅从环境保护出发，将其焚化、化学处理或运到特定地点堆放、掩埋。降低废弃物物流，需要实现资源的再使用（回收处理后再使用）、再利用（处理后转化为新的原材料使用），为此应建立一个包括生产、流通、消费的废弃物回收利用系统。

【案例 9-4】 家电回收

据 2010 年重庆市政府出台的《重庆市家电以旧换新实施细则》规定，此次重庆地区家电"以旧换新"实施时间为 2010 年 6 月 1 日至 2011 年 12 月 31 日。重庆市家电"以旧换新"将以上门回收、立买立补的方式进行。补贴家电产品的范围是电视机、电冰箱（含冰柜）、洗衣机、空调、电脑五大类。补贴标准如下。①家电补贴。按新家电销售价格的10%给予补贴，补贴上限为：电视机 400 元/台，电冰箱（含冰柜）300 元/台，洗衣机 250元/台，空调 350 元/台，电脑 400 元/台，也就是假如买一台 4999 元的电视机，补贴金额为 400 元，如果买一台 2999 元的电视机，补贴 299 元。②运费补贴。根据回收旧家电类型、规格、运输距离分类分档给予定额补贴。③拆解处理补贴。根据拆解处理企业实际完成的拆解处理旧家电数量给予定额补贴。具体补贴标准为：电视机 15 元/台、电冰箱（含冰柜）20 元/台、洗衣机 5 元/台、电脑 15 元/台，空调不予补贴。

重庆市家电以旧换新的流程分为两种，以中标的家电卖场为例，一种为：市民拨打卖场客户电话或者网上预约──►后者上门回收旧家电（同时向市民发放回收补贴和以旧换新凭证）──►市民拿凭证到卖场选购以旧换新指定电器──►当场兑现补贴；另一种为：到卖场购买新电器──►前者送货上门的同时回收顾客家中的家电（同时向顾客发放以旧换新凭证）──►顾客拿凭证回到卖场领

取补贴。

　　针对重庆市进行以旧换新工作的企业，重庆市商委和市财政局联合下发的《关于核准第一批家电以旧换新销售企业的通知》，公布了首批18家家电以旧换新中标销售企业，包括商社集团、海尔、长虹、格力、国美、苏宁、华轻、美的、八达电子、欧凯电器、泰鑫电子、西南计算机、海超电器、方正信息系统、海信科龙、创维、联想、联强国际贸易。上述18家企业不少都是家电以旧换新回收和销售双中标企业，也就是说，通过这些网点，旧家电回收和购买新家电能一步完成。在《重庆市家电以旧换新实施细则》中也确定了22家家电以旧换新回收、报废、拆解、销售企业。但目前在重庆的家电卖场，就回收单位而言，有的是厂家回收旧家电，比如长虹电视机；有的是商场回收，比如国美电器；也有一部分既不是厂家，也不是商场，而是送货上门的工人。

　　（资料来源：夏文汇.物流管理案例与实训[M].成都：西南财经大学出版社，2011.有改动）

9.4　知识测评

1. 选择题（每题至少有一个正确答案）

（1）退货、返修物品和周转使用的包装容器等从需方返回供方所引发的物流活动，称为什么物流？（　　）

　　　　A. 逆向物流　　　B. 废弃物物流　　　C. 低碳物流　　　　D. 回收物流

（2）生产性再生资源由于其本身特性（量大、相对集中），其网络体系通常分为哪几个层级？（　　）

　　　　A. 回收点　　　　B. 集散市场　　　　C. 深加工中心　　　D. 回收中心

（3）电子商务中具有代表性的三种退货物流渠道是什么？（　　）

　　　　A. 生产商负责回收模式　　　　　　B. 在线商家负责回收模式

　　　　C. 第三方企业负责回收模式　　　　D. 批发商负责回收模式

（4）下列哪项不是低碳物流作业的基本环节？（　　）

　　　　A. 低碳运输　　　B. 低碳观念　　　　C. 低碳仓储　　　　D. 低碳包装

（5）电子商务中逆向物流产生的原因有哪些？（　　）

　　　　A. 法律法规和环境要求　　　　　　B. 市场竞争

　　　　C. 商品本身原因　　　　　　　　　D. 退货行为

2. 判断题（请在正确的论述后面打√，错误的论述后面打×）

（1）电子商务中逆向物流在线商家负责回收模式比生产商负责回收模式和第三方企业负责回收模式更加专业。　　　　　　　　　　　　　　　　　　　　　　　　　　　　（　　）

（2）低碳物流系统具有效益背反性。　　　　　　　　　　　　　　　　　　　　（　　）

（3）电子商务中逆向物流生产商负责回收模式的主要缺点是不能及时获取来自消费者的反馈消息。　　　　　　　　　　　　　　　　　　　　　　　　　　　　　　　　　（　　）

（4）加强电子信息技术的应用是电子商务环境下逆向物流的对应策略之一。　　（　　）

（5）与低碳物流相比，绿色物流将资源节约与环境保护纳入了物流概念的范畴，强调抑制物流过程自身对环境造成危害，以经济利益最大为首要目标。　　　　　　　　　　（　　）

9.5 案例分析：快递巨头争相布局绿色物流

"绿色物流是必然趋势，物流环保之路没有终点。" 2017 年 11 月 28 日，菜鸟网络与圆通速递、中通快递、申通快递、韵达速递、百世快递和天天快递 6 家主要快递公司发出联合倡议，希望物流行业全面投入绿色物流行动当中，通过新型材料研发和替换、资源回收和循环利用等方式，让绿色成为物流最美的风景线。

据了解，我国快递业包装总量庞大、种类繁多、增长迅速，包装废弃物对环境造成的影响不容忽视。为提高快递业包装领域资源利用效率，降低包装耗用量，减少环境污染，11 月初，国家邮政局、国家发改委和科技部等十大部委联合发布了《关于协同推进快递业绿色包装工作的指导意见》，要求进一步推进快递包装的绿色环保化。

中国物流学会特约研究员杨达卿在接受《中国经营报》记者采访时指出："绿色物流本身就是一项具有社会属性的系统性工程。政府、企业、消费者构成联合共建模式，才能实现多方联动，从而助推绿色物流落地。"

1. 争相入局

"未来的快递业，'快' 保证不输，'绿' 才能赢。" 阿里巴巴董事局主席马云日前也再次呼吁，希望物流行业的所有参与者关注、支持绿色包装，发展绿色物流。

这并非菜鸟网络与上述 6 家快递公司首次联合涉足绿色物流领域。2017 年 3 月 17 日，由菜鸟网络、阿里巴巴公益基金会、中华环境保护基金会发起，上述 6 家快递公司共同出资的菜鸟绿色联盟公益基金在北京成立。该公益基金专注于解决日趋严重的物流业污染问题，推动快递包装创新改良，促进快递车辆使用清洁能源，引导运用大数据技术减少资源浪费，更好地保护生态环境。

据了解，在刚刚过去的 2017 天猫 "双 11 全球狂欢节"，菜鸟与上述 6 家快递公司也开展了绿色升级措施：在全国 10 座重点城市加大了 "回箱计划"，覆盖近 200 个菜鸟驿站；与厦门市政府共建 "绿城"，"双十一" 期间从厦门发出近 200 万个使用环保包装材料的绿色包裹；联合天猫平台的品牌商家，在全球推出了 20 座 "绿仓"，这些仓库 "双十一" 期间发出约 350 万个绿色包裹。

作为活动参与者之一的韵达速递方面向记者介绍道，"公司通过在全网分拨中心和网点使用集包袋多次循环使用的环保袋，集无毒、无害、耐冲击和撕裂等功能于一身的可降解全生物降解快递袋，可循环利用标识等让快递更 '绿色'。"

此外，圆通速递也有类似探索，包括全网推广使用电子面单、编织袋循环利用，探索绿色包装等。

圆通速递方面向记者表示："据统计，2015 年圆通速递减少消耗 21.4 亿快递运单、1.52 亿条编织袋。仅在末端投递环节，公司借助使用电动三轮车，圆通减少了碳排放量达 40 万吨。"

除了上述 6 家快递公司对于 "绿色物流" 报以极大的热忱度以外，专注自建物流体系的京东同样唯恐错过行业升级的契机。

据京东集团副总裁、京东物流配送部负责人王辉介绍，京东已在包装耗材、新能源设施、绿色终端和绿色公益等方面形成了科技化、专业化和规模化的效应。预计到 2020 年，仅供应链中一次性包装纸箱将减少 100 亿个使用量。

苏宁物流也在 2017 年 4 月份推出了共享快递盒行动以替代常用的瓦楞纸箱。顺丰则研发了免胶纸箱、二次利用文件封和 EPP 循环保温箱等环保包装。

"希望全行业持续加大免胶带纸箱、全降解快递袋、绿色新能源车等新型环保包装材料和配送车辆的研发与替换；持续加大快递纸箱回收和循环使用，培育消费者绿色收件的习惯。"菜鸟网络联合上述 6 家主要快递公司在倡议中表示。

2. 落地有赖三方共建

早在 2015 年 10 月底，作为全面指导快递行业发展的第一个纲领性文件《关于促进快递业发展的若干意见》出台，就将建立"绿色节能的快递服务体系"列入了发展目标。不过，绿色物流指标缺失、回收循环动力不足和环保意识欠缺，正成为阻碍绿色物流推进的三大瓶颈。

在"双十一"来临之前，国家邮政局等十部委联合发布《关于协同推进快递业绿色包装工作的指导意见》，将快递包装的绿色环保化总体目标进行了再度细化：诸如到 2020 年，可降解的绿色包装材料应用比例将提高到 50%、主要快递品牌协议客户电子运单使用率达到 90%以上，平均每件快递包装耗材减少 10%以上等。

而近日尚在征求意见反馈的《绿色物流指标构成与核算方法》则涵盖了资源指标、运作指标和环境指标三个大的方面，覆盖了物流设施、物流设备、物流包装、物流管理、环境污染等十余个方面，并给出了具体的指标计算方式。而用于指导完善物流包装的《快递封装用品》等系列国家标准也在陆续出台中。

据了解，国家邮政局已经选取了北京等 8 个省市和 5 家企业开展快递绿色包装应用试点，商务部也选择了 32 个城市的 280 多家重点企业开展绿色物流试点，从标准化托盘开始，向包装标准化延伸。

在杨达卿看来，国家政策的支持引导有助于调动快递企业的积极性。同时，相比于企业"单打独斗"试水绿色物流，类似于菜鸟网络这样的行业巨头引领快递企业抱团探索不仅可以助推标准托盘、快递包装和胶黏剂等相关绿色产品标准的统一及普及，也可以规避因企业间绿色物流标准"打架"带来的资源浪费。

此前业内企业推出的共享快递盒在推行中就遭遇了加大快递员工作量、消费者不愿主动归还等现实问题困扰。

业内人士认为，绿色物流目前处于摸索中，尚没有成型。但快递行业已经意识到对纸箱、包装件等进行精细化回收管理的价值，行业向绿色、智慧化方向发展是大势所趋。

问题

1. 结合所学基础理论知识，分析低碳物流和绿色物流的区别与联系。
2. 结合案例，你认为我国该怎样发展绿色物流？

第 10 章　物流服务与成本管理

物流是企业成本最后一块未开发的处女地，是管理的黑暗大陆。

——著名管理大师德鲁克

引例：日本物流中心的差别服务

日本某物流中心成立之初，将出货指令的截止时间定为下午 1 点，也就是说，下午 1 点之前到达物流中心的当日送货请求才能获得满足，下午 1 点以后的部分由营销部门同物流部门协商定为次日出货。然而，顾客需求越来越多样化、个性化，日本销售越来越不景气，多品种、小批量、定时交货成为物流业竞争的主要手段。营销部门也提出了"要满足客户要求，提高客户满意度""要做到和其他公司相同的物流服务水平"的请求。于是，物流中心经理做出了将出货指令截止时间调整到下午 3 点的决策，而且，即便是过了 3 点，也可以以"紧急出货"的名义在当天完成出货。

该决策很快造成物流成本的增加。因为出货指令延长到 3 点，所有的出货作业必须在 5 点之前的 2 小时内完成，单位作业量增大，为此需要增加人力、补充设施、扩大机械化设备投资。同时，决策还造成物流资源浪费。因为延长出货指令，又对提前下单顾客没有奖励，导致订单集中在出货指令截止之前，上午一些时段出现了资源闲置现象。

在研究了市场需求、竞争情况以及企业自身投资能力后，公司在不增加投资，又不撤销决策的情况下，提出了提供差别化服务的解决方案。作为一种灵活的策略，将订货截止时间定为上午 9 点、下午 1 点和下午 3 点三个时段。假定上述不同截止时间的物流成本分别为 100 日元、200 日元和 400 日元，则对享受不同服务的客户设定不同的价格。方案实施后，实现了在不增加投资的情况下使一天作业平均化，也实现了成本降低。

（资料来源：汤浅和夫.供应链下的物流管理[M].深圳:海天出版社，2002. 有改动）

物流服务和物流成本是一对矛盾的统一体，本案例介绍了一种降低成本的优秀解决方案。那么，提高物流服务质量、降低物流成本还有哪些方案呢？

10.1　物流服务与物流成本的关系

10.1.1　物流服务概述

1. 物流服务的内涵

按照国家标准《物流术语》（GB/T 18354—2006）的定义，物流服务（Logistics Service）是为满足客户需求所实施的一系列物流活动产生的结果。一体化物流服务（Integrated Logistics Service）是根据客户需求对整体的物流方案进行规划、设计并组织实施产生的结果。

2．物流服务的意义

（1）物流服务是实现企业销售的重要保证

对于一个企业来说，商流和物流是两类性质不同的经济活动。商流实现商品所有权的转移，物流完成商品实体的转移。在商品流通过程中，两者都是缺一不可的。在一般的情况下，商流是物流的前提，物流是实现商流的保证，如果没有物流，那么企业在销售上的一切努力都是徒劳无益的。所以，物流所提供的创造商品时间效用和空间效用的服务功能是使企业销售得以实现和顺利进行的重要保证。

（2）物流服务是企业竞争的手段

随着经济的发展，企业间的竞争越来越激烈，在激烈的竞争中，产品在质量、价格方面竞争的潜力越来越小，甚至完全没有了竞争的余地，此时物流服务就成为决定企业竞争胜负、成败的关键因素。如果企业交货及时、准确、可靠，就可以抢占商机，争取到更多的顾客，创造竞争的优势。所以物流服务就成为企业实行差别化经营战略中的重要组成部分，是企业开展竞争的手段。近年来，京东商城正是靠着自建物流的有力支撑，电商的竞争优势才逐渐得以发挥。

（3）物流服务对降低流通成本具有直接的影响

科学技术的发展，管理水平的提高，企业间竞争的加剧，都使得生产过程中通过降低活劳动消耗和物化劳动的消耗来降低成本，获取盈利的途径所具有的潜力越来越小。而在产品的全部成本中流通成本所占比重日益增大，且流通过程耗用的时间也是越来越多，从而使通过降低流通成本而获取利润成为企业一条新的赢利途径，也被称为是第三利润的源泉。在流通成本中物流成本又占有绝对的比重，通过改变物流服务方式，提高流通效率，对于降低流通成本有直接的影响意义。比如通过实行 JIT 配送、零库存，实施共同配送、供应链管理等物流服务方式能够有效地降低流通费用，加速资金周转，提高企业的经济效益。

10.1.2　物流服务与物流成本的协调

1．物流成本的内涵

按照国家标准《物流术语》（GB/T 18354—2006）的规定，物流成本（Logistics Cost）指物流活动中所消耗的物化劳动和活劳动的货币表现。在物流过程中，为了提供有关的服务，开展各项业务活动，必然要占用和耗费一定的活劳动和物化劳动，这些活劳动和物化劳动的货币表现即为物流成本，也称物流费用。物流成本包括物流各项活动的成本，如商品包装、运输、储存、装卸搬运、流通加工、配送、信息处理等方面的成本与费用。这些成本与费用之和构成了物流的总成本，也是物流系统的总投入。

2．物流服务与成本的二律背反

所谓二律背反，简单地讲，是一种矛盾对立状态，是指两个事物不相容的关系。将这种对立关系对应到物流成本与物流服务上来，在管理已经很到位的情况下，要想降低物流成本，物流服务的水平就要下降；反之，如果要提高物流服务质量，物流成本则必然上升。

从物流服务的角度来讲，要求物流提供尽可能高的服务水平和服务标准，而从成本的角度来讲，又要求物流过程产生尽可能低的成本。这样，在高水平、高标准的服务和低物流成本之间就产生了对立与矛盾。因为高水平、高标准的服务要求有大量的库存、足够的运力和充分的仓容，这些势必产生较高的物流成本，而低的物流成本所要求的则是少量的库存、低廉的运费和较少的仓容，这些又必然会减少服务项目，降低服务水平和标准。在物流活动中要正确协调和处理好两者之间的关系，就必须在服务与成本间寻找平衡点。

3．在服务与成本之间寻找平衡

根据物流服务与成本间的关系，在物流管理中既不能片面地强调服务水平而不计成本，不考虑经济效益，也不能单纯地追求降低成本而忽视生产和销售的需要。

在管理中，当我们谋求的某一项目标可以达到，而另一项目标却不能同时达到时，就应权衡利弊，进行抉择，用综合的方法求得两者之间的平衡，以取得最佳的综合经济效益。为此，可以运用"系统效率"的概念来定义物流管理的目标：旨在实现"有效率的系统"。所谓系统的效率，按美国营销学权威菲利浦·科特勒的话来说，就是指"一个系统的产出与投入之比"。对于物流系统来说，在保证达到企业所确定的最佳服务水平的前提下，以尽可能低的物流成本达到这一标准，这样的物流系统即为"有效率的系统"。

物流管理实质上是对物流系统的管理。物流管理的目的是总体效益最佳。通过协调物流服务与成本之间的关系，寻找两者之间最佳的平衡点；通过对物流系统各要素进行综合管理，寻找各功能之间最佳的组合方式，取得最佳的经济效益。

10.2 物流服务管理

10.2.1 物流服务流程管理

物流服务对于企业经营管理的影响，使之成为企业经营战略的重要组成部分，如何根据企业经营管理及发展的需要，制定出行之有效、切实可行的物流服务战略，直接影响到物流服务的绩效以及由此而产生的顾客满意度和企业的竞争力。因此，进行物流服务战略的分析和策划是物流管理中一项十分重要的职能，科学、合理的物流服务管理流程是物流服务战略具体执行得以实施的重要保证。物流服务的管理流程主要有以下几个步骤。

1．确定物流服务要素

物流服务要素是指构成物流服务的各项活动，具体包括订货周期、缺货比率、配送可靠性、特殊服务等。物流服务要素是物流服务的具体化。要开展物流服务，首先必须明确物流服务包括哪些项目、活动要素以及相应的指标。

2．收集物流服务信息

物流服务既然是提供满足顾客对物流需求的服务，因而首先就要了解顾客对物流活动的需求，此种信息资源的收集可以采取问卷调查、座谈、访问、客户评议等方式进行，或委托第三方物流公司进行调查。客户需求信息主要包括对物流服务的需求度、重要性、满足度以及与竞争企业间的差异等。此外，物流服务水平确定作为企业战略决策的组成部分，根据企业竞争的需要必须基于对竞争对手服务水平状况的了解。因此，除了掌握顾客的请求信息外，还要掌握竞争企业物流服务水平的信息，如服务项目、服务的程度、效率及收费标准等。

3．分析比较，确定物流服务水平

在掌握上述信息资料的基础上，可以采取设计物流服务比较问卷表的方法，分析得出客户的服务需求及与同类企业在物流服务上的差异，从而为确定企业物流服务决策提供可靠的依据，分析比较的方法如下。

设定物流服务比较问卷表，表中列出物流服务的项目，对各个项目按评价标准（程度）的不同设定不同的分值，如表 10-1 所示。

表 10-1　物流服务比较问卷

你认为××公司在下列指标（服务）方面如何？请评分，分值从 1～5，1=很差，5=优秀					
订货周期	1	2	3	4	5
存货可获得性	1	2	3	4	5
订货数量限制	1	2	3	4	5
配送可靠性	1	2	3	4	5
送货频率	1	2	3	4	5
单据质量	1	2	3	4	5
申诉程序	1	2	3	4	5
订单完整性	1	2	3	4	5
技术支持	1	2	3	4	5
订货状况信息	1	2	3	4	5

将调查表发给客户，让客户按表中内容分别给本企业和竞争企业评分。

将不同客户的评分加权平均，便可得到本企业和竞争对手在各个项目上的得分，分值的高低即反映出本企业在该项目上的优劣和同其他企业间的差异。

然后，让客户将表中的每个项目按其重要性（程度）排出顺序，并注明他们所希望达到的服务水平标准，如表 10-2 所示。

表 10-2　顾客对服务的要求

客户希望的服务水平	物流服务项目	按重要程度排序
	订货周期	
	存货可获得性（订货数量的百分比）	
	订货数量限制	
	配送可靠性（及时送货率）	
	送货频率（配送次数/月）	
	单据质量（差错率）	
	申诉/投诉程序	
	订单完整性（送货种数百分比）	
	技术支持（反应时间）	
	订货状况信息	

最后，根据上面得出的各项数据可以画出比较图，如图 10-1 所示。图 10-1 所示是某公司与竞争对手的比较结果。从该比较图上，竞争对手与本企业在物流服务上的对比情况一目了然，形象而又直观。从图中反映出，订货周期、配送可靠性、送货频率这三项服务对客户来讲是非常重要的，竞争对手在这三项指标上都做得比较好，其服务水平与顾客的期望值是一致的。而本企业在这三项服务项目上与竞争对手和顾客期望值相比有较大的差距，未能满足顾客的要求。从这几项来看，本企业处于竞争的劣势。在存货可获性上，本企业与竞争对手势均力敌，并且都与顾客期望值一致，企业处于竞争均势。在后三项服务（即单据质量、订单完整

性和技术支持）上，本企业的服务水平优于竞争对手，处于优势。但是，后几项服务对顾客来讲并非很重要，所以这些方面的优势没有发挥出重要的作用，甚至可以说是一种资源的浪费。

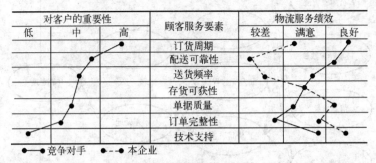

图 10-1　物流服务比较

经过比较分析，企业可根据顾客的服务需求及与竞争对手之间的差距调整物流服务水平，以满足顾客和企业竞争的需要。

4. 进行顾客服务需求分类

不同细分市场中的顾客服务需求是不一致的，此外，顾客思维方式以及行为模式的差异也会呈现出多样化的顾客服务需求。所以，确定物流服务水平时还应进行顾客服务需求的分类，以确定以什么样的顾客群体的需求为基准制定物流服务战略和核心服务要素。在进行顾客服务需求分类的过程中，应当充分考虑不同顾客群体对企业的贡献度以及顾客的潜在能力，对于重要的顾客群体，应在资源配置和服务满足等方面予以优先考虑。

5. 根据不同的顾客群体制定出相应的物流服务组合战略

进行顾客服务需求分类之后，企业便可针对不同的顾客群体制定出相应的物流服务基本方针，并根据不同顾客群体对企业贡献度的大小和重要程度的不同而有所侧重。然后进行物流服务水平设定的成本分析，将该服务水平下的收益与成本相比，分析对企业赢利的影响；将本企业的物流成本与竞争企业的物流成本相比，分析企业是否具有竞争的优势。在成本分析的基础上，结合对竞争企业服务水平的分析，根据不同的顾客群体制定相应的物流服务组合战略。

6. 物流服务的绩效评价

物流服务组合一经确定，并不是一成不变的，而是要经常检查，随时调整。物流服务水平确定和物流服务实施后的情况如何？给企业带来了哪些效益？企业的销售部门和顾客对企业的物流现状是否满意？确定的服务水平是否得以实现，以及物流成本与以前相比发生了哪些变化？这些都需要通过企业对物流服务的绩效进行评价，得出结论。进行物流服务绩效评价的目的在于不断适应顾客需求及市场竞争的变化，及时制定出最佳的顾客服务组合，以保证物流服务的效率化。

10.2.2　物流服务质量评价模型

按照国家标准《物流术语》（GB/T 18354—2006）规定，用精度、时间、费用、顾客满意度等来表示的物流服务的品质叫物流服务质量。目前，关于物流服务质量评价最权威的研究是以 Mentzer 等人为首的 Tennessee 大学 2001 年的研究成果。他们通过对大型第三方物流企业和顾客的调查研究，最终总结出从顾客角度出发评价物流服务质量的 9 个维度以及物流服务质量评价模型，如图 10-2 所示。

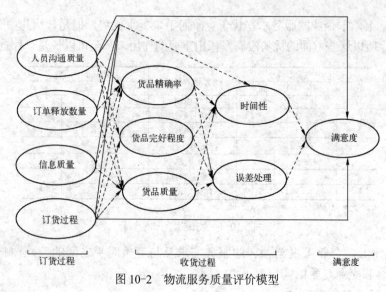

图 10-2　物流服务质量评价模型

这 9 个维度的含义如下。

1．人员沟通质量

人员沟通质量是指物流服务提供商能否通过与顾客的良好沟通而为顾客提供服务。顾客尤其关心服务人员相关知识丰富与否、是否体谅顾客处境、能否帮助顾客解决问题。这些都会影响顾客对物流服务质量的评价。

2．订单释放数量

订单释放数量与产品可得性的概念有关。一般来说，物流提供者会按实际情况释放部分订单的订量（出于库存等其他原因），不能按时完成顾客要求的订量会对顾客的满意度造成影响。

3．信息质量

信息质量是指顾客对物流提供商提供顾客可选择的相关产品的信息的感知。如果信息是可得的，而且是准确的，那么顾客可以利用这些信息来做决策。

4．订货过程

订货过程是指物流提供商所制定的程序是否有效。调查表明，顾客认为订货过程中的有效性和程序及手续的简易性非常重要。

5．货品精确率

货品精确率是指实际配送的产品与顾客所订产品相一致的程度。货品精确率应包括货品种类、型号、规格准确及相应的数量正确。

6．货品完好程度

货品完好程度是指货品在配送过程中的损坏程度。如果产品损坏了，势必会影响顾客的满意度，那么物流提供商就应该采取相应的补救措施进行补救。

7．货品质量

货品质量是指产品的使用质量，包括产品功能与顾客需求相吻合的程度。货品精确率与运输程序（如货品数量、种类）有关，货品完好程度反映损坏程度及事后处理方式，货品质量则与产品生产过程有关。

8．误差处理

误差处理是指订单出现错误后的处理。如果顾客收到错误的货品或货品的质量有问题，

238

都可以直接向物流提供商提出更正。物流提供商对这类错误的处理方式会直接影响顾客对物流服务质量的评价。

9．时间性

时间性是指货品是否能按时到达顾客指定的地点。它包括从顾客下单到订单完成的时间长度，它受运输时间、误差处理时间及重置订单的时间等因素的影响。

从上述模型和维度可以看出，由于国外的物流业较发达，国外的顾客对物流服务的需求很细化，对其质量的要求也更高、更细致。

10.2.3 电子商务物流组织服务规范

我国电子商务物流领域第一个行业标准《电子商务物流服务规范》（SB/T 11132—2015）对电子商务物流服务组织服务标准提出如下要求。

1．服务时限

如电子商务物流服务组织与商户或电子商务交易平台约定服务时限，应按约定执行。如无约定，按以下要求执行。

1）商户下单后，电子商务物流服务组织应于 30min 内约定响应时间。

2）电子商务物流服务组织中的快递企业应该按照 GB/T 27917 快递服务标准的时效提供服务。

2．服务安全

电子商务物流服务组织应采取有效措施，保障服务安全。

1）对商户或电子商务交易平台交付的货物进行验货，不应接收违反有关国家法律法规要求的货物。

2）采用合适的包装材料对货物进行包装，防止货物变形、破裂。

3）对重点作业场所的作业过程进行全程监控。

4）针对所有交接环节，建立交接核查制度，并做好相关记录。

5）在服务全过程，不准许无关人员接触货物；对于异常货物，需要进行开拆、重新包装等处理的，应由 2 人以上共同处理。

6）在整个物流服务过程中，始终关注物品的安全，如防火、防盗、防潮、防霉变、防鼠虫害、防损坏、防腐蚀、防污染等。

3．服务人员

1）宜统一穿着具有组织标识的服装，并佩戴工号牌或胸卡，衣着整洁。

2）应友善对待客户，行为文明、举止大方，与消费者的沟通亲切友好。

3）应了解服务内容、服务流程等，及时、热情、耐心地为顾客答疑解惑，做到有问必答。

4）应严格执行各项业务操作规程，按制度规定进行操作，在作业全过程中杜绝野蛮操作。

4．服务质量

（1）仓储

仓储服务质量应满足以下要求。

1）收货及时率：（约定时间内实际收货的商品数量/实际到货的商品数量）×100%≥95%。

2）发货及时率：（约定时间内及时发货订单量/总订单数量）×100%≥98%。

3）库存准确率：（1-账实不符的商品量/库存总商品量）×100%≥99.5%。

4）库存损耗率：（商品损耗量/库存总商品量）×100%≤0.1%。

（2）配送

电子商务物流服务配送服务质量应满足以下要求。

1）妥投率：（成功配送订单量/配送总订单量）×100% ≥95%。

2）配送及时率：（约定时间内成功配送订单量/配送总订单量）×100%≥90%。

3）遗失率：（遗失订单量/配送总订单量）×100%≤0.02%。

4）破损率：（破损订单量/配送总订单量）×100%≤0.05%。

5）消费者投诉率：（有效投诉订单量/配送总订单量）×100%≤0.2%。

5. 投诉

（1）投诉受理

电子商务物流服务组织应提供消费者投诉的渠道，主要包括互联网、电话、信函等形式。投诉有效期为1年。

（2）投诉处理时限

投诉处理时限应不超过30个日历天，与投诉人有特殊约定除外。

（3）投诉处理

电子商务物流服务组织应对投诉信息进行分析，提出处理方案，制定补救措施，按服务承诺及时处理。

投诉处理完毕，电子商务物流服务组织应在处理时限内及时将处理结果告知投诉人。若投诉人对处理结果不满意，应告知其他可用的处理方式。

6. 赔偿

（1）基本要求

电子商务物流服务组织应与商户或电子商务交易平台约定理赔规则，包括赔偿范围、免责条件、赔偿标准、保险或保价等事项，并按约定进行赔偿。

如未进行规定或规定未能覆盖，按以下要求执行。

1）赔偿对象：发货人或发货人指定受益人。

2）赔偿范围：由于电子商务物流组织原因造成货物毁损、丢失的，其中免赔条件见下文。

3）赔偿处理时限：24h 内答复索赔人是否受理；30 个工作日内处理消费者理赔。

4）赔偿标准：保价货物发生丢失或全部损毁，原则上按保价金额赔偿。

理赔事件结束后，电子商务物流服务组织应做好理赔资料的归档保存工作。

（2）免赔情况

出现以下情况，电子商务物流服务组织可不予赔付。

1）由于不可抗力原因造成损失的。不可抗力是指不能预见、不能避免并不能克服的客观情况。通常包括以下两种情况：

① 自然原因引起的，如水灾、旱灾、暴风雪、地震等。

② 社会原因引起的，如战争、罢工、政府禁令等。

2）由于消费者的责任（发货人、消费者的过错）或者所寄货物本身的原因（如货物自然性质、内在缺陷或合理损耗），造成货物损失的。

3）货物违反禁寄或限寄规定，经国家主管机关没收或依照有关法规处理的。

4）发货时已与消费者达成相关特殊约定，并有书面凭证不予赔偿的。

10.3　物流成本管理与控制

10.3.1　物流成本管理概述

1. 物流成本管理的概念

物流成本管理是以物流成本信息的产生和利用为基础，按照物流成本最优化的要求，对物流成本进行预测、决策、计划、控制、分析和考核等一系列的管理活动。物流成本管理不仅是简单的计算，而是利用各种管理工具对物流成本的预测、计划、控制等管理过程。

物流成本管理从两个方面进行：一是从会计的角度考虑，通过建立物流管理会计系统，发挥会计职能来对物流成本进行计划、控制等；二是利用物流管理方法，通过对物流各种职能的优化，达到降低物流费用的目的。

2. 物流成本管理的发展

物流成本管理的发展过程大致分为以下四个阶段。

（1）物流成本认识阶段

对物流成本的认识只是停留在概念层次上，没有依照管理的步骤对物流成本实施全面管理。"物流成本管理在物流管理中占有重要的位置""物流是经济的黑暗大陆""物流是第三利润源泉"。

（2）物流项目成本管理阶段

在这一阶段，在对物流认识的基础上，根据不同部门、不同领域、特定产品的物流问题组织专门的人员研究解决，但对于物流成本管理的组织化、系统化方面仍存在不足。

（3）引入预算管理制度的阶段

通过物流预算的编制、预算与实际的比较对物流成本进行差异分析，从而达到控制物流成本的目的。

（4）物流业绩评价制度确立阶段

通过考核评价物流部门对企业业绩的贡献度，准确评价物流部门的工作业绩。

3. 物流成本管理的意义

（1）物流成本管理的微观作用

1）降低成本，提高利润。由于物流成本在产品成本中占有很大的比例，降低物流成本意味着扩大了企业的利润空间，提高了利润水平。

2）增强企业竞争优势。增强企业在产品价格方面的竞争优势，企业可以利用相对低廉的价格扩大销售，带来更多的利润。若进货价格和盈利保持不变，降低物流成本就可降低商品的销售价格，从而就可以提高企业的竞争力。

企业物流成本管理的目标主要有两个：一是降低成本，增加利润；二是提高企业竞争力。

物流成本管理的最终目标是在提高物流效率和服务水平的同时，不断降低物流成本，提高企业利润水平和企业竞争力。从这一点上说，物流成本管理的目标与企业目标实现了有效融合。

（2）物流成本管理的宏观意义

1）提高经济运行质量和总体竞争力。降低物流成本，改进物流管理，可以提高企业及其产品参与国际市场的竞争力，提高行业或者地区在国际或者全国市场上的竞争力。

2）加速产业机构的调整，支撑新型工业化。促进新的产业形态的形成，优化区域产业结构，对第三产业的发展起到积极的促进作用。此外，加强物流成本管理还可以促进以城市为中心的区域市场的形成和发展，可以降低物品在运输、装卸、仓储等流通环节的损耗。

10.3.2 物流成本的分类

1．按照物流的范围分类

物流成本按照物流范围可以分为供应物流费、企业内物流费、销售物流费、回收物流费和废弃物流费五种（此处所指的物流成本为流通领域的物流成本）。

1）供应物流费：是指从商品（包括容器、包装材料）采购直到批发、零售业者进货为止的物流过程中所产生的费用。

2）企业内物流费：是指从购进的商品到货或由本企业提货时开始，直到最终确定销售对象的时刻为止的物流过程中所需要花费的费用，包括运输、包装、保管、配货等费用。

3）销售物流费：是指从确定销售对象时开始，直到商品送交到顾客为止的物流过程中所需要的费用，包括包装、商品出库、配送等方面的费用。

4）回收物流费：是指材料、容器等由销售对象回收到本企业的物流过程中所需要的费用。

5）废弃物流费：是指在商品、包装材料、运输容器、货材的废弃过程中而产生的物流费用。

2．按照支付形态的不同分类

按支付形态的不同进行物流成本的分类，是以财务会计中发生的费用为基础，将物流成本分为本企业支付的物流费和其他企业支付的物流费。本企业支付的物流费又可以分为企业本身的物流费和委托物流费。其中企业本身的物流费又分为材料费、人工费、公益费、维护费、一般经费和特别经费等。

物流成本计算虽然属于管理会计的领域，但是要准确地掌握物流成本，就必须以企业财务会计为基础，从财务会计核算的全部相关项目中抽出其中所包含的物流费用。这虽然是物流成本计算中最困难的工作，却是最为重要的基础工作。如果没有从财务会计中抽出的物流成本的费用资料，物流成本计算就只是一句空话。将从财务会计核算的项目中抽出来的物流成本分为材料费、人工费、公益费、维护费、一般经费、特别经费和委托物流费及其他企业支付的物流费，就是按支付形态的不同对物流成本进行的分类。

1）材料费：是指因物料的消耗而发生的费用，由物料材料费、燃料费、消耗性工具、低值易耗品摊销及其他物料消耗等费用组成。

2）人工费：是指因人力劳务的消耗而发生的费用，包括工资、奖金、福利费、医药费、劳动保护费及职工教育培训费和其他一切用于职工的费用。

3）公益费：是指为公益事业所提供的公益服务而支付的费用，包括水费、电费、煤气费、冬季取暖费、绿化费及其他费用。

4）维护费：是指土地、建筑物、机械设备、车辆、船舶、搬运工具、工器具备件等固定资产的使用、运转和维修保养所产生的费用，包括维修保养费、折旧费、房产税、土地使用税、车船使用税、租赁费、保险费等。

5）一般经费：是指差旅费、交通费、会议费、书报资料费、文具费、邮电费、零星购进费、城市建设税、能源建设税及其他税款，还包括物资及商品损耗费、物流事故处理及其他杂费等一般支出。

6）特别经费：是指采用不同于财务会计的计算方法所计算出来的物流费用，包括按实际使用年限计算的折旧费和企业内利息等。

7）委托物流费：是指将物流业务委托给第三方物流企业时向其支付的费用，包括支付的包装费、运费、保管费、出入库手续费、装卸费、特殊服务费等。

8）其他企业支付的物流费：在物流成本中，还应当包括向其他企业支付的物流费。比如商品购进采用送货制时包含在购买价格中的运费和商品销售采用提货制时从销价中扣除的运费等。在这些情况下，虽然从表面上看本企业并未发生物流活动，却发生了物流费用，这些费用也应该计入物流成本。

3．按照物流的功能分类

按照物流功能的不同进行分类是为了考察物流费用是由哪种物流功能产生的而进行的分类。按照物流功能进行分类，大体可以分为物品流通费、信息流通费和物流管理费三大类。

（1）物品流通费

物品流通费是指为完成商品、物资的物理性流通而发生的费用。此部分费用可进一步细分为包装费、运输费、保管费、装卸搬运费、流通加工费和配送费。

1）包装费：指为商品运输、装卸、保管的需要而进行包装的费用，即运输包装费，不包括销售包装。

2）运输费：指把商品从某一场所转移到另一场所所需要的运输费用。除了委托运输费外还包括由本企业的自有运输工具进行运输的费用，但要将伴随运输的装卸费排除在外。

3）保管费：指一定时期内因保管商品而需要的费用。除了包租或委托储存的仓储费外，还包括在本企业自有仓库储存时的保管费。

4）装卸费：指伴随商品包装、运输、保管、流通加工等业务而发生的商品在广义范围内进行水平或垂直移动所需要的费用。装卸费可以分为包装装卸费、运输装卸费、保管装卸费和流通加工装卸费。在实际业务中单独计算装卸费或进行这种分离很困难，也可以将装卸费分别计算在相应的费用中。

5）流通加工费：指在商品流通过程中为提高物流的效率而进行的商品加工所需要的费用。物流中的流通加工费不包括流通交易及生产职能的加工费用。流通过程中的加工活动可以分为属于物流的流通加工、属于商品（交易）的流通加工和属于生产的流通加工。尽管从理论上讲应该只把属于物流加工的费用计入物流成本，但在实际业务中难以将它与其他流通加工的费用分开时，或从管理上讲以不分离为更方便时，也可以将这些费用都计入物流成本。

6）配送费：指按顾客要求的商品品种和数量，在配送中心进行分拣、装配后将商品送交顾客的过程中的所产生的费用，包括包装、分拣、配货、装卸、短途运输等费用。

（2）信息流通费

信息流通费是指因处理、传输有关的物流信息而产生的费用，包括与订货处理、储存管理、顾客服务有关的费用。在企业中，要将传输、处理的信息分为与物流有关的信息和物流以外的信息是十分困难的，但是把信息传输处理所需要的费用进行上述分类，从物流成本的计算上来讲却是十分必要的。

（3）物流管理费

物流管理费是进行物流的计划、调整、控制、监督、考核等活动所需要的费用。它既包括企业物流管理部门的管理费，也包括作业现场的管理费。

10.3.3　物流成本的特点与影响因素

长期以来，物流一直被认为是企业的第三利润源泉，在不少企业中，物流成本在企业销售成本中占了很大的比例，因而加强对物流活动管理的关键是控制和降低企业各种物流费用。但是要加强物流成本管理，应明白企业活动中物流成本的特点与影响因素。

1．物流成本的特点

物流成本的特点从企业的物流实践中反映出来的物流成本的重要特性，具体如下所述。

（1）物流成本的隐含性

物流成本的隐含性是指日本早稻田大学的物流成本学说权威西泽修教授提出来的"物流冰山说"。在通常的企业财务决算表中，物流成本核算的是企业对外部运输业者所支付的运输费用，或向仓库支付的商品保管费等传统的物流成本；对于企业内与物流中心相关的人员费、设备折旧费、固定资产税等各种费用，则与企业其他经营费用统一计算。因而，从现代物流管理的角度来看，企业难以正确把握实际的企业物流成本。先进国家的实践经验表明，实际发生的物流成本往往要超过外部支付额的 5 倍以上。

（2）物流成本中有不少是物流部门不能控制的

在一般的物流成本中，物流部门完全无法掌握的成本很多，如保管费中过量进货、过量生产、销售残次品的在库维持及紧急输送等例外发货产生的费用都要纳入其中，从而增加了物流成本管理的难度。

（3）物流成本削减具有乘数效果

物流成本的控制对企业利润的增加具有显著作用。例如，如果销售额为 100 万元，物流成本为 10 万元，那么物流成本削减 1 万元，不仅直接产生了 1 万元的利益，而且因为物流成本占销售额的 10%，所以间接增加了 10 万元的利益，这就是物流成本削减的乘数效应。

（4）物流成本之间存在二律背反现象

二律背反指的是物流的若干功能要素之间存在着一种此消彼长、此盈彼亏的现象，往往导致整个物流系统的效率低下，最终会损害物流系统的功能要素的利益。如包装问题，在产品销售市场和销售价格皆不变的前提下，假定其他成本因素也不变，那么包装方面每减少一部分投资，这部分投资就必然转到收益上来，包装越省，利润越高。但是，一旦商品进入流通之后，如果简省的包装降低了产品的防护效果，造成了大量损失，就会造成储存、装卸、运输功能要素的工作劣化和效益减少，显然，包装活动的效益是以其他的损失为代价的。我国流通领域每年因包装不善出现的上百亿的商品损失，就是这种二律背反的实证。由于二律背反现象的存在，必须考虑整体最佳成本。也就是说，物流管理的目标是追求物流总成本的最优化。

（5）物流成本的核算范围、核算对象、核算方法难以统一

目前，我国对物流成本的研究非常贫乏，一是对物流成本的构成认识不清。我国企业现行的财务会计制度中，没有单独的科目来核算物流成本，一般的做法是将所有的成本都列在费用一栏中，无法分离。这使得许多企业仅将向外部的运输企业支付的运输费用和向外部仓库支付的仓储费用作为企业的物流成本。这种计算方式使得大量的物流成本，如企业内与物流活动相关的人员费、设备折旧费等不为人所知。这部分费用是否也列入物流成本？企业连自己的物流总成本都无法说清。二是物流成本的计算与控制由各企业分散进行，缺乏相应的权威统计数据。

我国的企业是根据自己对物流成本的理解来进行计算与控制的，缺乏统一的统计路径。运输、保管、包装、装卸等各物流环节中，很难确定以哪几种环节作为物流成本的计算对

象。如果只计算运输和保管费用，不计算其他费用，与运输、保管、包装、装卸等费用全部计算，两者的费用结果差别相当大。不同企业的物流成本项目不同，在如何统一物流成本计算项目方面，尚没有形成统一的标准。

（6）物流成本与客户服务水平关系密切

一般来讲，物流服务水平与成本是一种此消彼长的关系。例如，为提高服务水平，最好有充足的库存，而充足库存的代价是库存成本的提高，在这种情况下，就应以总成本最小为根本出发点，在服务水平与库存水平之间做出合理权衡。另外，物流服务水平与物流成本两者之间的关系适用于收益递减原则，无限度地提高服务水平，成本上升的速度会加快，而服务效率则没有多大提高，甚至下降。

（7）物流成本与物流规模关系密切

物流成本随物流规模的变化而变化。初期，单位物流成本随物流规模的扩大而下降，达到一定规模时获得最低的物流成本，此时的规模称为经济规模；此后随物流规模进一步扩大，单位物流成本上升，即遭遇规模不经济。

综合以上物流成本的特点可以看出，对企业来讲，要实施现代化的物流管理，首要的是全面、正确地把握企业内外发生的所有整体物流成本。也就是说，要削减物流成本必须以企业整体物流成本为对象。另外，物流成本管理应注意不能因为降低物流成本而影响物流服务质量特别是流通业中多频度、定时进货的要求越来越广泛，这就要求物流企业能够对应流通发展的这种新趋向。例如，为了符合顾客的要求，及时、迅速地配送发货，企业需要进行物流中心等设施的投资，以保证企业对顾客的物流服务水平。

2. 物流成本的影响因素

（1）存货的控制与货物保管制度

无论是生产企业还是流通企业，对存货实行控制，严格掌握进货数量、次数和品种，都可以减少资金占用和贷款利息支出，降低库存、保管、维护等成本。良好的物品保管、维护、发放制度，可以减少物品的损耗、霉烂、丢失等事故，从而降低物流成本。

（2）产品特性

产品的特性不同也会影响物流成本，这主要有以下几个方面。

1）产品价值。产品价值的高低会直接影响物流成本的大小。随着产品价值的增加，每一项物流活动的成本都会增加，运费在一定程度上反映货物移动的风险。一般来讲，产品的价值越大，对其所需使用的运输工具要求越高，仓储和库存成本也随着产品价值的增加而增加，高价值意味着存货中的高成本及包装成本的增加。

2）产品密度。产品密度越大，相同运输单位所装载的货物越多，运输成本也就越低，同理，仓库中一定空间领域存放的货物也越多，库存成本就会降低。

3）产品废品率。影响物流成本的一个重要方面还在于产品的质量，也即产品废品率的高低。生产高质量的产品可以杜绝因次品、废品等回收、退货而发生的各种物流成本。

4）产品破损率。产品破损率较高的物品即易损性物品对物流成本的影响是显而易见的，易损性物品对物流各环节如运输、包装、仓储等都提出了更高的要求。

5）特殊搬运。有些物品对搬运提出了特殊的要求。如搬运大型或长型物品需要特殊的装载工具，有些物品在搬运过程中需要加热或制冷等，这些都会增加物流成本。

（3）进货渠道与运输工具的选择

进货渠道决定了物流系统中企业制造中心或仓库相对于目标市场或供货点的距离的远近。若企业距离目标市场太远，交通状况较差，则必然会增加运输及包装等成本，若在目标市场建立或租用仓库，也会增加库存成本。

不同的运输工具，成本高低不同，运输能力大小不同。采用更快捷的运输方式，虽然会增加运输成本，却可以缩短运输时间，降低库存成本，提高企业的快速反应能力。选择运输方式需要综合考虑货物的种类、运输量、运输距离、运输时间和运输成本五个方面因素的影响，既要保证生产和销售的需要，又要力求成本最低。

（4）管理成本开支

管理成本与生产和流通没有直接的数量依存关系，却直接影响着物流成本的大小，节约办公费、水电费、差旅费等管理成本可以相应地降低物流成本总水平。另外，企业利用贷款开展物流活动，必然要支付一定的利息（如果是自有资金，则存在机会成本问题），资金利用率的高低影响着利息支出的大小，从而也影响着物流成本的高低。

10.3.4 控制物流成本的步骤

对企业进行物流成本控制的整体思路如图 10-3 所示。

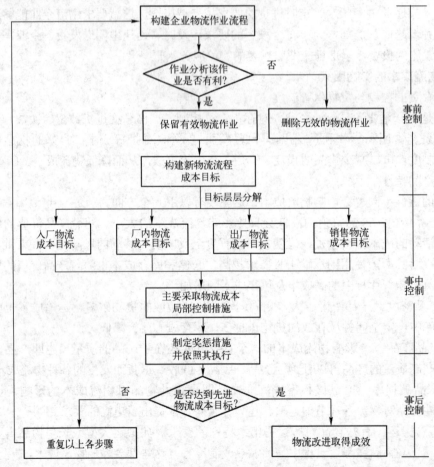

图 10-3　企业物流成本控制流程图

1．事前控制

企业物流成本控制的第一步是事前控制。企业可采用物流作业分析降低物流成本。以物流作业为中心，不仅能提供相对准确的成本信息，而且能提供改善作业的非财务信息。以物流作业为纽带，能把成本信息和非财务信息很好地结合起来，即以作业为基础分配成本，同时以作业为基础进行成本分析和管理。

采用物流作业分析来降低物流成本的具体方式通常有以下几种。

（1）物流作业消除

它是指消除无附加价值的物流作业。企业先确认哪些物流作业是无附加价值的，进而采取有效措施予以消除。例如，搬运这项物流活动，假定企业的搬运成本很高，为降低搬运成本，传统方法是用泰罗的科学实践法，找出一个工人以什么姿势搬运，并搬运多少重量时，工作效率是最高的，以达到降低人工成本的目的；而作业分析法则可从作业角度入手，力图砍掉无效作业，如搬运的发生与距离有关，把厂房和库房布置在一起就可以消除搬运作业，与此相关的成本也就没有了。这种例子在现实中虽然不大会发生，但它可以说明采用作业分析法降低物流成本的思路。

（2）物流作业选择

它是指从多个不同的物流作业链中选择最佳的物流作业链。不同的物流通道会产生不同的物流作业，比如销售物流，选择的产品销售渠道不同会产生不同的销售作业，而作业必然会产生成本，因此每种渠道策略会产生不同的物流成本，在其他条件不变的情况下，如选择包含最少渠道的销售网络就可降低销售物流成本。

（3）物流作业降低

它是指以改善方式降低企业物流活动中所耗用的时间和资源，也就是改善必要物流作业的效率或改善在短期内无法消除的无附加价值的作业。例如，改善装卸这项物流作业，可通过尽量减少装卸次数，使物流作业成本降低。通过运用作业成本法下的作业分析能挖掘物流成本动因，不断改进物流作业完成的效率和质量水平，在所有的物流环节上减少浪费并尽可能地降低资源消耗，寻求最有利的物流链，并将企业物流置于不断改进的环境中，以促进企业物流价值链的水平得以不断提高，成本不断降低。

2．事中控制

在企业运用作业分析消除了无效作业后，对保留下来的有效作业应用目标成本法，建立总体目标，然后层层分解到各个物流环节。这就进入到了第二步，即物流成本的事中控制。

物流成本事中控制就是在企业的物流活动中，针对物流的一个或某些局部环节的支出所采取的控制，以达到预期的物流成本目标。物流成本事中控制的内容可归纳如下。

（1）运输成本控制

运输成本是企业进行运输活动所耗费的成本。运输成本在物流成本中占很大比重。运输成本的控制点主要在运输时间、运输准确性和可靠性以及运输批量水平等方面，控制方式通常是加强运输的经济核算，防止运输过程中的差错事故，做到安全运输等。

（2）装卸搬运成本的控制

装卸搬运成本是物资在装卸搬运过程中所支出的成本的总和。装卸搬运活动是衔接物流各环节活动正常进行的关键，它渗透到物流的各个领域。控制点在于管理好储存物资、减少装卸转运过程中的商品损耗率、装卸时间等。控制方式有：对装卸搬运设备的合理选择；防止机械设备的无效作业；合理规划装卸方式和装卸作业流程。

（3）库存成本的控制

库存成本是指物资在存储过程中所需要支付的成本。控制点在于简化出入库手续、仓库的有效利用和缩短存储时间等。控制方式主要是强化库存时各种成本费用的核算和管理。

（4）包装成本的控制

据统计，多数物品的包装成本占全部物流成本的 10%左右。包装成本的控制点是包装的标准化率和运输时包装材料的耗费。控制方式有：选择包装材料时要进行经济分析；运用成本核算降低包装成本；加强包装回收和旧包装的再利用；努力实现包装尺寸的标准化、包装作业的机械化等。

（5）流通加工成本的控制

物资进入流通领域后，按照用户的要求进行一定的加工活动称为流通加工，因此产生的成本被称为流通加工成本。具体企业的流通加工成本是不同的，首先应选择反映流通加工特征的经济指标，如流通加工的速度，观察、测算这些指标与标准值的差异，必要时进行适当的控制。控制方式有：合理确定流通加工的方式；合理确定加工能力和改进流通加工的生产管理等。

3. 事后控制

对物流成本事中控制后，即进入目标成本控制的第三步，即物流成本事后控制。在事后控制中，企业首先应当建立奖惩和反馈体系，将企业完成目标后的奖惩条件制度化，然后进行成本考核。成本考核是企业对各项物流作业绩效进行考核，对物流成本控制的实际完成情况进行总结和评价。

如果考核结果显示达到了既定的目标，就可以认为这一次的物流成本目标管理是成功的，并根据完成情况进行奖励。如果考核结果和目标有差距，则应当就产生差距的原因进行分析，对有关责任人员实施惩罚，然后通过反馈系统，返回到第一步，并且重复以上各步骤。

10.3.5　降低物流成本的策略

电子商务最大的优势在于方便、快捷、交易成本低、效率高，但如果作为整个交易过程中不可缺少的组成部分——物流的成本过高，那么电子商务的优势不仅无从体现，甚至还会使顾客放弃此种交易方式。那么，从事电子商务的企业应如何降低物流成本呢？其大体思路如下。

1. 通过物流模式的权衡和战略组合降低物流成本

从产权角度，电子商务企业组织的物流模式大致可以分为自营物流、物流联盟和第三方物流。在物流实践中，企业该选择哪一种或者哪几种物流模式，应该以物流成本最小化为最终目标，从战略的高度进行综合权衡。权衡和选择的依据主要有四个维度：资金实力、管理能力、物流在企业发展中的战略地位以及物流市场的交易成本。如果物流对企业发展非常重要，企业的管理协同成本小于委托第三方物流的交易成本，则应该选择自营物流。对于那些缺乏物流管理经验、资金实力不强的中小企业，采用第三方物流是明智的选择。如果企业的管理能力较差，物流对企业发展又非常重要，则应该考虑物流联盟。

2. 通过不同层次物流要素协同降低物流成本

第一个层次是物流功能要素协同。物流功能要素之间的冲突是始终存在的，而且，个体最优也不等于总体最优。为了解决这一问题，可以从总体上认识这一块"黑大陆"，把运输、装卸、包装、储存、配送、流通信息加工等各个功能的目标协同起来。协同的结果可能是，运输成本不是最小的，或者库存成本不是最小的，但是，运输和储存合起来的成本一定是最小的。另外，就是通盘考虑，如在设计包装大小的时候，包装体积的整数倍等于运输车辆的容积。

第二个层次是物流部门和其他部门之间的协同。例如，生产部门不过度生产，可以降低库存费用；生产的产品质量可靠，可以降低次品回收成本。销售部门和物流部门的目标也是相互冲突的，但是，如果物流部门的小批量、及时送货能够促进销售，改善服务质量，提高企业形象，物流成本提高仍是值得的。为了使部门之间更好地协同，可以根据企业情况进行机构重组，成立横向的物流管理部门。在这方面，海尔物流的做法（成立物流推进本部）很值得借鉴。

第三个层次是以产权为纽带，物流供应链要素之间协同。供应链（Supply Chain）即生产及流通过程中，涉及将产品或服务提供给最终用户活动的上游与下游企业，所形成的网链结构。物流学术界有两句名言："市场上只有供应链而没有企业""真正的竞争不是企业和企业之间的竞争，而是供应链和供应链之间的竞争"。从这个角度看，仅仅本企业自身物流有效率是不够的，还需要协调与供应链内部其他企业（如供应商、零售商等）以及顾客之间的关系，实现整个供应链活动的成本最小化。

3．完善物流网络

建立完善的物流网络，对于电子商务企业及时交货，保证供应和提高配送效率，降低成本都有直接的作用。电子商务企业物流网络的建立一般有以下几种形式。第一种形式是建立全国性的配送中心，由负责全国业务的总配送中心向各个客户配送商品。第二种形式是建立各地区的配送中心，根据业务性质，将所属的销售范围进行分区，建立各地区的配送中心，负责本区的物流配送业务。第三种形式是第一种、第二种形式的综合，即建立全国性总配送中心负责向各地区的配送中心配送，再由各地区的配送中心直接向顾客配送。采取哪种形式最经济、最合理，要根据企业的情况具体分析。

4．构筑物流神经网络：信息系统

以上论述表明，局部物流效率优化不能保证企业在竞争中取得成本上的优势。为此，企业必须借助于现代化信息系统的构筑，把物流内部各功能要素和外部的战略伙伴有效地联系起来，形成物流快速反应系统和经营战略系统。具体来说，就是通过对用户需求信息资源的共享，企业及时调整经营计划，避免无效作业，从而在整体上控制了无效物流成本发生的可能性。也就是说，现代信息系统的构建能彻底实现物流成本的降低，而不是物流成本的转嫁。

5．实行两级物流代理制度

对于业务量大、客户范围较广的电子商务企业，可实行两级物流代理制度。即在全国范围内进行分区，对于各区的总订货由总部委托全国性的大型物流公司或配送中心进行运作、完成。各区内的配送则由速递公司来完成，以"接力"的方式完成物流配送作业。这样做不仅能保证及时供应，还可以比较经济地完成配送作业。

6．谋求规模效益

谋求规模效益可以从以下两方面入手。

（1）调整服务政策

电子商务网上交易不受时空限制的特点，使得从事电子商务的企业有着广泛的客户群和较分散的销售量，尤其是在 B 2 C 方式下，顾客订购的数量较少，次数较多，而电子商务方便、快捷的特点又要求企业在顾客订货后能够迅速交货，这两个方面的原因就造成高额的配送成本。如何解决这一问题？这就需要电子商务企业在合理调整其服务政策的前提下科学地组织货源。如对一些顾客预定或有一定提前量的商品，将其配送服务由原来的 24 小时送货调整为 3 天内送货，这样在资源上有利于化零为整，实行计划配送，谋求规模效益。

（2）合并策略

合并策略包含两个层次：一是方法上的合并；二是共同配送。

1）方法上的合并是指企业在安排车辆运输时，充分利用车辆的容积和载重量，做到满装满载。例如，体积大、重量小的货物和体积小、重量大的货物搭配装载，就可以既满足载重方面的要求，又充分利用了车辆的容积。

2）共同配送也称为集中配送。它是几个企业联合小量为大量，共同利用一切物流设施的配送方式。具体运作方式是：在中心机构的统一指挥调度下，各配送主体以经营活动（或以资产为纽带）联合行动，在较大的区域内协调运作，共同对某一个或者某几个客户提供系列化配送服务。

10.4　知识测评

1. 选择题（每题至少有一个正确答案）

（1）以客户为核心的物流服务首先应当认识和了解客户的（　　）。

    A. 财务状况　　　　B. 信誉状况　　　　C. 市场环境　　　　D. 物流需求

（2）不可抗力的情况是指（　　）的情况。

    A. 不能预见　　　　B. 不能避免　　　　C. 不能克服　　　　D. 主观

（3）物流成本管理的前提是（　　）。

    A. 市场机制　　　　B. 公平竞争　　　　C. 价格策略　　　　D. 物流成本计算

（4）以下哪些不属于物流成本的核算对象？（　　）

    A. 某种物流功能　　　　　　　　B. 某一物流部门

    C. 某一过程　　　　　　　　　　D. 某一产品的损耗

（5）下面哪些成本是"物流总成本的构成"部分？（　　）

    A. 运输成本　　　　　　　　　　B. 存货持有成本

    C. 物流行政管理成本　　　　　　D. 仓储和信息成本

2. 判断题（请在正确的论述后面打 √，错误的论述后面打 ×）

（1）物流服务与物流成本具有二律背反的关系。　　　　　　　　　　　（　　）

（2）物流服务组合一经确定，就不需要经常检查、随时调整。　　　　　（　　）

（3）物流成本管理不是管理物流成本，而是通过成本去管理物流。　　　（　　）

（4）物流成本管理是企业物流管理的核心。　　　　　　　　　　　　　（　　）

（5）物流成本是指在物流过程中，企业为了提供有关的物流服务，要占用和耗费的一定的活劳动和物化劳动中必要劳动时间的货币表现，是物流服务价值的重要组成部分。（　　）

10.5　案例分析：日本企业物流成本何以这么低？

日本物流的历史并不长，但发展速度很快，如今凭借先进的物流技术、管理方式等，很好地控制了成本费用，成为世界物流领域先进国家。

相对于美国，日本物流行业起步较晚，但仍早于中国。通过几十年的发展，日本的物流行业取得了长足的发展，很多技术和衡量物流行业的指标数字都非常亮眼。

关注成本，是日本企业几十年如一日在做的事情。让我们看看：日本物流成本水平具体如何？日本企业为了降低物流成本又做了哪些有效的改革？

1. 物流成本比率低

在国际上，通常用社会物流总费用与 GDP 的比率来衡量一个国家物流的发展水平，用企业物流成本占产品销售额的比重来衡量行业的物流发展水平。

2016 年，中国社会物流总费用与 GDP 的比率为 14.9%，比上年下降 1.1 个百分点。中国物流与采购联合会的分析报告指出，这一比率高于日本 9 个百分点左右，高于全球平均水平约 5 个百分点。与日本这样的物流发达国家相比，我国的物流成本比率明显偏高。

从日本物流行业的数据来看，从 1995 年到 2003 年，日本物流全行业的企业物流成本占产品销售额的比重，逐步下降了近 1 个百分点，而后从 2003 年以来，维持在 5% 左右的稳定水平。而美国在 2012 年企业物流成本占产品销售额的比重为 7.87%，2013 年企业物流成本占产品销售额的比重为 8.41%，高于日本且呈现上升趋势。

从制造行业来看，2016 年，日本陶瓷、土石、玻璃、水泥这类行业的物流成本占产品销售额比重最高，为 8.69%；排在第二位的是需要通过冷链运输的食品行业，比重为 8.57%；而可以常温运输的食品行业，比重为 6.01%。

进一步分析具体的成本构成，以卡车运输为例，从日本国土交通省自动车局和全日本卡车协会在 2015 年的调查数据来看，运输人工费用占比高达 45.9%，考虑这一数据形成的原因：其一，日本的人工成本费用普遍较高；其二，非人工的成本已经尽可能地被压缩了。

2. 从自动化和信息系统提升

不同的时代，每个行业都会有不同的呈现，面临不同的问题，从而也促生了相应背景下的解决方案。

在 19 世纪 60 年代的日本，企业的生产量和销售量激增，导致了物流量的激增。不仅如此，通货膨胀导致物价上升，企业人工成本上涨。

为了缓解这两大问题，日本物流行业在这一时期通过增加机械化来提升物流处理能力，减少人工。立体自动化仓库正是在此时出现的，实现仓库高层空间的合理化运用，以及实现自动化存取货物。

如今，立体化仓库已经成为一门独立的学科，并在日本迅速发展。从 19 世纪 80 年代末期开始，日本的立体化仓库从制造业开始，遍及农业、仓储业、批发零售业、银行保险业等行业，物流的自动化得到了广泛的应用。目前，日本已经成为当今世界上应用自动化立体仓库最广的国家。

除了自动化设备之外，日本物流行业在 19 世纪 70 年代开始通过信息系统来提升效率。

第一次石油危机以后，日本经济高速增长的时代终结，物流量开始稳定下来，提升物流处理能力的需求也相对变弱。这样的时代背景下，日本物流行业开始注重提升物流的效率。

在此之前，日本物流行业的信息系统尚没有普及，依靠传统方式的处理效率较差。例如，日本的销售部门一般将入库、发货、库存等信息在月末做成月报提交给总公司，总公司不能快速实时地根据销售网点的信息修改生产方案或者进行其他的一些调整。

从 19 世纪 70 年代后期，物流信息网络开始飞速发展，将各个网点，以及生产、销售等各个相关部门整合在一个系统中，实现了实时在线的物流信息处理和交互，大幅提升了效率。

导入信息系统，从短期来看，是增加了导入和维护成本，但从长远来看，节省了沟通成本和时间成本，避免了由于信息不对称导致问题引发的费用。随着经济的发展，日本物流行业的信息系统变得越来越完善。

3. 降低成本三大招

虽然日本的物流行业已经处于领先的水平，但是他们仍然在挖空心思地降低成本。

公益社团法人日本 Logistics System 协会发布的《2013 年日本物流成本调查报告》中对日本 182 家公司进行的调查显示，在 2013 年，日本企业采用的降低物流成本方式中的前三位依次为提升装载率、削减库存以及重新规划物流据点。

事实上，这是近几年来日本企业为了降低物流成本而持续使用的方式。

在物流行业里面，装载率是评估营运效率的方法。从物流成本看，运输成本占了约六成，小批量、多频次的运输会导致效率低下。提升了装载率，就可以减少使用的车辆等运输工具的数目。进而降低运输成本，这便是他们致力于提升装载率的源动力所在。

低物流装载率很大程度上源自重量和体积的矛盾。例如，当货物已经堆满，但重量却不到能承载重量的一半，而物流公司一般是按重量收取运费的，会造成车辆吨位资源的浪费，需要更多的车辆来运输，导致运输成本上升。

因此，如何合理地搭配货物进行运输对于降低物流成本非常重要。在进行货物搭配运载之前，对各个送货地址的路线、配送时间、重量体积、包装、物流网络、装载方法等因素的相关数据进行详细分析，有利于合理化运载，提升装载率。

看似简单但实际操作较为复杂，且由于日本国内将客户需求放在第一位，并受 JIT 生产方式的要求，提升装载率的难度不容忽视。可见，日本物流业已经进入一个精耕细作的时期。

除了在装载率上突破外，日本的企业开始削减库存。

在库产品数量的减少，有助于降低存管费用，改善资金流，同时可以让出入库作业更加方便，但是库存并不能随心所欲地减，减少库存会牵一发而动全身，需要考虑多方面的问题。例如，物流中心放置的货物是不是和热销货品一致。

此外，由于日本企业国际化程度高，很多企业已经把生产据点放在海外，并在国外进行产品销售。在这样的背景下，一旦库存不足，需要补货，将要面临更多的运输成本和时间成本。目前，从供应链整体的视角来精确预测库存的需要量，合理化设定库存，被视为库存管理的核心。目前，存在着清理死库存、整理品类、库存据点集约化、缩短生产准备时间、提升销售预测精度等较常用的削减库存方法。

与此同时，受到日本老龄化、人口减少问题的影响，物流需要减少，日本公司对于物流据点进行再规划，对物流据点进行整合，减少物流据点的量。甚至不少日本公司开始采用工厂直送的方式。

（资料来源：天下网商，有改动）

问题

日本企业降低物流成本的措施中有哪些是值得我们借鉴的？

第 11 章　物联网基础

不出户，知天下；不窥牖，见天道。其出弥远，其知弥少。是以圣人不行而知，不见而明，不为而成。

——老子

引例：物联网——一个神奇的世界

2013 年，美国科幻大片《环太平洋》在全球上映，影片描绘的是随着人类对于地球的肆意破坏，环境污染越来越严重，这样的环境不适合人类社会的发展却非常适合某外星生物的发展，它们通过位于太平洋底的虫洞不断向地球发动攻击，一个个巨大无比的怪兽从"海洋"中崛起，第一只怪兽摧毁了旧金山以及周围的海岸城市，而人类在现有的军事技术水平下的抵抗活动均告失败。为了打败怪兽，拯救地球，人类开始制造超级机甲，利用巨大的机甲士兵来抵抗怪兽大军。两名驾驶员通过脑部神经网络相互连接，并与机甲士兵实现连接，从而实现驾驶员同步操作机甲士兵，同时，分布在机甲士兵周围的感应器将实时的感应数据与驾驶员共享，当机甲受到攻击的时候，驾驶员身体也会在相应的部分有所感应。随着怪兽的日益变强和增多，人类集合地球上所有的机甲士兵进入太平洋底攻击虫洞。最终机甲士兵击败了怪兽，炸毁了虫洞，从而拯救了地球。

科幻照进现实，有人说人与物的连接只能出现在科幻电影中，在现实生活中总归是虚无缥缈的，难道电影中人与物的连接甚至物与物的连接在现实中不会实现吗？设想这样的一个场景，在未来的某一年，你在下班的时候，通过手机给汽车发送一条指令：快来接我吧，我要回家了。当你步出公司大门时，你的汽车已经行驶到了你公司楼下，打开车门迎接你上车。在车上，你通过手机给电饭煲发送一条短信："嘿，哥们儿，我饿了，赶紧煮好米饭等我回家吧"。到家时，电饭煲已经煮好了香喷喷的米饭等着你。给家里的中央控制系统发短信："嘿，哥们儿，该上班了"，中央控制系统开始根据你的设定自动调节房间的温度、湿度和灯光颜色并播放你最喜爱的音乐。给浴缸发送一条指令："哥们儿，准备放水"，浴缸已经自动放水调温，做好一切准备迎接你的归来。而这些场景的实现都离不开一项关键技术——物联网。

（资料来源：郎为民. 大话物联网[M]. 北京：人民邮电出版社，2011. 有改动）

那么，物联网是怎样起源的？又是如何发展的？物联网是由哪些方面构成的？通过本章的学习，你会有一个基本的了解。

11.1　物联网的起源与发展

随着我国物流行业的快速发展，物流新技术层出不穷，尤其以物联网技术最为引人注目。但由此也引发了两种截然不同的观点的争论：第一种观点认为物联网技术的发展将助力于我国经济的发展。2015 年 3 月份，中国政府提出"中国制造 2025"计划，其中，物联网技术成为不可缺少的一环；第二种观点认为物联网只是一个噱头，在实际中并未让人感觉到物联网技术给人民生活带来具体的变化。

那么，什么是物联网？物联网又是如何产生的？

11.1.1 物联网的起源

下面首先通过一个故事来探究物联网的起源。1991 年，剑桥大学特洛伊计算机实验室的科学家们正在认真地做实验，每次他们想要喝咖啡的时候都要下两层楼梯去楼下看看咖啡壶有没有煮好咖啡，但常常空手而归，这让他们很烦恼。他们便编写了一套程序，在咖啡壶旁边放置了一个便携式摄像机，并将镜头对准咖啡壶，利用计算机图像捕捉技术，以 3 帧/s 的速度将图像传递到实验室中的计算机上。这样工作人员即可远程查看咖啡壶中的咖啡是否已经煮好，等到咖啡煮好了再下楼去拿，这样就省去了多次上下楼的麻烦。

1993 年，其他实验室的同事觉得这个方法很不错，于是他们对系统进行了更新，以 1 帧/s 的速度通过实验室的网站链接将照片传递到互联网上，没想到，有近几百万人通过互联网围观这个神奇的咖啡壶。故事中人与物通过技术实现连接，这不就蕴含着物联网的概念吗？

物联网的概念最早是从射频识别技术（RFID）发展而来的，是由美国麻省理工学院的 Auto-ID 中心提出的。它的含义是指通过给每个物品都贴上属于自己的电子标签，然后通过后台运行的信息系统借助互联网，所有商品都能相互连接的网络，以此实现物品的智能识别与管理。

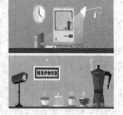

而这个概念真正受到人们的关注始于 2005 年 ITU（国际电信联盟）重新定义物联网的概念。2005 年 11 月 17 日，在突尼斯举行的信息社会世界峰会上，国际电信联盟发布了《ITU 互联网报告 2005：物联网》，提出了"物联网"的概念。报告指出：无所不在的"物联网"通信时代即将来临，世界上所有的物体从轮胎到牙刷、从房屋到纸巾都可以通过互联网主动进行交换。射频识别技术、传感器技术、纳米技术、智能嵌入技术将得到更加广泛的运用。

2008 年 11 月初，在纽约召开的外国关系理事会上，IBM 董事长兼 CEO 彭明盛发表了《智慧地球：下一代领导人议程》，IBM 提出"构建一个更有智慧的地球"，这是因为 IBM 认识到互联互通的科技将改变这个世界的运行方式，这一系统和流程将能够实现：实体商品的开发、制造、运输和销售，服务的交付，从人、金钱到石油、水和电子等万事万物的运动，数十亿人的工作、自我管理和生活。"智慧地球"得到了美国政府的积极回应，引发了全美工商界的高度关注，并认为"智慧地球"有望成为又一个"信息高速公路计划"，从而在世界范围内引起轰动，引发了全球物联网的关注热潮。

2009 年 8 月，时任国家领导人温家宝总理在无锡考察时指出"要在激烈的国际竞争中，迅速建立中国的传感信息中心或'感知中国'中心"。随后，物联网被列为国家五大新兴战略性产业之一，写入政府工作报告，物联网在中国受到了全社会极大的关注，已经成为科研、产业、标准化教育等方面的热点。

11.1.2 物联网的定义与特征

物联网至今没有统一的定义，国际通用的物联网的定义是：通过射频识别（RFID）、红外感应器、全球定位系统、激光扫描器等信息传感设备，按约定的协议，把任何物品与互联网连接起来，进行信息交换和通信，以实现智能化识别、定位、跟踪、监控和管理的一种网络。

欧盟关于物联网的定义是：物联网是未来互联网的一部分，能够被定义为基于标准和交互通信协议的具有自配置能力的动态全球网络设施。在物联网内，物理和虚拟的"物件"具有身份、物理属性、拟人化等特征，它们能够被一个综合的信息网络所连接。

2010 年，我国的政府工作报告所附的注释中对物联网有如下说明：物联网是指通过信息传感设备，按照约定的协议，把任何物品与互联网连接起来，进行信息交换和通信，以实现智能化识别、定位、跟踪、监控和管理的一种网络。

出现物联网定义多样化的原因是物联网还处于初级的概念阶段和探索阶段，还没有具有说服力的完整的大规模的应用。互联网是先发展起来，后有互联网这个名词术语；而物联网是先提出名词概念，希望通过这个名词概念来推动实际网络的发展。

尽管定义不统一，但业界通常把物联网的特征概括为"全面感知信息""可靠传输信息"和"智能处理与应用信息"三部分。

（1）全面感知信息

物联网信息采集的对象涵盖面非常广泛，涉及人们生产、生活及社会活动几乎所有的领域。只有更加全面地感知和采集所有实物信息，才能将更多的物理世界的末梢纳入整体网络结构，实现更加广泛的监管与智能应用，激发出更大的资源整合效应。这么广泛全面的感知和采集实物信息，必然会催生对传感读写器和传感标签等信息采集识别设备的巨大需求，因此，生产制造出质优价廉的传感设备就成为物联网技术进一步发展的首要任务。

（2）可靠传输信息

采集的实时信息必须快捷、可靠地传输出去才能被信息需求方有效应用，这就要求物联网必须具备畅通无阻的信息传输通道，将实物信息采集点和信息需求方可靠连接，构成信息共享和交互的有力保障。当前互联网、移动网或局域网的传输通道都还远远没有达到能传输多达亿万级单位的实时信息，未来网络技术的研发任务还相当艰巨，道路也相当漫长。

（3）智能处理与应用信息

亿万级单位的实物信息要能便捷、高效地应用于用户的各个领域，必须首先要进行运算、挖掘和提炼。这么巨大的信息量要在价值有效期内快速地被加工处理，必须依赖功能强大的计算机信息处理系统。现有的单机运算系统或小型的运算处理系统远不能满足计算的量和速度的需求。虽然现在已经有了远程云计算的初步应用，但其规模和技术等级还亟待取得更实质性的突破。

11.1.3 物联网概念的统领作用

不管物联网如何具体定义，物联网概念在当前是具有积极作用和意义的。物联网概念被提出后，迅速得到企业和政府的大力推动。实际上，在物联网得到热捧之前，很多类似物联网的应用已经在各个行业和领域利用当前的技术和网络各自开始发展了，如智能家居、智能交通、智能电网、工业监控等。但这些应用的术语都是基于各个独立领域的行业术语，这些术语显得太专业化，其可懂度、交流性不高，难以得到大众的认可和推广，又缺乏统领性，难以形成聚集效应和规模。当各个行业的应用发展到一定程度，各个行业的智能最终汇聚成整个城市甚至整个地球的智能，因此有人提出"智慧地球"这个具有统领作用的大术语。这个术语得到认可后，借助已经深入人心的互联网术语，物联网也得到广泛认可。通过物联网这个术语，把各个行业术语统一起来，使其交流性得到了极大的提高，并且产生了很好的集群效应。

这类似于在出现"水果"这个术语前，已经有"苹果""梨子""香蕉"等术语，但这些还不能发展成一个具有规模的行业，后来提出"水果"这个术语，将各种水果统一起来，人们的交流就更容易，更便于把水果作为一个行业来发展，推动水果的种植、运输、销售等各个重要环节的发展。

因此，物联网的重要意义在于提出了一个统一的概念和术语，这个术语是一个为了能激发大家的热情和动力的术语，是一个为了便于交流的术语，是一个大家都能听得懂的可统一其他各种专业称呼的公众术语。王建宙在上海世博会首场主题论坛说："提出了物联网的概念以后，相关的传感器、RFID，都得到了快速的发展"，就是很好的例证。

不管物联网如何定义，但其本质是让地球上的物品能说话，让人们能通过网络智能地听见物品说话、看见物品的行为，同时又能让物品智能地听话，智能地动作，达到让物质世界与人智能对话的目的。

11.2　物联网的体系结构

11.2.1　物联网的网络体系

根据网络内数据的流向及处理方式，物联网可分为三个层次：网络感知层、传输网络层、应用网络层。物联网的体系结构如图 11-1 所示。

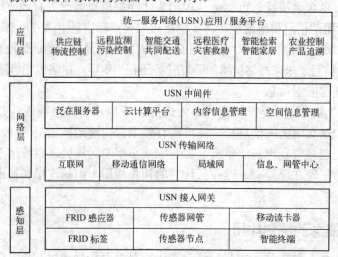

图 11-1　物联网的体系结构

1. 网络感知层

感知层即网络感知层或信息识别层，它是以 RFID 标签、RFID 感应器、传感器、读卡器为主，实现监测物体标识和感知。RFID 系统利用射频信号将存储在标签上的标识物的信息进行识别和采集，并将该信息传送给计算机信息管理系统，在标识物与计算机之间进行通信。在所标识的物体中，物体自身也有相互的感知能力，这样在它们所在的局部空间里面，物体间的信息就会进行相互的通信。

2. 网络层

网络层即传输网络层或网络通信层，它通过现有的因特网、卫星、移动通信网等接入到物联通信网上去，实现数据的进一步处理和传输。从物联网的网络层面看，保障数据的安全性将是一个核心问题。数据在传输过程中容易受到攻击、更改、冲突、堵塞和重发，那么在数据传输中，需要采用数据融合和安全控制技术，以提高网络的容错能力，保证数据的可靠性。在网络层中，采用电子产品代码（Electronic Product Code，EPC）形成一个全球的、开放的标识标准，对每一个物品赋予一个独一无二的代码，并结合 RFID 技术的使用，实现了 RFID 技术与通信网络相结合，即可顺利地将所采集到的、经过处理的汇聚信息通过网络层传送出去，实现对物品的跟踪和追溯。

3. 应用层

应用层即应用网络层或终端处理层，它是输入输出控制终端，包括计算机、手机等服务器终端，实现对网络层发送的信息的存储、挖掘、处理和应用。物联网的终端由外围感知（传感）接口、中央处理模块和外部通信接口三个部分组成，它属于感知层和网络层的中间设备，它担负着数据接收、处理以及整合等多种功能，通过对信息的处理、统计和分析，可以达到监测被标识的物品的信息的目的，从而实现"物物通信"。

11.2.2　支撑物联网的核心技术

物联网全面感知、可靠传送、智能处理信息所涉及的关键性应用技术：RFID 技术、传感器、通信技术以及终端数据智能处理技术等。现在主要介绍其中几个关键技术。

1. RFID 技术

该技术由标签、阅读器和天线三部分组成，作为物联网的关键技术之一，它利用无线射频方式在阅读器和射频卡之间进行非接触双向数据传输，以达到目标识别和数据交换的目的。

2. 数据存储和处理技术

该技术的目的是数据融合、减少数据传递过程中的冗余度和最小化传输量，以实现能量有效的数据传输，提高信息的精度和可信度。

3. IPv6 技术

IPv6 是 Internet Protocol Version 6 的缩写，其中 Internet Protocol 译为"互联网协议"。将 IPv6 技术引入物联网中，可以方便实现与现有网络设备端到端的通信，提高了转发效率，增强了信息传输的安全性。

4. 无线网络通信技术

一种新兴的、易组建的无线网络通信技术——ZigBee 技术，是一种低复杂度、低功耗、低速率、低成本的双向无线通信技术。它主要用于短距离和低速率的各种电子设备之间进行的数据传输，以接力的方式通过无线电波的形式将数据传送出去，以实现通信。

5. 无线保真技术

无线保真（Wireless Fidelity，Wi-Fi）是一种短程无线传输技术，能够在数百英尺范围内支持互联网接入无线电信号，也可以用于实现无线接入和共享网络资源。

6. 数据链技术

"数据链"是一个无线信息处理、交换、分发系统，对信息进行交换，达成实时、安全、可靠、高效的信息远距离传输，是一个服务推动另一个服务，这种关系的挖掘可能不同于现在的网络技术，这也是物联网最核心的技术之一。

7. 终端数据采集技术

该技术的作用是成为用户信息和管理系统之间的桥梁，通过 GPS 接收器、信息识别器、条码扫描器等各种输入设备获取重要数据，再通过 GPRS 无线连接或者通过 PC 机上传到服务器，服务器上的管理系统便提供各种功能和服务。

11.3 物联网对物流的影响

11.3.1 物联网技术促进物流运作升级转型

现代物流的本质是以信息技术为核心，通过对实体货物流动信息的有效监管和协同，实现供应链资源整合和物流全流程的优化，因而是最能发挥物联网优势的应用领域。物联网的感知技术、网络技术和智能信息处理技术三大核心技术在物流运作流程中的逐步应用，将激发物流服务的大量创新。

1. 应用感知技术全面采集物的信息，实现物流运作数字化、可视化

物联网感知技术主要是应用各种传感设备进行信息采集与初步识别。在处于物流运作中的实体物品上安装各种传感器，可以实时采集和识别分布在不同地理区域位置的物品的状态属性、环境属性和运作行为属性等重要信息，让实体的物品转换为可以在网络上便捷传输的数字化信息和可视化图像，为物流运作的协同管理提供第一手的决策参考信息。例如，在物流运作中，采用 RFID 技术、EDI 条码技术和红外线技术等，可以识别与追溯实体物品，并对物品进行精确的分类、拣选和统计；采用 GPS、GIS 等定位技术以及各种射频识别技术，可以对实体物品进行准确的定位追踪和流程监控。

2. 应用网络技术实时传递物的信息，实现物流运作敏捷化、集成化

物联网的网络技术是现有互联网和移动通信网络技术的拓展与延伸，新增加了更多种类的泛在网络技术，方便在不同的物流运作环境选择应用。例如，在物流企业内部，可选用内部局域网连接各个子系统，同时预留接口与广域网相连接；在地理条件不允许的区域，可以选择采用无线网关连接分布式子系统；在更广区域范围的物流网络系统，可采用互联网技术与 GPS、GIS 等定位技术相结合来连接各个子系统，构建智能化物流信息平台，使信息传输与交互的通道更加畅通，速度更加快捷。

通过各种泛在网络的连接，在物联网传感层采集的海量信息可以快捷地在物流网络各分布式节点共享，物流中央系统站在信息的高地，可以敏捷地响应外部需求的变化，并指挥整个物流运作链条同步化、集成化地运作，实现物流网络的无缝衔接和高效运转。

3. 应用智能信息处理技术提炼挖掘信息，实现物流运作自动化、智能化

应用物联网技术在物流网络各个分布式节点采集和共享的海量物流信息具有巨大的潜在应用价值，这些信息的应用价值能否得到充分发挥，关键在于它们能否得到及时的挖掘、加工和处理，这是现有的小规模计算处理设备不可能完成的繁重任务。在物联网时代，位于不同区域位置的物流网络节点可以应用物联网的云计算、移动计算和专家系统等智能信息处理技术，申请远程信息加工处理服务，快速提炼出最有价值的应用参考策略，再集成应用 ERP 技术、自动控制技术以及智能机器人等设备，为客户提供自动化和智能化的物流服务。

11.3.2　物联网技术影响物流运作全流程

物联网技术在物流运作各个环节的推广和应用，传统的物流运作流程将面临局部改良或彻底重组，物流运作的效率会得到极大的提升。

1．运输环节

物联网技术可以通过在运输车辆上嵌入射频标签、摄像头等方式合理安排运输过程中的调度问题。在运输途中，货物的相关信息能够实时传送到数据中心。同时，数据中心实时分析获取的相关信息，并根据货物运输的实际情况向货车司机及时地反馈各种信息，从而为企业减少不必要的损失。

2．仓储环节

仓储环节涉及供应链的各个环节，由于商品的特殊性，商品对保管和储存的要求是不相同的，例如，药品的储存与保管对温度和湿度的要求比较苛刻。如果在储存这些商品的仓库中使用物联网技术，通过数据感应识别系统将商品的储存环境及商品自身的品质信息实时传输给数据中心，数据中心及时对反馈的信息进行综合分析和处理，然后将相关保管和储存的改进建议反馈给仓库。在保管过程中，这种智能化的管理只有通过物联网技术才能实现，也能够为企业带来可观的经济效益。

3．搬运装卸环节

在搬运装卸环节，电子标签可以识别货物的种类，从而实现货物在搬运装卸过程中的井然有序。物联网的智能化技术能够记录货物移动的相关内容，这些内容反馈到数据管理中心，管理者就很容易掌握货物的库存量情况，借此可以提高整个库存管理的效率。在搬运设备上安装一些自动识别传感设备，能够在搬运过程中自动识别、搬运和存放货物，这种自动化的搬运装卸，不仅能够减少一些人力、物力，也避免了一些人为原因造成的错误。

4．包装和流通加工环节

在包装、流通加工环节，商品的不同，包装与加工的要求也不同，如药品对环境有着较高的要求，易爆、易燃物品在流通加工和包装过程中存在安全隐患，这一环节在引入物联网技术后，可以智能提醒商品的包装及加工要求，这样既省时省力又安全可靠。

5．配送环节

在配送环节，首先要根据用户下达的出库订单将货物下架、分拣和理货。在物联网环境下，等待配装的货物的信息实时录入物流信息平台，后台运算处理中心进行快速配送规划运算后将指令下达给调度员，调度员再根据指令中配装货物分配明细和匹配的运输车辆完成配货和装车的调度任务。每辆车的送货员则根据信息平台下达的配送路线图在规定的时间将货物准时送到用户。在整个配送作业流程中，要快捷且经济地完成配送任务，最为关键的一环就是根据配送任务和配送资源制定出最优化的运输规划，而这正是物联网环境下物流信息平台最大的优势之一。这一优势可以充分保证数据中心实时读取货物信息，合理匹配货物和车辆，更加准确、高效地将货物送达。

6．信息服务环节

数据中心包括库存信息、存储信息和销售信息，数据中心综合处理这些信息之后，制造商、零售商和消费者都可以登录数据中心来查询销售和存储信息，制造商可以借此及时规划生产进度，零售商可以借此实时调整进货计划，消费者可以通过物品上的标签登录数据中心，追溯产品的生产和物流信息。

11.4 物联网环境下物流服务创新

物联网的各项关键技术在物流业的逐步推广应用，首先会引发各项传统物流服务的逐步升级与转型。当局部的革新与改良集聚到一定程度，以及物流信息化和智能化水平发展到一定的高度，物流服务的各项功能将加速整合，进而会带来物流服务领域的全面的、集成化的创新，以及跨行业的融合创新。

11.4.1 物流领域局部创新

目前，物联网技术普及的关键障碍还没有完全消除。由于硬件成本较高，处理信息需要先进的设备和专业的人才，信息安全的维护也需要有大量的投入，因此只有那些实力雄厚的大型物流企业才能率先推进创新进程。首先，物联网应用的广度不够，在感知层，大量"物"的信息没有实时监测与采集；其次，在网络层，信息传输通道拥挤，速度缓慢；再次，在应用层，大量采集的信息缺乏快速的计算平台及时挖掘整理，丧失了应用的黄金价值。但是，随着物联网技术研发的加速推进以及物流企业的发展壮大，创新应用的门槛会越来越低，上述的障碍会逐步消除。鉴于此，物流服务的创新可以从物流运作的各个局部环节入手。

1）运输物流服务创新：运输进程的实时查询、货物与车辆的可视化监管、智能运输规划与调度。在运输工具、集装箱和货物上安装 RFID 标签或其他传感器，在运输线路的重要经过点安装信息读取和转发设备，或者摄像头等视频设备，这样，处于运输途中的货物和运输工具的信息就能实时传回物流企业的数据中心，客户可以登录物流企业的信息系统接口，实时查询自己货物所处的运输状态，提前安排好接货的准备工作。物流企业还可以通过摄像头等视频设备传输的图像信息，可视化监管货物运送的全流程，及时发现运输货品、线路和时间进程中可能潜在的问题，尽早排查解决，并可以通过信息交互设备将路况、交通状况和时间等信息反馈给驾驶员，有利于驾驶员安全、快捷地完成运输任务。物流企业数据中心可以综合处理所有运输线路和运输工具以及货物的信息，提前预测和安排最优的运输配载路线，并在运输规划的执行过程中根据突发状况技术调整原规划安排，实现智能化运输调度和多式联运的无缝衔接。

2）仓储物流服务创新：智能仓储作业、远程监控管理与精细库存控制。在仓库出入口的门禁上安装信息接收和转发设备，当携带 RFID 标签等信息发射装置的货物经过门禁时，信息阅读器将自动识读标签加载的货物信息，瞬时自动完成货物信息的盘点、录入或删除。仓储管理信息系统数据库接收更新的信息后，会自动运算并给出货品上架或下架的详细指令，安排自动化的机械手或巷道堆操机按规放置货物，实现仓储作业流程的全程自动化和智能化。在仓库货架的货位上安装传感器和电子标签，在库房的重要位置安装摄像头等视频设备，可以向异地的客户或外出的仓储管理人员提供存储货品的远程监管和操控。智能高效完成仓储日常作业流程，可以加速仓库货物的周转，提高空间利用率，准确地监控库存水平。如果将仓储管理信息系统和客户的信息系统相连接，还可以向客户提供远程精细化的库存控制，实现高水准的供应商管理库存服务。

3）生产物流服务创新：准时化配送与平顺衔接。消费者需求多样化和个性化趋势使得制造企业接收的更多的是多品种、小批量的订单，要完成这些品种繁多但产出批量却精细的订单，并获取一定的经营利润，制造企业必须实施准时化、零库存的生产制造。这种新的制造模式必然会要求物流企业提供更加准时化和平顺化的物流服务。物联网的感知技术可以实时动态追踪原材料的采购、生产流水线的加工制造以及原材料、在制品和产成品的库存控制，这些感知信息在网络信息平台和合作企业进行实时交互，就可以快速响应客户的新的需求变化，实现生产平顺、均衡地运行。

4）销售物流服务创新：快速响应与拉式服务。在零售商的卖场，当嵌入 RFID 标签的货物被客户提取，货物所在货位上的传感识别设备就会将货物被提取的信息传输给销售管理信息系统。客户通过卖场收银出口时，其提取的所有货物将瞬时完成销售信息识别，自动报告购买金额，方便客户快速结账。并且，客户的销售货物信息还将瞬时传输给与销售管理信息系统相连接的供应商管理仓储管理信息系统，供应商信息系统将根据预先设定的订货补货策略自动启动补货作业流程，快速将货物补给到位。整个销售物流的补货流程的驱动点始于客户的购买，销售多少，补给多少，属于快速响应的拉式服务。

11.4.2 物流领域集成化创新

硬件设备的成本大幅下降，各种泛在网络的出现使海量信息的传输变得快速而便捷，大量社会资本涌入利润丰厚的物流领域，物联网的广泛应用已经成为现实。因而，物流企业之间可以方便地交互、整合"物"的信息，突破单个企业的边界来优化配置物流资源，实现集成化的物流服务创新。

（1）产品的全程智能可追溯服务

当生产某种产品的供应链上所有成员企业都应用了物联网技术时，该产品生产制造和销售的全流程就可以实现全程智能可追溯的服务。从产品生产制造的源头开始，将 RFID 标签内嵌入原材料，随着产品生产制造流程的推进，不断在 RFID 标签中录入新的生产制造信息，直到产品生产完成，再将销售信息录入标签，这样 RFID 标签中就录入了产品的全流程信息。如果将该产品供应链上所有成员企业关于这项产品的数据库信息相连接，客户登录任一成员企业的信息系统，就可以方便地查询全程的产品信息。

（2）终端客户驱动的集成化供应链物流服务

传统的推式供应链物流运作模式是在需求预测的基础上制定补货和订货策略，直接的后果就是供应链各节点库存的大量积压。"牛鞭效应"所产生的供应商需求逐级放大的现象不仅让供应商尝尽苦头，而且严重侵蚀了供应链的效益和客户服务水平。物联网的信息感知与采集技术可以方便地实时采集每个供应链成员企业的订货与补货信息，物联网的网络与通信技术使得采集的订货与补货信息可以快速地在成员企业之间传输与交互。在供应链整体信息透明的前提下，物联网的智能信息处理技术可以高效地运算得出供应链整体最优的订货与补货策略，保证供应链物流的无缝衔接。消费者实时消费信息可以在第一时间被采集、传输至供应链上游的各个节点企业的信息系统端口，经过处理加工，智能生成订货与补货计划、生产作业执行计划、卖场销售计划。这样，一家综合型现代物流服务商就可以独立为客户高效地提供从采购物流到仓储配送乃至物流金融和系统优化设计等集成化的供应链物流服务。

（3）定制面向整体供应链效率优化的物流解决方案

物联网技术的应用极大地提升了物流企业的信息化程度，使得物流企业能便利地享有供应链所有合作企业的关键物流信息。基于这种显著的信息优势，物流企业可以凭借其优秀的物流专业人才和完善的物流网络分布，为供应链量身打造面向整体供应链的定制化物流系统解决方案或系统规划，并可以提供规划和方案的实施服务。比如，物流企业可以为每条供应链的配送中心进行总体规划和选址规划，可以为现有的供应链物流系统提出针对性的改进计划，最终达到提升供应链合作企业整体效率和效益的目标。

（4）构建以现代物流服务商为核心的供应链

物联网环境下，现代物流服务商享有强大的信息优势，可以承担未来供应链中"核心企业"的重任。首先，为供应链提供一体化物流服务的现代物流企业要让节点企业之间的物流能够均衡地、无缝地连接，必须能够掌控较为完全的整条供应链上的物流运作信息，因而现代物流企业必然成为供应链的信息中心。物联网技术的应用将使物流企业能更加便利地采集和传输分布于各节点的物流信息，处于供应链上信息占有的更高位势；其次，物联网技术的应用还能够加强物流服务商向供应链两端获取信息的能力，这些信息尤其是销售终端的信息对供应链的生产与销售决策有至关重要的影响力，掌握这些信息可以让物流服务商更高效地协同管理供应链上的各级制造企业；再次，专注于从事物流咨询服务和系统规划设计等服务的第四方物流服务商，不需要过多的资产投入，却享有人才和信息平台的优势，这让他们可以将更多的资源投入物流网技术的应用与创新，抢占物联网发展的先机，逐步超越制造企业和流通企业在供应链中的优势地位。由此，未来物联网时代的物流服务商将对供应链的一体化运作拥有更多的话语权和控制力，成为供应链的核心角色。

11.4.3 与全社会物联网融合创新

物联网技术在物流领域应用与创新的示范，必将带动其在社会其他行业领域的应用与创新。当各行业领域物联网技术应用与创新发展到一定成熟的阶段，"物""物"信息的交互就自然跨越行业领域的边界，互为所用，带来整个社会物联网聚合创新发展。在这一发展阶段，物流领域汇聚的"物"的信息，会流入社会其他领域的物联网，更广泛地与其他领域的信息进行交互与融合，创新出更多、更广的智能化服务。例如，产品在供应链上可追溯的信息系统，如果通过互联网或移动网络等泛在网络和消费者的电脑或手机终端相连接，不仅可以为消费者提供产品信息的供应链全程可追溯查询服务，而且可以反馈消费者的使用信息至供应链，实现供应链质量管理的智能追踪和产品智能化检测与维修。

物流服务和人类的生产与生活息息相关，物流信息在人们的生活中也无处不在。物流信息与社会其他物联网信息的聚合应用将为人们的生产与生活带来更大自由度的智慧服务，智慧物流服务也就融入其他服务，成为人类智慧生活的有机组成部分。

11.5 知识测评

1. 选择题（每题至少有一个正确答案）

（1）以下哪个选项是物联网层次？（　　　）。

    A. 网络层   B. 感知层   C. 应用层   D. 智能层

（2）物联网真正受到人们的关注是什么时候？（　　　）

    A．2005   B．2006   C．2007   D．2008

（3）物联网可以应用在哪些领域？（　　　）

    A．物流监控   B．污染监控   C．远程医疗   D．智能家居

（4）物联网的感知层包括哪些内容？（　　　）

    A．RFID 感应器   B．传感器开关   C．读卡器   D．智能终端

（5）支撑物联网的核心技术包括哪些？（　　　）

    A．RFID 技术   B．数据储存和处理技术

    C．数据链技术   D．终端数据采集技术

2．判断题（请在正确的论述后面打√，错误的论述后面打×）

（1）物联网技术可以提高物流的运作处理能力。   （　　　）

（2）信息实时采集是物联网的要素之一。   （　　　）

（3）"感知中国"没有运用物联网技术。   （　　　）

（4）在物联网层次中最底层是网络层。   （　　　）

（5）物联网技术的发展将会推动未来生活走向智能化。   （　　　）

11.6　案例分析：物联网在生活中的应用

1．智能公交——让城市流动起来

在日常的生活中，大家经常有这样的体会，过去等公交车的时候根本不知道公交车还有多久才能到站？末班车还有没有……这些让公交车乘客担心的问题，如今可以通过电子站牌、智能车载机等设备来解决。智能公交系统的有效运行，要求所有的公交车全部安装智能车载机，以实现对车辆最有效的调度。同时，在公交站台和公交停车场安装电子站牌，流动发布即时公交信息，可实现对公交线路运行车辆的实时监控，实现对多家公交公司经营线路公交车辆的实时监控。电子站牌上面滚动发布各线路公交车离站点的距离，并且具备时钟功能。

乘客确定乘车地点和终点后，可在电子站牌的显示屏上查询。电子屏幕上显示各公交线路距离本站的距离。这些数字资料每 10s 左右就变化一次，如果某条公交线路很久都没变化，则表明车辆遇到堵车或故障等情况。公交车在车头的位置安装了一个 GPS 车载机，通过这个 GPS 车载机

系统，公交车的有关信息可及时地传送到电子站牌上，电子站牌的数据还可根据乘客需要增加其他有关信息。但在实际的运用过程中，要注重提高数据的更新频率，不能出现公交车实际到站，电子站牌还显示车辆在几百米之外的情况，或是车辆已经过站了，电子站牌还显示车辆即将到站的情况。

2．智能家居—— 一栋神奇的房子

热播剧《爱情公寓第四季》曾有这样一幕：剧中人物美嘉答应朋友帮其在圣诞节期间看房子，夜晚听到莫名其妙的声音以为"闹鬼"，请来吕子乔一起来房子观察。当他们在房中搜索的时候，被突如其来的声音所吓到，两人仔细搜索，发现是冰箱发出的声音。原来，

房子中的家居设备已经被主人改造成了智能家居，通过安装语音控制系统实现家居设备和人之间的对话。在剧中，冰箱是所有智能家居设备的"老大"，能够自主控制其他智能设备的运行，并且能根据主人的要求来设置卧室背景、控制浴缸放水、调节水温等工作。在剧中，冰箱不仅执行传统家居的工作，而且能够通过语音系统与人玩起了脑筋急转弯。那么在现实中，我们有没有可能也拥有这样一栋神奇的房子呢？

随着人们经济收入的提高和社会信息化的加快，人们对居住条件提出了更高的要求，越来越注重家庭生活中每个成员的舒适、安全与便利。与普通家居相比，智能家居不仅具有传统的居住功能，还能提供舒适安全、高效节能和高度个性化的生活空间，将原来静止的家居设备转变成"智慧"工具，提供全方位的信息交互功能，帮助家庭与外部保持信息交流畅通。

其实，智能家居技术在市场上出现了几年，只是之前技术还不成熟，代价也不菲。随着物联网概念的提出，物联网建设将大大推进智能家居产业化的进程，智能家居的运用将以较快的速度推广开来。目前国内已经有部分城市和企业正在加紧建设物联网项目，中国电信物联网应用推广中心、中国电信物联网技术重点实验室在江苏无锡成立，智能家居是其重点关注的物联网运用项目之一。海尔等企业已经生产出了物联网冰箱这样的智能家居，并在世博会上展示了其U-home 物联网家庭。随着信息化和网络技术的发展，我国在未来的几年内智能家庭网络系统与产品将得到快速发展，相信在未来几年我们也能拥有一栋影视剧中的神奇房子。

3. 智能医疗——我们身边的医生

我国当前的医疗体制被人们诟病已久，存在医疗卫生保障覆盖率较低、资源分配不均、基本医疗服务滞后、看病难、看病贵等问题。而随着人均寿命的延长和人们对健康的持续关注，现代社会的人们需要更好的医疗系统。这样，远程医疗、电子医疗的需求就显得比较迫切，借助于物联网/云计算技术、人工智能的专家系统、嵌入式系统的智能化设备，可以构建起完美的物联网医疗体系，使全民平等地享受顶级的医疗服务，减少由于医疗资源缺乏导致看病难、医患关系紧张、事故频发等现象。

所谓智能医疗是通过打造健康档案区域医疗信息平台，利用最先进的物联网技术，实现患者与医务人员、医疗机构、医疗设备之间的互动，逐步达到信息化。智能医疗结合无线网技术、RFID 技术、物联网技术、移动计算技术、数据融合技术等，将进一步提升医疗诊疗流程的服务效率和服务质量，提升医院综合管理水平，实现监护工作无线化，全面改变和解决现代化数字医疗模式、智能医疗及健康管理、医院信息系统等的问题和困难，并大幅度提升医疗资源高度共享，降低公众医疗成本。从目前医疗信息化的发展来看，随着医疗卫生社区化、保健化的发展趋势日益明显，通过射频仪器等相关终端设备在家庭中进行体征信息的实时跟踪与监控，通过有效的物联网，可以实现医院对患者或者是亚健康病人的实时诊断与健康提醒，从而有效地减少和控制病患的发生与发展。此外，物联网技术在药品管理和用药环节的应用过程也将发挥巨大作用。

（资料来源：郎为民. 大话物联网[M]. 北京：人民邮电出版社，2011. 张春红，等. 物联网技术与运用[M]. 北京：人民邮电出版社，2011. 有改动）

问题

1. 你认为物联网可以应用在哪些方面？

2. 请举例说明你身边有关物联网运用的案例。

第12章　电子商务物流发展现状与趋势

如果仅仅是快递和送货，根本不值得这么大的投入。京东物流更大的价值在于提高整个社会的物流效率。

——刘强东

引例：菜鸟与顺丰相互拉黑事件

2017年6月1日下午14:32，菜鸟网络官方发布声明：紧急建议商家暂时停止使用顺丰发货，改用其他快递公司服务。原因是顺丰单方面暂停了数据接口，淘宝上将暂时无法显示顺丰物流数据，因此建议商家改用其他快递公司服务，等待菜鸟网络与顺丰的沟通……6月1日下午18:43，顺丰官方发声，严肃表达：①菜鸟已经把顺丰踢出，表示遗憾，要查快递订单，直接从顺丰官方APP等入口查询；②菜鸟要求顺丰提供无关客户隐私的数据，顺丰拒绝这一要求；③顺丰呼吁快递同仁重视数据……顺丰与菜鸟的数据之争引爆了全行业及社会的关注。

顺丰与菜鸟的矛盾早已有之。2015年6月6日，顺丰联手申通、中通和韵达投资5亿成立"丰巢科技"，直接正面硬抗菜鸟。就在丰巢宣布成立的几天后，菜鸟网络就宣布，百世汇通和圆通将先期加入菜鸟驿站，向社会开放其末端代办点为公共自提点，为网购用户提供包裹代收服务。

6月1日起，顺丰速运与阿里旗下的菜鸟网络之间的互通数据接口关闭。这意味着消费者将无法在阿里平台上选择顺丰速递运送包裹或查询顺丰快递的物流信息。这场相互"拉黑"的争端引起了国家邮政总局的关注。

6月1日晚，国家邮政局连夜发文《关于近期快递服务消费的提示》称，受菜鸟网络与顺丰速运关闭互通数据接口影响，导致少量快件信息查询不畅，时下樱桃、荔枝、杨梅、芒果等生鲜农产品寄递业务会受到一定影响。国家邮政局称，已要求各地邮政管理部门保持高度警觉，强化调度，积极协调邮政企业和其他快递企业组织运能，努力保持生鲜农产品外运渠道畅通。

6月3日凌晨3时56分，国家邮政局官方微信公众号发布《国家邮政局协调解决菜鸟顺丰数据互通问题》的文章称，6月2日晚，国家邮政局召集菜鸟网络和顺丰速运高层来京，就双方关闭互通数据接口问题进行协调。双方表示将从讲政治顾大局的高度出发，积极寻求解决问题的最大公约数，共同维护市场秩序和消费者合法权益，并同意从6月3日12时起，全面恢复业务合作和数据传输。

（资料来源：新浪科技网，有改动）

菜鸟和顺丰为什么会相互拉黑？这究竟隐藏着怎样的秘密？学完本章之后，你对这些问题就会有深刻的认识了。

12.1 电子商务物流发展现状与形势

为加快电子商务物流发展，提升电子商务水平，降低物流成本，提高流通效率，商务部、发展改革委、交通运输部、海关总署、国家邮政局、国家标准委制定了《全国电子商务物流发展专项规划（2016—2020 年）》。以该规划为基本参照，下文对我国电子商务物流发展的现状与形势进行分析。

12.1.1 电子商务物流发展的现状

近年来，随着电子商务的快速发展，我国电子商务物流保持较快增长，企业主体多元发展，经营模式不断创新，服务能力显著提升，已成为现代物流业的重要组成部分和推动国民经济发展的新动力。

1．发展规模迅速扩大

2017 年上半年我国电子商务交易额为 13.35 万亿元，同比增长 27.1%。2016 年全国网络零售交易额为 5.1556 万亿元，增长率为 26.2%，远高于社会消费品零售总额增长率，是同期社会消费品零售总额增速的两倍有余。其中实物商品网上零售额为 4.19 万亿元，同比增长 25.6%，比同期社会消费品零售总额增速高出 15 个百分点。2016 年全国快递服务企业业务量累计完成 313.5 亿件，同比增长 51.7%；业务收入累计完成 4 005.00 亿元，同比增长 44.6%。其中约有 70%是由于国内电子商务产生的快递量。总体看，电子商务引发的物流仓储和配送需求呈现高速增长态势。

2．企业主体多元发展

企业主体从快递、邮政、运输、仓储等行业向生产、流通等行业扩展，与电子商务企业相互渗透，融合速度加快，涌现出一批知名电商物流企业，形成了自营、加盟、合营、共同配送、第三方（如电子商务仓、电商物流运输服务商、专业第三方物流企业等）、第四方、供应链、平台、联盟等多种业务模式。

3．服务能力不断提升

多种组织模式加快发展，服务空间分布上有同城、异地、全国、跨境等多种类型，服务时限上有"即时达""限时达""当日递""次晨达""次日递"等。可提供预约送货、网订店取、网订店送、智能柜自提、代收货款、上门退换货等多种服务。尤其是随着移动互联网和O2O 本地生活的发展而衍生出的即时物流模式，不经过仓储和中转，直接从门到门送达，更是大大提升了物流的服务能力。即时物流配送的商品种类日益增多，从最初的外卖，延伸到商超零食、生鲜以及电商快递领域。闪送、人人快递、点我达、京东到家、UU 跑腿、快服务等品牌备受资本青睐。

4．信息技术广泛应用

企业信息化、集成化和智能化发展步伐加快。条形码、无线射频识别、自动分拣技术、可视化及货物跟踪系统、传感技术、全球定位系统、地理信息系统、电子数据交换、移动支付技术等得到广泛应用，提升了行业服务效率和准确性。电子商务物流在"互联网+"战略的带动下快速发展，并与大数据、云计算、人工智能等新一代互联网技术进行融合，整个行业向着高效流通的方向迈进。

12.1.2 电子商务物流面临的形势

随着国家政策支持力度进一步加大、国民经济全面转型升级和互联网、物联网发展，以及基础设施的进一步完善，电商物流需求将保持快速增长，服务质量和创新能力有望进一步提升，渠道下沉和"走出去"趋势凸显，将进入全面服务社会生产和人民生活的新阶段。

1. 国家高度重视物流业的发展

习总书记在十九大报告中指出：支持传统产业优化升级，加快发展现代服务业，瞄准国际标准提高水平；促进我国产业迈向全球价值链中高端，培育若干世界级先进制造业集群；加强水利、铁路、公路、水运、航空、管道、电网、信息、物流等基础设施网络建设。参照国务院出台的《物流业发展中长期规划（2014—2020 年）》，六部委又制定了《全国电子商务物流发展专项规划（2016—2020 年)》。规划中不但提出了发展我国电子商务物流的指导思想、目标和原则，而且详细提出了七大重点任务、八大重点工程和有力的保障措施。七大任务包括建设支撑电子商务发展的物流网络体系、提高电子商务物流标准化水平、提高电子商务物流信息化水平、推动电子商务物流企业集约绿色发展、加快中小城市和农村电商物流发展、加快民生领域的电商物流发展、构建开放共享的跨境电商物流体系。八大重点工程包括电商物流标准化工程、电商物流公共信息平台工程、电商物流农村服务工程、电商物流社区服务工程、电商冷链物流工程、电商物流绿色循环工程、电商物流跨境工程、电商物流创新工程。

2. 电商发展不断地对物流提出新需求

随着我国新型工业化、信息化、城镇化、农业现代化和居民消费水平的提升，电子商务在经济、社会和人民生活各领域的渗透率不断提高，与之对应的电商物流需求将保持快速增长，并不断提高要求。同时，电子商务交易的主体和产品类别愈加丰富，移动购物、O2O、社交网络营销等新零售模式将成为新的增长点。

新零售已经被作为一个专有概念被业界提出，并成为热词。一般认为，新零售，是企业以互联网为依托，通过运用大数据、人工智能等先进技术手段，对商品的生产、流通与销售过程进行升级改造，进而重塑业态结构与生态圈，并对线上服务、线下体验以及现代物流进行深度融合的零售新模式。物流可以说是联系线上线下最重要的一条纽带，并且"新零售"的一个很大目标，就是要通过物流消灭库存，让线下实体解放出来。用马云的话说，未来将没有电商，只有新零售，新零售是将用户与产品研发直接拉近，供应链发生全方位的变革，当然物流服务需求也随之需要全面的革新。总之，面对"新零售"环境，电商物流必须加快服务创新，增强灵活性、时效性、规范性，提高供应链资源整合能力，满足不断细分的市场需求。

3. 电商物流"向西向下"成为新热点

在城市电商竞争日趋激烈，外加政策引导的双重作用下，农村电商的风口已经形成。电商大佬纷纷布局农村电商。不仅阿里、京东、苏宁这些大的电商积极响应国家的号召到农村去，建设农村电子商务运营网络，传统商贸企业、邮政、供销系统也都由线下向线上融合发展。

随着互联网和电子商务的普及，网络零售市场渠道将进一步下沉，呈现出向内陆地区、中小城市及县域加快渗透的趋势。这些地区的电商物流发展需求更加迫切，增长空间更为广阔。电商物流对促进区域间商品流通，推动形成统一大市场的作用日益突出。

4. 跨境电商物流将快速发展

近年来，我国跨境电商的交易规模保持快速增长态势，在进出口贸易中的渗透率逐年攀升，保持了年均约 30%的增速。在外贸进出口增速下滑、传统竞争优势削弱的压力下，国家出台的一系列政策和居民消费结构变化等因素，推动了跨境电商的发展。跨境电商日渐成为新的外贸增长点，对外贸增长起到了较大的推动作用。2016 年，随着消费升级和海淘电商平台的普及，中国跨境电商交易规模继续扩大。据艾媒咨询发布的《2016—2017 中国跨境电商市场研究报告》显示，2016 年中国跨境电商交易规模达到 6.3 万亿元，海淘用户规模达到 4100 万人次。且预计 2018 年中国跨境电商交易规模达到 8.8 万亿元，海淘用户规模达到 7400 万人次。

未来 5 年，跨境电商会进入 2.0 模式，在这个阶段有两个改变：一是交易主角从贸易商转变为有设计能力的工厂；二是订单逐渐碎片化。这两个转变会对跨境电子商务物流带来机遇，同时也是巨大的挑战。

新一轮对外开放和"一带一路"战略的实施，为跨境电子商务的发展提供了重大历史机遇，这必然要求电商物流跨区域、跨经济体延伸，提高整合境内外资源和市场的能力。

5. 电商物流科技快速发展

物流业的发展经历了人工生产、机械化、自动化再到智慧化的历程。人工生产的比例逐渐降低，物流作业过程中的设备和设施逐步自动化，但总体上与美国、德国等西方发达国家相比差距较大。工业 4.0 的提出，强调利用物联信息系统将生产中的供应、制造、销售信息数据化、智慧化，最后达到快速、有效、个性化的产品供应。对于物流科技而言，即整合传统和新兴科技，以互联网、大数据、云计算、物联网等现代信息技术提升物流智能化程度，增强供应链柔性。

"互联网+高效物流"已被列入"互联网行动计划"当中。大数据、云计算、物联网、人工智能技术的成熟发展，可以对物流各环节进行信息化、高效率的管理，提高运输、配送效率、减少损耗，并可指导生产制造，为顾客提供更好的服务体验，推动物流供应链智慧化升级。

6. 市场竞争日趋激烈

"物流是第三利润源泉"已成为共识，外资纷纷进入，国内企业对物流也逐渐重视，都想分享这一块大蛋糕。这将导致社会增加对物流的投资，引导更多企业从事物流工作，促进物流领域的竞争日趋激烈。

随着现代物流需求的增长，现代物流理念的传播，大型传统储运企业纷纷向第三方物流企业转型，一些大型制造企业，如海尔、一汽、青啤等的物流部门也有向专业物流企业转型的趋势，此外，随着中国物流热的掀起，大大小小的运输、仓储企业甚至小型送货、送报企业都纷纷打起了物流的牌子，进入物流市场，使国内物流市场竞争更加激烈。在未来的几年里，我国的物流市场将要进行一轮"洗盘"，大量没有竞争力的企业将在竞争中被淘汰，或与别的企业合并、整合。

但"物流是第三利润源泉"不能说明投资经营物流就能得到这些"源泉"。这里的"源泉"是对物流的用户工商企业而言的，因为中国的第三方物流服务改善后，可以降低它们的物流总成本，进而增加它们的利润。通过降低物流总成本赢利比扩大生产或销售产品赢利更经济、更容易，所以物流是工商企业的利润源泉，而不是物流企业自己的利润源泉。因此，物流企业的利润增长绝不能靠增加单位商品的物流价格这种方式，而必须有其他的利润增长机制，比如，提供新的增值服务业务、延伸物流网络、扩大物流服务规模、与客户建立供应链管理系统等。

12.2 我国电子商务物流存在的问题和改进措施

12.2.1 我国电子商务和物流间存在的问题

中国电子商务在快速发展过程中在观念、经营、管理与服务方面尚存在着诸多的问题。特别是电子商务企业与配送行业目前的不协调状况，严重影响着网络经济带给双方的市场机遇。北京工商大学何明珂教授把目前中国电子商务对配送的需求与物流企业提供的配送服务间的分歧总结为 10 个方面。

1. 观念

电子商务公司对配送的理解是从电子商务本身需求的角度来提出的，对物流企业来说则是市场机会。电子商务的配送环节不仅仅是物流企业的问题，更需要电子商务公司的积极参与和协助，电子商务公司不应过多地指责配送企业服务价格过高、不能及时送货以及不能提供遍布全国甚至全球配送体系。

2. 规模

中国电子商务配送需求目前尚没有达到物流企业所需的最低量规模化运作要求，在少量的供给条件下，物流企业无法分摊较高的固定成本而难以降低服务价格，这也就是物流企业参与电子商务配送热情不高的原因之一。物流公司也不应等到电子商务达到规模经济以后再参与配送，而是应及早地介入电子商务，以抢得先机。

3. 网络

因特网的无边界性特点导致了电子商务客户区域的分散性与不确定性，但过于分散的配送网络不利于物流企业集中配送。过于分散的配送网络与过低的配送价格容易导致电子商务公司与物流企业间的矛盾激化，这也是电子商务尚未达到规模效益的另一种表现。从物流企业角度来讲，电子商务公司应从区域与市场对客户服务网络定位与相对集中，指定配送的地区与服务对象，这有利于物流企业将配送资源适度集中以降低配送成本。

4. 资源

电子商务对物流的需求与物流企业所提供的供给两者之间差距很大，从总体上讲，中国物流资源尽管充沛，但仍存在大量的、未被充分利用的配送资源。对物流企业而言，电子商务对配送需求的多样性与分散性，为物流企业整合系统内资源提供了内在的动力与外在的需求，成立全国性的、遍布城乡的物流配送体系，适应电子商务物流配送的需求已迫在眉睫。

5. 费用

对电子商务公司与物流配送企业来说，配送的需求与供给间的协议价格差距仍然较大，配送成本过高加剧了电子商务与配送企业间在费用分摊方面的矛盾。

6. 服务

电子商务公司希望物流企业提供的配送不仅仅是送货，而是最终成为电子商务公司的客户服务商，协助电子商务公司完成售后服务，提供更多增值服务内容，如跟踪产品订单，提供销售统计、报表等，进一步增加电子商务公司的核心服务价值，物流企业要改变单一的送货观念。

7. 管理

电子商务公司的资金多来自海外的风险投资，其领导者具有较高的知识与管理水平，对公司的配送要求也较为严格，物流企业也应考虑适应不同档次客户的需求，提高管理以适应电子商务公司高标准的要求。

8．人员

电子商务公司从业人员多数接受过国内或国外高等教育，相对来说，国内物流企业人员素质相对较低，在一定程度上存在沟通与交流的障碍，不利于双方长远的合作与发展，物流企业应注意提高自身的人员素质。

9．关系

从各方的反应来看，配送企业与电子商务公司的关系并不是很和谐。从任何角度来讲，双方若不能建立长远友好的合作关系，必将影响双方在未来的投资。

10．协议

目前电子商务公司与配送企业签订的协议以短期居多，而长期协议几乎没有，不利于物流企业制定长远的投资与服务计划，短期协议制约物流企业对配送体系的热情投入与新技术采用，不利于降低配送成本。

12.2.2　改进电子商务物流的措施

1．优化物流系统网络

许多电子商务经营者考虑的物流问题就是送货和库存，这种认识过于肤浅。电子商务的物流、配送系统要达到的目标不是简单的送货和库存，它需要的可能并不仅仅是车队和仓库，最重要的还是物流系统的设计。这就需要经营者用现代物流和配送而不是用传统储运的理论指导物流、配送系统的设计，最后要使得物流、配送系统能够在满足电子商务销售目标的前提下花费最少的物流成本。这并不意味着要求送货费用最少或者库存费用最少，而是要使得所有物流成本之总和最少。这一目标只有在现代物流理论的指导下，站在比送货和储存这些具体作业更加高的高度进行考虑才能达到。

可以采取的具体工作思路是：明确电子商务的销售目标──→确定物流、配送的服务目标和成本目标（可用一些指标来衡量，如送货频率、反应时间、订货满足率、配送成本等）──→对可用的物流、配送资源进行评估──→决定物流、配送的运作流程──→决定采用何种方式构造物流、配送系统（委托第三方、自己承担、与其他企业合作）──→配置物流、配送资源（送货车辆及仓库资源等）──→物流、配送运作系统设计──→物流、配送系统的管理制度设计。

下面列出常见的物流、配送系统网络出现的问题、原因及对策表，如表 12-1 所示。

表 12-1　常见物流、配送系统网络出现的问题及对策

常见现象	可能的原因	对策建议
送货时间太长	（1）集货的时间太长 （2）送货路程太远 （3）运输工具速度太慢 （4）物流、配送作业环节太多 （5）送货路线规划不合理 （6）承诺的送货时间过短	（1）将承诺的送货时间延长，但要有竞争力 （2）重新规划送货路线 （3）调整配送作业流程 （4）选择小型送货车辆 （5）与其他商品销售商进行共同配送
送货不准时，往往延迟	（1）计划送货时间估计不准确 （2）配送时限管理不严 （3）某些库存量过低 （4）送货车辆和人员调度困难	（1）重新测算送货所需时间 （2）严格执行配送实现管理制度 （3）送货车辆和人员合理调度，可以将送货任务外包出去 （4）调整商品品种，适当增加某些经常缺货的商品的库存量
因为缺货，所订的货无法配送	（1）需求预测不准 （2）与畅销商品的供应商关系一般，供应商没有保证供货 （3）主页上商品目录更新缓慢，对脱销商品没有及时说明	（1）完善需求信息收集系统 （2）建立快速反应的销售和配送体系 （3）改革需求预测方法 （4）与畅销商品供应商建立战略伙伴关系 （5）及时更新主页，根据供货、需求及库存信息，及时提供订货指导

常见现象	可能的原因	对 策 建 议
送货时间不稳定	（1）配送管理无章可循 （2）配送作业流程不规范 （3）配送车辆维护差 （4）配送人员业务素质不稳定 （5）配送作业波动 （6）送货地点太分散	（1）制定严格的配送管理规章制度和作业规范 （2）严格配送车辆的检修和保养制度 （3）加强配送人员培训 （4）合理安排配送资源，降低配送需求波动对配送作业的影响 （5）重新规划送货地点
消费者订货后无法知道送货的具体信息	（1）缺乏配送跟踪信息系统 （2）缺乏规范的查询信息	（1）在主页中提供商品目录的同时提供查询系统界面 （2）向消费者公布查询的标准信息 （3）建立覆盖整个物流、配送的信息网络，并实时更新物流、配送信息
不知向谁反映配送中出现的问题	（1）配送系统岗位责任划分不清 （2）有关人员没有尽职尽责	（1）严格配送系统岗位责任制 （2）严格配送人员的管理 （3）在主页中公布客户服务电话和人员名单及投诉处理程序 （4）建立呼叫中心

2．建立供应链关系，发挥第三方物流的作用

由于抱怨找不到满意的配送公司，许多网站经营者或电子商务经营商往往不得不自己投资建仓库、买汽车，到头来为物流、配送背上沉重的包袱，这是电子商务经营者必须慎重对待的一件事。有些国外的电子商务公司同样用中国的配送公司，虽然他们也对我国国内的配送服务不满意，但国内的配送系统经由他们重新设计，最终能按他们的要求去做，他们的配送需求也较好地得到了满足，并且成本也不高。国外的电子商务公司提出要求，通过培训让国内的配送伙伴理解他们的要求，他们甚至派一个小组到国内的配送公司，帮助配送公司改善管理和运作。国外电子商务经营者成功的秘密有两条：第一，坚决将自己核心业务以外的业务外包出去，这也是他们要在国内寻找配送公司的原因，国内的配送公司虽然以前没有为电子商务提供过配送服务，但经过培训是完全可以胜任的；第二，一旦决定与国内的配送公司合作，就舍得为与配送公司建立长期合作的供应链关系而投资，以求双赢。我国的电子商务要发展，尤其是解决像物流、配送这样与国外还有很大差距的问题，必须借鉴这两条经验。

3．建设适合电子商务要求的物流信息系统

从联邦快递从事电子商务的经验可以看出，建立适合电子商务需要的物流，配送信息系统极为关键。在有形店铺，消费者遇到问题可以到商店去，也可打电话询问售货员，但在电子商务的虚拟商场，消费者通过计算机与经营者打交道，消费者付款后必须等待配送公司送货上门，这等待的时间对消费者是一个黑箱，缺少透明度。因此，为了消除消费者的担忧以刺激订货，电子商务经营者必须在网上建立物流、配送查询系统。只要消费者知道自己的订单号，在任何地点、任何时候就可查到货物的状况，同时，主页上还应该提供公司关于送货、退货、报关等方面的政策，供消费者查询。

12.3　电子商务物流发展趋势

电子商务物流本身就代表了未来物流的发展趋势，在电子商务物流的发展过程中还表现出一些新的趋势，了解这些趋势，可以指导我们今后的实践。

12.3.1　服务柔性化

1．物流增值服务

电子商务物流和传统物流相比，除了提供运输、储存、装卸搬运、包装、流通加工、配送和信息处理等基本功能外，还提供增值服务功能。而且，随着物流市场竞争的日趋激烈和客户需求的多样化，增值功能将会显得越来越重要。增值功能主要包括以下三方面内容。

（1）使人变懒的便利性服务

电子商务物流服务必须提供送货上门的门对门一条龙服务。

（2）快速反应服务

未来主要集中在通过优化电子商务系统的配送中心、物流中心网络，重新设计电子商务的流程，通过减少流通环节提高反应速度。

（3）供应链集成服务

供应链集成服务即将来"第四方物流"提供的服务，包括市场调查与预测、采购及订单处理、物流咨询、物流方案规划、库存控制决策、货款回收与决策、物流教育与培训、物流系统设计等。

2．物流服务柔性化

柔性化源自生产领域，即通过采用计算机控制和管理、加工中心以及加工中心之间的自动导向车或传送带，使多品种、小批量生产取得了类似大批量生产的效果。柔性生产系统的产生使大规模定制生产成为可能，从而能够满足用户个性化需求。生产的柔性化必然要求作为生产后勤系统的物流系统的柔性化，即要求物流系统能提供"多品种、小批量、多批次、短周期"的物流服务。传统物流系统当然也能满足这些要求，但成本会因此而成倍甚至几十倍地上升。而柔性物流系统依靠信息技术和自动化技术，能够以用户能够接受的成本提供这些服务。随着电子商务的发展，定制物流（Customized Logistics）即根据用户的特定要求而为其专门设计的物流服务模式将逐渐成为主流物流模式，不仅在工业品领域得到应用，消费品领域也将逐步推广。这就注定了只依靠大批量运输降低物流成本的传统物流模式将只存在于供应链上游产业，而在供应链的中游和下游的产业中，柔性化物流将成为主导性物流模式。在西方国家，铁路运输的重要性逐年下降而公路运输的重要性不断上升正是这种趋势的体现。

12.3.2　过程精益化

精益物流（Lean Logistics）是起源于日本丰田汽车公司的一种物流管理思想，其核心是追求消灭包括库存在内的一切浪费，并围绕此目标发展的一系列具体方法。它是从精益生产的理念中蜕变而来的，是精益思想在物流管理中的应用。

1．精益物流的内涵

精益物流运用精益思想对企业物流活动进行管理，其基本原则是：

1）从顾客的角度而不是从企业或职能部门的角度来研究什么可以产生价值。

2）按整个价值流确定供应、生产和配送产品中所有必需的步骤和活动。

3）创造无中断、无绕道、无等待、无回流的增值活动流。

4）及时创造仅由顾客拉动的价值。

5）不断消除浪费，追求完善。

2．精益物流的目标

精益物流的目标可概括为：企业在提供满意的顾客服务水平的同时，把浪费降到最低程度。企业物流活动中的浪费现象很多，常见的有：不满意的顾客服务、无需求造成的积压和多余的库存、实际不需要的流通加工程序、不必要的物料移动、因供应链上游不能按时交货或提供服务而等候、提供顾客不需要的服务等，努力消除这些浪费现象是精益物流最重要的内容。

3．实现精益物流应该注意的几个问题

（1）精益物流的前提：正确认识价值流

价值流是企业产生价值的所有活动过程，这些活动主要体现在三项关键的流向上：从概念设想、产品设计、工艺设计到投产的产品流；从顾客订单到制定详细进度到送货的全过程信息流；从原材料制成最终产品、送到用户手中的物流。因此，认识价值流必须超出企业这个世界上公认的划分单位的标准，去查看创造和生产一个特定产品所必需的全部活动，搞清每一步骤和环节，并对它们进行描述和分析。

（2）精益物流的保证：价值流的顺畅流动

消除浪费的关键是让完成某一项工作所需步骤以最优的方式连接起来，形成无中断、无绕流和排除等候的连续流动，让价值流顺畅流动起来。具体实施时，首先要明确流动过程的目标，使价值流动朝向明确。其次，把沿价值流的所有参与企业集成起来，摒弃传统的各自追求利润极大化而相互对立的观点，以最终顾客的需求为共同目标，共同探讨最优物流路径，消除一切不产生价值的行为。

（3）精益物流的关键：顾客需求作为价值流动力

在精益物流模式中，价值流的流动要靠下游顾客的拉动，而不是靠上游来推动，当顾客没有发出需求指令时，上游的任何部分都不要去生产产品。当然，这不是绝对的现象，在实际操作中，要视产品的类型而定，如是需求稳定、可预测性较强的功能型产品，可以根据准确预测进行生产；而需求波动较大、可预测性不强的创新型产品，则要采用精确反应、延迟技术，缩短反应时间，提高顾客服务水平。

（4）精益物流的生命：不断改进，追求完善

精益物流是动态管理，对物流活动的改进和完善是不断循环的，每一次改进，消除一批浪费，形成新的价值流的流动，同时又存在新的浪费而需要不断改进，这种改进使物流总成本不断降低，提前期不断缩短，而使浪费不断减少，实现这种不断改进需要全体人员的参与，上下一心，各司其职、各尽其责，达到全面物流管理的境界。

12.3.3　物流社会化

随着市场经济的发展，专业化分工越来越细，一个生产企业生产某种产品除了一些主要部件自己生产以外，大都是外购，生产企业与零售商所需的原材料、中间产品、最终产品大部分由不同的物流中心。批发中心或配送中心提供，以实现少库存或达到零库存。这种配送中心或物流中心、批发中心不仅可以进行集约化物流，在一定半径内实现合理化物流，从而大量节约流通费用，而且可以节约大量的社会流动资金，实现资金流的合理化。物流社会化表现在第三方物流的兴起和配送共同化上，而这又要求物流规模化。

1．第三方物流的兴起是社会化的表现

"第三方物流"（TPL）作为现代物流发展的重要方向之一，具有技术上的先进性与经济上的节约性。第三方物流的优质服务既满足了客户复杂多变的物流服务要求，同时又促进了第三方物流的蓬勃发展，从而推进了经济和社会的协调发展。

第三方物流在全球物流市场中占有重要的位置。据 2017 年物流行业报道，美国的第三方物流每年要完成其 58%的物流量，而日本这一比例则高达 80%，是世界上第三方物流比

例最高的国家和地区。我国第三方物流远远落后于美国和日本，尚不足全国物流量的 20%，发展空间巨大。

2. 规模化是社会化的要求

在产业组织理论中，企业规模经济是指企业在一定范围内，因规模扩大而减少生产或经销的单位成本而导致的经济，即随着企业生产规模的扩大，产品单位成本降低，收益增加，直至达到企业最优规模经济状态。物流企业也是一种企业形式，其必然也受到规模经济规律的制约，我国目前流通领域的主要问题可以概括为"小、散、乱、差"，即数量众多而规模和实力弱小的企业各自为政，财力、物力、人力分散，难以形成规模优势和群体优势，企业经济效益差。其主要表现在以下三个方面。

1）我国大多数物流企业的规模和市场容量小，离最优规模经济状态还很远。

2）现有的行政管理体制将物流市场按条块分割，阻碍了物流的大市场化和物流网络的建立。物流管理按行政分割、行业垄断严重。

3）历史形成的条块分割体制，物流企业"大而全""小而全"的现象比较普遍，各物流企业都拥有相对独立的仓储运输系统，但利用率普遍较低，沉淀成本很大，造成社会资源的严重浪费。

规模的扩大可以是企业合并，也可以是企业间的合作与联盟，主要表现在两个方面。一是物流园区的建设。物流园区的建设有利于实现物流企业的专业化和规模化，发挥它们的整体优势和互补优势。二是物流企业的兼并与合作。随着国际贸易的发展，美国和欧洲的一些大型物流企业跨越国境，展开连横合纵式的并购，大力拓展国际物流市场，以争取更大的市场份额。除此之外，另一种集约化方式是物流企业之间的合作与建立战略联盟。

12.3.4 物流国际化

经济全球化进程的加快对整个世界的经济结构和产业结构都构成了重大影响。全球贸易的发展，对外直接投资的增加，跨国公司的国际渗透，再加上 20 世纪 60 年代以来的金融创新和 20 世纪 80 年代以来的全球经济自由化浪潮等因素的协力作用最终形成了经济全球化格局。其最大的特点就是越来越多的生产经营活动和资源配置过程是在整个世界范围内进行的，这就构成了物流国际化的重要基础。世界各大跨国集团公司为了维护企业自身的市场份额和经济利益，在世界范围内开展了经济结构和产业结构的重大调整，呈现出当今国际贸易和货物运输的新特征，导致了物流的国际化趋势。

电子商务的产生和发展，尤其是跨境电商的快速发展，对物流国际化提出了新的要求，进一步加快了物流国际化的进程。国际化的电子商务自然需要有国际化的物流来支撑，而且对物流服务的时间性、准确性都提出了更高的要求，物流国际化将向一个新的层次发展，并将在全球经济活动中占有越来越重要的地位。

我国物流业的国际化发展面临两方面的挑战。一是国内市场的国际化，即外资企业进入国内市场。目前有少数外资企业以各种方式进入国内物流市场，国外物流业大规模的进入已经成为必然，他们在资金、技术、管理、运营经验等方面有明显的优势，一些企业本身就是国际标准和规则的制定者，与这些国际上的巨头同台竞技，中国物流业面临的挑战很大。二是物流企业本身的国际化。要实现世界范围的物流目标，物流企业需要有全球性的体系、设施、人员。就我国物流业的现状来说，离这个要求还很远，只有少数几家企业有全国性的物流网络，短期内还谈不到向国外延伸，而像一些具有国际能力的运输企业，一般只从事国际干线运输业务，没有在国外的配送终端体系，形不成完整意义上的物流企业。

12.3.5　物流标准化

标准化是工业生产的基础，更是现代物流合理化的基础。物流标准化是以物流作为一个大系统，制定系统内部设施、机械设备、专用工具等各个分系统的技术标准；制定系统内各个分领域，如包装、装卸、运输等方面的工作标准；以系统为出发点，研究各分系统与分领域中技术标准与工作标准的配合性，统一整个物流系统的标准；研究物流系统与相关其他系统的配合性，进一步谋求物流大系统的标准统一。由于物流标准化的重要性，国际物流业界一直都在不断探索标准化技术，并不断出台标准化措施。可以说，物流标准化是今后物流发展的重要趋势之一。

但是由于物流业在我国还处于低水平阶段，我国的标准化现状十分令人担忧。

1）我国的现代物流业是在传统行业的基础上发展起来的，由于传统的物流被人为地割裂为很多阶段，而各个阶段不能很好地衔接和协调，加上信息不能共享，造成物流的效率不高，这在很多小的物流企业表现得尤为突出。

2）我国虽然已经建立了物流标识标准体系，并制定了一些重要的国家标准，如《电子商务物流标准规范》《商品条码》《储运单元条码》《物流单元条码》等，但这些标准的应用推广存在着严重问题。以《储运单元条码》为例，它目前的应用正确率不足20%。

3）各种标准之间缺乏有效的衔接。例如，虽然目前我国对商品包装已有初步的国家和行业标准，但在与各种运输装备、装卸设施、仓储设施相衔接的物流单元化包装标准方面还比较欠缺。这对各种运输工具的装载率、装卸设备的荷载率、仓储设施空间利用率方面的影响较大。

4）由于物流业缺乏有效的环境管理标准体系，我国目前物流活动对环境造成了很大的污染，形成了巨大的环境成本。

因此为了改善以上状况，应对激烈的竞争，我国物流业应针对当前物流标准化进程中存在的问题和国际物流标准化的发展方向，尽快制定与国际接轨的现代物流的国家标准，按照先急后缓、先易后难、成熟先行的原则，分阶段分步骤制定完善，逐步形成我国现代物流业的技术标准化体系。

12.3.6　物流绿色化

物流与社会经济的发展是相辅相成的，现代物流一方面促进了国民经济从粗放型向集约型转变，又在另一方面成为消费生活高度化发展的支柱。然而，无论是在"大量生产——大量流通——大量消费"的时代，还是在"多样化消费——有限生产——高效率流通"的时代，都需要从环境的角度对物流体系进行改进，即需要形成一个环境共生型的物流管理系统。如今经济发展强调的是"可持续发展"，即经济的发展必须建立在维护地球环境的基础上，特别是 1987 年联合国环境与发展世界委员会发表了名为《我们共同的未来》的研究报告，提出当代对资源的开发和利用必须有利于下一代环境的维护以及持续利用。因此，为了实现长期、持续发展，就必须采取各种措施来维护自然环境。而物流活动过程却会对环境产生很多不利的影响，如汽车运输带来的废气污染环境，货物包装物、衬垫物等会影响卫生及存在火灾隐患等。所以，在开展物流活动的同时要考虑环保和可持续发展的问题。环境共生型的物流管理就是要改变原来经济发展与物流、消费生活与物流的单向作用关系，在抑制物流对环境造成危害的同时，形成一种能促进经济和消费生活同时健康发展的物流系统，即向环保型、循环型绿色物流转变。为了促进物流绿色化，应该做到下面几点：

1）要树立绿色物流理念，培养绿色物流意识。消费者的环保意识淡薄，就会成为绿色物流发展的外在阻碍因素。因此，必须加强环境教育，提高消费者的环境保护意识。

2）从全国高度制定物流发展规划，以现有物流企业为基础，逐步发展大型物流中心，与区域性配送中心相结合，建立多功能、信息化、服务优质的配送体系。

3）加强基础设施建设。我国现在的仓储中心多为平房，铁路、公路负载比较重，这都表明我国还需要加大基础设施投入。当然，资金可以多方筹集，可以选择外资或民间资金等。

4）物流企业也要从保护环境的角度制定其经营管理战略，如选择绿色运输，使用"绿色"运输工具，采用绿色包装，开展绿色流通加工，集中处理流通加工过程中产生的边角废料，减少废弃物污染等，完善回收物流系统。

5）积极立法，建立绿色物流的法律保证体系。当今社会是法治社会，法律体系的形成是绿色物流得以长期稳定执行的保证，对物流企业和消费者都有一定的制约作用。

6）加强绿色物流理论研究，加大人才培养力度，这有赖于媒体的宣传和教育部门的引导。

12.4　知识测评

1. 选择题（每题至少有一个正确答案）

（1）以下哪一项不属于物流信息技术？（　　　）

　　A. RFID 技术　　　　　　B. EDI 技术　　　C. GPS 技术　　　D. RS 技术

（2）电子商务物流的发展现状有哪些？（　　　）

　　A. 发展规模迅速扩大　　　B. 企业主体多元发展

　　C. 服务能力不断提升　　　D. 信息技术广泛应用

（3）以下哪些属于电子商务物流的发展趋势？（　　　）

　　A. 物流标准化　　　　　　B. 物流绿色化　　　C. 物流社会化　　　D. 物流国际化

（4）改进电子商务物流的措施不包括（　　　）。

　　A. 优化物流系统网络

　　B. 延长物流作业时间

　　C. 建立供应链关系，发挥第三方物流的作用

　　D. 建设适合电子商务要求的物流信息系统

（5）实现精益物流应该注意哪几个问题？（　　　）

　　A. 精益物流前提　　　　　　　　　　　　B. 精益物流的保证

　　C. 精益物流的关键　　　　　　　　　　　D. 精益物流的生命

2. 判断题（请在正确的论述后面打√，错误的论述后面打×）

（1）精益物流是起源于日本丰田汽车公司的一种物流管理思想。　　　　　　（　　　）

（2）物流服务方式是不可以被"复制"的。　　　　　　　　　　　　　　　（　　　）

（3）发展绿色物流，首先要树立绿色物流理念、培养绿色物流意识。　　　　（　　　）

（4）物流标准化要求不能满足顾客个性化需求。　　　　　　　　　　　　　（　　　）

（5）第三方物流是物流社会化的一种表现。　　　　　　　　　　　　　　　（　　　）

12.5　案例分析：智能化成就物流业未来

中国物流业市场前景广阔，也最具魅力和发展潜力。从物流业发展的趋势来看，我国物流业持续向好发展。20世纪90年代后期，物流的重要性逐渐被人们所认识，不同形式的物流企业形式也渐次出现，包括由传统运输仓储货代转型的企业，第三方物流企业和专门从事运输、仓储的企业。

近年来，我国物流企业开始走向信息化，以物料需求为核心的EPR系统在钢铁、煤炭、家电和汽车等行业得到推广。2015年8月发改委印发了《关于加快实施现代物流重大工程的通知》（简称《通知》），《通知》中指出到2020年基本建立布局合理、技术先进、便捷高效、绿色环保、安全有序的现代物流服务。同时，《通知》中提出物流业增加值年均增长目标为8%，第三方物流比重由约60%提高到70%，按照2014年物流业增加值3.5万亿计算，到2020年，我国第三方物流仍有万亿发展空间。

1. 打通物流业"信息孤岛"格局

中国目前已经是物流资源大国，但这些物流资源没有很好地形成互联互通，没有很好地与社会协同，更难说实现大规模的个性化定制。所以未来物流业的建设，就是要改变分散、分裂、分割的状态，实现共利、共赢、共享的发展新格局。我国物流业的基础设施建设不完善，管理水平和服务质量发展不均，新兴技术应用不足，信息化建设面临很多问题，物流总体水平不高。据不完全统计，我国已经实施或者部分实施信息化的物流企业仅占39%，全面实施信息化的企业仅占10%。在物流供应链中，企业与上下游信息流没有打通，形成"信息孤岛"，导致信息化建设层次低。同时，由于缺乏订单管理、货物跟踪、货物分拣和运输管理等物流服务系统，信息阻滞。物流企业现有业务着眼点在运送，缺乏整体统筹规划管理，空载率高，浪费严重。

物流业是融合运输、仓储、货代、信息等产业的复合型服务业，是市场经济发展的必要条件，具有基础性、战略性作用。国家物流系统方面，需要打造一个强大、智能、绿色的国家物流系统。国家物流系统建设包括几个层面：一是物流基础设施网络层面，从干线、支线、仓配、末端、物流园区到各级物流节点，要进行完善和相互连接；二是物流信息网络层面，通过各种信息枢纽、信息中心、信息采集点构建全国性物流信息网络，运用互联网、物联网、大数据、云计算等技术，地理位置系统，信息调度、监控运营系统等，将信息和数据高效采集、处理和决策；三是物流企业的运营和调度层面，其核心主体是物流企业和相关企业构建。

2. 推行智能化、绿色化物流势在必行

目前，我国物流业发展还存在小、散、乱、差的局面，实现集约化还面临困境。我国物流浪费严重，原因主要是运输分散和智能化水平低。伴随竞争越来越激烈，物流业利润被严重挤压，利润率低于5%，部分中小物流企业甚至徘徊在盈亏平衡点边缘。因此，推行智能化、绿色化物流，降低物流成本是必然趋势。从物流业发展的趋势来看，未来要掌握12个趋势，即向下、向西、向外、O2O、移动化、平台化、供应链化、生态圈化、融合、安全、绿色和高科技化，这将会对中国物流业的发展带来重要影响。

同时，行业的游戏规则也将发生变化。过去是大企业主导物流业，未来平台型企业、创新型企业可能会主导行业规则。有人说，第一次工业革命是做工厂，第二次工业革命是做企

业，第三次工业革命是做平台。目前很多平台型企业通过连接各种碎片化需求和供给，产生新的业态和商业模式，对传统物流带来很大的挑战。

"互联网+物流"不仅改变了物流业的结构，还将改变业态和规则。从结构上讲，传统工业化早期和中期的物流在互联网时代、数字化时代，其地位可能有所下降，而与信息化、数字化、智能化相结合的物流业态将会得到彰显。在物流行业的"拐点"上，各家企业纷纷亮出底牌，当亚马逊在全球布局智慧物流中心，大力发展无人机、智能手表等智能设备；当京东聚焦无人机送货和自动化物流中心的搭建；当马云宣布加快菜鸟网络布局，打造智能物流骨干节点城市的时候，智慧化物流的大潮已经成为行业不可逆转的趋势。

3. 中国物流绿色化智慧化之路任重道远

物流业是我国国民经济的重要服务性产业，它顺应了新常态发展的要求，呈现出一些行业新的特点，有力地保障了社会经济的平稳运行。而智慧、绿色化物流是互联网高效物流的重要内容，也是物流业发展的高级形态。有人说，中国物流或世界物流都是互联网化、智慧化、去人工化，以及绿色环保化的物流。第一就是智慧化，智能产业进级，快递、仓储、运输、末端等范畴不断智能化以提升效率；第二就是物流发展必定会更多走向绿色环保，包含运输工具、物流出产环节、包装资料等走向绿色环保，用智慧研发新的产品、手腕等方式推动绿色物流的遍及与发展；第三就是货通天下，深刻到乡村。

智慧化、绿色化物流是物流业发展的高级形态，是指以互联网为依托，在物流领域广泛应用物联网、大数据、云计算等新一代信息技术，通过互联网与物流业的广泛连接和深度融合，实现物流产业智能化，提升物流运作效率的新兴业态，主要体现在对高科技的广泛应用以及先进的物流发展理念上。

在未来的升级模式上，通过数字化的基础设施，结合数字化的商业模式和实体物理基础设施，实现整个物流业态的改造提升。所谓数字化基础设施就是互联网、物联网、大数据、云计算、地理信息系统、APP 等；商业模式就是平台、生态体系。数字化的基础设施加上数字化的商业模式，再结合实体物理基础设施和物流服务，线上线下完美结合，推动智能服务世界的实现。

智慧物流意味着可以应用科技使物流更加安全，其中包括贸易合规、货物完整性。同时，未来的智慧物流一定也是"绿色物流"。阿里巴巴 CEO 张勇说道："物流业的发展有三大变化趋势。第一个趋势就是智能化。智慧物流最终一定是要用智慧赋能，只有以智慧赋能于整个产业的升级，我们才能真正做到一个智能化的物流。第二个趋势是物流的发展一定会更多走向、全方位地走向绿色环保。第三个趋势是货通天下。货通天下，今天已经从货通城市、货通县城、货通乡镇，到货通到每个村。从中国的货通天下走向货通全球，我们真正走向一个对外面向全球消费者，对内能够深入到农村，深入每个角落的网络成长空间。"

菜鸟网络 CEO 童文红针对智慧化物流提出，智慧物流是一个复杂的体系，不能简单地等同于智能机器人、无人机，还应包括数据、服务标准打通等。不要认为搞了个无人机，就是进入了智慧物流。智能化一定是物流业的未来，发展智能物流要兼顾效率和成本之间的平衡。建设智慧物流是一项艰巨的事业，需要脚踏实地。

（资料来源：中国物流与采购网，有改动）

问题
1. 你如何理解"智能化成就物流业未来"？
2. 你认为我国的物流企业如何才能更好地顺应智慧物流时代的到来？

参 考 文 献

[1] 国家质量监督检验检疫总局，国家标准化管理委员会. 电子商务物流服务规范：SB/T11132—2015[S]. 北京：中国标准出版社，2015.

[2] 全国电子商务物流发展专项规划：2016-2020 年[EB/OL]. http://www.mofcom.gov.cn/article/zt_swb135/lanmuone/201707/20170702610374.shtml.

[3] 国务院. 国务院关于印发物流业发展中长期规划（2014—2020 年）的通知：国发〔2014〕42 号[A/OL]. http://www.gov.cn/zhengce/content/2014-10/04/content_9120.htm.

[4] 张春华，裴晓峰，夏海伦，等. 物联网技术与应用[M]. 北京：人民邮电出版社，2011.

[5] 傅莉萍. 仓储管理[M]. 北京：清华大学出版社，2015.

[6] 方磊，夏雨. 物流与供应链管理[M]. 北京：清华大学出版社，2016:191-230.

[7] 魏修建. 电子商务物流管理[M]. 重庆：重庆大学出版社，2015.

[8] 胡田田. 现代企业管理[M]. 北京：电子工业出版社，2012.

[9] 李亦亮. 现代物流管理基础[M]. 合肥：安徽大学出版社，2015.

[10] 宋华，胡左浩. 现代物流与供应链管理[M]. 北京：经济管理出版社，2000.

[11] 王之泰. 现代物流学[M]. 北京：中国物资出版社，2003 年.

[12] 郑凯，朱煜，汝宜红. 低碳物流[M]. 北京：北京交通大学出版社，2011.

[13] 利丰研究中心. 供应链管理[M]. 2 版. 北京：中国人民大学出版社，2009.

[14] 林勇. 供应链库存管理[M]. 北京：人民交通出版社，2008.

[15] 张新程，付航，李天璞，等. 物联网关键技术[M]. 北京：人民邮电出版社，2011.

[16] 朱隆亮，万耀明. 物流运输组织与管理[M]. 北京：机械工业出版社，2004.

[17] 何明珂. 物流系统论[M]. 北京：中国审计出版社，2002.

[18] 何明珂. 电子商务与现代物流[M]. 北京：经济科学出版社，2002.

[19] 赵小柠. 仓储管理[M]. 北京：北京大学出版社，2015.

[20] 安德鲁·伯杰. 网际时代的供应链管理[M]. 马士华，等译. 北京：电子工业出版社，2002.

[21] 郎为民. 大话物联网[M]. 北京：人民邮电出版社，2011.

[22] 李长霞，郭琼. 物流师[M]. 北京：人民交通出版社，2005.

[23] 王春豪，张杰，马俊. 精益库存管理对企业绩效的影响研究：来自中国制造业上市公司的实证检验[J]. 管理评论，2017（5）：165-174.

[24] 徐旭. 低碳物流的内涵、特征及发展模式[J]. 商业研究，2011（04）：183-187.

[25] 褚兰兰. 基于大数据时代分析企业物资库存管理的优化途径[J]. 现代信息经济，2017（15）.

[26] 刘奕昌，关新平. EPC 物联网络系统的随机控制[J]. 现代电子技术，2008（13）：139-143.

[27] 邹永祥，吴建平. 无线传感器网络中的通信技术[J]. 企业科技与发展，2009（14）：71-72.

[28] 赵静，喻晓红，黄波，等. 物联网的结构体系与发展[J]. 通信技术，2010（9）.

[29] 钱芝网，电子采购的战略价值、模式选择及其实施策略分析[J]. 江苏商论，2009（2）.

[30] 周红霞. 电子商务环境下的逆向物流[J]. 合作经济与科技，2011（1）：72-73.

[31] 相龙涛，陈静. 逆向物流在电子商务环境下存在的问题及对策[J]. 电子商务. 2017（16）.

[32] 王妙春，汪贻生，姜玉宏. 电子商务环境下逆向物流管理研究[J]. 物流科技，2013（1）：115-117.

[33] 郭川，邬贺栓：物联网不是网络是应用[N]. 人民邮电报，2010-3-19.

[34] 易海燕. 供应链风险的管理与控制研究[D]. 成都：西南交通大学，2007.

[35] 常广庶. 基于电子市场的电子采购策略研究[D]. 西安：西北工业大学，2006.

[36] 敬辉蓉. 逆向拍卖采购机制及其效率研究[D]. 重庆：重庆大学，2008.

[37] 杨申燕. 物联网环境下物流服务的创新与定价策略研究[D]. 武汉：华中科技大学，2014.

[38] 王娟. 再生资源回收物流网络体系研究[D]. 长沙：中南大学，2008.